Para

com votos de paz

DIVALDO FRANCO
PELO ESPÍRITO VIANNA DE CARVALHO

ATUALIDADE DO PENSAMENTO ESPÍRITA

Salvador
4ª edição – 2024

COPYRIGHT © (1998)
CENTRO ESPÍRITA CAMINHO DA REDENÇÃO
Rua Jayme Vieira Lima, 104
Pau da Lima, Salvador, BA.
CEP 412350-000
SITE: https://mansaodocaminho.com.br
EDIÇÃO: 4. ed. (1ª reimpressão) – 2024
TIRAGEM: 1.000 exemplares (milheiro 29.000)
COORDENAÇÃO EDITORIAL
Lívia Maria C. Sousa

REVISÃO
Iana Vaz· Lívia Maria C. Sousa
CAPA
Cláudio Urpia
MONTAGEM DE CAPA
Ailton Bosco
EDITORAÇÃO ELETRÔNICA
Marcus Cosenza
COEDIÇÃO E PUBLICAÇÃO
Instituto Beneficente Boa Nova

PRODUÇÃO GRÁFICA
LIVRARIA ESPÍRITA ALVORADA EDITORA – LEAL
E-mail: editora.leal@cecr.com.br

DISTRIBUIÇÃO
INSTITUTO BENEFICENTE BOA NOVA
Av. Porto Ferreira, 1031, Parque Iracema. CEP 15809-020
Catanduva-SP.
Contatos: (17) 3531-4444 | (17) 99777-7413 (WhatsApp)
E-mail: boanova@boanova.net
Vendas on-line: https://www.livrarialeal.com.br

Dados Internacionais de Catalogação na Publicação (CIP)
(Catalogação na fonte)
BIBLIOTECA JOANNA DE ÂNGELIS

F825	FRANCO, Divaldo Pereira. (1927) *Atualidade do pensamento espírita*. 4. ed. / Pelo Espírito Vianna de Carvalho [psicografado por] Divaldo Pereira Franco, Salvador: LEAL, 2024. 448 p. ISBN: 978-85-8266-088-1 1. Espiritismo 2. Psicografia 3. Filosofia I. Franco, Divaldo II. Título CDD: 133.93

Bibliotecária responsável: Maria Suely de Castro Martins – CRB-5/509

DIREITOS RESERVADOS: todos os direitos de reprodução, cópia, comunicação ao público e exploração econômica desta obra estão reservados, única e exclusivamente, para o Centro Espírita Caminho da Redenção. Proibida a sua reprodução parcial ou total, por qualquer meio, sem expressa autorização, nos termos da Lei 9.610/98.
Impresso no Brasil | Presita en Brazilo

SUMÁRIO

Atualidade do pensamento espírita 9
Prefácio 17
Apresentação 19

1   Ciências sociais, políticas e econômicas à luz do Espiritismo 23
        1.1 Sociologia 23
        1.2 Política 40
        1.3 Socialismo 44
        1.4. Economia 49

2   Ciências médicas e biológicas à luz do Espiritismo 55
        2.1 Engenharia Genética e Genética 55
        2.2 Embriologia 59
        2.3 Medicina 62
        2.4 Ecologia 68
        2.5 Imunologia 74
        2.6 Biologia 75
        2.7 Zoologia 78

3 Ciências Jurídicas à luz do Espiritismo 81
   3.1 Direito Penal 81
   3.2 Direito Civil – Direito de propriedade 88
   3.3 Direito Internacional 90
   3.4 Direito Trabalhista 93

4 Ciências educacionais à luz do Espiritismo 95
   4.1 Metodologia do ensino 95
   4.2 Psicologia da educação 103
   4.3 Filosofia da educação 111
   4.4 Ensino religioso 118
   4.5 Magistério 122

5 Comunicações e artes à luz do Espiritismo 125
   5.1 Comunicação 125
      5.1.1 Mídia 125
      5.1.2 Propaganda 133
   5.2 Artes 134
      5.2.1 Estética 134
      5.2.2 Educação artística 137
      5.2.3 Filosofia da arte 140
      5.2.4 Psicologia da arte 141
      5.2.5 Sociologia da arte 143

6 Ciências tecnológicas, Física Nuclear, Automação e Informática à luz do Espiritismo 147

    6.1 Tecnologia 147
    6.2 Física nuclear 153
    6.3 Automação 155
    6.4 Informática 157

7   Ciências filosóficas e psicológicas à luz
do Espiritismo 161
    7.1 Psicologia 161
    7.2 Filosofia 167

8   Religião à luz do Espiritismo 171

9   Espiritismo 181
    9.1 Questões atuais 181
    9.2 Casas espíritas 191
    9.3 Obsessão e desobsessão 193
    9.4. Mediunidade 196
    9.5 Transcomunicação instrumental 198
    9.6 Divulgação espírita 203

Traços biográficos do autor espiritual
Vianna de Carvalho 205

Dados pessoais dos colaboradores
do Projeto Vianna de Carvalho 207

Índice analítico remissivo 213

ATUALIDADE DO PENSAMENTO ESPÍRITA

> *"Caminhando de par com o progresso, o Espiritismo jamais será ultrapassado, porque, se novas descobertas lhe demonstrassem estar em erro acerca de um ponto qualquer, ele se modificaria nesse ponto. Se uma verdade nova se revelar, ele a aceitará."* (KARDEC, Allan. *A Gênese*. Cap. I – Caráter da Revelação Espírita. Item 55.)

Em face das incomparáveis conquistas da Ciência e da Tecnologia que se apresentam nos tempos modernos, o homem contempla o firmamento e detém-se ante a magnitude das galáxias, que a própria imaginação tem dificuldade de compreender, mantendo-se deslumbrado ante a glória do macrocosmo. Voltando-se para o reino das micropartículas, comove-se, reflexionando a respeito da matéria decompondo-se em energia e essa retomando a forma incessantemente. Examinando um feixe de luz, o vê constituído de partículas e ondas que o enternecem, realizando um verdadeiro *milagre* no campo das combinações dos elementos básicos do Universo.

Esse ininterrupto fenômeno pulsante que desvela a vida, concita-o a mergulhar o pensamento na Grande Realidade, que é Deus, o legítimo Programador de tudo quanto existe.

Sente-se, então, inevitavelmente impulsionado à crença religiosa pela razão, diante da impossibilidade de tudo reduzir ao caos do princípio sem origem ou do nada absurdo.

Existindo, entende que o nada deixa de ter sentido e desaparece das suas reflexões filosóficas. Enriquece-se de esperanças e procura mergulhar em uma doutrina que possua conteúdos científicos, de forma a interpretar a glória do Universo, marchando com as conquistas que fascinam a inteligência e enternecem o sentimento.

Tal doutrina, tem-na o Espiritismo, que avança com o gigantismo das observações humanas, sem deter-se ou alterar-se ante a marcha do progresso. Pelo contrário, oferece resposta às interrogações que pairam perturbadoramente naqueles que se embrenham pelos labirintos da investigação, e sentem-se sem o reforço da crença religiosa, única que lhe pode oferecer segurança emocional para compreender a Causalidade absoluta de onde tudo procede.

O Espiritismo é, portanto, a ponte que une a Ciência à Religião e, reciprocamente, facultando o ininterrupto crescer do conhecimento lógico sem o deperecimento dos valores ético-morais disso decorrentes.

Fundamentando toda a sua moral na ensinada e vivida por Jesus, o Espiritismo propicia o encontro da criatura com o seu Criador, e elucida os enigmas do ser, da sua evolução e progresso, do seu passado e do seu futuro, apontando os rumos superiores que serão alcançados pela tenacidade de todos quantos se empenharem pela conquista do Infinito.

Com a Doutrina Espírita desaparecem os enigmas da fé dogmática e surge aquela que tem por fundamento os fatos capazes de serem encontrados em todas as épocas e povos da Humanidade.

Graças à sua contribuição, o indivíduo se faz mais digno e compreende facilmente a justiça de Deus, que o orienta e conduz à elevação moral, pontificando na permanente autotransformação para melhor e autoiluminação, de forma que se identifique cada vez mais com a Fonte Geradora de vida.

À medida que a Ciência realiza novos descobrimentos, longe de sombrear ou abalar os alicerces do Espiritismo, mais o confirma, porquanto, em realidade, nada se descobre que já não existisse anteriormente e que somente permanecia ignorado, sendo, portanto, uma realidade constitutiva das Leis de Deus, que aceita como necessários ao aprimoramento do ser humano.

À medida que a Física newtoniana ou linear se direcionou para a elevada expressão de natureza quântica, mais se tornou factível o entendimento da realidade espiritual do ser, da mesma forma que a Biologia celular, ao marchar no rumo da molecular, facultou mais ampla compreensão dos mecanismos das células, especialmente dos neuropeptídeos e de outros elementos que os constituem, fazendo parte dos equipamentos vitais da existência física. Por outro lado, os avanços sobre a interpretação do Cosmo, graças à valiosa contribuição dos telescópios colocados em foguetes que saíram da Terra, em particular, do Hubble, conseguindo melhor caracterizar os *buracos negros*, fotografar o nascimento e a morte de galáxias, ocorridos há milênios, e dantes jamais sonhados, a astrofísica concebe a possibilidade da existência de outros universos relativos e finitos, demonstrando a eterna criação por parte da Realidade Absoluta.

Ademais, a Psicologia e as diferentes ciências da alma, penetrando a sua sonda de investigação no *homem integral*, defronta-lhe o Espírito imortal, assim explicando, racional e logicamente, as matrizes onde se encontram os fatores que propiciam as heranças genéticas, que preponderam em inúmeras psicopatologias, sem o que, várias terapias permaneceriam inócuas, quando não mais perturbadoras para aqueles que sofrem distúrbios psíquicos, emocionais e comportamentais, como também outros de natureza orgânica. Trata-se do encontro técnico com a anterioridade do Espírito – sua imortalidade e reencarnação – que se lhe torna chave preciosa para compreender as ocorrências do processo da evolução mediante a justiça incomparável do Amor.

Mediante o conhecimento do perispírito, das suas propriedades, dos fluidos que o constituem, assim como da organização fisiológica da alma, que deixa de apresentar-se como algo intangível, imaginativo, para adquirir a sua legítima realidade, como um ser portador de peso específico, com individualidade delineada, assumindo inúmeras personalidades durante o périplo do seu crescimento; pode-se decifrar os perturbadores fenômenos paranormais nas áreas anímica e mediúnica, que lhe comprovam a sobrevivência à morte e lhe demonstram o nível de evolução em que estagia, assim destruindo o maravilhoso, o sobrenatural, o misterioso, dos tempos passados em torno da sua realidade, que são do agrado das mentes infantis, veementemente combatidos pelo senso cultural e acadêmico.

Todos os fatos estudados pelo Espiritismo repousam nas leis naturais, de maneira alguma entrando em choque com os processos de investigação realizados pela Ciência, com a diferença que essa foi elaborada a pouco e pouco através dos milênios, graças a ininterruptas observações, correções, ampliações, enquanto o Espiritismo, em menos de dois lustros ofereceu as respostas hábeis que o tornaram compatível com esse extraordinário cabedal consagrado pelos séculos, que é o conhecimento científico.

O conceito de liberdade, ambicionado por todas as criaturas nos diferentes períodos da Humanidade, encontra no Espiritismo, o seu mais compensador desdobramento, por ser facultado a todo Espírito, criado *simples e ignorante*, utilizar-se dessa concessão, tornando-se ditoso ou desventurado, conforme lhe aprouver, sem, no entanto, deixar de alcançar a felicidade que lhe está reservada, mesmo que através do esforço que lhe é imposto pela responsabilidade que vige na sua consciência.

Ser livre, de maneira alguma é apresentar-se como inconsequente ou libertino, desejando experienciar comportamentos agressivos e desrespeitosos aos direitos alheios e à Vida.

O indivíduo cresce inevitavelmente dentro de padrões de elevação moral, que se encontram adrede estabelecidos, e de que não se pode furtar. Desse modo, deixa de ser máquina com fatalidade final estabelecida na consumpção orgânica, para tornar-se autor dos valores que conquista a pouco e pouco, empenhado no afã da busca de realização total.

Tendo ingerência em todos os ramos do Conhecimento – desde que o Espiritismo estuda as causas, enquanto a Ciência investiga os efeitos, conforme acentuou o codificador Allan Kardec – nunca se detém, porque penetra a sonda das suas investigações nas matrizes vitais do ser, onde dormem ou vigilam as ocorrências de ontem, de hoje e de amanhã, conclamando ao intelecto-moral incessante.

Porque é doutrina dos Espíritos codificada pelo homem, não permanece estanque, em razão do processo reencarnatório que traz de volta os missionários da verdade, a fim de que o progresso inestancável prossiga favorecendo a humanidade com os recursos preciosos para o autoencontro e a possibilidade de desfrutar dos anelos de paz e de júbilo que lhe estão destinados.

Não pertence a ninguém, sendo luz que verte do Alto na direção da Terra, desalgemando aqueles que se encontravam ergastulados nos instintos primitivos e contemplavam as estrelas com profunda melancolia e interrogações dolorosas.

Sempre atual, o Espiritismo avança com as admiráveis conquistas do pensamento que faculta melhor entender-lhe as leis e aplicá-las, tornando a existência terrena mais agradável, propiciatória de harmonia e de objetivos sempre mais nobres, à medida que são conquistados, gerando estímulos para mais avançados esforços.

Jamais ultrapassado, estará sempre à frente do progresso, embora de maneira sutil, que será melhor identificado quanto maior for o seu labor de penetração no complexo mecanismo do ser e da vida.

Atendendo à sugestão de dedicados estudiosos de diferentes áreas do conhecimento terrestre, no atual estágio de algumas ciências, procuramos oferecer respostas compatíveis com as questões que nos foram apresentadas, recorrendo, algumas vezes, a Nobres Entidades que nos orientam o destino, de modo a não defraudar a confiança que nos foi concedida e que reconhecemos não merecer.

Buscamos proporcionar raciocínios simples e desataviados, sem as complexidades da linguagem com que se expressam os técnicos nos seus diferentes campos, de forma que o nosso trabalho possa ser entendido por todos e não exclusivamente por aqueles que nos honraram com os questionamentos com os quais convivem e lecionam nas complexas especialidades a que se dedicam.

Possuímos honestidade suficiente para reconhecer que poderíamos haver contribuído de maneira mais profunda e completa. No entanto, porque nos faltam os valores espirituais e culturais necessários, sentimo-nos feliz, por haver feito o que nos foi solicitado, conforme as possibilidades ao alcance e não aos desejos da mente e do coração.

Outrossim, deixamos para apresentar o nosso Prefácio à obra, na data evocativa do centésimo nonagésimo quarto aniversário da reencarnação de Allan Kardec, assim homenageando o ínclito codificador do Espiritismo, e o fazemos em um dos intervalos do 2º Congresso Mundial de Espiritismo, na cidade de Lisboa, em Portugal, pelo alto significado desse magno evento para a humanidade, sendo o último do atual milênio nesse gênero, ao mesmo tempo preparatório para o futuro *mundo de regeneração*, que todos aguardamos.

Exaltando a Era Nova que se aproxima, repetimos como os cristãos primitivos em referência a Jesus:

– *Salve, Allan Kardec, aqueles que te amam e te desejam servir, te homenageiam e saúdam!*

Lisboa, Portugal, 3 de outubro de 1998.
Vianna de Carvalho

PREFÁCIO

Após 140 anos de Codificação Espírita, importante que os espiritistas estejam preparados para compreender e tomar posição face às modernas conquistas do mundo. Este valoroso livro, com perguntas respondidas pelo Espírito Vianna de Carvalho, sob ótica espírita, a respeito de temas da atualidade, como Sociologia, Agricultura, Desemprego, Família, Casamento, Adolescência, Política, Socialismo, Economia, Medicina, Clonagem, Engenharia Genética, Informática, Automação, Direito Penal, Direito Internacional, Direito Trabalhista, Educação, Tecnologia, Psicologia, Filosofia, Mídia, Propaganda, Artes, Estética, Religião, Mediunidade, TCI, Reencarnação etc. Trata-se de uma grandiosa contribuição mediúnica, como coroamento dos 50 anos de mediunato de Divaldo Pereira Franco, para que se ampliem os horizontes do entendimento humano, conhecendo a ótica espiritual acerca dos problemas e das conquistas da Terra.

Washington Luiz Nogueira Fernandes

APRESENTAÇÃO

O Espiritismo teve suas bases lançadas em 1857, com a primeira edição de *O Livro dos Espíritos*. De lá para cá desvendamos inúmeros segredos dos reinos mineral, vegetal, animal e hominal. Com a Doutrina Espírita chegamos ao limiar do Reino dos céus, anunciado por Jesus. Os novos tempos nos falam, cada vez mais eloquentemente, desse reino a ser conquistado. A ciência humana lançou-se sobre as leis da matéria e descobre, deslumbrada, a cada dia, a Lei com seu poder organizador, com sua presença em cada ponto do Universo. Aos poucos, descobre também a mesma Lei, no progresso de relação entre as pessoas e seus agrupamentos. Da ciência quantitativa, saltamos para a Psicanálise, para a Sociologia, enquanto a Educação ilumina as Ciências do comportamento e a Holística nos convida a olhar o Grande Todo. É o tempo em que as coisas do homem, as empresas do homem, mudam de conceitos.

Desaguamos na prevalência do consumidor sobre o produtor, nas abordagens humanísticas patrão-empregado. Critérios qualitativos levam-nos a padrões novos de conduta, a uma nova ética das relações. Enquanto a Física é cada vez mais Metafísica, arrastando consigo a Química e a Biologia, a existência de Deus, a mediunidade, a reencarnação deixam de ser exclusividade das pendências religiosas, ou objeto de intermináveis discussões filosóficas. São tempos novos em que o Espírito está aí mesmo, cada vez mais clara e precisamente reconhecido. Ele e suas manifestações, ele e seus atributos são assuntos dos laboratórios de pesquisa. Dentro em pouco tais conhecimentos serão de domínio público, incorporados ao conhecimento humano, como a Lei da gravidade ou o teorema de Pitágoras.

Ante o Espírito, conhecido e sem refutação, o que ocorrerá? Lembramo-nos do número 8 do Capítulo XI de *O Evangelho Segundo o Espiritismo*, quando o Espírito Lázaro diz que "*... o Espírito tem hoje que resgatar da matéria o homem*".

Este livro é mais uma contribuição dos Espíritos para que entendamos o novo tempo. Tempo confuso, complexo, tempo de transição quando, em plena época da matéria, já se percebem os albores da nova era do Espírito. Tempo de confronto, quando dúvidas e dívidas se põem abruptamente: podemos muito, nada sabemos; sabemos muito, nada podemos. Tempos de novos paradigmas, que convivem com antigas heranças. Tempo do homem novo que paga pesado tributo ao velho homem, egoísta e vicioso. Tempo de amor confundido com sexo. Tempo de meditação misturada com alucinações das drogas.

Este livro foi feito para ajudar a "resgatar o homem da matéria". É mais um hino de amor que nos vem através de Divaldo Pereira Franco, no ano em que completa meio século de ininterrupto exercício de sua abençoada mediunidade.

É a culminância do *Projeto Vianna de Carvalho*, surgido a partir de questionamentos de profissionais de várias formações. A cada pergunta, uma inquietação. A cada resposta, uma esperança.

Este livro é uma culminância. Mas é, também, uma convergência. Quantos corações, quantas inteligências se uniram, para perguntar e para responder?!

Quantas almas se debruçaram nos caminhos da Lei, que é de amor, de justiça e de caridade, para ajudar o homem a construir o mundo melhor que, na nova era, deixa de ser um sonho adolescente para tornar-se conquista do ser que amadurece para o Bem?!

Quando Divaldo completa cinquenta anos de atividades mediúnicas, nós que somos presenteados. Neste tempo de transição, a ânsia está em saber mais para que possamos servir melhor. Coisa do tempo novo, que já chegou. Louvado seja!

Rio de Janeiro, 25 de agosto de 1997.
César Soares dos Reis

1

CIÊNCIAS SOCIAIS, POLÍTICAS E ECONÔMICAS À LUZ DO ESPIRITISMO

1.1 – Sociologia

1) A visão sociológica tem-nos mostrado que os focos de tensão social são centros propulsores de problemas sociais, de mudança social. Este enfoque pode ser mudado, se pensarmos num modelo de sociedade mais justo, mais harmônico?

O ser humano cresce mediante as lutas que lhe desenvolvem a capacidade de evolução e as resistências interiores para os enfrentamentos de toda ordem. Numa sociedade injusta, onde vigem a fome, a enfermidade, a insatisfação, a ignorância, são inevitáveis os focos de rebeldia, dando surgimento às inevitáveis revoluções com o derramamento de sangue... Gerando-se fatores de equilíbrio e de igualdade, de direitos justos e deveres dignamente exercidos, graças aos quais os valores sejam considerados de forma equânime, predominando oportunidades para todos, certamente serão mudados os problemas, que cederão espaço à harmonia social e ao progresso moral das pessoas e grupos.

2) *É possível associar o aumento dos desajustes sociais e até mesmo da criminalidade ao enfraquecimento das Instituições, notadamente a família e a religião?*

Quando a sociedade se desorganiza, os valores ético--morais encontram-se em decadência, por haverem perdido ou desvirtuado os seus conteúdos valiosos de sustentação. As Instituições, por isso mesmo, neste momento experimentam desequilíbrio, e o respeito pelo homem, pela sua dignidade, pela vida, cede lugar à agressão, aos desajustes, ao crime, à desonra, que assumem proporções perturbadoras. Infelizmente tem sido assim, em todas as épocas do processo histórico da Civilização.

Para a preservação da sociedade, é indispensável que a família se apresente estruturada sobre bases de honradez e equilíbrio, sem o que se esfacelam os códigos do amor e do dever dos pais para com os filhos, destes para com aqueles, e sucessivamente em relação aos demais membros do clã e da sociedade.

Nesse contexto, a religião sempre exerceu um papel preponderante, por manter como base dos seus postulados a crença em Deus, na imortalidade da alma e na Justiça Divina. É certo que, em muitos períodos do pensamento primitivo, as paixões religiosas se responsabilizaram por crimes hediondos, cuja memória repugna a consciência social contemporânea. No entanto, a formação religiosa, não mais castradora, não mais temente a Deus, mas sim estruturada no amor, proporciona ao homem a visão otimista da realidade, oferecendo-lhe perspectivas melhores sobre a imortalidade da vida, e que ele enfrentará após o decesso da organização física.

3) Esse enfraquecimento decorre da descrença nos valores socialmente consagrados ou é dirigido pelos meios de comunicação?

A descrença nos valores socialmente consagrados decorre da falta de substância deles, em razão de serem decorrência de propostas medievais não superadas, que o conhecimento da Ciência e da Tecnologia vem pondo em xeque, porque incompatíveis com as conquistas já realizadas. Concomitantemente, os meios de comunicação de massa, interessados em reduzir o indivíduo a simples elemento de peso nas avaliações e participações dos seus veículos, estimulam o banal, o vulgar, o imediato, zombando dos valores profundos da alma e da vida, sem oferecer oportunidades para reflexões e aprofundamentos da realidade. Tudo é devorado pela máquina insaciável da pressa e do prazer voluptuoso, que pensa em reduzir quase tudo e todos a alimento da sua voracidade.

Por essa razão, entre outras, cabe à Doutrina Espírita um papel relevante no comportamento dos meios de comunicação, em face das suas propostas éticas profundas, que se fundamentam na visão do homem integral, confirmado pela Ciência, e não de um ser parcial, apenas constituído de matéria ou apenas do binômio corpo e alma...

4) Procedem as preocupações relativamente à superpopulação do planeta?

Nas condições egoístas em que vive a atual sociedade, é natural que a superpopulação pareça ameaçar as estruturas econômicas e morais do homem no mundo, trabalhando para que as calamidades da fome, da violência fomentem o seu extermínio. No entanto, a colocação carece de fundamentos legítimos, quando examinada sob a óptica do Espírito.

A Terra tem condições para manter quase cinco vezes mais o número dos seus atuais habitantes, já que nas Esferas espirituais estão programados para a reencarnação mais de vinte bilhões de seres, que aguardam o momento próprio.

Avançando com o progresso, as técnicas para descobertas alimentícias propiciarão recursos para atender a todas as necessidades, particularmente aqueles que podem ser retirados dos oceanos, das terras improdutivas, dos rios, lagos e mares, e, sobretudo, os que poderão ser produzidos em laboratório, diminuindo a voracidade do ser humano que aprenderá, mediante experiências respiratórias elevadas, a retirar do próprio ar inúmeros nutrientes para a preservação da existência corpórea.

Para tanto, serão alcançados níveis mais elevados de consciência, de respeito à Natureza e à Vida.

a) Quais serão as condições de vida de um mundo mais populoso?

O desenvolvimento tecnológico e científico da Humanidade evitará uma superpopulação danosa ao equilíbrio moral, social e espiritual do planeta terrestre, criando condições éticas e nobres para o planejamento familiar responsável, quando o homem e a mulher compreenderem as funções reais do sexo e os objetivos existenciais dentro de padrões dignificadores.

Podemos adir que o número de Espíritos reencarnados na Terra não representa a capacidade que o planeta possui, que é a de albergar mais de vinte bilhões que aguardam oportunidade, e se lhe encontram vinculados.

As mudanças que se operarão na sociedade, no que diz respeito à ética-moral, facultarão que outros tantos bilhões de Espíritos possam reencarnar-se sem qualquer prejuízo para a economia social do planeta, porque então, o egoísmo, a indiferença de milhões de criaturas cederão lugar à justiça, à fraternidade e ao amor, fazendo que os povos ricos ofereçam solidariedade aos mais pobres, e que recursos tecnológicos valiosos sejam aplicados para aproveitamento das áreas inóspitas e áridas – desertos e geleiras – retirando-se alimento dos oceanos e das terras reaproveitadas, bem como nutrindo-se os vegetais diretamente do oxigênio do ar, superada a poluição destruidora que a criatura gananciosa tem produzido na atmosfera e na camada de ozônio, que envolvem o planeta.

5) A criação de guetos modernos: negros, gays, pobres, deficientes, com suas áreas restritas – elevadores de serviço, favelas, jardins residenciais, condomínios fechados com seguranças – não está cooperando de forma concreta para a formação de indivíduos inamistosos, preconceituosos, competitivos, hostis, com respostas altamente agressivas às diversas situações que a vida lhes apresenta?

É lamentável que os discutidos direitos humanos sempre apresentados e elaborados desde há mais de duzentos anos, ainda permaneçam desrespeitados, criando-se bolsões segregacionistas e dividindo-se os indivíduos pelas suas tendências, seus recursos, suas preferências, seus limites de variada natureza. No entanto, embora isso demonstre o atraso cultural dos povos e da época que se vive na Terra, já representa um passo para a futura fraternidade, porquanto o método, sem dúvida, infeliz, não impede que cada qual viva sem pública perseguição, que antes culminava no encarceramento, no degredo, na morte...

A vida impõe-se inevitavelmente como é na sua estrutura, despertando desagrado no começo, depois aceitação e, por fim, sendo incorporada ao cotidiano de todas as criaturas.

Cumpre a todo homem sadio, moral e culturalmente, combater qualquer tipo de separatismo, de perseguição pública ou disfarçada.

Numa época de violência, de desrespeito aos valores adquiridos, para a criatura humana, sem dúvida, são necessárias certas providências de defesa, assim como para a sua família, em razão da escassez de providências governamentais, não implicando, todavia, na formação de novos guetos, cujos resultados são sempre negativos.

6) O desenvolvimento da consciência crítica em todos os cidadãos é o melhor caminho para desvendarmos e resolvermos os problemas sociais, que todas as ideologias promovem em favor do grupo dominante de uma sociedade?

Para que seja lograda uma consciência crítica de ordem coletiva, partindo do indivíduo, é necessário considerarmos o nível de responsabilidade moral do cidadão, sem o que, a sua será apenas uma visão social, sem os alicerces do sentimento, que é fator propiciatório da compreensão dos limites de cada qual.

Será ideal o dia em que ocorra essa conquista pela qual deveremos todos trabalhar afanosamente, de modo a libertar o indivíduo de um dos seus maiores adversários que é a ignorância da sua realidade, valorizando o grupo social no qual se encontra e se movimenta. Consciente dos seus direitos e de como tem sido vítima de injustiças, disporá de valiosos recursos para lutar contra a classe dominadora que o escraviza, utilizando-se das armas da análise e debate dos fatos, gerando a revolução das mentes honradas em favor dos valores igualitários a que todos têm direito. Somente com essa conquista será possível aguardar-se uma sociedade mais harmônica e equânime.

7) É possível pensarmos que a desigualdade social, foco central de estudo da Sociologia, será superada? Como?

Podemos e devemos pensar na construção de uma sociedade justa, sem desigualdades, e essa é uma das metas nobres do Espiritismo aliado ao pensamento da Sociologia. Enfrentaremos, certamente, um grande desafio, que ainda perdurará, que é a desigualdade moral dos indivíduos, em razão do seu estágio de evolução espiritual, que sendo primário gerará, assim, as injustiças que ainda grassam na Terra.

O processo de desenvolvimento se faz pela transformação moral do homem, graças à qual ele contribui em favor da organização social. Enquanto não haja uma real modificação interior, permanecerão os focos de conflitos, os bolsões de preconceito e perseguição, de miséria e abandono. No entanto, marchamos para a construção de uma sociedade nobre, na qual todos desfrutem dos mesmos direitos e deveres, desaparecendo as perturbadoras injunções que promovem as desigualdades entre os seres humanos.

Faz-se necessário, desse modo, que a obra da Educação tenha prioridade, trabalhando o indivíduo de dentro para fora, a fim de que encontre o seu lugar ao Sol, e possa cooperar em favor da sociedade melhor, que a reencarnação irá propiciando, mas que pode ser antecipada, se os governos e os cidadãos se unirem para realizá-la desde já.

8) Se o indivíduo e a sociedade são complementares, interdependentes, como encarar a sociedade como reflexo somatório individual, ou o indivíduo como fruto do determinismo social? Estes enfoques de indivíduo e de sociedade não estão superados?

O instinto gregário é responsável, no ser humano, pela necessidade do grupo social como mecanismo de sobrevivência, de proteção e de desenvolvimento da espécie. Atavismo que remanesce do período primário do seu desenvolvimento, mantém a força preservadora que sustenta a espécie e aglutina os indivíduos para crescerem em harmonia. Como consequência, o indivíduo é fator preponderante para a organização da sociedade que, inevitavelmente, passa a ser agente formador de outros indivíduos e de outros grupos.

Assim sendo, é inevitável que o indivíduo seja elemento base da sociedade, dela dependendo no caráter grupal e de relacionamento, ao mesmo tempo sofrendo-lhe as consequências da organização.

No indivíduo, pois, estão as pedras básicas do alicerce social, que devem ser trabalhadas de forma a poderem construir grupos felizes.

9) Qual, ou quais as técnicas novas de controle social que poderiam ser desenvolvidas para minorar ou acabar com este grande surto de comportamento divergente no Brasil e no mundo?

A grande e desconhecida técnica que pode modificar os fatores degenerativos e perturbadores do organismo social, é a que decorre do amor. Referimo-nos ao amor no seu sentido mais profundo, aquele que estabelece paradigmas de deveres e de respeito aos próprios como aos direitos alheios.

As melhores técnicas sociais e políticas, até agora apresentadas, ficam ultrapassadas, senão inúteis, quando a força estabelece os direitos de governança sobre as demais pessoas, reduzindo-as a hilotas ou matando-as vilmente em guerras hediondas, nas revoluções sociais que, em vez de estabelecerem um período de felicidade, quase sempre derrubam uma classe privilegiada e erguem outra ainda mais dominadora e cruel. Assim tem sido, até hoje, o resultado dos denominados movimentos libertários, que não têm como alicerce Deus, e a criatura como representação divina, credora de respeito e digna de experienciar os seus direitos de ser humano.

Toda técnica, portanto, que se estriba no materialismo, logo se converte em mecanismo de opressão, assim passem os entusiasmos iniciais que, de alguma forma, nessa primeira fase, se revestem de vandalismo e agressão aos que entram em decadência e são expulsos, aprisionados, exilados, assassinados pelos vitoriosos. E, mais tarde, quando desaparecem os seus líderes, os filósofos idealistas, os mais perversos e hábeis assumem o poder, disseminando os seus conceitos de opressão para se manterem dominadores muito embora a destruição de vidas incontáveis.

10) Se até o próprio fenômeno científico pode ser visto também como um fenômeno ideológico, o que fazer para construirmos uma sociedade mais justa, mais verdadeira e não utópica?

O maior fenômeno ideológico transformador de que se tem notícia é o amor, que ainda não teve oportunidade de expressar-se em profundidade.

Predominando no homem a natureza animal em detrimento da sua natureza espiritual, os instintos agressivos governam-no, impedindo que se instale no seu imo esse sentimento libertador, que pode modificar as estruturas do comportamento humano, libertando-o das aspirações utópicas, portanto, equívocas, a fim de apresentar-se a realidade sem as marcas danosas do pessimismo, do fatalismo, do aniquilamento.

Recordando-nos de todos aqueles que se fizeram paradigmas do amor e foram assassinados pela arbitrariedade do poder temporal, nos mais diferentes campos do conhecimento e do pensamento humano, constatamos que as suas lições modificaram outras vidas, que se tornaram, a pouco e pouco, modelos para a edificação da Humanidade melhor pela qual todos lutamos.

11) Vivemos hoje em um mundo marcado pela fragmentação, pela globalização e pelo desenvolvimento meteórico da Informática. Podemos, do Brasil, falar com qualquer país do mundo sobre qualquer produto elaborado em outra Nação. Enquanto isso, famílias enfrentam condições sub-humanas para conseguirem ao menos o alimento que as manterá vivas. Como aceitar que o mundo está em pleno desenvolvimento e caminhando para a justiça social com tantas disparidades existentes?

Lamentavelmente, por enquanto, o progresso na Terra ainda se faz por etapas, em razão de ser o planeta um mundo de provas e de expiações, conforme bem acentuou Allan Kardec. Durante um período há a predominância do desenvolvimento artístico, em outro, o crescimento cultural, noutra fase a valorização moral, posteriormente, o aprimoramento tecnológico... Este é o século da tecnologia por excelência que, se de alguma forma traz muitos danos para a Humanidade, por outro lado promove-a e dignifica o ser, diminuindo-lhe as dores e as misérias que o crescimento moral poderá eliminar.

O predomínio do egoísmo em a natureza humana responde pelas aflições incontáveis que ainda pairam no organismo social da Terra. As conquistas tecnológicas são neutras em si mesmas, podendo modificar a face do planeta e torná-lo um mundo de felicidade, o que não sucede, em razão do despautério e das prerrogativas que se permitem os dominadores arbitrários que assaltam o poder, que dão expansão aos seus sentimentos inferiores, tornando-se responsáveis pela miséria que se alastra sob formas diferentes, todas elas resultado daquela de natureza moral. Por isso, as guerras cruéis continuam sucedendo-se com requintes de perversidade, de hediondez que apavora, seja na África, em grande parte primitiva, seja nos países chamados desenvolvidos como a Iugoslávia (hoje dividida em três nações), na Chechênia ou em qualquer outra parte do globo.

Somente a gradual transformação moral do indivíduo modificará a torpe paisagem terrena, construindo uma Humanidade mais saudável, da qual desaparecerão os *monstros* da fome, da guerra, das perseguições, das enfermidades degenerativas...

12) Tem sido crescente a participação da mulher no mercado formal de trabalho; ao mesmo tempo ela vem assumindo, em muitos casos, a manutenção da casa e a educação dos filhos. Como analisar esse fato na perspectiva do futuro da família?

Quando os resquícios do comportamento machista cederem lugar aos direitos de igualdade entre homens e mulheres, os primeiros terão idênticos deveres na construção da família e orientação dos filhos. Desaparecerão os tipos retrógrados das sociedades matriarcal como patriarcal, porque a prole é resultado da união de ambos os cônjuges ou parceiros, exigindo a atenção deles, que deverão trabalhar juntos em favor do equilíbrio doméstico. Os deveres serão equanimemente divididos, conforme já vem acontecendo em algumas comunidades, de acordo com as possibilidades de cada um dos envolvidos na harmonia familiar.

Ao homem competem deveres próprios do seu caráter masculino, do seu vigor e tipo de trabalho, enquanto, à mulher, são propostos labores domésticos compatíveis com a sua estrutura feminina, dócil, maternal, sem qualquer sobrecarga para a sua economia emocional, não se lhe negando o direito à participação no mercado de trabalho.

O lar é o instituto de amor, no qual os adultos caminham na busca de soluções, avançando para o entendimento sem predomínio de um ao outro, tendo-se sempre em vista a felicidade da prole e dos pais, em igualdade de condições.

13) Quais são os outros fatores responsáveis pelo aumento da violência, corrupção, criminalidade e prostituição, além da desigualdade social que sempre existiu e que também gera esses problemas?

Os seres humanos encontram-se em diferentes níveis de consciência, em patamares diversos de pensamento, em variados estágios de evolução moral e espiritual. Como consequência, somente a educação e a perseverança podem promovê-los mediante processos de reiteradas experiências, ora educativas, ora reeducativas. Os atuais fatores sociais e econômicos facilitam o desabrochar das tendências inferiores que neles vicejam, levando-os aos desequilíbrios referidos, excetuando-se os Espíritos mais resistentes aos apelos primitivos. Na grande generalidade, sem um conceito vivencial do bem e do mal, do nobre e do equivocado, do certo e do errado, facilmente esses indivíduos enveredam pelos meandros do vício e do crime, esperando inconscientemente contar com a compreensão, ajuda e correção da sociedade mais esclarecida e digna.

14) Fala-se muito numa Nova Era que deverá surgir após a virada do século. Quais seriam as perspectivas de melhoria para a Humanidade, e quais são as bases de mudança desta para outra Era?

A evolução é inevitável, porque faz parte dos mecanismos da Vida. Os períodos sucedem-se com as suas conquistas e quedas, cimentando os valores elevados que servem de base para novas aquisições e mais bem consolidadas realizações, que têm por objeto a felicidade de todos.

A Nova Era já começou nas mentes e nos corações que se vêm devotando ao Bem e à Verdade. No entanto, graças a esse processo de evolução, o planeta Terra, qual ocorre com os demais, passa por diferente ciclo na escala dos mundos e avança para um estágio superior, conforme revelaram os Espíritos elevados a Allan Kardec. A Terra deixará de ser mundo de sofrimentos, de exílio espiritual, de recuperações dolorosas, para tornar-se um plano de regeneração, quando a dor mais cruel baterá em retirada e o crime for abandonado, a benefício do cultivo dos deveres e das virtudes. Todo esse processo, no entanto, se dará no indivíduo, de dentro para fora, espontaneamente ou através de ocorrências afligentes, que o convidem a reflexões e mudanças de comportamento.

Não será, como se pretende em algumas áreas religiosas, de um para outro momento; porém, lentamente, sem choques nem violências, sem imposições arbitrárias nem calamidades destruidoras, mas dentro de uma programática dignificante como tudo que é realizado pela Divindade.

15) A competição e o individualismo são características das sociedades modernas. Seriam apenas explicadas pelo avanço tecnológico gerado pelas relações sociais materialistas que dominam o planeta, ou também têm tudo a ver com a natureza humana decadente, egoísta e imperfeita?

Ambas as conceituações têm fundamento. Porque o homem e a mulher ainda são predominantemente egoístas, a competitividade injustificável caracteriza-lhes a conduta, já que pensam apenas no momento transitório, olvidados da realidade da vida e da sua perenidade. Ademais, as propostas mercantilistas e hedonistas do prazer como fundamento da vida e única razão de se estar na Terra, fazem que eles se atirem desastradamente uns contra os outros, quando poderiam avançar tranquilamente uns com os outros, ajudando-se e crescendo em harmonia.

Lentamente ocorre no indivíduo um despertar para a valorização de si mesmo, para o autoamor e, por efeito, o amor aos demais, em cujo grupo se podem estabelecer os mecanismos da felicidade real e fecunda, quando todos compreenderem que felicidade a sós é transtorno esquizofrênico, a dois, apenas, constitui paixão consumidora, mas no grupo de ajuda e apoio, de fraternidade e afeto é manifestação divina, elevada expressão de plenitude.

a) Os prejuízos sociais das massas, numa sociedade individualista, podem então ser causados pelo desejo do lucro de alguns?

Numa sociedade individualista os interesses de lucro sobrepõem-se aos valores humanos, considerando a criatura como instrumento produtivo, a fim de atender as suas necessidades, cada vez maiores, assim gerando os desperdícios dos poderosos em detrimento das infinitas necessidades dos pobres. Na razão direta em que aumentam os lucros, mais amplas aspirações passam a ter os indivíduos, esquecidos da solidariedade e do amor que todos nos devemos oferecer. Como consequência, as suas leis são injustas, estabelecidas para a defesa dos seus interesses com a imediata redução dos direitos sociais das massas, cada vez mais comprimidas.

Toda forma de individualismo quase sempre resulta do egoísmo que conduz aos hediondos desvarios da indiferença e do crime.

16) Existem fatos ligados à história da Humanidade ainda desconhecidos que, se revelados, poderão mudar o comportamento ou o futuro dela?

A História registra todo o processo de desenvolvimento dos homens e mulheres, bem como do pensamento e dos fastos que se desenrolaram através dos milênios de realização, de cultura, de ética e de conquistas da Humanidade, mas também das suas quedas, conspirações, degredos, decadências, crimes hediondos que, se revelados sem uma natural maturação do ser psicológico, produziriam tal impacto que poderia modificar o conceito de ser humano, de valores, de significados, de realizações.

Afirmava Cícero que a História *é a pedra de toque que desgasta o erro e faz brilhar a verdade*. Entretanto, raramente ocorre assim, porque a História pode ser escrita por interesses políticos e raciais, por paixões primitivas ou pelas aspirações do pensamento elevado. O mesmo fato histórico pode ser exposto sob várias angulações, e todas, possivelmente apresentem sinais de verdade, tendo-se em vista o ângulo de observação de cada narrador. A História real, no entanto, encontra-se escrita nos registros *akásicos*[1] do Mundo espiritual.

17) Com o desenvolvimento tecnológico temos verificado o aumento do desemprego. Isto não poderá gerar sérios problemas para a população de vários países?

Sem dúvida o desemprego é um *fantasma* que sempre ameaça as comunidades humanas, respondendo por várias expressões da miséria econômica, social e, por consequência, de natureza moral, favorecendo a agressividade e a violência, as fugas espetaculares para os vícios e a delinquência em geral. Todavia, à medida que o desenvolvimento tecnológico anuncia novas conquistas, abrem-se diferentes áreas de serviços, convocando trabalhadores qualificados para o desempenho deles. Simultaneamente, a consciência coletiva deve superar o egoísmo destruidor dos empresários e administradores que somente pensam em lucro, olvidando-se do compromisso de promoção e dignificação da criatura humana, afinal, a meta do próprio progresso.

Com uma visão humanitária dilatada, será possível perceber-se que o acúmulo de recursos em poucas mãos é sempre responsável pela abundância da miséria em outros

---

1. *Akásicos*, sentido de celestes, do sânscrito *Ākasa*, céu.

segmentos sociais, compreendendo-se, então, a necessidade de uma renovação de compromissos, que abrirão espaço para o trabalho digno de todos os indivíduos que, igualmente, perseguirão o bem-estar geral, em vez de buscarem somente as compensações salariais exclusivistas e pessoais.

18) Os principais centros de conhecimento do mundo poderão migrar para continentes ou países hoje tidos como pobres?

Não necessariamente se fará a transferência dos centros do conhecimento, da cultura e da pesquisa de um para outro lugar, mas se multiplicarão esses núcleos da investigação e do estudo, mantendo intercâmbio constante, graças à própria tecnologia colocada a serviço das suas observações e análises conforme vem acontecendo. Já não existem distâncias geográficas que dificultem quaisquer realizações e trabalhos científicos, porquanto as redes de comunicação facultam a troca de informações com grande velocidade, qual se ocorresse num mesmo edifício. É natural, portanto, que, por agora, esses centros de conhecimento se encontrem nos países com melhores possibilidades econômicas, o que faculta o acesso às conquistas da inteligência e à sua colocação prática no mundo.

19) O homem tem promovido guerras para obtenção de mais poder. Teremos muitas guerras no futuro? Quais sãos os riscos delas?

Enquanto o ser humano não se harmonize, viverá em guerra íntima, em desequilíbrio que o aturde e que responde pelas guerras externas. Quando esteja pacificado, gerará a harmonia em toda parte. Assim, o maior poder que se deve objetivar é sobre si mesmo, conseguindo controlar os instintos agressivos e superar as paixões dissolventes que são responsáveis pelos crimes de todo jaez.

Temos a convicção de que os desatinos humanos ainda produzirão muitas guerras, que dissuadirão o homem da loucura em que se demora, já que as calamidades anteriores não lhe serviram de lição para uma vida verdadeiramente saudável em clima de fraternidade entre as criaturas e as demais Nações.

20) O comportamento da sociedade poderá ser influenciado, se melhores condições de conhecimento espírita forem oferecidas?

O conhecimento elevado sempre liberta o Espírito das suas paixões perturbadoras. Sendo o Espiritismo a Doutrina que penetra a lâmina da investigação no organismo da criatura para identificá-la corretamente, constatando-lhe a indestrutibilidade, porque Espírito imortal,* possui os valiosos conhecimentos para modificar as atuais estruturas da sociedade terrestre, facultando-lhe uma alteração completa da forma de conduzir-se e de programar o seu futuro.

O Espiritismo tem como meta prioritária a transformação moral do ser humano para melhor, por consequência, da sociedade como um todo.

Quando os seus postulados forem conhecidos e vividos, haverá uma radical mudança de comportamento em todas as áreas do pensamento e o amor vicejará nos corações, banindo da Terra os *monstros* do egoísmo, da guerra, da desolação, da infelicidade...

1.2 – Política

21) O desenvolvimento tecnológico e intelectual fomentará novos sistemas políticos?

Certamente, o homem melhor, mais desenvolvido moral e intelectualmente, apoiado na tecnologia que o impulsiona para frente, criará sistemas políticos compatíveis com os ideais que abraça, as aspirações que acalenta e os labores que realiza.

A política tem sido instrumento mal utilizado por homens e mulheres ambiciosos, esquecidos dos valores éticos, salvadas as exceções compreensíveis.

Quando se entenda que a política é poderoso instrumento de construção da sociedade, e se esteja moralmente adiantado para colocar em plano secundário os interesses pessoais, zelando pelos coletivos, serão criados sistemas e métodos de trabalho que elaborarão regimes justos e nobres, que atendam as necessidades do povo, sempre preterido, desrespeitado e oprimido através da História.

22) É constitucionalmente viável o liberalismo político com economia dirigida aos interesses da maioria faminta?

Quando os interesses dos grupos dominantes cederem em benefício das necessidades gerais, se poderão elaborar estudos e programas políticos liberais, constitucionalmente voltados para atender a grande maioria que padece fome e outras carências que podem ser diminuídas.

23) É possível o fortalecimento das Instituições sociais e a redução ou eliminação dos desajustes através da revisão dos sistemas políticos, jurídicos e econômicos?

Naturalmente, havendo uma revisão dos sistemas políticos – mediante ajustamento dos seus conteúdos às necessidades reais das massas, em detrimento dos interesses apaixonados do partidarismo e de suas negociações nem sempre dignas; jurídicos – por meio de Leis justas, que objetivem atender as imposições do progresso, sem as falhas que, habitualmente, são detectadas, mas, raramente alteradas, porque servem para conciliar as dominações farisaicas de grupos privilegiados, quase nunca alcançados pela Justiça; econômicos – abrindo-se campo de trabalho para todos, com os consequentes direitos de repouso, recreação, saúde e educação, que devem viger em todos os sistemas humanos dignos – ocorrerá diminuição e, a passo largo, a eliminação dos desajustes que fazem parte dos grupamentos humanos em sociedade.

É certo que tal ocorrência somente se tornará factível, quando o homem se fizer melhor interiormente, trabalhando-se com afinco e estabelecendo metas de engrandecimento moral mediante as quais despertará para os valores reais da vida, e, portanto, para a solidariedade, o amor e a justiça.

24) Vale a pena mudar os regimes socioeconômico e sociopolítico do país, alterando o quadro de miséria, violência e exclusão social, enquanto a maioria das pessoas continua escrava de preconceitos, de individualismo e atitudes egoístas?

Enquanto não sejam estabelecidas leis justas, que objetivem combater a miséria socioeconômica – que decorre do egoísmo, esse grande gerador da miséria moral – será impossível diminuir o sofrimento de milhões de seres que padecem escassez quase absoluta do necessário para uma existência digna, ou pelo menos suportável nas atuais condições de vida na Terra.

Somente, portanto, através de uma mudança de regime sociopolítico e socioeconômico, é que se poderão criar condições dignificantes para o ser humano, a fim de que ele se liberte da desagregação perversa, conforme vem ocorrendo em inúmeros setores da sociedade.

Em uma cultura que se apresenta como responsável pelo desenvolvimento da civilização não pode existir a miséria econômica; não há lugar para a presença da fome, do desemprego, do abandono moral e social a que são relegados os pobres, que estorcegam nos guetos de sofrimentos a que são atirados.

25) Para o Terceiro Milênio, não se torna cada vez mais premente falarmos de analfabetismo político, analfabetismo espiritual, do que de analfabeto de leitura e escrita?

Sem dúvida, a ignorância é o grande inimigo do ser humano. Seja ele desconhecedor dos valores espirituais, que são a base de formação da vida sob quaisquer aspectos considerada ou de outra forma de entendimento, de que depende para o desenvolvimento intelecto-moral, sem o que permanece nas faixas mais primárias do processo de crescimento. Assim sendo, a pior ignorância é a que decorre do desconhecimento das Leis de Deus que regem o Universo, da sua realidade de Espírito imortal, dos compromissos que tem em relação à vida, ao seu próximo e a si mesmo. Os outros são consequência inevitável desse primeiro, mais importante e mais urgente. Brutalizado, o ser estertora no analfabetismo em relação às Letras e às Artes, à beleza e aos deveres. Não obstante, existem casos em que analfabeto, no que tange às questões intelectuais, o Espírito em prova possui ínsito o discernimento que o auxilia a reparar os males causados anteriormente e a crescer nas novas experiências.

Conhecedor dos seus deveres e direitos espirituais, ele se socializa e adquire capacidade política, a fim de contribuir em favor da evolução da Humanidade, conquistando, de forma consciente, a sua cidadania.

1.3 – Socialismo

26) Vários revolucionários pregaram mudanças sociais, justiça social, distribuição de renda, igualdade entre os homens etc. Não seria um paradoxo constatar-se que os movimentos que mais trataram de igualdade e justiça foram baseados numa visão materialista da História e da realidade? Um dos maiores defensores da justiça social, Karl Marx, era um revolucionário materialista. Seria possível seguir a Doutrina Espírita sem abrir mão de alguns conceitos marxistas (lutas de classes, alienação do trabalhador, modo de produção, mais-valia, entre outros), ou o marxismo seria uma boa explicação para as diferenças impostas pelos processos reencarnatórios?

Infelizmente, o egoísmo, essa terrível chaga da Humanidade, que um dia há de desaparecer da Terra, tem sido o grande responsável pelas misérias humanas. Não obstante as religiões preconizarem o amor e demonstrarem que ele é a única solução para os magnos problemas existenciais, sociais e humanos, a sua prática, nessas diferentes doutrinas, tem sido essencialmente caracterizada pela sua ausência, pela crueldade, pelos crimes hediondos, de modo que cada qual exerça sobre as demais uma predominância injustificável. Falindo nos seus objetivos mais elevados, que são os de dignificar o ser humano e conduzi-lo com segurança no rumo da felicidade, as organizações religiosas têm-se ligado aos Estados, a fim de sobreviverem, tomando as rédeas do poder nas suas mãos vigorosas e vivendo os seus adeptos distanciados dos seus ensinamentos libertadores. Como consequência, incontáveis homens idealistas, decepcionados com a conduta dos religiosos, abdicaram da fé cega e irracional, adotando o comportamento materialista, tomados de paixão ardorosa pela tentativa de solucionarem os terríveis problemas sociais, econômicos e morais. Sem os estímulos nem a segurança de uma fé religiosa racional, infelizmente, descambam, também, por sua vez, em outra ordem de crimes, tornando-se cruéis e destruidores, procurando justificar os meios ignóbeis que usam para verem triunfar os seus objetivos com a perspectiva de que desejam fins nobres. Nunca, porém, os instrumentos do terror podem servir de mecanismos dignos para serem alcançados resultados felizes.

Através do Espiritismo, que conclama o homem à responsabilidade, é factível estabelecer-se a justiça social, evitando-se as lutas de classe com mão armada, a alienação do trabalhador, dando-lhe dignidade, facultando-lhe estímulos para progredir através de maior e melhor produção, sem que se torne necessário induzi-lo à derrubada dos dominadores de um momento, de forma que surjam futuros títeres conforme tem ocorrido.

O marxismo seria uma proposta socioeconômica feliz, não se assentasse no materialismo dialético, cuja eficiência ficou falida, na recente experiência dos países socialistas do bloco soviético como de outros Estados.

Através dos mecanismos da reencarnação os fenômenos sociais e econômicos se harmonizarão, porque o homem compreenderá, por fim, que mediante a forma como semear, assim colherá e somente através de uma conduta compatível com o amor, em regime de consciência de si mesmo, é que logrará transformar-se, alterando para melhor a sociedade na qual se encontra.

27) Quais erros ou incongruências podem ser apontados no materialismo histórico-dialético? Como tem pesado nas mudanças sociais deste final de século?

O materialismo, sob qualquer forma em que se apresente, é sempre uma atitude de rebeldia do homem em relação à vida, porque não lhe soluciona o problema existencial em toda a complexidade na qual se apresenta. Pode atender a algumas exigências imediatas, mas não aos profundos questionamentos morais, espirituais, eternos. Na sua proposta específica se encontra o erro fundamental: matar Deus e a alma, que é também a forma de matar o homem...

Em face das posturas das religiões dominantes, aliadas sempre ao poder temporal e compactuando com as injustiças sociais, foi aberto espaço para a revolução do pensamento que deu origem ao materialismo histórico, ao dialético, que trouxe inestimável contribuição social durante largo período deste século, não havendo resolvido, porém, o problema do homem em si mesmo, inquieto e sofredor, que derrapou pela senda da violência, por falta de suporte moral e espiritual. Embora haja contribuído para despertar algumas consciências para os inalienáveis direitos da criatura humana, realmente não tem sido de relevante valia para as mudanças sociais deste final de milênio, em razão do seu total fracasso nos países que lhe têm sofrido o talante e onde a miséria não é menor do que nos outros de conduta igualmente perversa, graças ao capitalismo devorador.

28) Como podemos interpretar a crise do Socialismo? Devemos acreditar na reinvenção de novas formas de solidariedade? (Socialismo visto como norte social, como projeto de sociedade.)

Toda doutrina que se torna arbitrária, violentando os direitos humanos, por mais triunfante é sempre de efêmera duração. O homem nasceu para ser livre – nem libertino, nem escravo –, porquanto essa é Lei do Universo.

Dessa forma, quando a proposta socialista, embora os seus fundamentos materialistas, foi transformada em arma de dominação, passou a falhar nas próprias bases, que são a felicidade do ser e o equilíbrio socioeconômico da *Humanidade*. No entanto, sem o conceito da imortalidade da alma e da Justiça Divina, da vigência do amor como norte espiritual do ser e da solidariedade – que é uma forma humanitária de caridade –, qualquer proposta de felicidade para a sociedade tombará por falta de sustentação emocional e moral, porque serão aplicados quaisquer meios como tentativa de justificar os fins que pretendem ser dignificadores.

29) O fato social religioso foi decisivo na reestruturação da perestroika, que se tornou necessária para a manutenção dos países soviéticos?

Somos de parecer que os fatores predominantes na reestruturação da *perestroika* foram os de natureza sociopolítica e socioeconômica. A União das Repúblicas Socialistas Soviéticas encontrava-se exaurida economicamente para poder manter o seu programa militar. As necessidades de vária ordem assolavam em toda parte gerando inquietação social que a mão de ferro da ditadura esmagava cruelmente. A fome grassava e a dominação política do partido comunista gerava insatisfações, em razão das vantagens desfrutadas pelos membros do Politiburo, enquanto o povo sofria vergonhosamente asfixiado pelo poder. A filosofia da Revolução de 1917, que se apresentava como salvadora dos oprimidos, estava esquecida, e dominava o terror onde se houvera instalado, gerando novas classes operárias cujo patrão perverso era o Estado, insensível e insatisfeito sempre, exigindo mais subserviência e produção. Como toda ditadura é poder arbitrário, e sobrevive através da traição, da perseguição, do crime disfarçado com o manto da legalidade, já não havia como sobreviver. Diante desse quadro assustador, o senhor Mikhail Gorbachev, conhecendo o drama do seu povo e das demais Repúblicas sob sua governança, inspirado pelas Forças Poderosas do Bem, levantou-se e abriu as portas da colossal fortaleza para que a liberdade entrasse vitoriosa.

Certamente, a religião submetida não contribuiu, tão decisivamente, para a libertação do povo oprimido, porque as doutrinas ortodoxas também estavam comprometidas com o poder temporal e, com o seu luxo e dogmas, têm pouco para oferecer à sociedade. Mas, o sentimento religioso, que é inato na criatura humana, não mais suportou a opressão gigantesca e asfixiante, e reagiu em favor da ruptura das algemas escravagistas.

30) As recentes quedas dos regimes econômicos socialistas do leste europeu podem repercutir negativamente na legislação dos povos do Ocidente?

A economia socialista, nas bases do materialismo ateu, não conseguiu resolver o problema dos povos para os quais foi dirigida. Enquanto esteve sob a mão de ferro dos regimes totalitários parecia atender as problemáticas existentes nos países onde era aplicada. No entanto, quando tombaram as restrições impiedosas, constatou-se a crueldade das suas fórmulas e aplicações como forma de manter as populações que lhes padeciam as exigências.

A distribuição de riquezas sob o comando de governos cruéis peca pela base, porque novas classes privilegiadas substituem as que foram esmagadas, passando a desfrutar de favores e benefícios injustificáveis.

Da mesma forma, a economia nas bases do capitalismo, conforme vem sendo aplicada, fomenta a miséria dos povos, já que abastece os poderosos, aumentando-lhes a fortuna, enquanto os menos favorecidos continuam impossibilitados de libertar-se da miséria.

Assim sendo, não cremos que a decadência dos regimes socialistas do leste europeu provoque significativas alterações na legislação dos povos ocidentais.

1.4 – Economia

31) Tendo em vista a utilização de menos mão de obra pela indústria, não será necessária a inversão do fluxo migratório campo-cidade já no próximo século?

O problema não reside na questão da mão de obra útil ou desnecessária para mudar a paisagem do fluxo migratório do homem do campo para a cidade, mas de uma política justa e digna de sua fixação à terra. Enquanto os governos dos países tecnologicamente desenvolvidos, ou não, não trabalharem leis dignas e providenciarem recursos para facultar a permanência do homem no solo a cultivar, a ilusão da cidade sempre o chamará, apresentando-lhe falsas perspectivas de uma vida melhor, em razão das facilidades, que parecem existir nos meios urbanos, enquanto, na área onde vive, com a desolação, a fome, a sede, as pragas, o esquecimento das autoridades, a sua é a morte certa e sem piedade...

A questão, portanto, é mais grave, porque dependerá da lucidez e da responsabilidade dos governos, que se devem voltar para uma análise séria e profunda dos problemas agrários, que estão exigindo soluções urgentes antes que sucedam calamidades imprevisíveis.

32) Qual a responsabilidade daqueles que, em nome do lucro, expõem seus semelhantes para seu sustento material?

Toda forma de exploração humana é atentatória aos códigos da Divina Justiça. O homem deve trabalhar com o próprio esforço, a fim de conseguir o sustento material, e a Natureza jamais lhe negará aquilo de que necessita. O supérfluo é condenável, quando muitos têm carência ou vivem do pouco que conseguem.

Utilizar-se do seu semelhante, expondo-o a humilhações sob qualquer pretexto, particularmente em razão das suas fraquezas, e disso tirando proveito, malsinando suas horas, cultivando-lhe ou estimulando-lhe as paixões inferiores, constitui crime que não passará incólume ao despertar da própria consciência como diante da Cósmica.

33) Todos os homens estão sujeitos à Lei do trabalho, ainda que dele não dependam para seu sustento material?

Certamente, todos os seres estamos sujeitos à Lei do trabalho, que rege a harmonia do Cosmo. Jesus acentuou com muita propriedade: – *Meu Pai até hoje trabalha e Eu também trabalho*, ensinando-nos que o trabalho é Lei da Vida a que todos estamos submetidos.

O trabalho não deve ter por meta prioritária somente lucros materiais, respostas em salários e prêmios, mas sim, também, a satisfação de seguir a dinâmica da Vida, auxiliando e fomentando o progresso das pessoas e dos povos, bem como a beleza e a harmonia do planeta.

A ociosidade é *matriz* de muitos males que atormentam os seres humanos, particularmente gerando perturbações emocionais e desajustes comportamentais.

Quando o indivíduo não tiver necessidade de trabalhar para o próprio sustento, poderá dedicar-se às obras de benemerência, de engrandecimento social, de solidariedade humana, contribuindo para amenizar as provações e dores dos desafortunados, mediante cuja contribuição se sentirá dignificado e membro atuante do conjunto social no qual se encontra.

34) O desenvolvimento econômico-tecnológico no mundo moderno não resolveu de forma significativa o problema da miséria. Há perspectivas de mudança nesse processo?

Tem-se pensado, do ponto de vista sociológico, nas criaturas formando um todo, ou constituindo grupos que se devem ajudar, de forma que o conjunto experimente harmonia. Como tese, é legítima a aspiração. No entanto, o grande problema é o indivíduo em si mesmo. Enquanto nele vicejem as manifestações de natureza primitiva, egoísticas, encontrará forma de constituir um grupo social privilegiado que se imporá aos demais, fruindo além das possibilidades de gozar com esquecimento das demais criaturas.

A mudança se dará, conforme já vem ocorrendo, quando cada um se dê conta que é impossível ser feliz a sós, possuindo e possuído pela posse, com esquecimento do grupo social no qual é obrigado a movimentar-se. Esse comportamento infeliz que vem sendo mantido já apavora os arbitrários dominadores, porque aumenta o cerco do cinturão da miséria em toda parte e a sua falsa segurança começa a desaparecer.

Ao mesmo tempo, a violência urbana, que é um dos filhos perversos dessa miséria, passa a rondar sistematicamente os poderosos, que se verão obrigados a encontrar soluções de emergência para resguardar-se, e concluirão que a única saída legítima é a da solidariedade, que proporciona trabalho digno, assistência nobre e oportunidades a todos para o seu crescimento e a sua existência feliz.

35) A forma de desenvolvimento econômico e tecnológico predominante no mundo atual tem resultado no crescente desemprego e na desvalorização do trabalho humano. Quais as consequências desses fatos para o desenvolvimento espiritual da sociedade? Como é visto o papel do Estado nesse processo?

A Ciência, aliando-se à Tecnologia, vem logrando feitos extraordinários com perspectivas audaciosas de efeitos imprevisíveis. O universo se amplia e as micropartículas facultam concepções que alcançam quase a fantasia. No entanto, a aplicação exacerbada do conhecimento em favor da comodidade de alguns, vem criando a robotização do ser humano que, de um lado, perde a sua identidade e, por outro, torna-se descartável nas operações industriais, comerciais e outras, sendo vítima do desemprego, e sofrendo situações lamentáveis de miséria moral, econômica, social...

Chega o momento no qual as autoridades terão que mudar o comportamento em torno da finalidade do progresso, particularmente direcionado para o bem do cidadão, que não pode ficar marginalizado no grupo social.

A experiência vem demonstrando que a interferência do Estado como regulador do processo de desenvolvimento econômico tem redundado em desastre, porque ele é sempre um péssimo patrão que sofre a interferência dos partidos políticos em predominância em cada período governamental.

A questão, portanto, resume-se na educação moral e espiritual do indivíduo, a fim de que nunca se olvide que a sua é a função de edificação de si mesmo e, por consequência, da sociedade. Todo e qualquer empreendimento deve ser realizado tendo em vista o homem, nunca priorizando a conquista que desumanize a criatura.

2
CIÊNCIAS MÉDICAS E BIOLÓGICAS À LUZ DO ESPIRITISMO

2.1 – Engenharia Genética e Genética

36) Será lícito ao homem manipular a genética de outros animais ou de seus próprios semelhantes?

Toda vez que as aspirações humanas se transformarem em alienação perturbadora, objetivando interferir nos códigos genéticos para verdadeiras aventuras, a licitude da experiência deve ceder lugar aos impositivos de uma ética trabalhada com rigor, a fim de que as vidas animais e humanas sejam poupadas às aberrações, que muitas mentes desequilibradas, de ontem como de hoje, têm tentado realizar em diversas culturas, particularmente naquelas que se caracterizam pelo totalitarismo do poder, que pretende considerar superiores algumas raças em detrimento de outras, que lhes padeceriam a impiedade e a covardia das perseguições cruéis.

Não é lícita, portanto, a manipulação genética em animais – exceção feita, quando se tem por objetivo melhorar a qualidade da raça, evitando-lhe a fragilidade e as enfermidades que decorrem do meio ambiente ou de fatores hereditários – nem em criaturas humanas, sem graves consequências para a sociedade.

37) As Leis de Deus impõem algum limite a esse desenvolvimento?

O homem tem o direito e o dever de investigar sempre, a fim de que o progresso não fique paralisado nas conquistas logradas. No entanto, quando as experiências extrapolam a capacidade de controle do ser humano, as Leis de Deus, mediante fenômenos naturais, impedem-lhe o avanço e permitem que acontecimentos inesperados, desastrosos, demonstrem a insensatez daquele que se ergue à condição de semideus.

38) O progresso moral do ser humano não acompanhou o progresso tecnológico. O mundo assistiu chocado a uma experiência em que uma orelha humana foi implantada nas costas de um rato. Alguns cientistas especulam sobre a possibilidade de criação de uma raça humana intelectualmente inferior, destinada exclusivamente aos trabalhos braçais, sem o problema de eventuais reivindicações por melhores condições de vida. As leis da Natureza permitirão ao homem penetrar nos mecanismos da biogenética?

Entre as nobres funções da Ciência se encontra aquela que se encarrega de examinar as possibilidades denominadas impossíveis, que podem, um dia, tornar-se factíveis, realizáveis. Não obstante, sonhar com a criação de homens e mulheres *xerox*, insensíveis à dor, automatistas, sem percepção para a sua realidade existencial, é levar a aspiração à condição de pesadelo.

Sem dúvida, o cientista pode interferir na constituição genética e perturbar-lhe o desenvolvimento, gerando anomalias no processo da sua multiplicação. Todavia, para que a vida humana se expresse plenamente, é indispensável a presença do Espírito, cujo órgão modelador é o perispírito, que estimula as células conforme as necessidades de natureza cármica, obedecendo à Lei moral de causa e efeito.

39) Qual a visão dos Espíritos em torno da bioética e do número excessivo de discussões em torno da regulamentação desse tema, tendo em vista o grande avanço da engenharia genética na área da clonagem, controle fetal, transplantes e mutações?

Considerando-se a realidade do ser humano como Espírito imortal, o fenômeno da morte biológica é inevitável, sem que essa ocorrência afete-lhe a estrutura de que se constitui. No entanto, em face da necessidade de evoluir através das sucessivas reencarnações, o Espírito desenvolve as potencialidades intelectuais e penetra nos mecanismos que regem a vida material, descobrindo recursos preciosos para tornar a existência física menos tormentosa, menos afligente, como resultado das conquistas realizadas no transcurso dos milênios.

Os laboratórios de pesquisa ampliam os campos de investigação e, diariamente, novos descobrimentos contribuem para que se possa viver com mais equilíbrio e mais felicidade.

Simultaneamente, porém, os atavismos materialistas, que permanecem em muitos estudiosos da vida, trabalham com objetivos de burlar a dor, a morte, a degenerescência que, para eles, podem ser evitados, contornados, superados, apresentando mecanismos especiais que facilitem a fuga ao inevitável. Nascem, desse comportamento, propostas absurdas para o momento e algumas outras trágicas para a vida.

É indispensável, portanto, que seja levantada uma ética para a genética, uma bioética, para estabelecer limites e cercear a oportunidade de desenvolverem-se sonhos macabros, tornando o ser humano cobaia para experimentos dantescos, a pretexto de se construírem seres superiores geneticamente organizados, adiando-se *sine die* o momento da morte física, realizando-se transplantes antes da ocorrência da morte real e interferindo-se na estrutura dos genes e cromossomos, diante de fetos que apresentem anomalias detectáveis, como se elas procedessem do corpo e não do Espírito.

Tal procedimento desconsidera as ocorrências cármicas que se dão nas criaturas de compleição orgânica saudável com profundos distúrbios psíquicos e emocionais, ou que se tornam vítimas de acidentes mutiladores e fenômenos degenerativos.

Quando a Ciência, através dos seus nobres investigadores, assenhorear-se da realidade do Espírito, compreenderá a necessidade de ser estabelecido um código de preservação da vida, desse modo, uma bioética fundamentada no respeito e na dignificação da criatura humana.

O sonho de lograr-se uma clonagem real, copiando-se seres padronizados, já é realidade; no entanto, bem distante de conseguir-se o mesmo êxito em relação à criatura humana, conforme os moldes que conhecemos, em razão de somente poder acontecer mediante a interferência do Espírito, sem o qual teremos formações aberrantes de células que, desprovidas do modelo organizador biológico, jamais repetirão o indivíduo original.

Tendo-se em vista, porém, que a engenharia genética venha a conseguir os requisitos indispensáveis para que a vida humana se expresse, o Espírito se utilizará da circunstância e poderá reencarnar-se, jamais idêntico a outro, em razão das conquistas que tipificam cada um.

40) As inserções perispirituais na zona física dar-se-iam nos genes do ADN celular? Seriam os genes campos praticamente energéticos, de antipartículas atômicas, como que incrustadas em faixas apropriadas da molécula do ADN?

Podemos afirmar que o ADN, na sua estrutura íntima, é um campo de energia na sua mais elevada expressão, exteriorizada pelo perispírito na sua função organizadora do corpo físico e toda sua estrutura molecular que, de alguma forma, se constituiria de antipartículas atômicas.

2.2 – Embriologia

41) Nos casos de embriões congelados, já em estados avançados de desenvolvimento, estariam a eles ligados Espíritos, esperando a retomada do processo para fins reencarnacionistas?

Não necessariamente. Em alguns casos, Espíritos que pensaram burlar a Lei da Vida, fugindo das provações pelo caminho falso do suicídio, permanecem em semi-hibernação aguardando oportunidade para o recomeço da experiência, e esse período lhes constitui a expiação a que fazem jus. O desenvolvimento que ocorre em alguns experimentos é espontâneo, resultado do automatismo biológico, mas que não culminam em êxito.

42) O processo de formação de corpos orgânicos perfeitos baseados no código genético humano sem a presença do Espírito, utilizando-se, apenas, dos recursos de laboratório, é possível?

Na atual conjuntura, a vida em plenitude somente se expressa na criatura humana através do Espírito. A hipótese de criar-se um corpo sem alma, por mais que sejam avançadas as técnicas de laboratório, permanece impossível.

43) As energias que os espermatozoides devem carregar, lançadas nas vias femininas (duzentos milhões por ejaculação, em média), não seriam aproveitadas no mecanismo reencarnatório após desintegração dos corpos celulares? Constituiriam uma coroa protecional para o óvulo fecundado? Teria alguma outra destinação energética?

Tudo em a Natureza tem uma função necessária e específica. O que parece destruição não passa de transformação, retornando ao campo da energia de onde procede.

Os espermatozoides excedentes, quando começam a desintegração celular, irradiam as energias que os constituem, e essas fazem-se absorvidas pelo óvulo fecundado, tornando-se uma coroa ou aura protetora durante todo o seu percurso pela Trompa de Falópio até o seu acoplamento no útero, em cujo campo dilui as últimas vibrações.

44) A reencarnação poderia processar-se não no momento da fecundação e sim em estágios mais avançados do processo embriológico?

No atual estágio de evolução da criatura humana e do planeta terrestre, a reencarnação tem início no momento da fecundação, a partir de cujo instante o perispírito começa a imprimir nos genes e cromossomos os equipamentos de que necessita o Espírito para a evolução. Nos estágios mais avançados do processo biológico já estariam definidos diversos programas orgânicos, o que dificultaria a perfeita identificação do ser espiritual com os instrumentos que lhe irão servir de sustentação.

45) O perispírito seria fator fundamental nos processos de gênese corporal?

É o perispírito o modelador, sem cuja presença o Espírito não lograria imantar-se à organização física para o processo da reencarnação, por ser-lhe o primeiro envoltório, cuja programação se dá pelos recursos magnéticos de que é constituído, apresentando as características que lhe refletem o estado, a evolução.

Desse modo, na gênese corporal, o perispírito é de fundamental importância, a fim de que ela expresse-se, desenvolva-se e concretize-se.

46) Como se processa a interferência do perispírito do reencarnante na organização genética do corpo após a fecundação?

O perispírito é o agente modelador dos equipamentos orgânicos, assim como dos delicados processos mentais, que decorrem das conquistas do Espírito.

Desde o momento em que o espermatozoide dispara na Trompa de Falópio, na ansiosa busca do óvulo, os automatismos perispirituais, à semelhança dos biológicos, dão início à modelagem do invólucro de que se utilizará o Espírito para os futuros cometimentos propostos pela reencarnação.

À medida que a mitose celular se processa, os elementos genéticos experimentam a ação magnética dele irradiante, de tal forma que os cromossomos se organizam no molde energético, assim iniciando-se o processo da organização molecular.

2.3 – Medicina

47) O que tem maior peso no desequilíbrio do processo saúde/doença? Os determinantes sociais ou as alterações biológicas decorrentes de carmas ou formas de vida?

Os determinantes biológicos, decorrentes dos mecanismos cármicos, são os responsáveis pelo equilíbrio ou desarmonia no binômio saúde/doença em razão das necessidades de evolução impostas pelo perispírito, encarregado de armazenar as conquistas evolutivas, que decorrem das ações do Espírito sobre a matéria no transcurso das experiências transatas.

Mesmo os impositivos sociais são consequências inevitáveis das realizações do ser, que não pode fugir de si mesmo, dos compromissos assumidos e desempenhados conforme o direcionamento que se haja dado, recomeçando o processo de crescimento no lugar onde as condições lhe serão propiciatórias para a recuperação moral e espiritual, e lhe facultem os recursos indispensáveis para o próprio desenvolvimento.

Cada ser, portanto, reencarna no grupo social de que tem necessidade para evoluir, a fim de valorizar circunstâncias e condições específicas para a manifestação dos tesouros que lhe dormem em germe.

48) Podemos afirmar que cada um é responsável por suas próprias enfermidades? Estão na construção psíquica os determinantes da condição de saúde/doença?

O ser humano é, essencialmente, o Espírito que o organiza. Como decorrência, é, inevitavelmente, o resultado do que pensa, do que fala e do que faz.

Sua mente é dínamo gerador de energia, cuja qualidade resulta dos fatores que lhe constituem os interesses emocionais, as preferências intelectuais e morais. Conforme organize as aspirações e as exteriorize, elas se transformam em fontes de vida, elaborando as construções do bem e do mal que passam a fazer parte do seu comportamento.

Na área da saúde temos a resposta do pensamento, portanto, do próprio Espírito produzindo equilíbrio ou gerando desarmonia a expressar-se em forma de doença que lhe afeta o corpo, a emoção ou o psiquismo, levando-o às mais variadas patologias que resultam das aspirações sustentadas pela mente.

Desse modo, cada um conduz os determinantes do esquema saúde/doença, que se exteriorizam quando as matrizes cármicas facultam a instalação dos processos compatíveis com as realizações que ficaram no passado.

Da mesma forma, a mente equilibrada ou que se resolve pela renovação altera os mecanismos aflitivos do sofrimento, modificando as paisagens atormentantes e gerando novas áreas de harmonia, portanto, de saúde.

49) Qual a receita para uma vida saudável no campo material e espiritual?

A harmonia da mente responde pelo bem-estar espiritual, daí decorrendo a vida saudável no campo orgânico. O equilíbrio psicofísico é a grande meta que deve ser alcançada pelo ser humano. Para consegui-lo, torna-se indispensável o *conhecimento de si mesmo* como fator preponderante a fim de saber *quem se é, de onde se veio, para onde se vai*, pensando e agindo com equidade e justiça, *nunca desejando aos outros aquilo que não deseja para si mesmo*, conforme a diretriz terapêutica proposta por Jesus.

50) Quais das ações de saúde aproximam-se mais de uma visão de saúde integral (corpo/espírito)? A clássica medicina ocidental ou as práticas alternativas, tais como acupuntura, fitoterapia, homeopatia e outras?

O ser humano é constituído de Espírito, perispírito e matéria. A visão organicista do academicismo ancestral tentou reduzi-lo ao conjunto celular sob a regência do cérebro, que, sofrendo anóxia, tudo levaria ao caos do princípio.

Porém, à medida que se dilataram os horizontes da compreensão em torno da realidade estrutural do indivíduo, que se inicia nos campos da energia pensante e se dilata no conjunto em que se apresenta, tem havido uma diferente visão em torno das suas necessidades, dos seus valores.

A medicina ocidental, na sua proposta unicista do ser, aplicou a terapia compatível com a organização eminentemente material, tendo em vista o conjunto transitório e não a realidade permanente. Não obstante, os pais da Medicina ocidental já intuíam que o indivíduo é uma energia envolta em células. Abandonado o conceito pelo materialismo, no século passado, como reação ao desordenado espiritualismo imposto pela fé cega, lentamente é retomado o conceito baseado na energia, já que tudo quanto existe no Universo é resultado dela. Abrem-se, então, possibilidades para a visão espiritualista e espiritista em torno da criatura, facultando uma complexa alteração na terapia convencional, que cede espaço às modernas contribuições das alternativas, algumas delas multimilenárias e de resultados não agressivos ao organismo fisiopsíquico do ser.

Trabalhando-se nas causas geradoras das enfermidades, mais facilmente se poderão conseguir resultados salutares nas opções terapêuticas, revitalizando-se os campos energéticos no perispírito: *chakras*, meridianos, onde se situam os registros desencadeadores dos processos depurativos a expressarem-se como enfermidades no corpo somático, na emoção e no psiquismo.

Em tempo não distante, as duas vertentes do conhecimento médico – Oriente e Ocidente – dar-se-ão as mãos, objetivando a saúde do ser humano sem preconceitos nem imposições, que não mais se justificam na era do conhecimento profundo.

As cirurgias desempenharão, então, um papel emergencial, a fim de facultar ao homem o tempo necessário para trabalhar as causas dos problemas afligentes no seu organismo, modificando o comportamento mental e moral, graças a cuja conduta alterar-se-ão os efeitos perturbadores antes registrados.

51) Os pontos de acupuntura atingem, direta ou indiretamente, o perispírito, ou que outras zonas da organização humana?

Tendo-se em vista o conceito chinês sobre a acupuntura, a energia *ch'i* é captada pelo corpo humano graças aos portais de entrada que se encontram espalhados pela pele. Trata-se dos locais acupunturais, que fazem parte constitutiva dos meridianos encarregados de conduzir a energia até os órgãos na sua estrutura geral, fluindo por intermédio de doze pares e, dessa forma, oferecendo ao organismo a energia necessária para manter o seu equilíbrio.

Segundo outro conceito do mesmo pensamento filosófico chinês, existe uma polaridade universal expressa pelo *yin* e pelo *yang*. Essa tese faz recordar a Teoria da Complementaridade, segundo a qual a dualidade partícula/onda, na sua complexidade seria equivalente ao *yin/yang*, que se encontra presente em todos os corpos, inclusive no Universo.

A saúde seria, conforme essa teoria, o perfeito equilíbrio entre essas duas forças. Qualquer tipo de distonia, seja de natureza física, mental ou espiritual, gera um desequilíbrio no organismo, que se converte em desajuste ou enfermidade no departamento correspondente do corpo.

Somente através da harmonia da energia *ch'i* por intermédio dos meridianos direito/esquerdo se consegue o equilíbrio *yin/yang*, portanto, a reconquista da saúde.

Os locais acupunturais, que se encontram nos meridianos da pele, são constituídos por propriedades elétricas que os tornam diferentes dos campos da epiderme comum. São, portanto, circuitos elétricos que levam a energia dos pontos acupunturáveis à intimidade dos órgãos.

Também ensina a filosofia chinesa que o indivíduo é um microcosmo, reflexo do macrocosmo no qual se encontra mergulhado, conceito com o qual anuímos completamente.

A energia, portanto, aplicada nos pontos de acupuntura é absorvida pelos nervos e pelas *células gliais* em torno dos quais se encontram, encaminhando-a a todos os departamentos do organismo e produzindo o equilíbrio de que necessita o ser.

Dessa forma, a energia *ch'i* é captada pelo perispírito, que se encarrega de estimular as futuras células a um desenvolvimento harmônico, enquanto no organismo físico os neurotransmissores, como as endorfinas que aliviam e suprimem a dor, são liberados sob a ação dessa mesma irradiação.

O perispírito é alcançado, desse modo, diretamente, em razão dos seus campos energéticos que se encontram espalhados por todo o corpo humano, preservando-lhe a forma, o equilíbrio e a coleta de dados que arquiva para futuros empreendimentos.

52) Como se processa a relação físico/perispírito no desenvolvimento das enfermidades?

Assinalado por deficiências vibratórias específicas decorrentes do mau uso do organismo em existência anterior ou na atual, o campo de energia apresenta-se debilitado, exteriorizando-se em ondas de frequência descontínua que dificulta o processo da mitose celular ou diminui a produção de leucócitos, dessa forma deixando livre o espaço para as infecções, as deteriorações e desequilíbrios emocionais que aí se instalam.

É do Espírito, através do seu perispírito, que partem as correntes de energia, encarregadas de contribuir para o metabolismo orgânico, e não do corpo para aquele núcleo que lhe distribui as forças.

Todo labor terapêutico deve ter como meta prioritária atingir o cerne do ser – o Espírito – a fim de que se renovem as estruturas pensantes que proporcionam as vibrações de equilíbrio, portanto, de saúde.

53) Qual o conceito de saúde no Mundo espiritual?

O conceito de saúde mais próprio para o homem, e que é tido como importante no Mundo espiritual, é o que decorre da consciência do dever retamente cumprido, tendo em vista as altas aspirações de progresso cultivadas, constituindo a perfeita harmonia entre desejar e conseguir. É saudável todo aquele que age corretamente, porque pensa com elevação de propósitos e mantém-se sereno diante das determinações da Vida.

2.4 – Ecologia

54) Tanto o homem primitivo como o civilizado, em determinadas circunstâncias, destroem a Natureza na ânsia de sobreviver. Como fazer para que o homem possa, o mais breve possível, conciliar suas necessidades de sobrevivência e conforto com a preservação da Natureza?

À medida que o ser evolui constata que essa viagem não pode ser solitária, nem destruidora. A utilização irregular do conhecimento tecnológico que vem ameaçando a vida, também, quando aplicado corretamente, pode recompor o ambiente e refazer a Natureza, condições essas indispensáveis para que a vida orgânica tenha prosseguimento e, para tanto, já se iniciam os movimentos ecológicos procurando restabelecer o equilíbrio momentaneamente perturbado, trabalhando pela harmonia do domicílio terrestre.

Felizmente, já são muitos aqueles que respeitam e compreendem a finalidade essencial da vida, que é amar a tudo e a todos.

Por isso mesmo, o conforto e a sobrevivência tomarão outros rumos graças aos avanços das ciências da moderna tecnologia.

55) A agricultura moderna, com o uso exagerado de máquinas, produtos químicos e até com plantas e micro-organismos, vem causando impactos nocivos no meio ambiente e na saúde humana. A agricultura sustentável, sem riscos ecológicos e boa produtividade, será um dia realidade?

A consciência de si faz que o homem respeite a vida em todas as suas manifestações, mudando as técnicas agrícolas, passando a utilizar-se de máquinas que não poluam a atmosfera, de recursos orgânicos que substituam as substâncias químicas e venenosas, os hormônios que deformam os animais, não efetivados em razão da ganância argentária. Na raiz de toda poluição, de toda destruição da vida, está aquela de natureza moral, que responde pela avareza que predomina na criatura humana.

Experiências de laboratório já demonstraram que é possível conseguir-se uma agricultura viável e produtiva, capaz de atender a toda a população da Terra, experimentando-se também outros recursos, quais os grandes viveiros de reprodução de peixes, de plantas aquáticas e algas marinhas, na intimidade dos rios, dos oceanos, dos lagos, quase não explorados...

56) No século atual o petróleo é a principal fonte de energia; sabemos que é uma fonte esgotável. Quais fontes de energia substituirão o petróleo?

Não dispomos de recursos que nos facultem a tarefa exitosa de previsão de tal natureza, definindo acontecimentos que estarão sujeitos a modificações. Podemos, todavia, concluir que a energia solar, ainda pouco utilizada pelo homem, irá substituir muitos combustíveis que, mesmo não se extinguindo, deixarão de poluir o meio ambiente. Ao mesmo tempo, o controle nuclear, superados os riscos da precipitação belicosa, abrirá campo inexaurível, no que diz respeito à energia em si mesma, que auxiliará o progresso da Humanidade. Igualmente cremos que o maior conhecimento a respeito da Lei de gravidade facultará imprevisíveis contribuições que serão aplicadas nesse sentido.

57) Atualmente muito se condena os malefícios, para a Terra, do efeito estufa e da destruição da camada de ozônio. Deveremos ter preocupações com isso?

Certamente devemos preocupar-nos com os danos que o nosso egoísmo vem ocasionando à mãe Terra, pelo despautério e desrespeito às leis da ecologia estabelecidas por Deus e refletidas no equilíbrio da Natureza.

A toda agressão corresponde uma reação equivalente, e o mau uso que os homens têm feito dos recursos naturais, o desrespeito pela vida em todas as suas expressões têm gerado consequências desastrosas que, se não forem corrigidas e evitadas novas investidas malsãs, poderão transformar-se em fenômeno de dor e de sombra para eles próprios.

A vida é o que dela fazemos. Da maneira como agirmos em relação à Terra, esta nos responderá de maneira adequada.

58) Grandes catástrofes poderão destruir povos ou regiões da Terra? Ou pela tecnologia será possível evitá-las?

O conhecimento tecnológico tem proporcionado à Humanidade grandes conquistas que vêm diminuindo o sofrimento dos povos. Com o desenvolvimento moral das criaturas diluem-se as cargas cármicas que lhes pesam sobre os ombros e, como efeito, vão desaparecendo os fatores que geram os sofrimentos coletivos de caráter reparador. Já podemos acompanhar grandes progressos nessas áreas, detectando-se erupções vulcânicas, terremotos, ciclones e tufões com antecedência que permite a evacuação das áreas onde ocorrerão as calamidades sísmicas, dessa maneira contribuindo para menor soma de dores nas criaturas. No entanto, o planeta Terra, em si mesmo, prosseguirá o seu processo de adaptação, de transformação molecular, alterando o clima e a constituição, mediante o que passará de *mundo de provas e expiações* para *mundo de regeneração*, não sendo possível por enquanto evitá-las.

59) Alguns biólogos estão asseverando que as nossas percepções em face ao meio ambiente são esquemas psíquicos holográficos; isto é: percepções abrangentes, de totalidade, transcendendo os apropriados centros nervosos cerebrais. O campo perispiritual do encarnado, refletindo-se na zona física (consciente) propiciaria pensamentos, lembranças, sonhos etc. O processo é de característica holográfica ou algum outro mecanismo desconhecido?

A Ciência, nas suas múltiplas expressões, lentamente se aproxima da realidade complexa do ser e da vida. A cada conquista que se opera, mais um passo é dado na direção da realidade. Apesar desse avanço admirável, ainda se encontra distante do entendimento das intrincadas redes de energia que constituem o perispírito e o Espírito.

Dessa forma, torna-se difícil abordar questões desconhecidas com palavras comprometidas. No entanto, podemos dizer que há um sistema holográfico no perispírito, que sempre repete o modelo original, toda vez que moralmente é recuperado o campo deteriorado ou agredido pelo ser.

Assim considerado, esse sistema holográfico reproduziria pensamentos, ideias, lembranças, que procedem do Espírito através do seu modelo organizador biológico.

60) Uma plantação estabelecida em terras conquistadas com derramamento de sangue e empobrecimento de seus antigos colonos poderia sofrer as consequências do carma daquela região? Em caso afirmativo, outras culturas posteriormente plantadas para diversificação ou exploração em sistemas consorciados também sofreriam idênticas consequências?

Naturalmente as terras, os lugares sofrem as consequências dos acontecimentos que ali ocorreram, constituindo-lhes de alguma forma um *carma*. Como não foi causado esse *carma* por eles mesmos e sim pelas criaturas que os utilizaram, logo passa o período mais crítico e essas construções negativas são diluídas por outras mentes e atividades que são desenvolvidas. A psicosfera pestífera cede lugar a novas construções mentais, e com o auxílio que lhes é oferecido, podem tornar-se aprazíveis, produtivos, ricos de mercês.

É da Lei da Vida, que o amor cobre a multidão de pecados.

61) Poderá o homem, um dia, utilizar as forças espirituais, cósmicas e anímicas, extensivamente na agricultura e na saúde humana, vegetal e animal?

Já existem experiências positivas na atualidade por pessoas sensíveis, que se dedicam à produção de alimentos mediante os recursos preciosos das forças mentais, direcionadas no sentido positivo, recorrendo à oração, à mentalização, à bioenergia.

Da mesma forma, os recursos psíquicos, biofísicos, encaminhados para a área da saúde de todos os seres sencientes, logram resultados admiráveis, que têm sido constatados em laboratório, cujos resultados podem ser medidos e demonstrados.

O ser humano é, acima de tudo, aquilo que sustenta mentalmente. Suas construções mentais são o primeiro passo para a materialização do que se convencionou chamar realidade objetiva.

62) A Espiritualidade superior espera que os homens comecem agora a exercitar a utilização dessas forças em experiências cientificamente conduzidas ou as desaconselha no momento, reservando para o futuro a revelação desses conhecimentos?

À medida que o ser humano conquista espaço intelecto-moral em si mesmo, adquire valor para adentrar-se no profundo conhecimento da vida extrafísica, podendo receber as revelações necessárias para a sua própria felicidade.

A missão do Espiritismo é libertar o ser humano dos atavismos negativos e criar-lhe condicionamentos de natureza espiritual, a fim de que supere os próprios limites e se alce no rumo do Infinito.

A sociedade do futuro, que tem começo na atualidade, se utilizará mais dos recursos psíquicos do que mesmo dos instrumentos de natureza física.

63) O Espiritismo ensina que os Espíritos governam o clima da Terra utilizando para isso Entidades – os elementais da Teosofia – as quais, segundo algumas fontes, habitam os bosques, os campos naturais e as florestas virgens. Haverá alguma relação entre desmatamento, seca e elementais? Em caso afirmativo, para onde vão esses Espíritos quando se dá o desmatamento?

Todo desrespeito à vida é crime que se comete contra si mesmo. Aquele que é direcionado à Natureza constitui um gravame terrível, que se transforma em motivo de sofrimento, enfermidade e angústia, para quantos se levantam para destruir, particularmente dominados pela perversidade, pelo egoísmo, pelo vandalismo, pelos interesses pecuniários...

Naturalmente, essas Entidades, que são orientadas pelos Espíritos Superiores, como ainda não dispõem de discernimento, porque não adquiriram a faculdade de pensar, são encaminhadas a outras experiências evolutivas, de forma que não se lhes interrompa o processo de desenvolvimento.

2.5 – Imunologia

64) As características imunológicas de cada ser refletem, no corpo material, as particularidades dos Espíritos?

A vida, sem dúvida, é resultado da Mente Divina, que tudo gerou.

Da mesma forma, o Espírito é o agente causador de todas as ocorrências em torno de si mesmo. A cada ação praticada corresponde-lhe uma reação equivalente. Cultivando ideias enobrecedoras sintoniza com o Princípio

Vital e robustece-se, ampliando a sua capacidade de qualificação, de aprimoramento, de desenvolvimento dos valores que guarda, latentes. Quando, porém, se deixa enlear nos tormentosos pensamentos, elabora forças destrutivas que lhe perturbam a harmonia, levando-o a estados enfermiços, degenerativos.

A psiconeuroimunologia demonstra que, através das fixações positivas, otimistas, joviais, o organismo elabora substâncias defensivas, que proveem das fontes vitais do pensamento, produzindo imunoglobulina salivar A (sIgA), com possibilidade de prevenir várias infecções, pela capacidade que possuem essas concentrações protetoras de defenderem o organismo. Quanto mais elevados os sentimentos e as aspirações do indivíduo que cultiva a alegria de viver e o bem, mais expressivos se apresentam os níveis dessa referida enzima.

Quando seja possível ao ser humano desenvolver esse mecanismo de forma consciente, trabalhando-se interiormente, é óbvio que mais se equipará para o enfrentamento com os agentes destrutivos e perturbadores da existência corpórea.

Desse modo, não resta qualquer dúvida quanto às características imunológicas de cada ser, que refletem as condições evolutivas do Espírito que é.

2.6 – Biologia

65) Existiriam no bioquimismo cerebral proteínas ou enzimas especiais que favorecessem as recepções mediúnicas, de modo a propiciar as naturais variações nos transes que os sensitivos apresentam? A glândula pineal seria a estação de comando do processo mediúnico na zona física? Podemos ter alguma ideia de tal processo?

Na extraordinária glândula cerebral existem enzimas e proteínas especiais que facultam a realização dos fenômenos mediúnicos, e que respondem pelas naturais variações do transe entre os diferentes sensitivos. Isto porque os estágios evolutivos dos indivíduos não são os mesmos, resultando em ação mais ou menos consciente exercida pelo Espírito sobre a glândula pineal, através de cuja capacitação energética se produz a recepção da mensagem do comunicante, que sempre ocorre perispírito a perispírito. Essas enzimas, proteínas e algumas cerebrinas se tornam condutores da onda mental captada, encaminhando-a aos núcleos encarregados de a transformarem em palavras que expressam o seu conteúdo.

A ocorrência não se dá apenas durante os fenômenos da psicofonia e da psicografia, mas também exerce poderosa ação sobre os de natureza física, contribuindo para a exteriorização do ectoplasma e sua consequente modelagem no campo das formas.

66) No ato reencarnatório o perispírito molda o corpo físico. Sua região mais periférica de contato material (nova formação) seria influenciada pela herança física? Nesse caso, que elementos forneceriam o material para sua complementação?

Não podemos ignorar o fatalismo biológico que se expressa por intermédio do DNA e do RNA, encarregados dos fatores ponderáveis da hereditariedade. O perispírito molda o futuro corpo necessário ao processo da evolução, utilizando-se dos recursos genéticos dos genitores, adaptando-os às vibrações que conduz, decorrentes dos atos morais e dos comportamentos mentais do Espírito nas suas experiências anteriores.

Por essa razão é que no momento da eleição do espermatozoide, encarregado da fecundação, dá-se a ligação vibratória do futuro reencarnante, fazendo-o disparar e alcançar o óvulo a ser fecundado, em cujo campo energético se encontram os demais fatores necessários para a modelagem do organismo que lhe servirá de domicílio durante a experiência carnal.

67) A aura, que os seres possuem, seria resultado de elementos conjuntos das irradiações do perispírito, duplo etéreo e corpo físico? Nessas irradiações, que elementos comandariam o processo nos denominados passes magnéticos? Antipartículas do campo de antimatéria?

A aura dos seres vivos é resultado da irradiação que provém do Espírito, consubstanciada nos conteúdos morais de cada qual, exteriorizando-se através do perispírito pelo corpo físico.

Nas formas mais primárias da vida, tem origem no psiquismo que as vitaliza, como decorrência de automatismos vibratórios. Nos seres humanos, graças ao livre-arbítrio que induz aos pensamentos, palavras e atos, resulta do somatório dos comportamentos, produzindo as variações que tipificam os estados e estágios em que se encontram.

As energias magnéticas como as fluídicas utilizadas nos processos de cura, produzem uma neguentropia orgânica, alterando o comportamento celular para melhor e revitalizando os campos de irradiação de forças.

Essas são energias eletromagnéticas procedentes do Espírito através da ação mental do passista e constituídas pelos elementos morais que as potencializam.

Eis por que a conduta moral do magnetizador como do passista espírita é de relevância nos processos de cura dos pacientes que os buscam.

2.7 – Zoologia

68) Diante de Deus a espécie humana vale mais que as outras, a ponto de a sobrevivência da primeira justificar a extinção de outras espécies?

A vida na Terra, por enquanto, obedece, de certo modo, à Lei de Destruição, mediante a qual a sobrevivência de um ser depende da morte do outro, facultando que predomine o biótipo mais forte.

Desse modo, a espécie humana também se nutre de outras formas de vida, seja vegetal ou animal, obedecendo a regimes especiais, sempre dependentes de alguma espécie viva, que sucumbe ou deixa de reproduzir-se.

Não obstante, o ser humano é precioso, porque nele transitam os Espíritos que já alcançaram uma faixa superior de entendimento da vida, embora, às vezes, a aparência seja algo perturbadora pelas exteriorizações que demonstra.

69) Quando uma espécie é extinta, o que acontece com os Princípios Espirituais que a animavam?

A extinção da forma de uma espécie não destrói o psiquismo que a animava. Processa-se o seu desenvolvimento passando a habitar outra expressão, no processo de crescimento para adquirir o estado de Humanidade, que a aguarda no futuro.

Não existe aniquilamento da vida na sua essência, na sua estrutura energética. As transformações impostas pelo mecanismo da evolução caracterizam todos os seres que a elas são submetidos, desde as espécies mais simples até aquelas que são as primeiras manifestações de vida inteligente...

70) Temos a informação de que haveria aproveitamento imediato do princípio que anima os animais. Mas, por outro lado, também nos é revelada a presença de animais no Mundo espiritual. Em havendo, realmente, qual sua estrutura ou constituição?

Devemos considerar que o imediato não significa, necessariamente, logo após a morte dos animais, porquanto esse psiquismo ou alma permanece algum tempo no Além, a serviço dos Espíritos Nobres, que o utilizam em trabalhos próprios da sua condição, em regiões de sofrimentos onde estagiam os que se comprometeram com o mal. Oportunamente, essas almas são recambiadas ao corpo somático, sempre em processo de evolução, sem qualquer solução de continuidade. A sua estrutura psíquica é constituída de energia específica, que suavemente dá origem ao futuro perispírito, que será o envoltório do Espírito.

71) Tendo em vista o número quase infinito de insetos – somente para exemplificar com esses seres vivos –, seria possível afirmar que todos os princípios inteligentes que animam insetos se humanizarão?[2]

Não necessariamente.

Recordemo-nos da resposta dos Espíritos Elevados, que se encarregaram da promoção do progresso da Terra, assinalada pelo codificador Allan Kardec, em o número 540 de *O Livro dos Espíritos*, quando informam:

---

2. Vide questões 602 a 607 de *O Livro dos Espíritos,* de Allan Kardec. (N.E.)

Os Espíritos que exercem ação nos fenômenos da Natureza operam com conhecimento de causa, usando do livre-arbítrio, ou por efeito de instintivo ou irrefletido impulso?

Uns sim, outros não. Estabeleçamos uma comparação. Considera essas miríades de animais que, pouco a pouco, fazem emergir do mar ilhas e arquipélagos. Julgas que não há aí um fim providencial e que essa transformação da superfície do globo não seja necessária à harmonia geral? Entretanto, são animais de ínfima ordem que executam essas obras, provendo às suas necessidades e sem suspeitarem de que são instrumentos de Deus. Pois bem, do mesmo modo, os Espíritos mais atrasados oferecem utilidade ao conjunto. Enquanto se ensaiam para a vida, antes que tenham plena consciência de seus atos e estejam no gozo pleno do livre-arbítrio, atuam em certos fenômenos, de que inconscientemente se constituem os agentes. Primeiramente, executam. Mais tarde, quando suas inteligências já houverem alcançado um certo desenvolvimento, ordenarão e dirigirão as coisas do mundo material. Depois, poderão dirigir as do mundo moral. É assim que tudo serve, que tudo se encadeia na Natureza, desde o átomo primitivo até o arcanjo, que também começou por ser átomo. Admirável lei de harmonia, que o vosso acanhado espírito ainda não pode apreender em seu conjunto! (KARDEC, Allan. *O Livro dos Espíritos*. FEB.)

3

CIÊNCIAS JURÍDICAS À LUZ DO ESPIRITISMO

3.1 – Direito Penal

72) A atual legislação penal do país, contendo figuras delituosas, como o adultério e a sedução, não necessita de reforma? E o aborto, afinal, deve ser penalizado? [3]

Consideramos que os crimes do adultério e da sedução mereçam penalidades compatíveis com o grau de prejuízos causados àqueles que ficaram dilacerados moralmente, marchando, não raro, para os transtornos neuróticos, psicóticos ou até mesmo rumando para o homicídio ou para o suicídio. É natural que os responsáveis por esses danos graves sejam imputados, levados a penas reparadoras dos males proporcionados às suas vítimas.

Entretanto, a fidelidade, como dever do casamento, continua em vigor, sendo claro que o adultério pode

---

3. Antigamente, o adultério configurava dano social e, pelo artigo 240 do Código Penal brasileiro, era considerado crime. Esse artigo do código penal foi revogado, não sendo, portanto, crime na órbita penal, uma vez que o adultério não configura dano social.

acarretar dano pessoal, principalmente de natureza moral, gerando angústia, constrangimento e sofrimento ao cônjuge traído.

Resumidamente, adultério não é crime, mas o cônjuge que trai comete ilícito civil e deve ter consciência da dimensão dos problemas que daí possam decorrer.

(Cfe. Priscila Goldenberg, advogada, disponível em <http://www.priscilagoldenberg.adv.br/artigos.asp?>, consultado em 11.06.2013). (N.E)

Desde que o indivíduo não sabe conduzir-se de maneira digna, respeitando os Códigos de Leis morais que regem as Nações, seja passível de punições reeducadoras, a fim de poder retornar ao meio social quando resgatado o crime, não mais perturbando a sociedade.

No que diz respeito ao aborto, aqueles que o praticam cometendo um crime hediondo – com exceção do aborto para salvar a vida da gestante – fazem jus a penas específicas, por se assenhorearem do direito à vida, interrompendo-a nos seres indefensos. Todavia, é necessário convir que essa penalidade deve ser aplicada tendo-se em vista a reeducação do criminoso, não como forma de vingança da sociedade, que descarrega os próprios conflitos naquele que delinque.

73) Não tem a mulher direito sobre a vida do ser que traz no ventre, já que é parte do seu corpo?

O direito de dispor da vida pertence a Deus, que é o seu Autor. Em momento algum, ninguém pode pretender direcionar a vida para a morte. No caso específico, a mulher é cocriadora, não lhe cabendo, em hipótese alguma, abortar o ser que alberga no seio. Certamente, quando a sua vida estiver em perigo, compreende-se que seja necessário interromper aquela que está em formação, porquanto, em equilíbrio, a matriz poderá ensejar uma nova fecundação, portanto, uma nova reencarnação.

Dessa forma, abortar em outras circunstâncias provocadas, nunca!

74) As diversas sociedades do planeta têm observado um aumento surpreendente de adolescentes e até mesmo de crianças envolvidos em crimes. A legislação penal aplicável às crianças e adolescentes deve ser idêntica à estabelecida para os adultos?

A criança, que inspira ternura e amor, não obstante o período de infância que atravessa, é um Espírito vivido e quiçá experiente que traz, das reencarnações passadas, as conquistas e os prejuízos que foram acumulados através do tempo. No entanto, a criança e o adolescente, quando delinquem, devem receber um tratamento especial, porquanto o discernimento e a lucidez da razão ainda não lhes facultam a capacidade de saber o que é certo e o que é errado, sendo facilmente influenciados para esta ou aquela atitude. Como consequência, devem ser-lhes aplicadas legislações próprias, compatíveis com o seu nível de crescimento intelectual e moral.

A preocupação precípua, no entanto, deverá ser sempre a de educar, oferecendo-se os recursos necessários para que sejam evitados muitos dos delitos que ora ocorrem na sociedade ainda injusta.

Quando, porém, acontecer-lhes o desequilíbrio, é necessário que se tenha em mente sua reeducação, evitando-se piorar-lhes a situação, assim transformando-os em criminosos inveterados, em razão da promiscuidade vigente nos Institutos Penitenciários e nos Presídios comuns ora superlotados, e quase ao abandono.

75) Os benfeitores da Humanidade, em O Livro dos Espíritos, *na questão número 618, respondendo sobre a diversidade das Leis divinas para mundos diferentes, falaram que elas são apropriadas ao grau de adiantamento dos seres que os habitam. Interrogamos: Com as leis civis, em nosso país, a Constituição admite que todos são iguais perante a Lei, ainda que formalmente, e a justiça aplica penas iguais, no seu cumprimento a todos os condenados, embora vigente o princípio da individualização da pena. Não se pratica lastimável injustiça contra os pobres de corpo e de espírito?*

Certamente que sim.

Entendemos que todos são iguais perante a Lei, no que diz respeito à conduta, não cabendo a ninguém o direito de desrespeitá-la. Aplicar-se, porém, a mesma penalidade a indivíduos moral e intelectualmente diferentes, não deixa de ser lamentável injustiça por motivos óbvios.

O grau de responsabilidade é correspondente ao nível de conhecimento cultural e ético-moral do indivíduo. Não se pode culpar, insensatamente, com os mesmos agravantes o ignorante e o culto, o homem primário e o social, o indivíduo saudável e o enfermo psíquico, devendo existir códigos que correspondam aos diferentes níveis de cultura e moralidade nos quais transitem esses mesmos seres.

Nos mundos onde predominam o amor e a justiça, conforme responderam os Espíritos Nobres a Allan Kardec, há legislação própria para cada tipo de conduta, em relação aos diferentes graus de progresso.

76) O homem moderno tem observado condutas criminosas em diversos segmentos sociais. Há criminosos ignorantes e os há portadores de elevado grau de instrução. O Direito atual dispõe de condições de oferecer um tratamento desigual aos intelectualmente desiguais?

Como critério de justiça, não se pode considerar passível de receberem a mesma punição, aquele que é intelectualmente bem formado e o outro que não granjeou orientação moral, nem experimentou a formação intelectual. Ademais, as circunstâncias nas quais ocorre o crime contribuem para o estabelecimento e a aplicação de pena compatível.

O Direito possui condições de oferecer tratamento correspondente ao nível intelectual do delinquente, mediante análise psiquiátrica e psicológica a que o mesmo deverá ser submetido.

A ignorância é fator responsável por muitas aflições e misérias que visitam a criatura humana, abrindo espaço para crimes inomináveis naqueles que lhe padecem o jugo, embora se observem ocorrências, igualmente perversas e cruéis, em todos os níveis culturais da criatura humana, que conduz, em si mesma, os fatores criminógenos, quando procedentes de experiências infelizes em existências passadas, e que se podem desenvolver de acordo com o fator genético hereditário, que procede do ontem espiritual, da educação, do ambiente, das circunstâncias que os desencadeiam.

77) O fatalismo, o destino, o "estava escrito", aplicados à ordem moral, não absolvem o crime e desapreciam a virtude?

O único fatalismo que existe, é para o bem, para a felicidade. O destino, cada qual está a escrevê-lo com os atos, mediante o seu livre-arbítrio.

Graças à Lei de Causa e Efeito, cada um é aquilo que de si mesmo faz. Conforme age, assim recebe a resposta da Vida.

É claro que existem acontecimentos procedentes das reencarnações passadas, que impõem necessidades liberadoras; porém, ninguém vem à Terra para sofrer, senão para depurar-se, para reparar, para ascender. A dor não faz parte dos Soberanos Códigos. Ela existe enquanto o Espírito permanece na rebeldia, no egoísmo, na ignorância da sua fatalidade – que é alcançar o Reino dos Céus.

78) O modelo atual de recuperação de presos, no país, propiciando mínimas condições de ressocialização dos condenados, pois transfere para os cárceres o mesmo clima de violência verificado na sociedade, não é um obstáculo para o homem se elevar espiritualmente?

O infeliz modelo de recuperação de presos, hoje vigente no país como em muitas outras Nações da Terra, é atentatório à dignidade humana, terrível obstáculo à recuperação do delinquente que mais se rebela, aprendendo, na escola do crime para onde vai encaminhado, técnicas e recursos para mais se fazer revel, cínico e perverso. Abandonado pela sociedade, busca apoio naqueles que lhe inspiram odiosidade contra ela, que lhe parece injusta, acumulando sentimentos de agressividade e de ressentimento para os descarregar mais tarde naqueles que consideram responsáveis pelo seu encarceramento. Em vez de entender a prisão como uma forma de reparação do mal praticado, nela vê somente um instrumento de punição e de crueldade, que mais o degrada e o enlouquece.

Infelizmente, porque a Terra ainda é um planeta--escola de provas e de expiações, em razão de os Espíritos que aqui nos encontramos ainda sermos inferiores, remanescem dos períodos passados e medievais esses mecanismos inditosos, que teimam por manter a conduta perversa e de indiferença dos poderosos, que se esquecem dos seus irmãos infelizes, necessitados de oportunidade para crescerem e serem ditosos.

Dia, porém, virá, não muito longe, no qual esses processos arbitrários e injustos cederão lugar a mecanismos de educação e de reeducação, assim como de crescimento moral, através dos quais aqueles que delinquirem encontrarão misericórdia e amor, conduzindo-os ao equilíbrio e à paz.

79) O agente que delinque, sob a influência de um obsessor, é responsável pelo resultado?

Encontrando-se o indivíduo sob a injunção de uma obsessão, que lhe dificulta o raciocínio, as ações perpetradas não são de sua exclusiva responsabilidade. No entanto, ele é responsável pelas companhias com as quais se afina e, no que diz respeito às influências espirituais negativas, cada qual responde pelo que lhe acontece. Eis por que Jesus recomendava a necessidade da vigilância e da oração, a fim de poupar-se a criatura às interferências perturbadoras, que são geratrizes das alienações obsessivas.

80) Quando o homem está inteiramente envolvido na atmosfera do crime, além dos vícios, nascido em lar e ambiente social desqualificados, moral e materialmente, essa situação não é impeditiva para que possa ascender a melhor vida espiritual?

O Espírito renasce no lugar e nas circunstâncias que lhe são mais necessárias para a evolução. Quando se reencarna em lugares que fomentam o crime e desenvolvem os sentimentos servis, se encontra sob o guante de provação necessária por haver desrespeitado os conceitos superiores de que foi objeto e não soube ou não quis utilizar-se com o proveito indispensável para a felicidade.

As Leis da Vida sempre oferecem recursos para o progresso. Ao serem desconsideradas, eis que o ser retorna em carência, de forma que valorize em outra oportunidade o que desperdiçou, aprendendo pela dor a valorização do amor.

O renascimento, portanto, em meio hostil, cercado pelos fatores criminógenos, não gera dificuldade para a ascensão. Antes, se o Espírito preferir dar-se conta dos obstáculos que enfrenta e trabalhar-se moralmente, muito mais valiosas serão as suas aquisições e mais engrandecedora a sua elevação espiritual, como tem ocorrido com inúmeros indivíduos que procedem de meios desqualificados e, não obstante, atingiram o ápice da glória e da paz após vencerem-se a si mesmos.

3.2 – Direito civil – O direito de propriedade

81) Sendo o solo uma dádiva de Deus, é lícita a sua retenção improdutiva em nome do direito de propriedade?

O homem somente é dono, proprietário, daquilo que pode conduzir, que permanece com ele após o fenômeno da morte física. Tudo mais quanto lhe é concedido, torna-o mordomo, de cujo uso deverá prestar contas quando se libertar do vaso carnal.

Leis injustas, filhas espúrias do materialismo, foram elaboradas para privilegiar alguns indivíduos, em prejuízo da grande maioria que geme, sofrendo ao abandono.

Nas civilizações greco-romanas a terra era de propriedade do Estado, que passou a doá-las aos seus membros, de início para serem preservadas as tumbas dos mortos e, lentamente, à medida que o egoísmo nelas descobriu uma fonte para o aumento da fortuna, começou a elaborar medidas e leis de propriedade para os privilegiados, dando início aos latifúndios injustificáveis numa sociedade na qual ainda se morre de fome e ao desabrigo.

82) A melhor distribuição da propriedade rural pode reduzir a miséria e o desajuste social?

Não apenas a distribuição da propriedade rural poderá reduzir a miséria e o desequilíbrio social, mas também um cuidadoso programa de fixação do homem à terra, isto é, oferta de condições de dignidade para que ele possa produzir, tais como sementes, infraestrutura social através de escolas, assistência médico-odontológica, meios de transporte e recursos outros da moderna tecnologia para trabalhar o solo, fazendo-o produzir.

O simples ato de doar a terra, em regiões distantes dos centros urbanos, sem qualquer tipo de assistência, de forma alguma irá minimizar ou modificar a situação vigente de pobreza no meio rural.

83) O uso adequado da terra dirigido para a produção de alimentos afastaria o fantasma malthusiano?

Naturalmente, a utilização justa das terras, aplicando-as para a produção de alimentos, diminuiria grandemente os fatores da miséria econômica, da fome, do desemprego, criando uma sociedade menos egoísta, na qual apenas uma minoria irrisória desfruta dos bens da fortuna, em detrimento de centenas de milhões de necessitados. Seria essa uma maneira de minimizar a angústia que se deriva da falta de alimentos e que responde pela morte de verdadeiras multidões dizimadas pela indiferença social. No entanto, o caos malthusiano somente será afastado quando os homens compreenderem que o sexo encontra-se a serviço da vida, e não esta à sua disposição.

A disciplina sexual, a paternidade e a maternidade responsáveis, um digno planejamento familiar realizado em bases éticas serão os instrumentos hábeis para diminuir o crescimento geométrico da população, enquanto a produção de alimentos se dá através de um crescimento aritmético.

3.3 – Direito internacional

84) A comunidade internacional tem demonstrado grande preocupação em incluir, em suas legislações, dispositivos de proteção ao meio ambiente. Pode o homem legislar em sentido contrário às Leis da Natureza?

Pode, mas não deve, porque todo atentado à Lei natural resulta em consequências imprevisíveis para aquele que assim se comporta.

Observando-se os abusos perpetrados contra a Ecologia, perturbando a fauna e a flora, contaminando os rios, mares e oceanos, a camada de ozônio, verificamos que o homem já é a vítima de si mesmo em face do desrespeito à Natureza e às suas Leis.

Todo abuso, portanto, que se pratique em qualquer área da vida, os efeitos voltam-se contra aquele que o desencadeou.

É conveniente, portanto, que se estabeleçam Leis de proteção à vida em todas as suas expressões, e que elas sejam respeitadas, aplicando-as com severidade contra aqueles que, alucinados, egoístas e imprevidentes, contribuam para a perturbação da ordem e do equilíbrio que vigem em toda parte.

85) É possível a sociedade produzir uma legislação supranacional de proteção ao planeta?

Não apenas é possível, como se torna uma necessidade urgente, porquanto o planeta estertora, aguardando soluções imediatas, a fim de serem minimizados os danos já causados, evitando-se outros que somente irão complicar a situação vigente, prejudicando todos os povos, uns antes dos outros, porém todos incursos nas mesmas consequências da insânia que grassa em governos irresponsáveis e indivíduos gananciosos.

Felizmente, já se reúnem alguns governantes mais sensatos, procurando estabelecer um programa de preservação da Natureza, qual ocorreu no Encontro Internacional, que teve lugar na cidade do Rio de Janeiro, no ano de 1992 (ECO-92). Embora as providências não tivessem recebido consideração posterior para se tornarem realidade, já foi possível constatar a preocupação geral ante as ameaças que pairam sobre as nações, exigindo leis sérias e de caráter comum para todos os povos.

86) Como o Direito poderia tutelar, de forma eficaz, o meio ambiente?

Estabelecendo códigos de respeito à vida e preservação da Natureza, copiando as próprias leis que regem o Universo – as naturais – que se exteriorizam do Divino Pensamento.

A Lei de Amor é a mais sábia de todas, porquanto através desse sentimento criador e mantenedor da vida se apresentam as demais, que devem ter como modelo o bem geral e o progresso de todos os seres, sem distinção de raça, de religião ou de posição social.

Os direitos e os deveres que deverão vicejar no organismo social terão que ser sempre iguais para todos, facultando o desenvolvimento dos valores que dormem latentes nas criaturas. Assim teremos, no amor, a diretriz para o Direito estabelecer um código de preservação da vida e do planeta, que merecerá o respeito dos indivíduos em toda parte.

87) Como poderá atuar esse eventual Direito Internacional diante das soberanias dos Estados?

Estabelecido o Código de respeito à vida e de preservação da Natureza, seria programada uma Organização de vigilância em torno da observância dos dispositivos de defesa do planeta, utilizando-se dos recursos da moderna informática por meio de radares e satélites de controle, que registrariam os atentados perpetrados, aplicando-se medidas severas e punitivas naqueles que lhe desobedecessem aos artigos.

Quando fosse firmado o Código, os países membros se comprometeriam a submeter-se à Organização de vigilância, aceitando as suas determinações e programas renovadores, já que a Entidade estaria formada por membros de diferentes nações com equivalência de direitos e de deveres.

3.4 – Direito trabalhista

88) A automação representa risco de desemprego? Como proteger o trabalhador do desemprego, sem privar a sociedade da evolução tecnológica?

Quando se logre, na Terra, uma sociedade justa, as atividades que forem desativadas, cedendo lugar às novas conquistas da tecnologia, abrirão automaticamente outros espaços de trabalho para o homem, a fim de que o desemprego, gerando a ociosidade e o crime, não prolifere na consciência, nem na conduta geral.

A automação é conquista nobre do Espírito, que descobre a desnecessidade dos trabalhos pesados, por já haver atingido um patamar de lucidez e de realização que dispensa o desgaste físico, as horas exaustivas de labor, utilizando-se mais da inteligência do que dos músculos para o ganha-pão diário.

Indispensável que, desde logo, sejam tomadas providências para que os trabalhadores se equipem dos instrumentos hábeis para atendimento das necessidades que a tecnologia estabelece.

À medida que o homem se capacita para o trabalho, menos penoso se lhe torna o afã, facultando-lhe tempo e disposição para usufruir dos benefícios que a vida proporciona mesmo na Terra.

89) Quais serão as novas atividades profissionais a partir de meados do próximo século? Realmente, os homens trabalharão em escritórios montados em suas próprias casas?

Caso isso viesse a acontecer, seria uma forma de caos social, porque a criatura necessita do convívio com outra criatura, o que lhe é salutar, na conquista dos valores morais e espirituais indispensáveis à vida feliz.

É provável que haja mudanças, conforme tem ocorrido em todas as épocas, já que os recursos aplicáveis para o bem geral estão em processo de transformação. No entanto, sempre haverá a presença de grupos sociais e gerenciais, de executivos e trabalhadores em lugares próprios para o desempenho das suas tarefas, mantendo o intercâmbio vital, sem o qual a vida deperece.

Confiamos que os indivíduos crescerão em ciência, tecnologia e moral, aproximando-se mais em vez de evitarem o contato, qual hoje ocorre em razão da violência urbana, dos prejuízos com o trânsito, das dificuldades dos relacionamentos humanos em uma fase egoísta do processo de evolução dos seres e do planeta terrestre.

4
CIÊNCIAS EDUCACIONAIS À LUZ DO ESPIRITISMO

4.1 – Metodologia do ensino

90) Como elaborar um mínimo curricular que não sobrecarregue a criança ou o adolescente de conteúdos supérfluos, mas também não os deixe despreparados para os desafios que deverão enfrentar durante sua vida?

Toda aprendizagem é criativa e enriquecedora. O supérfluo de hoje pode tornar-se de vital importância mais tarde. Como a infância e a adolescência são os períodos mais propícios para a aprendizagem, nessa época se devem infundir lições que permaneçam como rota de segurança para toda a existência do ser. Não obstante, a Educação deve ter em mira equipar o candidato com recursos hábeis para enfrentar desafios, solucioná-los da melhor forma possível, adquirindo estabilidade emocional e intelectual, sem olvido, por certo, dos valores morais que devem ser insculpidos no indivíduo em formação, mediante roteiros culturais e exemplos morais.

Nesse capítulo, a formação inicial deve ser tão abrangente quanto possível, a fim de facultar o melhor desabrochar das aptidões individuais que, a partir de então, deverão seguir um currículo orientado para as suas possibilidades, sem esquecimento, sem dúvida, de que a especialização exagerada, se qualifica o indivíduo para as profissões, também o limita, quase o robotizando.

O homem faz parte integrante do Universo, e quanto mais se informe a seu respeito, melhor se torna a convivência consigo mesmo, com o seu próximo e com a Natureza.

Proporcionar um currículo aprazível, acessível e fascinante, não significará apenas reduzir atividades e pesquisas, tornando-o sem sentido, como se fora uma simples distração, mas aprimorar-lhe a qualidade sem prejuízo dos valores da educação.

É indispensável a moderação nos excessos – as exageradas cargas de trabalho que fatigam e aborrecem o educando, que as atende sob injunções de ameaças punitivas – e a presença de exercícios, que tornam a aprendizagem agradável, rica de compromissos e sem necessidade de cuidados perturbadores.

91) O ensino formal como vem sendo trabalhado nas escolas, visto com a amplitude que a visão espiritual permite, está conseguindo preparar seres para assumirem suas responsabilidades na vida terrena ou está confundindo seus Espíritos pelo excesso de matérias teóricas, desvinculadas das reais necessidades? E sob o aspecto espiritual, de preparação para a Espiritualidade, como poderíamos analisar a escola?

Merece consideremos que este é um período de experiências culturais imediatistas, hedonistas, com forte suporte materialista. Embora muitos segmentos da Educação se apresentem com aparência de fundamentos espirituais, o comportamento da maioria dos educadores é, lamentavelmente, oportunista, em face das pressões socioeconômicas, sociopolíticas e à ânsia malcontida de libertação dos velhos cânones religiosos, cujos efeitos morais e sociais foram danosos no passado e o são também no presente.

Periodicamente, têm havido revoluções educacionais que pretendem libertar as doutrinas do pensamento cultural, facultando-lhes o direito de vida própria, sem vínculos com quaisquer facções ou grupos religiosos, o que é certamente saudável. A religião deve ser aprendida no lar e no templo da sua confissão de fé correspondente. Sob todos os aspectos que se pretenda considerar, a escola deve ser leiga, livre de peias e imposições seitistas, partidaristas, a fim de facultar uma livre e feliz escolha por parte dos seus integrantes. No entanto, o excesso, na área dos programas teóricos, tem prejudicado a aprendizagem real, porque faculta ao aluno somente acompanhar o curso para conseguir a promoção, desinteressando-se totalmente do seu conteúdo informativo, que ele acredita jamais necessitar no futuro. Quando a lição não se torna prática, vívida, perde totalmente o significado e passa a pesar na economia do currículo de forma prejudicial à escolaridade. Essas imposições ainda são resultado de atavismos punitivos por parte de educadores e orientadores de programas que não se libertaram dos condicionamentos escravizadores para as mentes juvenis.

A escola, sendo um fiel núcleo para a formação do caráter, da mente e do sentimento do educando, deve tornar-se cada vez mais nobre: um templo para o saber, uma oficina para experiências culturais e vivenciais, um lar de intercâmbio de informações e de conteúdos comportamentais de modo que a sociedade ali esteja representada, facultando preparação para os cometimentos externos, na família, no grupo, na comunidade em geral, do que decorrerá indiretamente, sem vinculação doutrinária, uma base de segurança para a educação integral, que abrange, naturalmente, a do ser na sua condição de Espírito imortal.

92) Como podemos combinar a Educação formal, sistemática, preestabelecida e as práticas alternativas? É possível essa conciliação?

O processo da educação deve sustentar-se em bases dinâmicas, jamais estacionando no já feito, embora os resultados proveitosos conseguidos. Os mecanismos da educação devem estar sempre receptivos às novas contribuições do conhecimento, de forma a evoluir e penetrar mais profundamente nas raízes das necessidades dos educandos.

À medida que as experiências demonstrem a necessidade de novos métodos compatíveis com a Psicologia da aprendizagem, para a criança e o jovem, novas grades de experiências edificantes devem ser propostas, sem que se entre em choque com as técnicas convencionais. Sempre será possível a conciliação dos métodos denominados acadêmicos com os alternativos que trazem uma contribuição nova e, no futuro, se transformarão em científicos, ao serem definidos os seus paradigmas e conceitos.

93) Que modelo ético-educacional formará cidadãos prontos para legitimar o sem-número de regras existentes nas sociedades atuais, de tal forma que o sentimento de medo pela punição seja substituído pela vergonha da transgressão de suas regras, sem necessidade de controle extremo?

Quando o amor fizer parte da programação de quaisquer atividades humanas, abrindo espaço para o respeito pelo próximo e por si mesmo, naturalmente dentro da consideração e afetividade a Deus, na sua condição de Criador do Universo, o modelo educacional, sem vinculação religiosa com qualquer doutrina, demonstrará que as regras existentes na sociedade são necessárias transitoriamente, já que o processo de evolução é inevitável e cada povo se desenvolve com características mui próprias, todos, porém, crescendo em um período tecnologicamente, noutro moralmente, até o momento em que esses dois braços do progresso real se ampliem concomitantemente, sem as presenças do *monstro* da guerra, da escravidão socioeconômica do homem, ou qualquer outro tipo de discriminação.

Trabalhando-se a consciência individual do educando – sem *lavagem cerebral* – cria-se uma consciência coletiva e, quando essa primeira é nobre, sem dúvida a que lhe segue é igualmente digna.

O ser, consciente das suas responsabilidades, elimina os monstros do medo, da punição, da culpa, acabando por conduzir harmonia mental e elevado conceito de deveres para com ele próprio, para com o seu próximo, para com a sociedade, assim legitimando as regras estabelecidas e fundamentadas em princípios éticos relevantes.

94) Entendendo-se que o homem é um ser que possui corpo físico, corpo emocional e corpo mental, como a Educação poderia alinhar esses corpos e não os dispersar como tem feito?

Quando a Educação for menos preconceituosa e forem incluídos nos seus programas os estudos a respeito do homem integral, facultando as pesquisas em torno do ser transpessoal, das Doutrinas Parapsíquicas, da Parapsicologia, da Psicotrônica, da Psicobiofísica, da Transcomunicação Instrumental, conforme fizeram Allan Kardec, William Crookes, Cesare Lombroso, Ernesto Bozzano, Alexandre Aksakof no passado, e, no presente, os Drs. Joseph e Louisa Rhine, Elisabeth Kübbler-Ross, Hamendra Nat Banerjee, Ian Stevenson e inumeráveis autoridades, o ser humano passará a ser considerado como Espírito, Perispírito e Corpo físico, ou conforme a linguagem parapsicológica: Energia pensante, Psicossoma e Soma.

A escola será, ao mesmo tempo, laboratório de pesquisa da alma, sem qualquer conotação religiosa, a fim de ser mais bem entendida a vida na sua profundidade e realidade legítima, permanente.

Assim sendo, a Educação poderá alinhar esses elementos constitutivos do ser, estudá-los e oferecer orientações para uma vida consentânea com a proposta imortalista do indivíduo que se transfere de corpo e é sempre Espírito indestrutível.

95) Como educar para a vida e não somente para o mercado de trabalho?

A metodologia da Educação deve revestir-se de profundidade psicológica para enriquecer o educando com experiências aplicáveis no cotidiano, assim desenvolvendo-lhe a capacidade de viver em quaisquer situações, sem a visão triunfante na glória, nem a aceitação pessimista na dificuldade ou no prejuízo. A vida é uma realidade desafiadora em qualquer circunstância e a função da Educação é ampliá-la, tornando-a acessível e realizadora.

Os estímulos para a aprendizagem devem permanecer após os currículos escolares, desde que a vida é a grande e nobre escola permanente a ser conquistada.

Educar, pois, é facultar vida, enriquecê-la de luz e plenitude.

96) Existe um modelo educacional próprio através do qual alcançaremos com melhores resultados os principais objetivos da Educação, ou seja, a formação do homem integral, visando sua integração social e evolução espiritual?

Evidentemente avançamos para uma proposta educacional que ofereça excelentes resultados na preparação do educando para lograr uma formação integral. Felizmente, já se pensa em estabelecer, na área da programação escolar, a introdução de disciplinas transversais, que objetivam a inclusão de doutrinas éticas, sociais, comportamentais, oferecendo uma visão espiritual do ser compatível com o pensamento religioso de todos os credos: Deus, imortalidade, elevação de pensamento.

Um modelo educacional que construa um homem integral é elaborado mediante a visão espiritual, graças à qual se ministram informações gerais, convencionais, mas também sejam vivenciadas no cotidiano das salas de aula, tornando-se o educador um verdadeiro exemplo daquilo que transmite.

97) A obrigatoriedade da Educação formal é o meio mais eficaz de preparar o indivíduo para a sociedade?

No processo da evolução da escola e da Educação, chega-se a uma etapa das mais importantes para a formação dos indivíduos, que é através do ensino formal, convencional.

A orientação do Estado na educação dos cidadãos remonta à cultura grega, particularmente a Creta, que deu início, no Ocidente, à formação de escolas com essa finalidade. Mais tarde, Roma, no período de Adriano, estabeleceria as vantagens e proporcionaria os meios para esse desiderato. Através dos tempos, educadores, e, mais recentemente, fisiologistas e psicólogos contribuíram valiosamente para que se estabelecessem com segurança as bases da educação formal, como instrumento de transmissão da cultura e da construção da personalidade e do caráter do educando.

98) "(...) Só a Educação poderá reformar os homens..." (O Livro dos Espíritos, questão 796). Como integrar a Educação familiar e a escolar, isto é, como aproveitar as atuações de ambas as Instituições para que possam contribuir na formação e ascensão intelectual, religiosa e moral do educando?

Esse conceito que Allan Kardec transcreve dos Espíritos é muito expressivo, porém, o codificador esclareceu antes que será a educação moral que se encarregará de desenvolver os valores pertinentes ao ser humano, e completa: *"Não nos referimos, porém, à educação moral pelos livros, e sim à que consiste na arte de formar os caracteres, à que incute hábitos, porquanto a educação é o conjunto dos hábitos adquiridos"*. Logo depois conclui, o mestre de Lyon: *"A desordem e a imprevidência são duas chagas que só uma educação bem entendida pode curar. Esse o ponto de partida, o elemento real do bem-estar, o penhor da segurança de todos"*. (KARDEC, Allan. *O Livro dos Espíritos*. FEB.)

Na família são formados os caracteres, são incutidos os hábitos saudáveis no educando, auxiliando-o com o conhecimento escolar a superar a desordem e a imprevidência, em favor da segurança de todos.

4.2 – Psicologia da educação

99) Quando o modelo pedagógico/tecnológico se propõe a formar indivíduos inteligentes, autônomos, criativos, críticos e agressivamente ambiciosos, enfim, vencedores, não estará esquecendo que o mundo necessita de seres afetuosos, cordiais, tolerantes, condescendentes, enfim, humanos?

Sem qualquer dúvida. A meta essencial da Educação é dar vida. Antes se acreditava que a sua tarefa era preparar para a vida. Hoje, em face da sua importância no mundo, ela é uma forma eficiente de dar vida. Desse modo, a harmonia entre a Tecnologia e a Pedagogia vigentes deverá ter como proposta ideal construir o ser inteligente, livre, rico de criatividade e de outros valores, como a sensibilidade e o afeto, aprofundando, porém, as suas sondas nas estruturas da personalidade do educando, compreendendo a sua história de Espírito que vem transitando por multifárias reencarnações, e que nem tudo quanto se pode esperar dele terá que ser, necessariamente, conseguido. Abre-se, então, um elenco de valiosas contribuições para as doutrinas profissionalizantes, que manterão o alto nível moral e cultural do indivíduo, equipando-o também para viver em outras áreas de realização humana. A grande preocupação, na área da educação, deve ser a de preservar os valores humanos com todos os recursos que constituem a criatura dignificada e dignificadora.

100) Como oferecer à criança e ao jovem condições educacionais para o surgimento do pensamento criativo, verdadeiro, novo?

Os fenômenos renovadores do pensamento ocorrem quando os Espíritos Missionários volvem à Terra, a fim de promoverem o progresso da sociedade. Naturalmente se lhes fazem necessários recursos que facultem o desenvolvimento dos programas que devem desenvolver e, nesse como em outros capítulos, a escola é sempre o admirável laboratório que lhes faculta o despertamento dos valores adormecidos momentaneamente.

No caso em tela, a escola deverá ser franca e portadora de recursos que desenvolvam o sentimento do bom, do nobre e do belo, ao mesmo tempo adaptando-se às épocas de renovação, para que não fique estacionada nas bases ancestrais, que serviram para uma época, não mais se adaptando aos tempos novos. Essas condições educacionais serão resultado da observação do comportamento intelecto-moral dos alunos, das suas possibilidades a serem ampliadas e mediante técnicas compatíveis com os valores vigentes, abrindo espaços para as realizações futuras.

A escola deve estar aberta a novos experimentos educacionais, sempre que seja necessário atualizar métodos de ensino, renovar processos iluminativos, criar oportunidades de crescimento.

O futuro da Humanidade caminha com os pés do presente idealista e a escola não se pode marginalizar, de modo a ficar ultrapassada.

101) Como desenvolver a autoconfiança na criança e no adolescente, uma vez que, em quase tudo, espelha-se um na vida do outro?

O estímulo é a base para qualquer ação. Muitos crimes servem de modelo a personalidades psicopatas, que desejam projeção e, ante a divulgação pela mídia sobre os acontecimentos funestos, sentem-se emulados a seguirem o exemplo nefasto. Da mesma forma, quando forem divulgados os resultados dos labores edificantes com entusiasmo; quando os homens nobres receberem o apoio de que necessitam para o prosseguimento dos seus projetos; quando houver propaganda dos valores que engrandecem o gênero humano em detrimento dos escândalos, dos jogos sexuais explícitos, da exaltação da violência e do crime, o educando desenvolverá naturalmente autoconfiança nas suas possibilidades, sentindo-se estimulado a imitar os triunfadores, os gênios, os sábios, os realizadores; qual ocorre hoje, quando há uma forte tendência para copiar a frivolidade dourada, as profissões esdrúxulas e aberrantes, que passam como expressão de Arte e atraem mentes ainda não desenvolvida, crianças e jovens desequipados de valores para as excentricidades da moda moral em decadência sob o aplauso da insensatez e da vulgaridade.

De alguma forma, a escola não é somente o lugar onde se aplicam os métodos pedagógicos e psicológicos da educação, mas também de todo o relacionamento social, de todas as atividades que se expressam na comunidade e se tornam fundamentais para a vida.

102) A tecnologia, fator de aceleração do processo educativo, não acabará por colocar em risco o equilíbrio desejável e harmonioso entre o intelectual e o afetivo?

A contribuição dos recursos tecnológicos na área da Educação é de fundamental importância para o desenvolvimento dela. No entanto, como se trabalha com vidas que pensam e sentem, não se pode robotizá-las, automatizando os valiosos contributos da metodologia e da pedagogia. Assim, é imprescindível a vigilância, para que o auxílio que se pode auferir das conquistas tecnológicas não mate o sentimento, o companheirismo, o respeito humano no desenvolvimento do programa educacional.

a) Que atividades poderiam ser oferecidas ao educando para que ele não seja só estimulado intelectualmente?

A verdadeira educação saiu do contexto de transmitir conhecimentos para tornar-se fonte de vida. Intelecto e emoção, conhecimento e sentimento andam unidos no processo educacional.

Seria viável que nos currículos escolares fossem estabelecidas visitas a hospitais, lares de crianças e de idosos, clínicas de saúde mental e de enfermidades degenerativas – câncer, AIDS, sífilis e outras –, a fim de serem explicados os fenômenos aflitivos da existência corporal e a necessidade da solidariedade para com todos aqueles que padecem qualquer tipo de limite, de dor, de carência, tendo-se em vista, naturalmente, a faixa etária do educando, bem como as suas possibilidades de entendimento das ocorrências.

Iniciar-se-iam os programas pelos métodos teóricos, partindo-se, depois, para as experiências práticas, cuidadosas, com objetivos definidos de serem desenvolvidos os valores da solidariedade e do amor pelos sofredores de qualquer natureza.

Outrossim, seria factível se estabelecessem como programa as tarefas que tivessem por objetivo a promoção social de crianças, jovens e adultos marginalizados, tornando a escola uma fonte de inspiração e de realizações constantes, oferecendo recursos mais amplos além dos intelectuais.

103) Percebendo-se, no dia a dia, a inércia e o desencorajamento tomando conta de considerável parcela da população estudantil, pergunta-se: que práticas educativas favoreceriam a reversão desse quadro?

Vivemos os momentos de uma sociedade equivocada nos valores humanos.

Defrontamos, por exemplo, a supervalorização dos desportos e dos divertimentos em detrimento das conquistas da inteligência e do saber. A ilusão campeia desenfreada e os novos deuses, que repetem os gladiadores romanos, se apresentam afortunados nos veículos da mídia, campeões do mundo, enquanto cientistas, técnicos, pedagogos e outros profissionais são quase marginalizados. A indústria dos divertimentos arrebata, e os seus ases são imitados por milhões de pessoas sonhadoras, que se sentem estimuladas em servi-los e adorá-los literalmente.

Sem estímulos, por falta de apoio e de respeito pela sociedade, os candidatos ao conhecimento padecem hipertrofia dos sentimentos, permanecendo nas escolas apenas em busca de títulos que lhes facilitem o triunfo no mundo, sem consciência do valor da autorrealização.

Ao mesmo tempo, o abuso de drogas e de sexo na escola, o desinteresse dos mestres, em face dos salários humilhantes que recebem, fazem que o educandário deixe de ser o templo do saber para transformar-se em lugar de encontros para o tempo passar, enquanto se espera pelo diploma e não pela capacitação para a luta no mundo social.

Quando houver a reversão dessa ocorrência, e a sociedade melhor e mais prestigiar o conhecimento em detrimento da astúcia, assim como a cultura, em vez da força muscular ou somente da agilidade física, a escola recuperará o seu lugar, e os educandos serão emulados a uma mudança de comportamento com mais eficiência na área dos estudos que levam à conscientização dos seus deveres e da sua realização interior.

104) Considerando-se que o sistema socioeconômico e político que temos, está arraigado na competição, como a Educação poderia influenciar positivamente, não reforçando atitudes competitivas entre crianças e jovens?

A competição tem, também, um sentido saudável, quando não objetiva vencer para esmagar ou suplantar o outro. Vale como estímulo para conquistar espaços e realizações dignificadoras. A escola sempre se utilizará, pelo menos por um largo período, da avaliação de resultados da aprendizagem por meio de notas ou outro qualquer critério seletivo, a fim de identificar as suas próprias falhas e as deficiências do educando, produzindo, embora inconscientemente, um sentido de competição positiva.

A competição lamentável é aquela que humilha o vencido, o perdedor, situando-o em posição inferior. Por instinto, muitos estímulos funcionam através de manifestações competitivas. Quando está presente o *ego* em primazia, já os valores da competição perdem o significado por caracterizar disputas vazias de conteúdo e ricas de interesses subalternos.

As nações ricas, muitas vezes carentes de valores éticos, deram início ao mercado de competições para aquisição de vidas e recursos intelectuais que lhes faltavam, tornando o homem objeto de compra e não instrumento de ideais. Os desportos perderam quase o sentido de competição qualificativa para se tornarem indústrias de profissionais destituídos de sentimentos fraternos, cujos interesses únicos são o dinheiro e a supervalorização que lhes facultam granjear mais altos estipêndios. Ganhar nas competições tornou-se fator de mercado e não de ideal ou de prazer. O mesmo ocorre em outras áreas do comportamento: artístico, cultural, social...

Os estímulos pelo idealismo, as competições para a qualificação do educando, são métodos valiosos para a conquista de valores nobres, que devem ser preservados.

105) Como o modelo educacional pode favorecer a ampliação da consciência e o autoconhecimento, tão necessários para a convivência harmônica entre as pessoas?

Supôs-se, no passado, que o conhecimento era responsável pela plenitude da consciência. No entanto, graças à contribuição da Psicanálise, particularmente de Carl Gustav Jung, o conceito de consciência evoluiu para uma perfeita síntese entre conhecer e discernir, quando o *ego* toma conhecimento de todos os seus conteúdos psíquicos.

A Educação deve ser uma forma de direcionamento para o autodescobrimento, essa inevitável viagem interior, graças à qual o educando descobre as possibilidades que lhe estão ao alcance, como também o que realmente deseja da vida, evitando emaranhar-se pelas conquistas exteriores que lhe não satisfazem a plena realização.

No futuro, o mestre ideal deverá ser também conhecedor do Espírito e seus potenciais, de forma a entender os conflitos e problemas desafiadores que os educandos enfrentam e para os quais devem receber orientação de segurança.

A conquista da consciência, na escola, caminhará ao lado da aquisição do conhecimento, do discernimento para a ação, de forma que cada aluno descubra o que fazer, quando e como realizá-lo. Ao mesmo tempo, essa experiência levará ao autodescobrimento.

106) Para o ser humano crescer intelectual e espiritualmente com mais facilidade é necessário possuir um mínimo de conhecimentos gerais e específicos. Em que consiste esse conteúdo?

Tendo lugar a reencarnação no mundo das formas, o indivíduo é conduzido ao conhecimento da Natureza e das suas expressões de vida, ao tempo em que se equipa de informações a respeito do relacionamento social, moral e espiritual, que lhe facilita o movimento pelos diversos setores em que se vê convidado a transitar. A escola convencional é-lhe instrumento valioso para a aquisição desses ensinamentos, no entanto, a experiência de vida oferece-lhe os meios para aplicá-los devidamente. Quanto mais instrução receba, melhores possibilidades terá para compreender os objetivos essenciais da existência e a finalidade da sua jornada terrena.

Outrossim, a compreensão dos deveres e direitos que lhe dizem respeito são de inestimável significado para um bom desempenho moral e alto desenvolvimento espiritual.

107) Mesmo que o Estado, a família e as Instituições proporcionem uma Educação de qualidade, o que fazer para superar o desinteresse, a indiferença, a falta de vontade e de empenho dos educandos?

Enquanto prevaleçam o desrespeito pela Cultura geral e a supervalorização dos esportes e dos divertimentos, permanecerá o desinteresse juvenil pela escola.

No lar tem início o amor pela aprendizagem, desde que na família se encontra a primeira escola, formadora do caráter e da personalidade.

Para que se desenvolva o interesse dos educandos, faz-se mister que os indivíduos em particular e o Estado em geral passem a considerar a educação como de vital importância para uma existência saudável e feliz na Terra.

Tendo-se em vista que os desportistas e os astros dos divertimentos desfrutam de privilégios e salários exorbitantes, enquanto os profissionais liberais e outras pessoas que adquiriram cultura universitária se veem constrangidos a exercer tarefas em outras áreas diferentes daquelas para as quais se prepararam, ou não conseguem oportunidade para aplicar os conhecimentos que possuem, por falta de respeito pelo que são e têm; é compreensível que as mentes juvenis prefiram os espairecimentos e a musculação, a ginástica e os prazeres, na expectativa de alcançarem o pódio do triunfo.

Respeitamos os indivíduos que se destacam em todos os campos humanos e se tornam líderes das massas, perante as quais assumem graves responsabilidades morais e espirituais; no entanto, o número daqueles que alcançam o pedestal da glória é muito reduzido e a Humanidade não pode viver somente da exaltação dessas conquistas, que são muito transitórias.

Indispensável, portanto, que a família e o Estado conjuguem esforços para a valorização da escola e do seu grandioso significado na edificação de uma sociedade justa e feliz.

4.3 – Filosofia da educação

108) Educação moral – ética social – tema escolar ou familiar?

A educação moral, na sua abrangência, que envolve também a ética social e outras expressões, não é doutrina desta ou daquela Instituição, mas de todas. Inicia-se no lar, pelo exemplo dos pais em relação aos demais indivíduos, incluindo, naturalmente, os familiares, e alonga-se na escola, não como um currículo obrigatório, exigindo memorização de regras para prêmios e promoções, mas como parte integrante de todas as disciplinas que a têm embutida, aprofundando-se o estudo especificamente quando o educando estiver em condições de incorporá-la e vivê-la no cotidiano.

109) Considerando-se que a mente do homem atual foi condicionada a ver e a analisar tudo sob o prisma da separatividade, como o processo educativo poderia trabalhar as questões de unicidade entre o homem, a Natureza e a sociedade?

Felizmente, a Educação Espírita já tem em mira esse objetivo. O homem é um ser eminentemente social e dependente da Natureza. O respeito pelas forças constitutivas do Cosmo é dever que, de imediato, todos identificamos, particularmente no momento em que o ecossistema se encontra ameaçado pelos abusos dos indivíduos e das nações desprevenidas ou arbitrárias, que somente se têm utilizado dos seus recursos sem retribuir-lhe com os necessários meios de preservação.

A Educação tem por meta promover a união de todos os fatores que propiciam a vida, sem separá-los, produzindo harmonia. Essa separatividade resulta do período do pensamento egocêntrico, quando o homem primitivo ou em desenvolvimento acreditava ser merecedor de todos os favores e merecimentos da Vida, da Natureza, construindo as suas sociedades fechadas, sempre armadas contra as demais, que pensava constituir-lhe ameaça.

Como decorrência dessa conscientização, já se realizam programas dos amantes do verde, dos zeladores pela integridade do planeta, dos estudiosos da Ecologia para melhor integração do homem com a sociedade e, principalmente, com a Natureza.

A escola será, então, em futuro próximo, como já vem ocorrendo, um campo de experiências integrais, nas quais se unirão todos os esforços para o equilíbrio que resulta sempre da harmonia entre o que se é, o que se faz e aquilo a que se propõe.

110) No momento histórico atual do Brasil, qual deve ser o objetivo geral fundamental da Educação?

Preparar homens e mulheres dignos para a condução do próprio como do destino da sociedade. A formação do caráter e o desenvolvimento do intelecto fazem parte do programa de evolução da criatura humana, sem cujas bases muito difícil se lhe faz a ascensão moral e espiritual, obrigando-a a estacionar nas fases primárias do pensamento, sem aspirações de engrandecimento nem estímulos para o trabalho.

Cabe à Educação, em toda parte e, particularmente, no Brasil, a grande tarefa de renovar a sociedade, partindo do educando bem-orientado, disciplinado e autoconhecedor das suas necessidades.

111) Qual seria o perfil da escola desejável para o próximo século?

A escola do futuro terá o aspecto de um lar transitório, rico de segurança emocional e cultural, onde todos se estimem como verdadeiros amigos e mesmo irmãos, movimentando-se em um ambiente de solidariedade e compreensão, desfrutando-se de liberdade de pensamento e de ação, com inteira responsabilidade e consciência, de modo que os direitos alheios sejam respeitados e levados em conta, sem tentativas de se ultrapassar as fronteiras invisíveis, mas seguramente conhecidas.

112) A Educação, no próximo milênio, será afetada pelo desenvolvimento tecnológico, repercutindo, conforme alguns imaginam, na eliminação do espaço físico da escola, do trabalho, alterando-o para um espaço acessivelmente virtual?

Esse processo já vem ocorrendo, em razão de muitos fatores. A escola deixa de ser o edifício onde são ministrados os cursos, apresentadas as aulas e, numa visão mais profunda, é todo lugar onde se processa a aprendizagem e se difundem os conhecimentos.

Graças à contribuição da tecnologia e da computação, os lares se transformarão em escolas produtivas, utilizando-se dos recursos virtuais para ampliação do conhecimento e mais vivência das informações, diminuindo a movimentação dos aprendizes, que perdem muito tempo nas viagens aos núcleos centrais de informação escolar.

113) Como se chegará a uma Educação que observe e respeite a universalização dos direitos?

Mediante a consideração pelos valores éticos exercitados desde os primeiros momentos junto ao educando, ampliando-a em direção à sua integridade física, moral, social, econômica; essa conduta fará que ele se sinta digno e passe a valorizar as demais criaturas, tendo em vista as suas conquistas morais e não as suas posses ou os fatores circunstanciais de projeção no mundo.

Educadores enriquecidos pelo respeito que a sociedade lhe deve, remunerados adequada e honradamente, terão oportunidade de atualizar-se sempre, não se esfalfando em trabalhos acumulativos para uma sobrevivência financeira equilibrada, o que sempre dificulta o atendimento ao compromisso junto aos educandos. Liberados e respeitados, sentir-se-ão capazes de infundir nas mentes novas as diretrizes de respeito à universalização dos direitos.

A educação não deve reduzir-se apenas aos estímulos e às informações da sala de aula, antes ampliá-la no contato com a Natureza, como também através de visitas aos museus, a fim de que se examinando o passado, melhor se possa construir o futuro, retirando-se proveito das páginas da História ali imortalizadas na documentação preciosa e nos vestígios das épocas transatas.

Essa lição viva, demonstrando que tudo passa, contribui para a edificação do futuro, que deixará sulcos de nobreza e elevação depois de vencido o seu tempo.

114) Fala-se muito que a Educação começa no berço. Na atual conjuntura, quando a família já não possui a configuração tradicional, qual o momento mais adequado para iniciar-se a educação da criança em Instituições específicas? Que tipo de Instituições deveria ser?

O que se faz imediato é a reconstrução da família – célula *mater* do organismo social. Não nos referimos àquela tradicional, castradora, dominadora, com a figura paterna ou materna predominante, mas um conjunto harmônico de indivíduos, no qual o equilíbrio se estabeleça como base do grupo e os pais constituam modelos a serem seguidos.

A educação começa a partir do momento em que são insculpidos os hábitos na criança, corrigindo-lhe as reações do instinto e modelando-lhe as características que a tornarão um ser saudável moral, social e intelectualmente.

Enquanto isso não ocorre, naturalmente as Instituições específicas ideais serão aquelas nas quais floresçam o amor e o conhecimento da Psicologia infantil, transmitindo segurança e afetividade. Todavia, nenhuma Instituição, por mais bem aparelhada culturalmente, substitui o afeto da família, principalmente dos pais, em cujo relacionamento as Leis da Reencarnação proporcionam os mecanismos para o aprimoramento do ser, na convivência, nas experiências, na aprendizagem recíproca entre educadores e educandos, que se nutrem dos valores espirituais e emocionais, que os reúnem no processo de crescimento para a Vida.

115) Tem-se observado uma proliferação de propostas educativas com tendência espontaneísta. Como dimensionar, adequadamente, quando exigir e quando deixar para a livre criação do indivíduo?

Não se pode facultar liberdade, quando esta se encontra distante da responsabilidade. Enquanto o indivíduo não disponha de equipamentos de discernimento para saber o que fazer e quando realizá-lo, conceder-lhe liberdade sem orientação é condená-lo ao desequilíbrio gerador da libertinagem. Quando imaturo, ele somente possui instintos não educados, portanto, passíveis de transbordamento pelas paixões que lhe assinalam o estágio evolutivo.

Não obstante a respeitabilidade do conceito educacional espontaneísta, no atual estágio do desenvolvimento intelecto-moral em que se encontram os seres humanos, a orientação do educador é indispensável, encaminhando o aprendiz pelo rumo mais compatível com as suas necessidades de crescimento. Sem cerceamento da liberdade de escolha e direcionamento do educando, pela preferência que decorre da sua aptidão, cabe ao orientador encaminhá-lo com segurança, de forma que adquira os princípios básicos da aprendizagem, criando condicionamentos saudáveis para uma vida equilibrada no grupo social, sem agressividade, sem repressão, porém com capacidade para saber até onde ir no processo de comportamento e vivência experiencial.

116) Considerando a trajetória do homem através das reencarnações e a bagagem de conhecimentos que ele traz arquivados em si, qual o modelo educacional que mais facilitaria o aproveitamento desse potencial aparentemente esquecido?

Sócrates preocupava-se em estimular o educando a encontrar as respostas para os variados quesitos da vida, fazendo-o viajar para dentro, a fim de arrancar o conhecimento que nele dormia e provinha do mundo das ideias, por onde deambulara antes de vestir a roupagem carnal. Jesus, por sua vez, o Educador por Excelência, utilizava-se das parábolas e, sobretudo, das lições vivas, a fim de que os seus ensinos permanecessem insculpidos no imo do ser daqueles que o ouviam. Pestalozzi inaugurou a *Escola Nova*, restaurando a dignidade infantil, abrindo espaços para a Psicologia da infância, propondo o amor como base de uma boa educação. Desse modo, sintetizando Sócrates e Jesus, tornava o educando um ser maleável que necessita de direcionamento, ao tempo que tem capacidade, quando estimulado com carinho, para encontrar as respostas no seu mundo íntimo.

O modelo educacional ideal seria aquele no qual a criança, sentindo-se amada e despertada para o crescimento interior, encontre no educador o guia e o amigo para a grande viagem do descobrimento da realidade de si mesma e do mundo no qual se encontra. Essa será, no entanto, trabalhada através da educação moral que é a base para uma existência feliz.

4.4 – Ensino religioso

117) Devemos ter um currículo específico de Educação religiosa nas escolas? Ou cabe à família conduzir seus filhos no caminho dos valores religiosos? Se essa tarefa cabe à escola, como atender às diferentes crenças numa mesma Instituição?

A função primordial e específica da escola é oferecer equipamentos próprios para o desenvolvimento intelecto--moral do educando, recorrendo aos métodos psicopedagógicos mais compatíveis com a faixa etária e o desenvolvimento mental do indivíduo.

Essencialmente leiga, a escola deve primar pela inteireza moral dos seus mestres, que se constituem modelos vivos para os alunos, jamais estabelecendo currículos de orientação religiosa, o que viria a constituir uma agressão aos direitos das doutrinas minoritárias, que teriam dificuldade em proporcionar educadores especializados para que ministrem em todos os educandários os princípios que lhes constituem as bases. Ademais, o tempo aplicado em programa religioso seria retirado do horário que deve ser preenchido com as atividades pertinentes ao currículo leigo.

À família cabe, aliás, não somente a tarefa da condução dos filhos à religião que os seus pais professam, senão, também, e principalmente, da educação em geral, constituindo-se suporte-exemplo para o trabalho complementar da escola que, além de instruir, amplia o seu labor com os recursos da educação no sentido mais amplo.

Toda tentativa de levar a orientação religiosa à escola, a fim de que ministre cursos doutrinários, constitui ameaça à liberdade do aluno, gerando-lhe constrangimento, quando não lhe impondo, em razão da intolerância que predomina em a natureza humana, atitudes incompatíveis com o seu desenvolvimento moral.

118) Como atender a necessidade da formação ecumênica, sem tendenciosidade? A criança ou o jovem deve receber informações sobre as diferentes religiões ou isso deve ficar para quando tiver maturidade? Qual a idade ideal para isso?

A escola, sendo a célula importante da construção da personalidade intelectual, moral e social do educando, deve apresentar na sua programação convencional lições de ética a respeito da consideração que merecem todos os cultos, como todas as doutrinas religiosas, sem que se faça necessário adentrar-se pelos temas específicos de qualquer uma delas. A abordagem deve ser ampla, favorecendo a compreensão dos direitos individuais à eleição da crença que melhor lhe convenha, sem a submissão a essa ou àquela que tenha prevalência no contexto do povo ou da época em que se viva. Essa contribuição ética, no entanto, deve abarcar, quanto possível, temas pertinentes à liberdade de todos os indivíduos, nas diferentes áreas de movimentação a que sejam convocados: política, arte, esporte, cultura, evitando-se coações que são sempre reminiscências do primarismo que se pretende impor pela força do poder, sem os valiosos recursos dos conteúdos nobres.

O ecumenismo deverá ser ensinado nos lugares reservados a cada culto religioso, mediante a tolerância que demonstrem os seus ministros, sacerdotes e pastores, afirmando a necessidade de ser mantida a fraternidade entre os indivíduos, mesmo que pertencendo a doutrinas religiosas diferentes, e que, não obstante, os seus fundamentos têm por objeto ensinar o amor a Deus, ao próximo e a si mesmo...

Dessa forma, no lar e no templo de cada religião, a criança, desde muito cedo, deve receber instruções e orientação sobre as diferentes religiões, bem assim esclarecimentos que lhe facultem distinguir os valores e comportamentos do seu próximo no mundo de relações.

Todo o empenho deve ser feito por mestres e pais para que a liberdade de religião seja preservada, e especificamente cada aluno seja orientado no lar e no seu núcleo de fé a respeito da Doutrina espiritual que deverá seguir.

A religião faz parte da vida para todos aqueles que creem em Deus e na imortalidade. Desse modo, os apontamentos devem ser oferecidos à criança a partir do seu nascimento, desde que, nessa fase, o Espírito, ainda se encontrando no processo da reencarnação, registra as ocorrências em torno da sua nova experiência com bastante lucidez.

Educar, portanto, sob qualquer aspecto, é conduzir com segurança, liberdade e responsabilidade, equipando o educando com valores que o capacitem para a vida, para a vitória sobre as paixões dissolventes, preparando-o para os passos mais agigantados da evolução.

119) De que forma o ensino religioso poderia fortalecer a criança em sua parte divina, isto é, internamente?

A Religião tem por meta produzir a religação da criatura com o Criador. Variando os seus métodos e conteúdos, os objetivos que alberga são sempre nobres, embora nem sempre lógicos ou racionais.

Considerando-se, no entanto, os diferentes níveis de consciência das massas, sempre ocorrerá a afinidade entre o crente e a Doutrina que abraça como necessidade de apoio, de conforto, de catarse psicológica.

Por isso mesmo, o templo dedicado a cada expressão de fé é o lugar ideal para o ensino dos seus postulados, sem agressão aos das outras confissões, em respeito ao direito de pensar que é concedido a cada criatura, e mesmo por uma razão de natureza ético-moral e espiritual. Cada um ama e serve a Deus conforme suas possibilidades e não segundo as determinações dos outros – pastores, rabinos, sacerdotes, pregadores...

O conhecimento dos objetivos espirituais da vida, a eternidade do Espírito e a sua não consumpção ao fenômeno biológico da morte física, o destino que a cada um espera após a conclusão da breve etapa carnal oferecem oportunidade de iluminação íntima e sintonia na parte divina do educando com a Fonte Geradora de Vida.

Essa crença, estribada na razão, exerce função definida no comportamento do ser, que passa a experienciar por antecipação as alegrias e realizações elevadas que certamente o aguardam após a morte. Não somente o preparam para fruir a felicidade depois da disjunção molecular, mas também para viver as emoções que terão continuidade, sem que a desencarnação interrompa.

120) Qual deve ser a postura do espírita diante de uma imposição do Estado referente à Educação religiosa nas escolas?

O Estado não tem o direito de interferir na educação religiosa dos cidadãos em geral, dos educandos em particular, porque seria uma intromissão violenta nos direitos da liberdade de escolha, da liberdade de consciência. Mesmo que se ministrem aulas que atendam aos diferentes interesses religiosos dos alunos, a escola se descaracteriza, porque lhe toma carga horária que deveria ser aplicada na função específica de educar para a vida. A atitude do espírita deverá ser, no caso, contrária a essa imposição descabida.

4.5 – Magistério

121) Qual deveria ser a principal meta daquele que decide ser Professor? Podemos acreditar que pelas suas mãos se dará a mudança social tão almejada? Por onde começar?

A meta a ser atingida por todo aquele que se candidata a ensinar é criar condições no educando para que possa viver com dignidade, resolvendo com sabedoria os problemas que enfrentará durante a sua caminhada evolutiva. Para tanto, deve o professor estar enriquecido pelos conhecimentos que irá transmitir, como também investido de valores morais que possam confirmar a excelência da mensagem educativa que pretende oferecer aos seus alunos. Sem o exemplo que se expressa pela vivência equilibrada e saudável, as melhores lições perdem o seu significado profundo para se tornarem somente um amontoado de informações culturais sem sentido prático de aplicação no cotidiano.

Mediante a educação será realizada a transformação social. O indivíduo é o resultado do que fez de si mesmo, do que aprendeu no grupo por onde transitou, pela formação educativa que recebeu no lar, na escola, na sociedade. Conjugados esses fatores teremos, inevitavelmente, a transformação da Humanidade para melhor.

Sem dúvida, o começo da transformação social se dará no amoldamento da criança à vida e às suas imposições, de modo a torná-la segura e amada, observando as metas a conquistar e vinculada aos exemplos que lhe forem ministrados pelos educadores. Quanto mais cedo tiver início esse mister, mais rápidos serão conseguidos os resultados que se perseguem.

122) Como os educadores devem agir para a não reprodução dos valores, ideias e crenças doentias da sociedade atual?

A construção do homem ideal começa na educação formal e na experimental. Pais e mestres deverão trabalhar unidos no mesmo ideal da educação. Uma das maneiras práticas de serem evitados os males que ora afligem a sociedade, no que diz respeito a valores, ideias e crenças enfermiças é a de não transferir para a escola toda a responsabilidade pela formação ética, moral e cultural da criança e do jovem.

Com frequência, pais inconsequentes ou desatentos, ignorantes ou indiferentes creem que a tarefa da educação é exclusivamente da escola, no que se tornam antimodelos para os filhos. Mesmo quando a escola fornece os melhores exemplos e métodos de construção do caráter sadio, o lar se lhes apresenta como exemplo do desequilíbrio, da falta de respeito, da agressividade, da desconsideração pelos valores que constituem a harmonia social. Enquanto esses pais pretendem transferir para a escola toda a responsabilidade pela condução dos filhos, outros existem que desrespeitam as propostas educacionais que os filhos lhes apresentam, informando que ninguém tem o direito de interferir na formação moral daqueles que lhes são dependentes, sem a condição mínima de lhes oferecerem o necessário para um comportamento condigno.

Assim, o lar e a escola são termos da mesma equação educativa, e somente quando esses dois núcleos de vida estejam em sintonia e trabalhem em união é que se poderão manter os valores em alta, as ideias nobres em consideração e as crenças na dignidade humana como base para o progresso individual e geral da sociedade.

123) Quais os aspectos mais importantes que devem ocupar o centro das preocupações dos educadores, visando a formação de cidadãos do Universo?

Jesus sintetizou toda a tese do comportamento humano em uma frase lapidar: "*Não fazer a outrem o que não gostaria que outrem lhe fizesse*".

Ao educador cabe desenvolver os valores ético-morais do educando, demonstrando-lhe, pela lógica e pelo amor, que a vida tem um significado profundo, mais que imediato, de difícil consumpção; que é de natureza eterna, e onde ele se encontre a defrontará, refletindo todos os seus *atos na própria consciência*, o lugar onde está escrita a Lei de Deus, conforme responderam os Espíritos superiores, a Allan Kardec, em *O Livro dos Espíritos*, questão de número 621.

Desse modo, trabalhar o universo infantil com os instrumentos do amor e da razão, incutindo-lhe no imo a certeza da sua imortalidade, tanto quanto informá-lo e conscientizá-lo de que é membro atuante da família universal, constitui o grande desafio de urgência para a educação, que possui recursos valiosos para dissolver os *cânceres* do egoísmo, do orgulho, da prepotência, geradores da miséria de vária ordem.

5
COMUNICAÇÕES E ARTES À LUZ DO ESPIRITISMO

5.1 – Comunicação

5.1.1 – Mídia

124) Nos dias atuais, tem-se observado uma verdadeira guerra comercial nos canais de TV pela penetração da religião nas residências. A permanecer este estado de coisas, no amanhã poderemos entender que haverá uma separação de veículo na mídia por produtos diferenciados, atendendo à segmentação (produtos comerciais e conteúdo programático) que a religião está provocando?

Os Espíritos Lúcidos e os Benfeitores Nobres não compartem dos métodos que são apresentados nas televisões com o objetivo de levar a mensagem de vida eterna aos interessados.

Não se pode divorciar a proposta da religião da ética de apresentá-la. Somente os meios dignos podem responder pelas realizações dignificadoras.

Algumas das técnicas que vêm sendo apresentadas, em determinados setores das denominadas religiões eletrônicas, ferem frontalmente a qualidade do ensino de Jesus às criaturas, que jamais se utilizou de *lavagem cerebral* ou de mecanismos equivalentes para atrair simpatizantes. A Sua autoridade e a profundidade dos conceitos por Ele emitidos cativavam e despertavam para a realidade transcendente da vida. Quando faltam esses valores, apelam-se para os recursos da sugestão, do engodo, do fanatismo e da acusação em nome da Verdade.

Igualmente, a utilização da proposta religiosa para a distribuição e venda de produtos terrenos, com a possibilidade de enriquecimento dos seus líderes, agride o Evangelho, que preconiza a renúncia aos bens materiais, a superação das ambições desordenadas que a ganância desenfreada propõe.

125) Considerando-se o imenso poder da mídia em nosso tempo e também o atual estágio da Humanidade, onde ainda preponderam os vícios sobre as virtudes, como se dará a evolução, conquanto forças antagônicas exerçam total controle sobre a mídia?

O progresso é inevitável no processo de desenvolvimento da sociedade. O que hoje se apresenta como desafio ou sonho, amanhã se tornará realidade, abrindo espaços para conquistas ainda mais audaciosas. O fanal do ser humano é a plenitude. O estágio atual, mesmo se apresentando caótico, também revela extraordinárias conquistas que beneficiam sobremaneira o ser, ampliando-lhe os horizontes da vida e diminuindo-lhe inúmeros sofrimentos que antes lhe constituíam verdadeiras tragédias.

Certamente, no que diz respeito à mídia, vive-se o período da transição e da conquista de novos valores.

O abuso leva ao cansaço do uso e, por consequência, ao abandono do recurso perturbador.

Desse modo, surgem, a cada momento, propostas renovadoras e realidades inesperadas que vão modificando a estrutura da comunicação e propondo a melhora das anteriores apresentações, que já não têm como renovar-se para manter-se no estágio em que se encontram.

126) Com o surgimento e crescimento de novos meios de comunicação, como por exemplo as redes de computadores e videoconferências, qual será o destino da mídia impressa (jornais e revistas) nas próximas décadas?

Não nos encorajamos a fazer futurologia. Não obstante, os periódicos – jornais e revistas – sobreviverão às admiráveis conquistas da moderna comunicação, facultando análise dos fatos com mais calma e possibilidades amplas de reflexão. Ao mesmo tempo, em razão da facilidade de serem conduzidos, propiciarão melhor intercâmbio de ideias. Constata-se que, embora o grandioso progresso da Informática e demais ciências encarregadas de simplificar a comunicação, aumenta o número de títulos e a tiragem de periódicos, que se multiplicam com velocidade, em tipos, propostas culturais e áreas de informação. É provável que se adaptem a novas fórmulas e apresentação, conforme já vem sucedendo.

127) Nos dias atuais observamos de maneira tímida nas novelas televisivas a presença da mensagem espírita, com conteúdo, muitas vezes, incorreto, mas divulgando a mensagem. Como será no amanhã essa participação? Continuará tímida?

Vivemos sob a inexorável Lei do Progresso, e tudo marcha para o equilíbrio e a perfeição.

A Ciência e a Tecnologia, embora não aplicadas exclusivamente para o bem, têm promovido o crescimento do ser humano, elevando-o a pontos culminantes no seu processo de evolução cultural, apesar de ainda não haver alcançado o patamar moral superior. São recursos valiosos para a felicidade humana, ao lado de outras conquistas que vêm diminuindo as dores e os sofrimentos, proporcionando alegria e discernimento, beleza e paz...

Acreditamos que, no futuro, a televisão contribuirá de forma positiva para a sociedade feliz, quando aqueles que a comandam modificarem a sua visão em torno da vida e do ser nas suas variadas expressões.

A televisão, em si mesma, é neutra. O uso que dela se faz é que a torna educativa ou perniciosa. Assim, portanto, à medida que as criaturas se modifiquem para melhor, sob o ponto de vista moral, mais amplas possibilidades serão aplicadas para a realização dos objetivos elevados que todos perseguimos.

128) Como usar a força dos meios de comunicação na construção de uma sociedade menos massificada?

A preservação da individualização do ser humano será sempre efeito da educação em bases de profundo respeito pela criatura e pela sua identidade. Enquanto prevaleçam os preconceitos e as diferenças de classes na estrutura da sociedade, essa, naturalmente, estabelecerá parâmetros separatistas, envolvendo todos aqueles que não lhe compartem as regalias em uma expressão massificada, a fim de ser facilmente manipulada. Infelizmente, os meios de comunicação têm exercido esse papel amputador dos valores individuais e da dignidade pessoal.

À medida que o homem se desenvolva moralmente, perceberá que a vida é um direito à disposição de todos e que lhe cumpre o dever inalienável de auxiliar aqueles que se encontram em estágio de menor desenvolvimento, a fim de que possa crescer e contribuir mais vigorosamente em favor do progresso geral. Para tanto, utilizando-se da educação por intermédio dos veículos de comunicação que, sem perderem a sua finalidade informativa, promotora de interesses pessoais e de grupos, também contribuirá para a iluminação das consciências e harmonia dos sentimentos humanos. As suas programações terão finalidades elevadas, buscando sempre a edificação moral e não apenas a sensação que nivela os seres pelo inferior; auxiliarão no desenvolvimento das aptidões inatas – as de natureza divina que jazem no imo dos seres – erguendo-os para a conquista da sua realidade espiritual.

Assim, é possível uma proposta para programas pelos veículos de comunicação como fórmula ideal para a construção de uma sociedade menos massificada, menos perturbada.

129) Qual a responsabilidade dos profissionais da comunicação e dos defensores dos direitos de divulgação?

Graves responsabilidades lhes pesam sobre a consciência. O indivíduo é sempre o resultado das ações praticadas livremente, assim como pelos pensamentos que projeta no espaço, e que, hoje ou mais tarde, retornam ampliados pelo potencial da energia semelhante de que se nutrem. No que diz respeito à liberação dos costumes, à apresentação das cenas de violência, de agressividade, de sexo explícito e vícios que ultrapassam os limites do suportável, os seus aficionados, em nome da liberdade promovem a libertinagem, estimulando os instintos que deveriam ser educados e desenvolvendo o cinismo, que pretende substituir a compostura, eliminando a razão e o discernimento, e a todos reduzindo à condição primária de objetos para o prazer mórbido.

Educar é criar hábitos considerados saudáveis. Todos os costumes que pervertem e levam à consumpção, longe se encontram de ter caráter educativo, antes conspirando contra os valores humanos e os princípios da ética e da moral, gerando desordem, fomentando o caos.

130) É lícito ao Estado estabelecer censura à divulgação de comportamentos contrários aos princípios morais adotados pela média de sua população?

Ao Estado é lícito o dever de disciplinar o abuso em quaisquer áreas do comportamento dos seus cidadãos, estabelecendo leis compatíveis com o seu nível de progresso e desenvolvimento. Em um Estado fragilizado pelas licenças morais, os direitos humanos derrapam no desrespeito e as pessoas mais indefesas – crianças, idosos, enfermos – ficam à mercê dos dominadores e exploradores de todo gênero. A preservação dos valores éticos deve estar presente em todas as Constituições, não apenas escrita, mas, sobretudo, respeitada e vivida, estabelecendo-se diretrizes de preservação da dignidade e da honra da criatura humana como essenciais à própria existência. Quando assim não ocorre, as autoridades governamentais perdem a compostura, adotando as mesmas condutas dissolventes daqueles que exploram e aniquilam a esperança da vida social, estabelecendo o retorno do primarismo à civilização, que facilmente derrapa em guerras lamentáveis, em condutas excêntricas, em comportamentos de indiferença humana pela própria sociedade.

Não propomos que seja adotada uma conduta semelhante à da média ou da maioria da população, porque onde prevalecessem a licenciosidade, o despautério, a hediondez, aí teríamos a medida-padrão para o procedimento de todos...

As conquistas espaciais, no macrocosmo, e das micropartículas, no microcosmo, demonstram a presença da ordem, do equilíbrio de um Pensamento Causal e Ordenador de todas as coisas, assim conclamando à harmonia e ao equilíbrio, portanto, ponto de partida para a elaboração de um código que regulamente tudo aquilo que agrida, que fira, que ultraje, que perturbe, que induza ao crime e à decadência, tendo como modelo a harmonia vigente no Universo e na Vida.

131) O desenvolvimento dos sistemas de comunicação informatizados elimina as distâncias físicas, as fronteiras dos países e dificulta ou impede a retenção de informações secretas com segurança. Existe alguma tendência no sentido de se tornar a vida material semelhante à vida descrita nos planos espirituais?

Sem dúvida avançamos para a Unidade. Todas as informações, nos diferentes campos do conhecimento, têm por objeto equipar o homem de esclarecimentos que lhe facultem o crescimento na direção de Deus. Da mesma forma, as tecnologias modernas, que objetivam o progresso, são inspiradas por Missionários que se reencarnam com objetivos de aproximar a vida na Terra àquela que pulsa fora do corpo físico nas esferas espirituais.

Graças aos recursos da Eletrônica e da Física Quântica se pode ter uma ideia das ondas e vibrações que compõem o mundo parafísico, no qual os Espíritos vivemos.

A existência física se sutiliza cada vez mais, lentamente assemelhando-se à vida espiritual, embora a distância vibratória que ainda as medeia.

132) Diante de tudo que temos visto pela Imprensa, até onde chegarão os representantes religiosos para arrebanhar adeptos? Qual será a reação das crianças do futuro a uma tentativa de formação religiosa seja ela qual for?

Sendo a escola realmente leiga, sem que professores materialistas e utilitaristas, cépticos e amargos, transmitam suas mensagens pessimistas aos alunos, cuidando de cumprir a grade estabelecida, e o Lar se encarregue de orientar religiosamente os seus membros, a propaganda bombástica da fé eletrônica perderá completamente o sentido, qual ocorre com muitos produtos apresentados, que embora impressionem pela beleza da embalagem e dos seus divulgadores, nunca são adquiridos, graças à má qualidade de que se fazem portadores. As pessoas menos esclarecidas certamente aderirão à novidade, recebendo orientação própria para o seu nível de consciência, por falência de outros credos que não souberam ou não quiseram conduzir corretamente os seus fiéis que ora os perdem, mudando de rotulagem e permanecendo, não obstante, castrados, com os instintos freados, de alguma forma menos sujeitos a deslizes morais que, de outra maneira, seriam factíveis de acontecer. Há estágios na evolução da criatura nos quais o amor ainda não nasceu e o temor predomina. Nessa fase, o seu deve ser o deus do medo, da imposição arbitrária, a sua terá que ser a religião melhor, a salvadora sem muito esforço, a fim de que através das reencarnações chegue a Deus pelo amor, e à fé, mediante a razão.

5.1.2 – Propaganda

133) Atualmente a propaganda tem uma grande credibilidade junto ao público, até porque existem órgãos de defesa do consumidor que não permitem abusos. Como será a credibilidade da propaganda junto ao público dos cenários futuros?

O ser humano avança para a conquista da consciência lúcida, portanto, da responsabilidade. O período do ludíbrio, da marginalidade, vai sendo substituído pelo da razão e do respeito aos direitos alheios, que um dia dominarão as paisagens do mundo. Assim sendo, cada produto conquistará o consumidor conforme a sua qualidade, de acordo com o valor que possui, e não somente pelas apregoadas nas propagandas bombásticas e inautênticas.

Havendo respeito pelo consumidor, serão cuidados mais a legitimidade do produto e seus conteúdos, independendo da apresentação, da embalagem, às vezes belas, porém sem corresponderem ao que é divulgado.

134) Com o desenvolvimento da realidade virtual e o avanço da informática multimídia, as técnicas de vendas sofrerão mudanças? Como a propaganda será afetada por estas novas tecnologias?

O progresso é inestancável, apresentando-se sob vários aspectos e propondo mudanças, às vezes, radicais, no comportamento das criaturas e nas suas atividades.

É natural, portanto, que as novas conquistas da área da comunicação proponham mudanças estruturais de técnicas para as vendas. Já podemos observar que as velhas fórmulas de propaganda cederam lugar à velocidade das informações, modificando completamente os métodos de mercado.

Assim também, à medida que se desenvolver uma área do conhecimento, outra será aberta para complementação do trabalho que não cessa.

Dessa forma, serão criadas técnicas de propaganda, conforme ora sucede, sempre baseadas no respeito ao consumidor, que se torna cada vez mais exigente, discernindo entre o que deve ou não adquirir, como efeito do conhecimento dos produtos que lhe são apresentados.

5.2 – Artes

5.2.1 – Estética

135) O que define o estilo de cada artista, quer na Música, Literatura, Pintura etc.?

Cada Espírito vê e sente a Arte com as suas características e expressões evolutivas, porquanto, à medida que o ser progride, amplia a capacidade de perceber a beleza e senti-la nas suas várias expressões. Essa forma de identificação muito pessoal, que é resultado da experiência individual, expressa-se na aptidão por uma ou por outra manifestação da Arte, bem como na maneira de traduzir o sentimento no instante da sua captação. Colocando a sua maneira de entendimento e emoção cria o estilo, que se poderia chamar o legítimo autógrafo colocado naquilo que faz.

136) Quais os gêneros artísticos que mais se aproximam do Belo, do Uno, em se considerando todos praticados com amor, expressividade e devoção?

Toda manifestação de Arte que inspira paz e eleva o ser, que o estimula a progredir e a amar, tornando a vida mais nobre e feliz, traduz o Belo, o Uno, por ser emanação do Seu Psiquismo. Na sua imensa diversidade encontramos a mesma magia e grandeza, formando um painel de unidade, que liberta a criatura humana das paixões mais primitivas, aproximando-a da Fonte Geradora de Vida. Nenhuma, no entanto, específica, porquanto, em se considerando os vários estágios em que se encontram os seres terrestres, fazem-se necessárias todas as expressões, a fim de atingir igualmente e sem distinção os candidatos à aproximação do Incomparável Artista, de Quem tudo procede. No entanto, a Música, em razão da sua capacidade de penetrar o imo do ser, graças às suas melodias que arrebatam e sensibilizam, despertando o divino no humano, parece ser o veículo que mais aproxima a criatura do seu Criador...

137) Seria a Vida a expressão artística de Deus?

A Vida é emanação do pensamento de Deus que se exterioriza em completa harmonia, portanto, como forma sublime de Arte.

138) Que tipo de Arte existe no Mundo espiritual?

Há expressões de estesia nas diferentes Esferas Felizes que a mente humana ainda não pode conceber, nem o seu vocabulário traduzir. Mediante uma comparação simples pode-se ter ideia da qualidade e tipo de Arte existente na Espiritualidade, particularmente naquela onde vivem as Entidades nobres. Se observarmos a contribuição do homem primitivo em relação à Arte, mediante as pinturas rupestres, e compararmos com as elevadas conquistas realizadas pelo pensamento hodierno, veremos a distância que medeia entre ambas e a gradação da beleza em ascensão.

Assim, em relação às elaborações conseguidas no Mundo espiritual, o homem terrestre agora estaria na fase rupestre...

Tenhamos sempre em mente que a Terra é cópia grosseira do Mundo espiritual, entendendo-se, todavia, que existem esferas ainda inferiores onde estagiam os Espíritos rebeldes e primários que se comprazem no erro e no mal, sendo aí, diferente, porque mais grotescas as suas manifestações artísticas, pois que também as existem.

Quando surgem, na Terra, movimentos artísticos inovadores e manifestações especiais da Arte, os seus pioneiros são Espíritos elevados que se reencarnaram, para transferir do mundo das causas para o dos efeitos o que há de belo, nobre e edificante, o mesmo ocorrendo nas mais diferentes áreas do conhecimento humano.

139) Pintura mediúnica é Arte? Traria ela alguma importância real para o Movimento Espírita, para a Doutrina Espírita?

Da mesma forma que a psicografia e a psicofonia, nas expressões da mediunidade intelectual, contribuem valiosamente para a comprovação da imortalidade, ao lado de outras manifestações positivas do fenômeno mediúnico, a psicopictografia é recurso nobre de arte para a confirmação da sobrevivência do Espírito à disjunção molecular do corpo. O estilo do pintor, suas características, sua mensagem oferecem expressivo contributo para a afirmação da vida após o túmulo, como também pelo ensejo que oferece de trazer beleza e harmonia para encanto das criaturas humanas.

À Doutrina Espírita não oferece maior contribuição, tendo-se em vista que a Codificação encontra-se estruturada e completa, não sendo a mediunidade psicopictográfica que irá aumentar a sua excelente proposta de sabedoria.

O fenômeno necessita da Doutrina a fim de se explicar, porém a Doutrina dispensa o fenômeno, por ser ela um conjunto de lições profundas e ricas de iluminação e beleza, de que o insigne Allan Kardec se fez o incomparável intermediário.

Assim, o fenômeno confirma a Doutrina e essa elucida-o.

5.2.2 – Educação artística

140) A Arte também é fruto de exercícios da criatividade do ser e por isso existiria como um segmento da Sabedoria Universal em outros mundos?

Sem qualquer dúvida, o exercício é fator de realizações mais belas e perfeitas em todas as áreas do pensamento. À medida que o homem se exercita, a sua criatividade se desenvolve por encontrar campo de expansão e realização, como um prosseguimento do Divino Pensamento nos diferentes mundos do Universo.

141) Todo artista com sua obra estaria realmente reencarnado no seu tempo e lugar? Muitos perdem-se nos vícios, inquietos pela incompreensão do seu meio, da sociedade e dizem estar antes do seu tempo.

Não existem acontecimentos casuais nas Leis Soberanas que regem a Vida. Todos nos encontramos no lugar certo, na hora exata. A rebeldia, resultado de imaturidade espiritual, responde pelas reações do desequilíbrio de cada um que foge da realidade, procurando mecanismo de autojustificação, a fim de escapar da responsabilidade do insucesso. Naturalmente, em alguns casos, o artista precede o seu tempo, a fim de fazer que o progresso avance, sendo ele pioneiro de novas expressões e condutas.

Os vícios não têm justificação que seja válida, porquanto muitos heróis e artistas, santos e apóstolos, cientistas e pensadores jamais encontraram compreensão dos seus contemporâneos e nem por isso derraparam nas fugas espetaculares do desequilíbrio e da dependência das paixões primitivas.

O verdadeiro artista não espera o aplauso imediato. Ele sabe que está trabalhando para o futuro e, por isso, confia no que faz, aguardando que a posteridade considere o que contempla e valorize a sua realização. Quem aguarda resposta imediata, gratidão e recompensa, ainda transita na faixa do egoísmo, guindado ao orgulho vão, que entorpece os sentimentos.

142) O Espírito que foi um artista busca reencarnar-se sempre como artista?

Não necessariamente. A evolução do ser é abrangente, facultando-lhe experiências em várias áreas do conhecimento, do comportamento, da iluminação. É comum, no entanto, ver-se o Espírito que se realizou em determinado campo de vivência, retornar na mesma atividade, de modo a ampliar o espaço das realizações, não somente plenificando-se, mas também favorecendo a Humanidade com a visão mais ampla e profunda em torno daquela conquista.

O artista, em particular, tende a voltar a reencarnar-se no círculo da beleza, mas, quase sempre em outro gênero de expressão, crescendo na forma de traduzir a grandeza e a majestade da Vida, que a sua sensibilidade capta com maior desenvoltura. Assim, podemos identificar, por exemplo, Rafael Sanzio renascendo como Frédéric Chopin, transformando cores em sons, mas permanecendo vinculado à harmonia.

143) Quais os Espíritos que atuariam ao lado dos artistas?

De acordo com o idealismo de cada qual, a Lei de Afinidades que vige no Universo faz que sintonizem os artistas encarnados com Espíritos semelhantes. Normalmente, quando se propõem aos objetivos de elevação, deixam-se arrastar pelas vibrações superiores do Mundo espiritual transcendental, e entram em sintonia com os mestres da Arte, encarregados de a promoverem na Terra, ampliando as paisagens do sentimento e da harmonia, da estética e da ventura nas mentes e nos corações. Quando, porém, agitados pelas paixões perturbadoras ou objetivando as manifestações do campeonato da insensatez, tornam-se instrumentos de equivalentes Espíritos que ainda se comprazem no cultivo das experiências primárias e alucinantes.

Uns e outros, no entanto, sempre que se desprendem temporariamente do corpo, através do sono vão vivenciar, de acordo com os seus interesses, experiências na Erraticidade, de onde trazem lembranças que transformam em mensagens enviadas às criaturas. Nunca faltam, porém, os inspiradores nobres que os convidam ao crescimento pessoal e da sociedade, já que são portadores dos recursos de captação da harmonia, com objetivos definidos de engrandecerem as manifestações artísticas entre os homens.

5.2.3 – Filosofia da arte

144) Qual a destinação da Arte no mundo e de que maneira ela evolui?

A Arte tem como meta materializar a beleza invisível de todas as coisas, despertando a sensibilidade e aprofundando o senso de contemplação, promovendo o ser humano aos páramos da Espiritualidade. Graças à sua contribuição, o bruto se acalma, o primitivo se comove, o agressivo se apazigua, o enfermo se renova, o infeliz se redescobre, e todos os outros indivíduos ascendem na direção dos Grandes Cimos. A Arte permanecerá no mundo assinalando as fases de progresso ou de tormento das criaturas, porém oferecendo sempre harmonia e trabalhando os sentimentos elevados.

Desse modo, evolui do grotesco ao transcendental, aprimorando as qualidades e tendências, que estarão sempre à frente dos comportamentos de cada época. Lentamente, e às vezes com rapidez, a Arte se desenvolve alterando os conteúdos e melhor qualificando a mensagem de que se faz portadora.

145) As tradições culturais devem ser preservadas ou incentivadas? Ou devem render-se à adequação de uma nova realidade?

Não se pode nem se deve matar o passado. Seria como destruir o alicerce da edificação, ameaçando-a de desmoronamento. Da mesma forma, não se pode abandonar o que a Arte tem para oferecer ao presente, graças ao seu passado. Pelo contrário, todos os artistas encontraram, nas fontes do ontem, a inspiração para as experiências do futuro, mesmo quando alterando as formas, discordando e sugerindo novas expressões.

Em cada período, naturalmente, não é a Arte que se lhe adequa, mas este que se adapta ao que ela vem realizando e promovendo, pois que o pensamento sempre precede aos acontecimentos.

146) Quanto mais evoluído o planeta, maior seria a sua integração com as Artes?

À medida que o ser se despoja do fardo que o retém atado às paixões, mais amplas e sutis se lhe fazem as percepções, facultando-lhe uma captação mais detalhada e enriquecedora das paisagens e magias do mundo transcendente. Assim, igualmente, quanto mais evoluído o planeta, mais integrado estará com a Arte Sublime que supera as formas e se exterioriza, deixando de ser estática para tornar-se vibrante e integrativa, mimetizando aqueles que a contemplam com o seu conteúdo invulgar. Nessas Regiões Felizes, a Arte é viva, portadora de calor e comunicativa pela emoção que esparze, tornando o observador igualmente observado e, portanto, mergulhado na beleza que irradia.

5.2.4 – Psicologia da arte

147) Toda manifestação artística é expressão do pensamento do próprio artista?

Nem sempre, porquanto, normalmente, o artista é portador de grande sensibilidade psíquica, o que lhe permite sintonizar com outros estetas, que já se encontram desencarnados, e que anelam por continuarem desenvolvendo a sua visão de beleza. Utilizam-se, desse modo, daqueles que estão em equivalente faixa vibratória e os inspiram, muitas vezes, mediunicamente, qual o demonstram as biografias de inúmeros deles, que declararam haver sido dirigidos enquanto trabalhavam.

148) Como identificar o artista verdadeiro?

O legítimo portador da beleza caracteriza-se pelo conteúdo da mensagem que expressa, enriquecendo a Humanidade com paz, com inspiração e engrandecimento moral, fazendo que, através da sua manifestação de arte, as pessoas se encontrem e confraternizem, respeitando-se umas às outras, sem os apelos às paixões perturbadoras que induzem à violência, ao sexo desvairado, aos tormentos que desgovernam as emoções com predominância das sensações.

O artista real é missionário de Deus como cocriador junto à Humanidade. A sua contribuição permanece edificando, mesmo quando ele morre, e não raro pela qualidade e profundidade do conteúdo da sua inspiração, que antecipa o futuro, não é reconhecido como gênio, senão depois da sua morte.

149) A Arte, como lazer, de forma geral traz algum benefício às pessoas?

São inegáveis os benefícios que a Arte proporciona às pessoas, particularmente em forma de lazer e de terapia, porquanto, não somente o trabalho é essencial ao crescimento espiritual como também o repouso, a meditação, o encontro consigo mesmo. Nesses momentos, qualquer manifestação de Arte ajuda no processo de elevação e libertação do pensamento, conduzindo-o aos cenários agradáveis da alegria, da paz, da plenificação.

150) Não teria Jesus utilizado o recurso da Arte para sensibilizar a alma humana, quando passou o seu Evangelho através de parábolas com forte colorido de histórias fantásticas e elucidativas?

Na Sua condição de Mestre, Jesus sempre utilizou a Arte de bem apresentar os seus ensinamentos, recorrendo à metodologia mais adequada à época em que viveu, que se apoiava na sabedoria das narrações, ocultando a profundidade dos seus ensinamentos na roupagem das parábolas, a fim de preservá-los para o futuro, apresentando-os sempre atuais, conforme o grau de desenvolvimento cultural da sociedade. Utilizou-se, desse modo, da pauta da Natureza, para cantar a mais extraordinária melodia que os ouvidos humanos jamais escutaram.

Inspirados no seu poema de vida, inumeráveis artistas, através dos séculos, imortalizaram em forma, cor e som, a eterna mensagem de amor e de vida que Ele, Artista Sublime, insculpiu nas consciências.

5.2.5. – Sociologia da arte

151) Sabemos que poucos seres humanos na atualidade são afeitos aos aspectos mais sublimados da Arte. Qual seria a consequência, se isso fosse ao contrário?

Seria viver o futuro na atualidade. Cada época se faz caracterizar pelas suas conquistas e prejuízos, ficando assinalada como lição viva para a posteridade. É natural que, neste período de trânsito, muitas criaturas ainda se encontrem com afinidades direcionadas para as paixões primitivas e suas expressões, materializando, na Arte, o nível evolutivo no qual ainda se demoram. Todavia, a balbúrdia que se vem instalando no mundo e a confusão de valores em torno da Arte, na sua multiface, são transitórias, passando ao porvir como página de identificação de um período humano paradoxal, no qual o ser quase atingiu as estrelas e, não obstante, permaneceu durante algum tempo, sob o ponto de vista moral, em patamar inferior, salvadas, naturalmente, as exceções.

O progresso multiplica-se por si mesmo e sedimenta-se na sinuosa inferior, onde começa a linha ascencional até o ápice, no qual estagia, para novamente descer, sempre, porém, a nível menos baixo do que o imediatamente anterior.

152) Quais contribuições Arte e Religião mutuamente trouxeram no decorrer da evolução humana? Qual aquela que foi mais influenciada pela outra?

Extraídos os excessos, que são da natureza humana, na sua fase primária de desenvolvimento intelecto-moral, ambas, que se confundem nos recuados dias da pré-história, ofereceram valiosa contribuição para o processo da evolução dos seres. Nas pinturas rupestres encontramos o homem primitivo tentando comunicar-se graficamente, deixando marcas da sua trajetória no rumo do pensamento pré-mágico, quando começou a sentir as primeiras necessidades da compreensão das Leis da Vida e do seu Autor. Ali mesmo se iniciou o culto de adoração às Forças Vivas que o rodeavam, expressando-se de forma grotesca, porém traduzindo o primeiro sentimento de temor, já que se encontrava impossibilitado de amar, governado como se sentia pelo instinto, ainda longe da razão. Desse modo, ambas nasceram quase simultaneamente e, através da História, a Religião sempre influenciou a Arte, mesmo quando se lhe opondo, assinalando cada período com a riqueza das suas inspirações. Sem o apoio da Religião, que sempre direcionou o destino dos povos, de alguma forma amparada pelo Estado, com exceção do Cristianismo nos seus primórdios, a Arte disporia de poucos recursos financeiros para atingir as cumeadas da beleza que alcançou e hoje, livre das amarras totais do religiosismo, alça voos mais audaciosos em busca de outros níveis e mensagens.

153) Quase sempre, todo artista necessita comercializar a sua obra para sobreviver. Alguns tornam-se milionários. Como é visto esse mercado pelo Mundo espiritual?

Desde que não se trata de uma realização eminentemente mediúnica, caracterizando-se pelo esforço pessoal daquele que produz a obra de Arte, é justo que dela possa dispor conforme lhe aprouver. Em face do encontro de compradores, alguns dos quais se tornam mais investidores financeiros do que admiradores do Belo, é válido que venda o seu trabalho, a fim de viver com dignidade. Todo excesso, no entanto, é prejudicial, e na Arte, em razão das ambições que entram em jogo comercializando-a, e impedindo que os menos aquinhoados financeiramente possam também desfrutá-la, torna-se uma conquista lamentável para aqueles que a possuem para deleite exclusivo do seu orgulho e egoísmo. No passado, geralmente, com poucas exceções, os artistas viveram e desencarnaram faltos de recursos, especialmente quando sua expressão de Arte não correspondia aos padrões convencionais estabelecidos, inspirando-se ainda mais no próprio sofrimento e produzindo incomparáveis obras que vêm sensibilizando a cultura e a Humanidade séculos afora.

6

CIÊNCIAS TECNOLÓGICAS, FÍSICA NUCLEAR, AUTOMAÇÃO E INFORMÁTICA À LUZ DO ESPIRITISMO

6.1 – Tecnologia

154) O conhecimento tecnológico por parte de alguns povos não provocará domínio cada vez maior sobre o restante da Humanidade?

Esse fenômeno sempre tem ocorrido e não seria novidade que prosseguisse por mais algum tempo. Isto, porque o indivíduo imediatista sempre procura retirar proveito pessoal de tudo que encontra em detrimento dos demais. Apesar disso, o progresso impõe suas próprias regras de comportamento e como se manifesta simultaneamente em toda parte, a competição inicial em torno das conquistas realizadas sempre abre portas a um sentido de identidade internacional e intercâmbio inevitável, graças aos quais, os povos prepotentes e dominadores cedem lugar aos solidários e fraternos conforme vem ocorrendo através dos tempos.

155) Tendo em vista novas tecnologias que permitem se faça cada vez mais coisas sem sair de casa, como pode o homem conciliar sua vida em grupo?

A criatura humana é um animal social, que se sente atraída uma pela outra a partir do instinto gregário, ampliando a área de relacionamento graças aos valores do Espírito e da cultura. Infelizmente, a violência que grassa na Terra, na atualidade, tem contribuído para que o ser humano se refugie em lugares onde pensa encontrar segurança, através dos mecanismos próprios vigentes na sociedade, isolando-se cada vez mais. O medo impede os indivíduos de se aproximarem uns dos outros. Mas isso é um mecanismo transitório do processo da evolução.

Quanto mais moralizado o ser, mais tem necessidade de relacionar-se, de crescer em grupo, auxiliando o seu próximo e contribuindo para o progresso da Humanidade.

156) Tendo em vista ser o avanço tecnológico superior ao avanço moral da criatura humana, como será a ética da era pós-tecnológica?

Indubitavelmente o homem cresce também no sentido moral, embora esse desenvolvimento esteja aquém das conquistas tecnológicas, mas que o não impedem de compreender os objetivos essenciais da existência, que não se resumem apenas na comodidade, no prazer. Em toda parte encontram-se os convites para a meditação em torno da transcendentalidade da vida e do ser, propondo revisão dos velhos conceitos, ora ultrapassados, e de uma nova conduta moral compatível com os passos largos dados pelo conhecimento.

Será inevitável o despertar para uma nova ética mais consentânea com o progresso alcançado na área tecnológica. Também deveremos ter em conta que as reencarnações dos promotores da felicidade humana dão-se amiúde, e que o Senhor da Vida zela pela sociedade terrestre.

157) A tecnologia poderá controlar a mente das pessoas, podendo programá-la com o intuito de evitar a ocorrência de atos criminosos e maléficos à sociedade?

Não nos parece possível. Além do mais, seria terrível violação ética aos direitos humanos, robotizando as criaturas, mesmo que sob a justificativa de dignificação e de terapia preventiva contra o crime. O livre-arbítrio do ser seria violentado e o seu processo de evolução ficaria paralisado, a depender dos agentes que o manipulassem.

Ademais, em caso de ser conseguido esse controle, por certo, cairia também em mãos criminosas, que poderiam utilizar-se do recurso para processos totalmente opostos.

É inconcebível, portanto, que a tecnologia possa transferir de um cérebro humano para outro, mesmo utilizando-se de mecanismos altamente sofisticados, os recursos que somente o pensamento – elaboração da mente em si mesma – pode produzir.

158) Nas últimas décadas temos observado que o conhecimento tem aumentado em progressão geométrica. O desenvolvimento continuará aumentando nessa velocidade? Teremos períodos de crises ou mesmo retrocessos?

Não se pode negar que as conquistas da inteligência têm superado as realizações do sentimento. No entanto, os valores do conhecimento formam a horizontal do progresso, enquanto as realizações da moral se apresentam como a grande vertical das aspirações e conquistas humanas. Esse desenvolvimento tecnológico e intelectual constitui uma necessidade imediata e faz parte de uma etapa do desenvolvimento da Humanidade. Logo depois, as realizações espirituais do ser imporão as necessidades do equilíbrio moral, estimulando as conquistas superiores do ser, a superação do egoísmo, do orgulho, das paixões perturbadoras.

A Lei de Progresso funciona mediante etapas e especificidades. Em um período da História, o ser conquista determinados valores que deverão ser postos à prova, enquanto se desenvolvem outras aptidões e se generalizam novas realizações.

As aquisições logradas não se perdem jamais; por isso, não haverá retrocesso, mesmo que os indivíduos se perturbem, tentem obstaculizar a marcha do progresso. Os valores adquiridos permanecerão como paradigmas de sustentação para o surgimento de outros mais nobres e elevados.

159) O desenvolvimento tecnológico, como instrumento de transformações políticas e sociais no mundo, seria ou ainda será no futuro uma cópia do que já existe em mundos mais adiantados, mesmo no plano superior?

O avanço tecnológico, para cumprir a missão que lhe está destinada, não pode dar-se sem o correspondente desenvolvimento moral daqueles que se encontram à frente do progresso. O primeiro pode ser considerado como uma conquista na horizontal dos valores, porque o imediatismo e a prepotência podem tomar-lhe as rédeas, como vem ocorrendo através dos tempos, e gerar terríveis conflitos entre as criaturas, entre os povos. O segundo é visto como uma vertical que emerge e alcança os altiplanos do bem sem limite, conduzindo o pensamento e os indivíduos ao respeito mútuo, ao amor, à verdadeira solidariedade e à legítima fraternidade que a todos unirá em um só grupo na porvindoura sociedade feliz.

Esta deve ser a meta dos que se empenham nas conquistas tecnológicas, tendo em vista o processo de crescimento da sociedade do futuro.

160) A precisão que o desenvolvimento tecnológico apresenta conseguirá permitir a comprovação da vida após a morte através da comunicabilidade entre os dois planos pelos meios eletrônicos?

Para as pessoas que negam por sistema, nenhum recurso é confiável, já que os conflitos individuais inibem a aceitação das experiências alheias, duvidando igualmente das próprias sob alegações absurdas e lógica sem sustentação racional. Se nos reportarmos, por exemplo, à ressurreição de Jesus, embora o atestado inequívoco de Maria de Magdala, a dúvida permaneceu no coração e na mente de outros discípulos, qual ocorreu com Tomé, que foi convidado pelo Mestre a que O tocasse, a fim de que não permanecesse a incerteza em torno da sua aparição como se houvera sido um fenômeno alucinatório...

Allan Kardec, utilizando-se da observação acurada e cuidadosa, da lógica de bronze de que era constituído o seu raciocínio já demonstrou para qualquer pessoa lúcida a legitimidade do fenômeno imortalista, mediante a comunicação dos Espíritos após a morte do corpo físico. As investigações realizadas por cientistas de nomeada, que puseram em jogo a sua credibilidade de pessoas insuspeitas, igualmente não convenceram os renitentes adversários da sobrevivência da alma. Da mesma forma ocorrerá com as transcomunicações eletrônicas, que passarão à categoria de divertimento sem resultados morais conforme aconteceu com as mesas girantes que, no entanto, facultaram ao codificador a constatação da Doutrina Espírita, enquanto os demais observadores ali nada mais viam que frivolidade sem maior significado.

161) A sociedade da inteligência terá acesso à comprovação científica das verdades espíritas, como a questão da reencarnação e sobrevivência do Espírito?

Já existem comprovações da sobrevivência do Espírito à disjunção molecular, assim como da reencarnação, em diversas áreas das Doutrinas psíquicas, parapsíquicas e parapsicológicas, que resistem às dúvidas sistemáticas e teimosas.

A Psicologia transpessoal, através de eminentes investigadores insuspeitos que procuravam terapias alternativas para problemas graves de transtornos psíquicos e emocionais, detectou a causalidade do Espírito em todos eles, como sendo os seus atos pretéritos responsáveis pelas ocorrências de dor e sombra nas quais o indivíduo atual se encontra envolvido. Aprofundando a sonda da pesquisa, constatou a preexistência da vida ao corpo e a sua sobrevivência, assim como também a interferência de mentes espirituais no comportamento dos seres humanos, identificando, de maneira inconfundível, a psicopatologia das obsessões.

Por outro lado, a Transcomunicação Instrumental vem comprovando a imortalidade da alma e a reencarnação como consequência da eternidade do ser.

162) Considerando que a Ciência adota a metodologia da pesquisa associada à experimentação, e que os fenômenos transcendentes dependem de outras inteligências que não as nossas, haveria algum meio de conquistar a adesão ao trabalho científico, segundo a nossa metodologia, por parte daquelas outras inteligências?

Essa adesão tem ocorrido com frequência, particularmente quando os objetivos da investigação fazem-se caracterizar pela nobreza de propósitos, pelo respeito a essas inteligências, que são os Espíritos, tendo início um intercâmbio cooperativo, cujos resultados são sempre positivos.

Foi o que ocorreu durante as investigações realizadas por Allan Kardec, assim como por inumeráveis cientistas do passado e do presente, que souberam conduzir-se ética e moralmente, granjeando a simpatia dos seus inspiradores da Espiritualidade.

Os Espíritos, naturalmente, não se submetem aos caprichos e exigências descabidas de alguns estudiosos e pesquisadores, porque não têm pressa compulsória para confirmar a imortalidade da alma, desde que sabem ser a morte inevitável para quem se encontra no corpo, e cada qual, no momento próprio, constatará a sua irrefragável legitimidade.

6.2 – Física Nuclear

163) O controle do processo de fissão nuclear será obtido brevemente?

A questão do tempo, como sabemos, é sempre muito relativa. Como decorrência das conquistas já logradas, outros passos avançados serão dados com maior facilidade, abrindo espaço para realizações jamais imaginadas, e nesse setor de investigações, as perspectivas de crescimento são quase infinitas.

164) A sociedade atual está preparada para utilização dos benefícios da energia nuclear com fins pacíficos?

Na raiz de todos os males de ordem moral predomina o egoísmo, que é um *câncer* a destruir o indivíduo de dentro para fora. Enquanto não forem mobilizadas todas as forças, a fim de ser combatido esse terrível adversário do ser humano, as atitudes em geral estarão conduzidas pelas suas sutis ou desregradas ambições de caráter sempre destrutivo ou centralizador. Todavia, reconhecemos que a energia nuclear aplicada pacificamente poderá modificar a paisagem da Terra, melhorando enormemente a vida e proporcionando condições mais equilibradas para os seres. A fim de que esse objetivo seja conseguido, faz-se indispensável que se tomem medidas urgentes de preservação do meio ambiente ameaçado, e mais amplas técnicas de segurança sejam aplicadas, de modo a se evitar catástrofes como as que já sucederam e outras que pairam sobre a civilização, exatamente por causa de governos arbitrários e ambiciosos que somente pensam no seu poder e no conforto dos seus povos, sem nenhuma preocupação com a Humanidade como um todo.

165) A transmissão de energia em grandes blocos poderá ser feita sem meios físicos? Quando?

Os admiráveis avanços da tecnologia aplicados em todas as áreas do conhecimento levam a resultados imprevisíveis. O progresso multiplica-se por si mesmo, facilitando as conquistas em todos os campos da vida, o que dificulta estabelecer data ou período. Podemos afirmar, entretanto, que já nos encontramos a caminho de realizações nessa área, que ultrapassam tudo quanto foi conseguido até o momento.

Dia chegará, na Terra, em que o homem psíquico ultrapassará os limites do ser físico, e muitas realizações serão produzidas sem os mecanismos convencionais ora em uso.

6.3 – Automação

166) A sociedade conseguirá desenvolver novas tecnologias para automatizar os serviços repetitivos ou prejudiciais ao homem sem provocar o aumento do contingente de desempregados?

Na fase inicial do processo de aplicação de novas tecnologias, particularmente naquelas que reduzem o número de servidores em atividades repetitivas, automatistas, cresce o desemprego com graves danos para a economia social e moral da Humanidade. No entanto, na realização de uma tecnologia dignificante, os valores éticos não podem ser esquecidos e, à medida que forem sendo encontrados recursos que humanizem mais a máquina, que diminuam o desgaste do ser nos trabalhos estressantes, novos recursos serão propostos para que a mão de obra não fique ociosa com os danos que essa situação sempre traz para a comunidade.

Acreditamos que serão desenvolvidas novas tecnologias de trabalho, nas quais o homem será imprescindível, não mais como máquina a agir, mas, sobretudo, pensamento e ação a produzir.

167) Será possível as máquinas tornarem-se conscientes?

A consciência é patrimônio do ser espiritual, imortal, e jamais qualquer máquina, por mais sofisticada, poderá pensar por conta própria. Ela sempre exigirá a intervenção da inteligência humana, a fim de atingir a finalidade para a qual foi concebida e organizada.

A característica essencial do Espírito é a capacidade de pensar, que não se encontrará nunca nos equipamentos por ele desenvolvidos.

168) A tendência atual do desenvolvimento tecnológico leva a pensar em uma sociedade futura, na qual todos os trabalhos serão executados pelas máquinas. Neste caso, teremos o paraíso na Terra? O que fará o homem?

Convém jamais nos esquecermos de que a Terra é um planeta onde o Espírito desenvolve as suas aptidões, porém, escola transitória, por onde se passa, retornando-se sempre ao Mundo Causal, que é o espiritual.

Por maiores sejam as conquistas logradas pelo homem na área da tecnologia, serão necessárias as realizações morais, a fim de propiciar-lhe equilíbrio e paz. O poder passageiro perde o sentido ante a aproximação da morte. De que adiantam todos os confortos e comodidades, todos os valores amoedados e recursos tecnológicos no enfrentamento com a saudade dos seres que partiram de retorno à Pátria, ou da mortificante experiência das enfermidades degenerativas, daquelas outras de natureza mental, das deficiências coronarianas, todas decorrentes da fragilidade da própria organização física do ser humano?

Jesus estabeleceu um paradigma extraordinário que merece reflexão, entre muitos outros, ao asseverar: *O meu reino não é deste mundo*, ao que Allan Kardec adicionou com muita propriedade, informando que *A felicidade não é deste mundo*, em termos de plenitude e de ausência de sofrimento.

O paraíso, portanto, estará sempre na mente tranquila e no coração pacificado, resultantes dos deveres retamente cumpridos, e para esse mister o homem e a mulher estão convocados, crescendo na direção de Deus e da sua própria imortalidade.

6.4 – Informática

169) A velocidade do desenvolvimento da indústria da Informática ameaça, de alguma sorte, as estruturas do poder vigente?

O desenvolvimento da indústria da Informática de forma alguma perturbará as estruturas do poder vigente. Antes possibilita maior conhecimento das ocorrências do dia a dia, facultando um melhor controle dos abusos e desaires. Graças a essas conquistas, as pessoas permanecerão mais bem informadas, inclusive sobre as suas responsabilidades, direitos e deveres, diminuindo a ignorância em torno da própria cidadania.

Naturalmente, os governos totalitários poderão exercer maior pressão sobre as massas, amargurando-as e controlando-as. Por sua vez, também poderão tornar-se vítimas das suas próprias artimanhas.

O desenvolvimento tecnológico, quando orientado dignamente, sempre oferece à Humanidade as bênçãos do progresso, da cultura e da civilização.

170) A Tecnologia através do computador, da multimídia, da Internet – dando acesso imediato a todos os bancos de dados e troca de informações em qualquer parte do mundo – não nos estará dando a visão próxima de um mundo sem escolas e sem professores?

Haverá sempre a necessidade de escolas, cada vez mais amplas e belas nos seus aspectos de cultura e de moralidade. O contato humano, o intercâmbio de experiências e de emoções com as criaturas serão sempre fundamentais para o desenvolvimento do ser em formação. A multimídia poderá facilitar a aprendizagem, ampliar a capacidade de conhecimentos, proporcionar comodidades culturais, no entanto, a escola será sempre o *laboratório* vivo de atividades e convívio dos seres humanos, onde se haurirá a sabedoria dos professores nas lições ministradas, mas também na convivência saudável e orientadora que as máquinas, por mais perfeitas, pelo fato de não possuírem alma nem calor humano, jamais poderão substituir.

171) A home school, as compras on-line, missas, cultos, sexo via internet, não estarão evidenciando um comportamento socialmente doente? Estarão criando uma geração de indivíduos neuróticos e solitários cuja vida se restringirá a uma tela de computador?

O grande pensador francês Anatole France afirmou que o homem, submetido por muito tempo a qualquer tipo de sujeição, quando se liberta, permite-se exageros extremos que o levam depois de volta ao equilíbrio, à conduta ideal. Anuímos com o eminente escritor, porquanto, tentando fugir da violência e do desamor que predominam na conduta atual, as criaturas, em nome da preservação da vida e em busca de segurança, passaram a tentar viver em ilhas de solidão, tendo, porém, o mundo da tecnologia a que se acostumaram ao alcance de um controle remoto, de um computador de última geração.

A solidão, todavia, é antinatural, e o indivíduo foge para clubes exclusivos, praias também próprias, recreações de alto nível e preço, sendo, mesmo aí, vítima de si e de outros companheiros portadores de transtornos neuróticos e comportamentais, que não se encontram apenas nas ruas, sendo uma problemática estrutural da personalidade, em outras palavras, do Espírito enfermo... Ver-se-á, como efeito, induzido a romper as muralhas do isolacionismo e voltar à convivência social ampla, fraternal, sem distâncias, trabalhando-se interiormente, de modo a arrancar as raízes do mal que se encravaram nas estruturas profundas do seu ser.

Esse comportamento que se amplia, enfermo pela própria formação egoística, terá, na escola, o seu antídoto, por ensejar ao educando a convivência agradável com outras pessoas, de que sentirá falta quando a não tiver, ampliando o círculo social em relação aos interesses cultivados, desse modo afetando todo o conjunto da sociedade.

172) Apesar do desenvolvimento da Informática já ser bastante expressivo nos dias de hoje, verifica-se, por outro lado, que não se altera a situação do desemprego e miséria, mesmo nas sociedades mais desenvolvidas. Como reduzir os seus efeitos?

Pergunte-se ao amor o que se deve fazer, a fim de diminuir a penúria que aflige as vidas em todos os setores do mundo e ele responderá: anulação do egoísmo e desenvolvimento do altruísmo. Quando as criaturas forem solidárias, o excesso de algumas atenderá às necessidades de todas, criando-se uma sociedade equilibrada, que compreenderá ser a felicidade um estado interior e não o acumular de bens que nunca se fazem utilizados, dormindo em depósitos subterrâneos sob a guarda terrível da avareza e da impiedade para com as demais criaturas.

7

CIÊNCIAS FILOSÓFICAS E PSICOLÓGICAS À LUZ DO ESPIRITISMO

7.1 – Psicologia

173) Atualmente se constata uma grande crise no relacionamento entre homens e mulheres especialmente no que se refere ao casamento. Como se analisa isso?

Toda vez que a cultura se liberta da escravidão ou dos preconceitos, as mágoas guardadas surgem em forma de reação quanto ao *status* e, normalmente, há exagerada vivência da liberdade, o que, quase sempre, se transforma em libertinagem, como reação inconsciente às limitações amargamente experienciadas.

Em feliz oportunidade a mulher se liberta da sujeição absurda ao estigma de inferioridade em relação ao homem, a quem esteve submetida por largo período, adquirindo o lugar que merece na sociedade competitiva e lutadora. Possuidora de todos os requisitos exigíveis para uma vida em comum, perfeitamente concorde com os direitos de ser humano, destaca-se, ainda mais, pela sensibilidade e pelas imensas possibilidades da maternidade, que sempre a enriquece e mais a dignifica. No entanto, inevitavelmente, vem tombando nos resvaladouros de alguns desequilíbrios, até que o ajustamento à nova ordem de valores se faça com normalidade, recuperando a sua real liberdade, sem exageros nem lutas por supremacia ou uso abusivo das suas faculdades e funções fisiopsicológicas.

Nesse contexto, o matrimônio propicia a dignidade de uma existência monogâmica, respeitando-se o parceiro, mas que à mulher sempre foi imposta, sem que se lhe ouvissem os interesses e aspirações, como também ocorreu a muitos homens, cujos consórcios conjugais lhes eram determinados por interesses do Estado, como outros de natureza econômica e social, sem que fossem auscultados os envolvidos, que teriam de viver a situação proposta. Essa conduta gerou muita desgraça oculta e pública – adultérios vergonhosos e crimes horrendos – mas que, hoje, com a liberdade de escolha, os indivíduos vêm preferindo inicialmente a experiência do relacionamento íntimo para depois a eleição do matrimônio.

O casamento, no entanto, não é apenas um vínculo legal, porém, é a forma constitucional de responsabilizar os parceiros pela união, aproximando-os mais e honrando a prole através do amor, que deve prevalecer em qualquer situação como normativa de vida digna.

Acreditamos que o casamento permanecerá na sociedade humana, por constituir-se uma das grandes e belas conquistas da inteligência e da emoção, superando as paixões perturbadoras que ainda predominam no ser humano.

174) Com o aprimoramento do conhecimento, poderão ocorrer mudanças no comportamento dos indivíduos? O que se conhece como família será mantido?

À medida que o indivíduo se aprimora, naturais mudanças se operam no seu comportamento. Aquilo que, em determinado momento, lhe constituía base e parâmetro de atitude modifica-se diante dos valores novos adquiridos e das realizações operadas no seu mundo interior. O crescimento íntimo dita normas e atividades que se alteram para melhor, ampliando-lhe e enriquecendo-lhe o entendimento do ser, em relação a si mesmo, ao seu próximo e à vida. É natural, portanto, que mudanças profundas se operem na sua conduta.

Como a família é a pedra angular do edifício da sociedade, ela sobreviverá ao caos do momento, ressurgindo com valores ora esquecidos e inspirada no código do Evangelho de Jesus, tendo como alicerce o amor, e como colunas mestras do relacionamento doméstico a verdadeira fraternidade, o bem e o respeito recíproco entre todos os seus membros.

No lar são forjados os heróis ou modelados os criminosos, graças ao comportamento do grupo, especialmente tendo-se em vista os Espíritos que o constituem. Por isso mesmo, todo o empenho deve ser direcionado à família, a fim de harmonizar os interesses de todos que ali se encontram vinculados pelo sangue, membros, no entanto, da grande família universal.

175) Quando compreenderá o homem que tudo se resume na busca da felicidade e, então, orientará sua vida de forma coerente com essa busca?

Essa ocorrência se dará quando haja o real despertar da consciência das responsabilidades, quando o indivíduo compreender lucidamente que a sua felicidade é infinita, e que o prazer de que desfruta, pela sua transitoriedade, é apenas ilusão com doloroso despertar. Portanto, esse fenômeno evolutivo terá lugar no momento em que se deseje.

176) A alegria é manifestação de um estado íntimo. Poderia nos definir como se manifesta esse sentimento no Mundo espiritual?

Expressa-se como paz de espírito, sem mágoa do passado nem ansiedade pelo futuro. É um estado de harmonia interna, rico de júbilos, que leva à plenitude.

177) Qual a importância da nossa participação em atividades comunitárias, principalmente em países como o nosso?

Quando o ser desperta para o valor de si mesmo, descobre-se membro atuante da sociedade e que de si depende a felicidade do grupo social no qual se encontra. Com essa consciência vem a necessidade imediata de participação na comunidade em que se encontra. A contribuição de cada um, sem qualquer preconceito de raça, de credo, de política, tendo apenas o objetivo de servir, é dos mais relevantes serviços a que se pode entregar aquele que pensa e deseja auxiliar a Humanidade no seu processo de desenvolvimento, sem o que estará trabalhando egoisticamente e contribuindo para que o mal predomine, já que o seu é um bem inoperante, portanto, inútil.

178) As motivações do ser humano para continuar a viver poderão ser outras no futuro?

Essa alteração de conduta vem sucedendo lentamente nas sociedades menos materialistas, mais humanitárias e eticamente constituídas. Às necessidades biológicas da sobrevivência são apresentadas as de natureza espiritual, porque a função da reencarnação na Terra é desenvolver os valores que dormem latentes no Espírito, auxiliando-o a limar arestas e a crescer na fraternidade, no sentimento do amor.

O mundo é escola de bênçãos, na qual o ser se engrandece e se aprimora.

Desse modo, se lhe desenvolvem lentamente outras aptidões e necessidades de viver na Terra, motivado por outras buscas, outros valores, outras conquistas.

179) Em vista de descobertas recentes a respeito de alterações da arquitetura cerebral presentes em alguns casos de homossexualidade, haveria modificação no nível de responsabilidade dos Espíritos encarnados insertos nesse comportamento?

A homossexualidade é processo natural de experiência evolutiva, através do qual o Espírito, portador de uma psicologia diferente da sua anatomia, deve desenvolver valores pertinentes a ambas as manifestações, sem que, necessariamente, deva corromper-se, entregando-se a comportamentos sexuais perturbadores.

O Espírito imprime, nas sutis tecelagens do cérebro, aquilo que lhe é mais importante para o desenvolvimento próprio. É natural, portanto, que em alguns casos estejam presentes na estrutura cerebral alterações compatíveis com os processos da sua reencarnação, de modo a expressar-se nas preferências, nas manifestações comportamentais, na forma de encarar a vida. Isso, porém, não lhe faculta o direito de perverter-se, permitindo-se uma conduta agressiva ao próprio organismo.

Da mesma forma, o heterossexual, pelo fato de enquadrar-se no equilíbrio biológico de uma anatomia idêntica à sua psicologia, não se pode propor conduta vulgar, desrespeitando aquele com quem se une, produzindo dilacerações nas almas e gerando graves transtornos para o seu futuro espiritual.

O Apóstolo Paulo, por duas vezes (I Coríntios, 6:12 e 10:23) refere-se: *Todas as coisas me são lícitas, mas nem todas convêm; todas são lícitas, mas nem todas edificam.*

Ensina o grande pregador que o problema da licitude não deve estimular o comprometimento do Espírito, porquanto, muitas atitudes permitidas, que ferem os Códigos Soberanos, não edificam, antes perturbam o ser.

180) A dor é utilizada como forma de aprendizado para esta e para vidas futuras. Como se processa a internalização desse aprendizado? Existem processos mais brandos na busca evolutiva? Quais as opções?

O mecanismo da evolução dá-se através das experiências que fazem parte da vida. A aprendizagem resulta da fixação dos métodos que produzem bem-estar, que estimulam ao progresso intelecto-moral, ampliando os horizontes e possibilidades do Espírito em crescimento na Terra.

Em toda parte vige a presença do amor de Nosso Pai, conclamando à ordem, ao trabalho, ao dever.

Quando o Espírito se equivoca por ignorância, repete a lição, a fim de aprender a discernir o que deve fazer dentro daquilo que lhe é lícito realizar. Insistindo, porém, no equívoco por teimosia, revolta ou desafio às Leis que regem a Vida, desarmoniza-se interiormente e abre espaço para a instalação da dor, que se lhe torna um convite áspero à renovação.

Descobrindo-se em sofrimento e percebendo que do seu próprio esforço depende a libertação, desperta para a realidade e empenha-se em liberar-se, trabalhando pela aquisição dos valores malbaratados.

Assim, a dor tem uma função educativa, que decorre da necessidade de aprendizagem e de afirmação de valores internos que devem ser desenvolvidos.

Não obstante, a Divindade, que é Amor, dispõe de recursos inumeráveis para que o Espírito evolua sem a necessidade do sofrimento, tais como a obediência, o trabalho, o devotamento ao Bem, a equidade, o serviço desinteressado, a elevação mental, produzindo a sintonia com a Ordem Universal.

A dor não é mecanismo punitivo, mas agente estimulante para o progresso, mesmo porque muitos Espíritos Nobres periodicamente mergulham nas sombras da Terra a fim de sofrerem espontaneamente, de forma a ensinarem aos demais que o sofrimento conduz à reflexão, ao equilíbrio, tornando-se, portanto, metodologia dignificadora.

7.2 – Filosofia

181) É possível introduzirmos alguma premissa nova nesta afirmativa de Hegel: "Dialética é um modo de perceber o real em evolução (vir a ser) por movimentos contraditórios (tese-antítese-síntese) em ciclos sem fim"?

Com a introdução do pensamento filosófico de Jesus, a respeito do amor a Deus acima de todas as coisas e ao próximo como a si mesmo, temos o mais seguro paradigma de transformação da sociedade e do seu desenvolvimento em uma linha ascensional que segue ao Infinito para a aquisição da perfeição. Considerando-se que o homem e a mulher são seres essencialmente espirituais e que a vida na Terra é transitória, faz-se indispensável que sejam trabalhados socialmente esses indivíduos integrais, de modo a alterar para melhor o grupo a que pertencem, que ampliará a sua capacidade de crescimento na razão direta em que se encontre desenvolvido interiormente, como manifestação da Essência Divina, e não como fruto espúrio do acaso. A visão dialética do indivíduo cede lugar à espiritual, em que o ser tem uma destinação estabelecida anteriormente, que lhe cumpre alcançar mediante o esforço que empreenda.

Não desejamos aqui referir-nos a uma Religião institucionalizada, que se faz instrumento de poder e autoritarismo, de cujos efeitos danosos, que vêm do passado, ainda sofre a sociedade. Essas doutrinas religiosas, que se aliaram ao Estado para governar e impor os seus postulados, estão distantes do pensamento de Jesus Cristo, que não propôs nenhuma delas, mas viveu e ensinou a amar sem qualquer imposição ou interesse de ordem política. O amor, na colocação do Mestre Galileu, *é o hálito divino sustentando a vida em toda parte.*

182) As modernas abordagens da Ciência Experimental apontam para um Universo probabilístico, isto é indicação de que mesmo nas partículas infinitesimais a Inteligência Divina se faz, restando alguma parcela de decisão em todos os níveis evolutivos? Implica dizer que não existe apenas automatismo absoluto em qualquer nível da Criação?

O que denominamos automatismo é resultado de uma Lei de Causa e Efeito muito bem trabalhada, a fim de que se repita dentro do campo da ordem que foi estabelecida.

Em nível algum da Criação encontra-se ausente a Divina Inteligência, que tudo permeia e vitaliza, encaminhando à harmonia vibratória mesmo as partículas infinitesimais que constituem o Universo.

183) Observa-se uma crise de paradigmas no âmbito da Ciência e das Religiões, levando aos graves conflitos de identidade dos indivíduos. De que forma poderão ser superados esses conflitos?

O homem moderno encontra-se em crise de afirmação, enfrentando os problemas por ele mesmo gerados e que o surpreenderam com novos conceitos em torno da vida e da evolução. Assim, onde quer se encontre, leva-os consigo, e refletem seu estado interior, apresentando as suas dificuldades e conflitos, insatisfações e ansiedades. Eis por que vemos, nos diferentes grupos sociais, políticos e religiosos, científicos e filosóficos, artísticos e tecnológicos, os desafios, as dificuldades e os problemas avolumando-se.

Nas religiões em geral, esses conflitos se manifestam em forma de rebeldia ou de fanatismo, atendendo às necessidades íntimas de autoafirmação e autossatisfação.

Somente quando o indivíduo compreender o real sentido da sua presença na Terra e o alto significado existencial, é que superará os conflitos e estabelecerá paradigmas novos, que tenham por base a vida e o ser humano em prevalência, desaparecendo os conflitos que assolam em toda parte.

8
RELIGIÃO À LUZ DO ESPIRITISMO

184) Como se analisa o atual conflito de religiões no país e no mundo? E a busca da religiosidade e o crescimento do misticismo neste final do século XX?

A predominância do egoísmo no caráter do homem responde por qualquer tipo de conflito, especialmente no de religiões, em que a paixão dominante no ser pretende impor a sua forma de crença, mesmo que não seja real no seu íntimo. Por outro lado, a insegurança pessoal, psicologicamente conduz o indivíduo à ditadura da fé, de forma a sentir-se cercado de adeptos que pensam como ele, assim considerando-se apoiado. Esse, como outro conflito de qualquer natureza no grupo social, é resultado do primarismo que prevalece no ser humano em trânsito de estágio de evolução.

A criatura humana, feita à *imagem e semelhança de Deus*, isto é, com os recursos que são inerentes à Divindade, de cujo amor procede, não consegue romper esses liames que lhe estruturam a vida e, por isso mesmo, passadas as crises existenciais de comportamento, sempre retorna ao convívio com o Pensamento Cósmico, nele haurindo forças e coragem para prosseguir na luta de elevação. Eis por que, ultrapassado o período de rebeldia, de materialismo, os indivíduos, frustrados pelas conquistas da inteligência, que lhes não atenderam totalmente as ânsias do sentimento, estão retornando à religiosidade, à busca mística – no seu sentido mais nobre e transcendental – tentando o *encontro* e o *autodescobrimento*.

185) Temos vivido, no mundo atual, uma tentativa de estabelecimento da paz e da tolerância. Como explicar a existência de vários grupos fundamentalistas islâmicos, radicais da extrema direita israelense, milícias curdas etc. que, contrários ao desejo da maioria, ainda espalham o terror?

Enquanto viger o primarismo em a natureza humana, a sociedade enfrentará o fanatismo, o preconceito, a violência, o crime, que são filhos asselvajados do egoísmo em desgoverno nesses indivíduos portadores de pensamento primitivo, que ainda se encontram nos primórdios da evolução, e se reencarnam na Terra, a fim de se desenvolverem e se tornarem instrumentos de reparação junto àqueles que com eles sintonizam e se encontram em débito perante a Consciência Cósmica.

A educação, com o seu objetivo superior de terapia preventiva, o convívio social edificante, os exemplos de dignidade e solidariedade humana que vicejam na Humanidade são os antídotos para esse mal, eliminando lentamente as tendências primárias, limando-lhes as arestas morais e auxiliando-os no desenvolvimento espiritual que se lhes torna indispensável.

Eles encontram oportunidade para desenvolver essas aptidões perturbadoras e aplicá-las, por conseguirem campo psíquico equivalente nas organizações sociais civilizadas, que ainda oprimem e matam, discriminam os fracos e sofredores, açulando-lhes os impulsos bárbaros que os levam a considerar-se mártires das causas que abraçam e a elas se entregam com o sacrifício da própria vida.

186) Num país subdesenvolvido, como se analisa o apelo da Religião? A comunidade religiosa tem significativo espaço de solidariedade entre os fiéis? Caso contrário, qual tem sido seu papel? (Está assumindo o papel de solidariedade na família, na sociedade etc.?)

A Religião tem exercido, no curso da História, um papel relevante de referência à construção da sociedade, dos países, da Humanidade. Infelizmente, até este momento, em razão das paixões egoísticas em predomínio, os religiosos têm-se utilizado da fé para escravizar, para haurir resultados confortáveis para eles mesmos, tiranizando e afligindo aqueles que lhes negam a subserviência ou aceitação dos seus impositivos, vivendo regaladamente das Doutrinas que divulgam e dizem viver. É claro que há exceções extraordinárias e comovedoras, que demonstram o valor dos Espíritos Nobres que se reencarnam em todos os campos das atividades humanas, a fim de promoverem o progresso, o crescimento dos povos e das nações.

Em algumas religiões – e é de lamentar-se! – a solidariedade somente é exercida para com aqueles que privam dos mesmos postulados de fé.

Em alguns países, exigem que se lhes filiem como membros ativos, pagando impostos para desfrutarem dos privilégios e regalias, bem como de socorros, quando as necessidades os surpreenderem. A solidariedade, no entanto, deveria ser direcionada a todas as criaturas, mesmo àquelas que se não identificam com as suas diretrizes religiosas. Afinal, foi essa a mensagem de Jesus, inclusive, quando afirmou que *havia outras ovelhas que não eram daquele rebanho*, equivalendo dizer que havia outras criaturas além dos israelitas, assim eliminando qualquer tipo de privilégio.

A Religião tem como meta aproximar a criatura ao seu Criador, religá-la a Deus. Para tanto, além do ministério específico, deverá ser um admirável auxiliar em todos os momentos, de forma que, por seu intermédio, a sociedade se torne melhor e mais feliz, e não apenas mais devota.

187) À medida que o homem obtenha maior conhecimento, ele será mais espiritualista?

O conhecimento leva a Deus inevitavelmente. No entanto, o orgulho vão e a presunção inútil conduzem aquele que os agasalha ao caos espiritual.

O homem, que se detenha na contemplação do Universo, inevitavelmente se curvará para homenagear Deus, qual ocorreu com Albert Einstein, Werner Von Braun, David Bohm, Sir James Jeans, ou, antes deles, Newton, Nicolau Copérnico, Galileu que, mesmo perseguidos pela ignorância religiosa, não abdicaram da sua crença e respeito ao Criador.

Quanto mais lúcido, mais próximo se encontra o ser humano de Deus e é compreensível que, à medida que se lhe dilate o conhecimento, mais espiritualista se apresente, se estiver disposto a abdicar dos recursos egoísticos aos quais se submete, subserviente.

188) Sabemos muito pouco a respeito da vida de Jesus. Chegaremos a ter acesso ao conhecimento de tudo que diz respeito a Ele e à Sua Obra?

Como Ele é o Caminho da Verdade e da Vida, é compreensível que sua vida e sua Obra se tornem cada vez mais conhecidas e vividas. Chegará o momento em que todos tomaremos conhecimento pleno das suas realizações e da sua grandeza moral e espiritual. Enquanto isso não sucede, poderemos, entretanto, deixar-nos penetrar pela prática do Primeiro Mandamento, que se resume no *"Amar a Deus sobre todas as coisas e ao próximo como a si mesmo"*.

Partindo-se desse princípio, chega-se à outra etapa, que é *"não fazer ao próximo aquilo que não se deseja que outrem lhe faça"*, como decorrência natural do amor.

Tudo o mais virá por acréscimo de misericórdia.

189) A prece proporciona coragem ao homem. Como conservar essa coragem, ao ponto de transportar montanhas, conforme nos ensinou Jesus?

As montanhas a que o Mestre se referiu são os obstáculos morais que impedem o ser humano de crescer espiritualmente, de superar os vícios a que se escraviza. As outras, aquelas que fazem parte da Natureza, a cada momento estão sendo vencidas pela moderna tecnologia. No entanto, as internas, aquelas que impedem o avanço do indivíduo na busca da sua plenitude, necessitam ser vencidas através da fé racional, constante, poderosa, aquela que transforma pigmeus em gigantes, os humildes de coração em batalhadores da luz.

A oração é o vínculo que ata o ser que se levanta do chão das paixões ao fulcro das realizações, ligando o Eu propínquo ao Tu longínquo.

Orando, o ser consegue a força para superar-se e alcançar o patamar da felicidade; vencendo todos os desafios que defronta, porque ligado a Deus, do qual tudo procede.

190) O desenvolvimento tecnológico provocará alterações nos princípios religiosos atuais?

O ser humano, mesmo sem dar-se conta, aproxima-se cada vez mais de Deus. Ao identificar o macrocosmo e todos os seus desafios, ao penetrar no microcosmo e todas as suas interrogações, conclui que o acaso não pode ter produzido tão intrincada rede de equilíbrio e perfeição que se manifesta mesmo no aparente caos. O materialismo desfalece ante a ausência da matéria nos termos em que sempre foi concebida, enquanto o Espiritualismo ressurge em outras dimensões mais compatíveis com o conhecimento e a razão. É inevitável, portanto, que o avanço tecnológico conduza a mente humana à Divindade e, portanto, os princípios religiosos ingênuos das velhas tradições cedam lugar aos postulados eloquentes da imortalidade e da reencarnação, da pluralidade dos mundos habitados e da Majestade de Deus, que são os alicerces da Doutrina Espírita, cuja mensagem é de sabor eterno.

191) É notável o avanço dos postulados espíritas nos meios científicos. Todavia, por que entre os religiosos crescem o fanatismo e a intolerância?

Enquanto predomine em a natureza humana a paixão insensata, permanecerão todos os seus problemas perturbando a marcha do progresso da criatura em si mesma e da Humanidade em geral. Sob essa dominação nefasta o indivíduo crê que somente aquilo que lhe diz respeito é o melhor para ele e para todos, impondo aos demais a sua forma de ver e de crer. Autofascinado, qual novo Narciso, perde o senso de discernimento e de equilíbrio, passando a exigir o direito de usufruir prerrogativas e privilégios enquanto escraviza e persegue.

O Espiritismo é uma Doutrina de liberdade, porque a sua é a fé raciocinada, aquela que se deriva da observação dos fatos e da sua incorporação ao *modus vivendi* de cada adepto, não impondo, não gerando fanatismo e, acima de tudo, respeitando os níveis de consciência nos quais estagiam as demais pessoas.

Destacam-se, entre as características do atraso moral da criatura humana, a intolerância para com as demais e o fanatismo de qualquer natureza.

192) A agressividade dos movimentos religiosos contrasta com a discrição do Movimento Espírita, que preserva seu caráter não proselitista em favor de uma efetiva mudança de atitudes do homem. Como enfrentar o agravamento dessa situação, sobretudo diante de campanhas frontalmente contrárias aos ideais espíritas-cristãos?

A maneira mais eficaz para se defender a excelência de uma ideia é vivê-la integralmente, demonstrando a sua qualidade pelo que propicia de bom e de nobre naquele que a esposa.

Quando se tem insegurança em torno de um ideal, seja ele qual for, de natureza religiosa, filosófica, científica, artística etc., o comportamento do indivíduo faz-se agressivo, intolerante, carregado de sentimentos perversos, exteriorizando o nível de primitivismo em que transita.

A agressividade positiva em torno de uma proposta que dignifica a sociedade faculta o sacrifício do seu idealista, a sua entrega total, todo o empenho em favor da sua divulgação. No entanto, quando se volta contra aqueles que não professam o mesmo credo, caracteriza paixão dissolvente e perturbadora. Muitas vezes desvela também conflitos que jazem no íntimo do ser, que assim, mediante mecanismo de transferência psicológica, se exalta, exibindo a timidez, o medo em virulência perseguidora.

É natural que indivíduos que se não realizaram socialmente, por experimentarem complexos de inferioridade, ao se depararem com Doutrinas religiosas ou filosóficas, artísticas ou culturais de qualquer ordem, se completem emocionalmente, acreditando-se, dessa forma, que são superiores aos demais e, portanto, melhores do que os outros...

O comportamento do Movimento Espírita está exarado na própria Doutrina, que ensina a compreender a fragilidade do próximo e a sua ignorância, desculpando ao tempo em que realiza o melhor ao seu alcance. Não deverá mudar essa atitude, ademais, porque o verdadeiro espírita compreende que as criaturas evoluem a pouco e pouco, transitando por diferentes níveis ou estados de consciência, o que permite a diversidade de opiniões, de propostas e de comportamentos humanos.

193) Como poderia explicar-se, à luz dos conhecimentos espíritas, o episódio narrado em João (9:3), em que o Mestre, diante de um cego de nascença, considerou, em resposta aos discípulos: – Nem ele pecou, nem seus pais; mas foi para que se manifestem nele as obras de Deus.

Nem todo sofrimento é portador de resgate, de necessidade reparadora. Também há muitos casos em que a dor se apresenta como mensagem de vida, como convite à reflexão, de modo que seja suportada com ânimo, resignação, coragem e mesmo amada. Não será esse o caso de Jesus que, sem mácula, ofereceu-nos o espetáculo inesquecível da Sua doação, com o objetivo de ensinar-nos a sofrer, a nós outros que ainda somos imperfeitos e devedores?

Na questão em tela, acreditamos que aquele Espírito se fizera voluntário, para poder contribuir com o ministério do Mestre, nascendo sem dívida, a fim de que o Terapeuta Superior o liberasse da cegueira, sem violar o carma no qual estivesse incurso. Como não era devedor, tornou-se instrumento das obras de Deus, que operavam pelas mãos do Médico Incomparável.

9
ESPIRITISMO

9.1 – Questões atuais

194) Entre os espiritistas, muitos há que ainda não entenderam os conteúdos doutrinários mais importantes. O que estaria faltando ao Movimento Espírita para corrigir essa falha?

A Lei de Progresso cumpre-se de forma inexorável. Todos avançamos para a Grande Luz de onde se deriva todo o conhecimento.

Quando um ideal de grande envergadura, qual ocorre com o Espiritismo, cresce em superfície, perde um pouco em profundidade. Não sendo o Espiritismo uma Doutrina dogmática, não se pode exigir que os seus adeptos se submetam às suas diretrizes sob penalidades de qualquer natureza. Assim sendo, a aprendizagem dos seus postulados com a sua correspondente vivência dá-se paulatinamente. A conquista da consciência espírita ocorre quando o profitente da Causa pode discernir o comportamento que deve ser aplicado ao seu cotidiano, portanto, quando se encontra esclarecido a respeito das responsabilidades que lhe dizem respeito.

Os espíritas sinceros têm-se dedicado com afinco à Doutrina, buscando equacionar as dificuldades que repontam nas diferentes áreas de ação humana. Programas didáticos bem-elaborados, cursos de divulgação e trabalhos de fácil aplicação multiplicam-se sob cuidados especiais. Necessário que se mantenham a constância no trabalho, o estudo sistematizado da Doutrina, a tolerância que não *conive* com o erro, porém compreende as dificuldades naturais que ocorrem, para um correto crescimento do Movimento e a vivência de cada espírita de forma coerente com o que lhe ensina o Espiritismo.

195) A convivência nos meios espiritistas com aspectos mais discutíveis dos costumes modernos tem tornado cada vez mais tênue a fronteira entre a tolerância e a conivência. Como enfrentar tal situação?

Tolerar não significa concordar, *conivir*. É uma atitude de respeito pelo que pensam ou de como se comportam os outros, mantendo, porém, as próprias convicções, e conduta correta. O Espiritismo tem como máxima lapidar *"Fora da caridade não há salvação"*, que se fundamenta no pensamento e exemplificação de Jesus, quando esteve conosco na Terra. Assim, os postulados que se derivam dos seus ensinos e que foram muito bem estudados por Allan Kardec, são as diretrizes de segurança que não podem ser desconsideradas.

Todos temos o dever de auxiliar o nosso próximo em desfalecimento ou em tormento de qualquer espécie, no entanto, somos convidados a exemplificar a conduta correta, ensinando-o a comportar-se de forma saudável em nossas Casas dedicadas ao estudo e à prática do Espiritismo.

Os modismos são transitórios e não podemos transferi-los para nossas Sociedades Espíritas, porque temos leis que nos direcionam com harmonia e que estão muito bem estudadas em *O Livro dos Espíritos*, na sua Terceira Parte.

196) A aceitação da descoberta do Espírito pela Ciência atual constituirá um marco na evolução da Humanidade, com isso surgindo uma nova sociedade?

Inevitavelmente isto vem ocorrendo. A Divindade propicia ao indivíduo os meios necessários para o seu desenvolvimento, cabendo-lhe a aplicação correta deles. Allan Kardec iniciou a atividade de investigação científica do Espírito, dando surgimento à Doutrina que, em um dos seus aspectos, é eminentemente científica, possuindo, inclusive, parâmetros próprios, embora lidando com elementos independentes e pensantes, que nem sempre se submetem aos interesses dos investigadores sinceros. Foi ele, desse modo, o cientista que, ao constatar a imortalidade da alma, demonstrou a possibilidade de a Ciência acadêmica, oportunamente, realizar labor equivalente, qual vem ocorrendo com as diferentes doutrinas psíquicas, parapsicológicas, parapsíquicas, psicotrônicas, da Transcomunicação Instrumental. Todos esses diferentes passos e processos de conquista estavam previstos pelo Pensamento Divino, e que se tornaram realidade.

Esse resultado da investigação científica, constatando a imortalidade da alma, reafirma as conquistas da Ciência Espírita, cujos postulados oferecem campo para reflexões filosóficas e morais-religiosas.

A nova sociedade já começou desde o advento do Espiritismo. Com o auxílio das novas descobertas, naturalmente será facilitada a aceitação por parte de incontáveis pessoas que estão acostumadas à reflexão nos paradigmas da experimentação acadêmica.

197) O meio universitário estaria preparado para receber o conhecimento do Espiritismo em seu currículo? É válida a proposta?

Não nos parece próprio apresentar o Espiritismo como uma Doutrina que deve ser estudada nas Universidades, fazendo parte do seu currículo pedagógico. Seria repetir o equívoco experimentado por outras Doutrinas que, no passado, tentaram impor os seus postulados, terminando pelo delírio da intolerância e do fanatismo.

O Espiritismo é uma ciência que deve ser estudada na Entidade Espírita, onde se encontram presentes os instrumentos de aferição de valores que demonstram a excelência dos seus postulados. Examinado em profundidade, abrem-se-lhe as belas facetas filosófica e religiosa, facultando a cada qual insculpir no íntimo as lições hauridas e transformando-o para melhor, de forma que a sociedade experimente a sua renovação moral.

As experiências mediúnicas podem ser realizadas em qualquer lugar onde predominem os valores nobres da investigação e da análise, conforme ocorreu no passado e ainda sucede no presente.

Sob esse aspecto, o meio universitário está preparado para receber as informações do Espiritismo.

O Espiritismo poderá e deverá ser estudado nas Universidades como parte dos programas transversais, que objetivam complementar os cursos, aumentando a capacidade de discernimento dos alunos e abrindo-lhes mais amplos espaços culturais para o entendimento da vida e das suas finalidades. Não, porém, como disciplina sujeita à avaliação curricular e à promoção dos educandos.

Em nossa forma de análise, somos de parecer que o ensino deve ser sempre leigo, dando liberdade a cada estudante de examinar o que lhe aprouver e escolher o que lhe seja de melhor, conforme ensinava o Apóstolo Paulo (I Tess. 5:21) com outras palavras.

198) Em que termos se pode entender o limite do conhecimento dos Espíritos entre aquilo que detêm e o que conseguem revelar-nos?

A desencarnação não oferece sabedoria a Espírito algum. Cada qual atravessa a aduana da morte conduzindo os recursos e valores que lhe são próprios. No entanto, ao despertar após o túmulo, todos somos convidados ao estudo e à realização interior pelo trabalho edificante.

As Entidades Venerandas que zelam pelo progresso da comunidade humana em nome de Deus, somente expõem o que convém ao homem saber, de maneira que as informações não ultrapassem a sua capacidade de absorção empurrando-o para experiências inoportunas e esclarecimentos que não podem ser utilizados. O progresso, desse modo, obedece a planificação superior, que vai ocorrendo na medida do desenvolvimento das próprias criaturas.

Assim, os Espíritos, por sua vez, prosseguem aprendendo e desenvolvendo a sua capacidade de inteligência e de crescimento moral, sem a pressa perturbadora nem a ansiedade de penetrar nas fontes da sabedoria extemporaneamente.

199) Onde se poderia situar o surgimento do Espírito: na elaboração da mônada, em momento posterior onde se manifestasse de alguma forma o Espírito inteligente ou em fase posterior ainda, no reino animal ou pré-hominal?

Deus cria o psiquismo antes da mônada, que já é uma forma primitiva de energia em processo de materialização. Esse psiquismo dorme no mineral, sonha no vegetal, sente no animal e adquire a função de pensar no homem, prosseguindo no rumo da Transcendência Divina. À semelhança de uma semente que possui em latência todos os elementos que irão constituir o futuro vegetal, o psiquismo desenvolve-se lentamente, passando por diferentes processos de adaptação e de intumescimento, a fim de desdobrar e permitir que surja das próprias entranhas o ser espiritual, que é a sua fatalidade.

200) Haverá saltos no processo evolutivo? Em caso positivo, onde se situariam os elos?

O processo de crescimento e desenvolvimento do psiquismo dá-se mui lentamente nos reinos primários, acelerando-se no período da inteligência, sem que ocorram saltos, conforme o conceito habitual. Todos os seres passam pelo mesmo processo, pelo menos no planeta terrestre. Sem dúvida, ocorrerá da mesma forma em outras Esferas do Universo, dependendo dos fatores constitutivos de cada uma delas.

201) Tendo em conta a precedência do Mundo espiritual, até que ponto é verdadeiro afirmar-se que tudo quanto aqui existe, há também na Espiritualidade?

Sendo o terrestre o mundo das formas, das cópias imperfeitas, quanto aqui existe, na Espiritualidade, se encontra na sua expressão mais elevada, o que equivale dizer que a realidade é mais aprimorada do que a sua condensação material.

202) Como o governo espiritual do mundo observa os problemas atuais e que providências estariam sendo adotadas para a evolução espiritual do homem na Terra?

A Divindade estabeleceu leis de ordem e equilíbrio que mantêm a harmonia Cósmica esplendendo em toda parte.

Os mentores de cada Orbe se responsabilizam pelo cumprimento das referidas leis, através das revelações que são dirigidas a todas as consciências, despertando-as para a verdade.

No caso específico da Terra, Jesus sempre enviou seus Mensageiros, que buscaram alertar e esclarecer as criaturas humanas a respeito das suas responsabilidades, culminando com a sua vinda pessoal, para ensinar e viver a proposta de vida abundante, encerrando parte do ministério com o próprio sacrifício, e retornando depois em Espírito, assim provando a imortalidade da alma.

Até hoje continua enviando missionários do conhecimento e do amor, de modo que os seres humanos se sintam amparados e estimulados ao avanço, sem protecionismo, sem indiferença.

Acompanhando o processo de transformação do planeta de *mundo de provas e expiações* para *mundo de regeneração*, enviou o Espiritismo ou Consolador Prometido, a fim de que todos os indivíduos tenham a informação e a prova que lhes faltavam para se entregarem à transformação moral indispensável à própria evolução.

Como consequência, participando das ocorrências que se operam no mundo terrestre, inspira, ampara e conduz o pensamento das criaturas para a realidade espiritual, deixando, no entanto, que funcione a lei do livre-arbítrio, que faculta a cada um a escolha do caminho a percorrer, a sementeira e, por efeito, as consequências da sua eleição e sua ensementação...

203) Numa perspectiva de planeta de regeneração, a dor ainda continuará a ser a alavanca do progresso espiritual do homem?

A dor tem função educativa, promotora do ser humano que, desdenhando a Lei natural – o amor –, aprende pelo sofrimento o que recusou pela alegria. Enquanto se comporte de maneira reprochável, a dor lhe será o mecanismo de despertamento inevitável.

No planeta de regeneração, ainda se estará sob a injunção do sofrimento quando necessário, porque essa não é a etapa última da evolução, do progresso dos mundos. Outras etapas se desdobrarão até o Infinito, porquanto esse não tem limite...

204) Por que se explora tão pouco o recurso da Música no Movimento Espírita? Haveria algum preconceito?

Allan Kardec, examinando a grandeza da mensagem da Arte para a Humanidade, referiu-se à futura manifestação da cultura artística promovida pelo Espiritismo. À semelhança do que ocorreu no passado, chegaria o momento em que se apresentaria a arte caracterizada pela expressão do pensamento espírita, conforme já vem ocorrendo lentamente.

A fim de que se expressem novas formas de comportamento em todas as áreas do progresso humano, a Divindade faz que se reencarnem na Terra os grandes

Missionários, a fim de darem cumprimento a esses objetivos elevados.

Neste crepúsculo de milênio e quase amanhecer de uma Nova Era, já se encontram em processos de renascimento orgânico os Missionários da beleza, qual tem sucedido em todos os períodos passados, trazendo programas de rara sensibilidade e emoção, promovendo as variadas expressões da Cultura, da Ciência e da Arte.

O Espiritismo é Doutrina destituída de qualquer manifestação ritualística, e acreditamos que o cuidado mantido pelos seus adeptos em introduzir a música nas suas atividades, em vez de preconceito, deve ser o zelo para que não sejam desvirtuados os labores, que se transformariam em realizações de outro teor. Não obstante, nas suas atividades culturais e artísticas, a música tem recebido uma grande aceitação pelos excelentes resultados que faculta, educando a sensibilidade, promovendo a meditação, enriquecendo de beleza e fomentando o desenvolvimento da harmonia em todos quantos participam dessas realizações.

205) Os astros impõem, mas não dispõem. Em A Gênese vemos a desqualificação da Astrologia como Ciência. No entanto é ideia que atravessa os milênios e as diferentes culturas. Há alguma conceituação atual que nos possa levar a valorizar a Astrologia como Ciência? Em caso positivo, qual a sua fundamentação?

Concordamos, totalmente, com a orientação do codificador do Espiritismo em torno das influências dos astros nos destinos humanos.

As ocorrências que dizem respeito à vida são elaboradas pelo próprio Espírito, que é o autor do que lhe sucede através dos pensamentos cultivados e das ações praticadas.

Não fora assim, e estaríamos diante de uma grande injustiça divina, que permite ao indivíduo nascer e renascer sob a injunção de signos zodiacais que exerceriam sobre sua existência uma influência boa ou má, da qual não se pode evadir, sem que tenha culpa ou haja conquistado mérito para tanto.

Certamente, a construção do comportamento e os fenômenos positivos ou negativos que acontecem com as criaturas são resultados das suas necessidades evolutivas. Em razão dos seus créditos e débitos poderá reencarnar-se, isto sim, sob a vibração deste ou daquele corpo celeste, mas sem que essa exerça uma ação de tal ordem que lhe modifique o quadro das experiências iluminativas.

Não podemos negar a influência magnética da Lua sobre as marés, a Terra, e desta sobre aquela, o mesmo ocorrendo em todo o Universo. No que tange, porém, aos destinos e ao futuro dos seres humanos, somos inteiramente concordes com a Lei de Causa e Efeito que constitui mecanismo equânime para apresentar-se a Justiça Divina aos seres humanos.

9.2 – Casas espíritas

206) O crescimento quantitativo do Espiritismo apresenta, aqui e ali, exemplos de Casas Espíritas mais sólidas, que passam a servir de padrão às demais. Não residiria aí o perigo do surgimento de uma hierarquia, ainda que não institucionalizada?

A única hierarquia que ressalta no indivíduo é aquela que procede da sua qualidade moral, portanto, a que provém do Espírito portador de valores enriquecedores e enobrecidos. Assim, as demais hierarquias, de natureza transitória, são de pouca valia nas Casas que se dedicam ao Espiritismo, onde todos se devem considerar como verdadeiros irmãos, discípulos do único Mestre, que é Jesus, cujas lições devem aplicar no seu dia a dia.

Todavia, poderia ocorrer esse risco de surgimento de uma hierarquização entre as Instituições ou mesmo entre os trabalhadores que não estejam advertidos e orientados pela Doutrina. Quando se é conhecedor dos próprios limites e das imensas necessidades de crescimento espiritual e moral, esse perigo cede lugar à verdadeira humildade, que é característica básica do ser desenvolvido.

As Casas Espíritas mais bem orientadas, mais sólidas doutrinariamente, mais razões terão para evitar tornar-se superiores às demais, antes ensinando pelo exemplo e transformando-se numa verdadeira Escola de Doutrina Espírita, ou numa Casa-Piloto, que sirva de padrão para outras que ainda se encontram em começo, necessitadas de orientação.

207) Estarão as Casas Espíritas preparadas para acompanhar o intenso progresso da sociedade em todos os sentidos?

A Lei de Progresso funciona irrefragavelmente. O que hoje constitui dificuldade, perseverando-se nos objetivos elevados, amanhã torna-se factível, portanto, realidade.

É certo que nem todas as Casas Espíritas estão preparadas para atender ao surto de progresso que se desenvolve no mundo moderno. Não obstante, o estudo cuidadoso da Codificação Espírita oferece os recursos básicos para o atendimento das problemáticas humanas em todas as épocas, particularmente aquelas que dizem respeito ao desenvolvimento intelecto-moral do ser.

O que ora significa problema, logo mais se torna solução. Assim, as Casas Espíritas sinceramente interessadas em servir, ir-se-ão equipando de servidores e de recursos doutrinários capazes de contribuir para o crescimento da criatura em particular e da sociedade em geral.

208) O tratamento espiritual processado nas Casas Espíritas atua no psiquismo e no corpo material através de quais mecanismos? A interferência inicial ocorre no perispírito? O Espírito recebe também alguma forma de cuidado?

A princípio, as energias prodigalizadas nas Casas Espíritas devem alcançar os equipamentos sensíveis do Espírito, de modo a produzirem impacto positivo nos pacientes, que passarão a modificar a atitude mental e comportamental, para que advenham resultados positivos, que trabalhem em favor do seu reequilíbrio. A indução mental para as ações renovadoras através de ondas que envolvam o ser, nele produzindo receptividade, é o passo inicial para que ele absorva as vibrações de paz e equilíbrio indispensáveis à própria renovação moral.

Não havendo essa aceitação, as mais belas propostas de harmonia deixam de florescer, não facultando o equilíbrio nem a saúde, que dependem, essencialmente, do próprio candidato. Não obstante, como o amor de Deus funciona em união com a Sua misericórdia, muitas vezes, mesmo sem que o indivíduo se resolva pela alteração de conduta para melhor, as energias absorvidas pelo perispírito produzem a estabilização e recomposição da saúde, que permanecerá ou não, de acordo com a forma como o assistido prossiga conduzindo-se.

Permanecendo em atitude desarmônica retornam os sintomas ou surgem outras enfermidades que fazem parte do seu quadro de provas e expiações, que ele prefere não alterar, por comodidade, descrença ou perturbação profunda.

Em decorrência, o Espírito torna-se o grande beneficiário da assistência que lhe é dispensada, absorvendo através do perispírito as energias que lhe são dirigidas, desde as vibrações de simpatia às descargas bioenergéticas que lhe sejam aplicadas.

9.3 – Obsessão e desobsessão

209) A simples ligação do Espírito perturbado (obsessor) com o médium, sem qualquer diálogo doutrinário, poderia constituir recurso para habilitá-lo a esclarecimento oportuno no Mundo espiritual?

O fenômeno da incorporação de um Espírito em estado de perturbação, e não somente daquele que se caracteriza como perseguidor – o obsessor – sempre resulta em bênçãos para o comunicante, que experimenta uma forma de repetição da morte física, graças aos fluidos animais de que é portador o médium, que o encharca, facultando-lhe experimentar a ocorrência perturbadora que ficara bloqueada no seu inconsciente.

Em face desse resultado, os Benfeitores Espirituais dispõem de melhores possibilidades para oferecer-lhe esclarecimentos indispensáveis à paz e ao equilíbrio.

Ideal, no entanto, é que havendo a comunicação, essa se transforme em oportuna psicoterapia, mediante a doutrinação e as orientações sábias à Entidade necessitada, que se beneficia com o despertar, conforme o tormento no qual se encontre incursa.

A incorporação ou psicofonia dos Espíritos sofredores tem como meta socorrê-los com misericórdia e amor, convidando-os à libertação das fixações físicas e psíquicas que permanecem após a disjunção cadavérica.

210) A manifestação inicial de um Mentor em reuniões desobsessivas, adotada como norma, não poderia ensejar mistificações?

Tudo é possível de acontecer, mesmo que não se esteja sob impositivos de normas estabelecidas, dependendo, naturalmente, da psicosfera criada na Sociedade Espírita, onde os seus membros devem preservar os compromissos morais assumidos.

Desde que o grupo se encontre em harmonia e siga as instruções da Entidade Mentora dos trabalhos, a qual se prontificou a oferecer a mensagem inicial das reuniões mediúnicas, tem a mesma responsabilidade a defender, considerando a seriedade do grupo e a qualidade do labor em desdobramento.

Assim mesmo pode ocorrer desequilíbrio e, para tanto, os membros devem estar vigilantes, liberando-se de qualquer tentativa de fé cega, cujos resultados danosos são muito conhecidos, não se descurando de observar as comunicações que devem passar pelo crivo da razão, e quando algo não estiver de acordo com a Doutrina, deve ser discutido e analisado em profundidade. Por fim, apresentar a questão aos responsáveis espirituais, facilmente identificados pela qualidade das comunicações que ofereçam, para que orientem a conduta a ser seguida.

211) Será desaconselhável a presença do obsidiado em reunião de tratamento específico – desobsessão – sobretudo quando seu caso estiver em apreciação?

Incontestavelmente, para que se realize o tratamento das obsessões, não se torna condição essencial a presença do paciente. Essa deve ser evitada, em razão do seu próprio estado de desequilíbrio psíquico e emocional.

A comunicação do perseguidor é sempre muito constrangedora, e poderá provocar no enfermo uma soma de sofrimento e preocupação desnecessária. Ademais, por astúcia, o comunicante poderá ameaçar o doente, produzindo nele depressão, receio, ou sugestioná-lo de forma que os vínculos prossigam, estabelecendo mais fácil identificação entre ambos.

Onde se encontre o paciente, os recursos de ajuda poderão ser-lhe direcionados.

O ideal será que o necessitado venha à primeira parte da reunião, a fim de participar dos estudos preparatórios, recebendo passes e sendo retirado depois, quando se for iniciar a experiência prática, a de terapia com os desencarnados, retornando ao lar, onde deverá ficar em preces – se tiver possibilidade de fazê-las – ou noutro cômodo da Instituição em atitude de concentração.

9.4 – Mediunidade

212) Como explicar-se o surgimento de dotes mediúnicos notáveis entre espíritas e não espíritas, assim como a forma traumática como eles se dissipam?

A mediunidade é faculdade do Espírito, que o corpo reveste de células, a fim de permitir o intercâmbio entre os dois mundos. Descomprometida com doutrinas, condutas e propostas morais, surge espontaneamente, ou podem ser desenvolvidas as suas possibilidades latentes em todos os indivíduos. No entanto, nas pessoas portadoras de recursos mais ostensivos, irrompe com facilidade, produzindo algum distúrbio no comportamento psicológico, orgânico ou mental, de forma que chame a atenção para a sua conveniente educação.

Presente em todos os tempos e nações da Terra, somente o Espiritismo lhe é o conveniente método educativo e moralizador, ao qual nem todos estão interessados a submeter-se, o que proporciona, quando não atendida convenientemente através da vivência moral e cristã, danos graves ao seu portador, não raro interrompendo-se e permanecendo em perturbação danosa ou desaparecendo...

A mediunidade é instrumento de serviço para o crescimento espiritual do seu condutor, assim como é contribuição valiosa para o bem de todos. Ser médium, portanto, conforme a visão espírita, é ser ponte de luz, auxiliando aos que sofrem no Além-túmulo como na Terra, para que tenham diminuídas suas aflições e orientados os seus passos na direção da imortalidade.

O sincero trabalhador da mediunidade tem por modelo Jesus, que é o *Médium de Deus*.

213) Os perigos da prática mediúnica sem estudo adequado inibem Casas Espíritas bem-intencionadas de expandir seu quadro de colaboradores nessa área. Que aconselhamentos concretos poderiam ser oferecidos a esses trabalhadores?

O Espiritismo é Doutrina dos Espíritos e, portanto, desenvolve-se mediante o contato permanente com eles. Em uma Casa Espírita o exercício da mediunidade e a sua prática saudável são essenciais ao bom desempenho dos seus postulados e propostas.

Assim sendo, o fato de a prática da mediunidade oferecer alguns riscos não impede que se a realize, mesmo porque o codificador orienta e adverte aos incautos a esse respeito, conforme se encontra exarado em *O Livro dos Médiuns*.

Estudar a Doutrina e, especificamente, a mediunidade, sua prática, seus perigos e gravames, suas bênçãos e consolações, é dever inadiável a que se deve submeter todo adepto do Espiritismo e mais particularmente aqueles que se queiram dedicar ao exercício das faculdades mediúnicas.

Em qualquer atividade humana, em toda realização e busca de crescimento, o ser se depara com dificuldades e riscos que supera através do conhecimento e da ação correta a que se entrega.

Não constituam impedimentos ao candidato sincero da mediunidade, os riscos e dificuldades que deve enfrentar, a fim de bem servir. Antes lhe seja um estímulo, um saudável desafio que enfrentará com galhardia, pensando nas compensações que fruirá, a serviço do Bem e da Imortalidade.

9.5 – Transcomunicação instrumental

214) Por quais mecanismos se processam as comunicações através dos chamados aparelhos da Transcomunicação Instrumental?

Foi Allan Kardec quem, inegavelmente, interpretou o belo fenômeno da Transcomunicação Instrumental, desde o seu início, através do qual descobriu e confirmou a imortalidade da alma, e construiu, com os Espíritos, essa incomparável Doutrina, que é a Terceira Revelação. Naquela oportunidade, os instrumentos para a transcomunicação foram a mesa de pés de galo, a cestinha de vime, a ardósia, como já nos referimos antes... Hoje, graças ao avanço da tecnologia, são os gravadores, as chapas fotográficas sensíveis em câmaras de alta velocidade, os telefones, as televisões, os computadores...

O fenômeno se dá através da utilização, pelos Espíritos, do ectoplasma humano, fornecido pelos médiuns, conforme aconteceu no passado. Não será necessário que o sensitivo se encontre no lugar onde se opera a transcomunicação, porquanto os agentes irão recolher a energia que lhes faculte o intercâmbio onde ele se encontre. Não obstante, o médium, quase sempre, é o próprio investigador, embora desconhecendo em si essa peculiaridade.

a) Os Espíritos, então, não sensibilizam as fitas magnéticas de modo próprio, se fazendo sempre necessária a participação do médium?

É indispensável a participação do médium, que fornece a energia hábil, sem a qual a sensibilização das fitas magnéticas não ocorre.

215) O avanço da TCI fará desaparecer alguns tipos de mediunidade?

O progresso sempre se desenvolve estruturado nas experiências e conquistas anteriores. Por maior que seja o conhecimento do intelectual e o seu desenvolvimento cultural, ele jamais dispensará a contribuição do alfabeto.

A moderna TCI (Transcomunicação Instrumental) repete de forma sofisticada as experiências do codificador do Espiritismo através das anteriormente mesas pés de galo, das pranchetas, das ardósias seladas, nas quais os Espíritos gravavam mensagens, não constituindo realmente grande novidade. É certo que através da contribuição do desenvolvimento da eletrônica torna-se mais fácil a comunicação dos Espíritos com os homens. Todavia, acreditamos que os médiuns jamais seriam dispensados ante a ocorrência do fenômeno da Transcomunicação Instrumental, mesmo porque os seus realizadores seriam os instrumentos, embora sem que se deem conta, como, aliás, sempre ocorreu.

Não identificamos, portanto, quais as faculdades mediúnicas que desapareceriam ante o avanço da TCI. Acreditamos que, se tornando mais comuns e aceitos os fenômenos mediúnicos, multiplicar-se-á o número de médiuns, e aqueles que exercem a faculdade ocultamente desvelar-se-ão, cooperando mais ativamente na construção do mundo melhor do futuro.

216) Através do avanço tecnológico, os instrumentos precisos poderão ser utilizados como meio de comunicação entre dois planos da vida, trazendo a mensagem dos Mentores Espirituais?

Sem qualquer dúvida, porquanto aí se encontram os obreiros da Transcomunicação Instrumental, demonstrando a possibilidade tornada factível e realizável. Ademais, estão reencarnados na Terra os Missionários da Nova Era, que irão aprimorar as técnicas pertinentes à ela, de forma que não pairem quaisquer dúvidas a esse respeito.

Convém, porém, não olvidarmos que o médium será sempre necessário como instrumento por oferecer a energia indispensável à obtenção do fenômeno, mesmo que, para tanto, não tenha consciência do fato.

a) Por que ainda se nos apresentam tão precárias as imagens recebidas pelos aparelhos de Transcomunicação?

Porque, embora se apresentem sofisticados e especiais, esses instrumentos ainda são relativamente grosseiros para o mister específico das comunicações espirituais. Cabe aos experimentadores realizarem a tarefa que lhes compete, aprimorando as técnicas e tendo a humildade de reconhecer que lhes falta muito para entender os mecanismos das referidas experiências.

À semelhança do que aconteceu com Allan Kardec – com a diferença que o codificador se deixou inspirar e conduzir pelos seus Mentores Espirituais –, lentamente os métodos serão aperfeiçoados e os resultados se farão mais expressivos e probantes.

b) Logo poderemos ter acesso de maneira mais direta a alguma rede de comunicação existente no plano espiritual, de forma a facilitar a comunicação entre os dois planos?

É evidente que já estão colocados em sintonia os equipamentos de ambos os planos – o físico e o espiritual

– por cuja elaboração recíproca se vêm obtendo mensagens autênticas da Espiritualidade, apesar de alguns equívocos que vêm sucedendo.

Na razão direta em que a criatura desenvolva os sentimentos morais e se modifique interiormente, criará condições próprias para lograr o objetivo que deseja.

217) O desenvolvimento da tecnologia de telecomunicação irá permitir a ampliação dos contatos entre o Mundo espiritual e o material, a ponto de a Transcomunicação Intrumental tornar-se reconhecida pela Ciência no próximo século?

Não padece dúvida que a obstinação do materialismo, lentamente, vem sendo vencida pelo Espiritismo e pela demonstração de vários outros setores das várias ciências, confirmando a sobrevivência do ser aos despojos materiais. Cada dia é maior o número dos investigadores que se vêm utilizando dos recursos da tecnologia para corroborar a realidade da vida fora do revestimento material, assim como da espiritualização da matéria, que volve sempre ao campo da energia.

A Transcomunicação Instrumental se tornará tão natural, qual agora ocorre com os fenômenos da mediunidade, que será totalmente inexequível negar-lhe a legitimidade dos fatos comprovados. Contudo, é da natureza humana a característica de combater, de contestar, de reagir, sendo muito saudável esse comportamento para o desenvolvimento do ser, até que se alterem as certezas.

O importante, no entanto, não é o fato de ser aceita a comunicação espiritual de forma incontestável, mas o aplicar desse conhecimento à conduta, de forma que o indivíduo se transforme para melhor e trabalhe com segurança os seus valores, direcionando-os para Deus, crescendo interiormente, à medida que se convença dessa realidade.

218) Os conhecimentos doutrinários trazidos pela Codificação deverão ter divulgação através desses canais? Em caso afirmativo, não se estariam seguindo os mesmos caminhos das religiões tradicionais com a utilização da persuasão? Não se estaria contradizendo Kardec, quando afirma ser o Espiritismo não proselitista?

A luz da verdade deve brilhar no velador, a fim de que todos a vejam e se norteiem. O Espiritismo é doutrina de libertação e, para que logre seu objetivo, necessita ser divulgado por todos os meios ao alcance; particularmente, aqueles que mais facilmente atingem as multidões. O próprio codificador utilizou-se desses recursos, conforme as possibilidades da sua época. Realizou viagens de divulgação doutrinária, criou uma Revista mensal, escreveu livros para perpetuar os ensinamentos, estimulou o surgimento de instituições, sendo que, ele mesmo, fundou a Sociedade Parisiense de Estudos Espíritas.

Entre apresentar uma ideia e impô-la, existe uma imensa distância. Fazer proselitismo é entrar em disputas, estimulando vaidades e pretensões absurdas, sem sustentação de lógica e de credibilidade. Esse é um recurso característico do fanatismo, que não encontra guarida nos postulados espíritas.

Silenciar a divulgação da Doutrina seria asfixiá-la em injustificável conduta. Os Espíritos, ao se comunicarem, têm como meta despertar as criaturas humanas, a fim de que tomem conhecimento das suas responsabilidades e da continuidade da vida após o túmulo, facultando-lhes preparar-se para acordarem lúcidas na imortalidade, na qual estamos todos mergulhados.

9.6 – Divulgação espírita

219) Do ponto de vista ético-religioso e também da modernidade dos tempos atuais, como será o comportamento da imprensa espírita?

É-nos pouco recomendável prever condutas futuras. Todavia, a imprensa espírita, inspirada no exemplo de Allan Kardec, que foi o primeiro jornalista do gênero, deverá ser responsável, honrada, verdadeira, divulgando o bem e ensinando como superar o mal, inscrevendo nas suas páginas variadas as lições de sabedoria e amor que edifiquem a criatura para tornar-se sempre melhor, antes que lhe criar conflitos e situações embaraçosas, prejudiciais, que somente exaltam o *ego* e exibem o personalismo doentio nos combates inglórios das acusações sem justificativa.

A função da imprensa é dignificar a criatura e orientá-la, instruí-la e informá-la, combatendo a ignorância e o mal, porém ajudando os ignorantes e os maus, a fim de que se reajustem e reconsiderem suas posições, tornando-se úteis à sociedade.

220) Observamos o crescimento vertiginoso nos meios de comunicação, notadamente televisivo, da presença das religiões, com o intuito de influenciar na formação religiosa, cultural, política e social da população; dentro desse contexto, qual deverá ser o papel da mídia espírita?

Todo ensinamento bom encontra guarida nas criaturas e as edifica. Embora não nos pareçam corretas determinadas condutas na mídia religiosa, de certa forma preenchendo os espaços que estavam sendo utilizados para o sexo alucinado, para as paixões subalternas, para os comportamentos asselvajados, para o exibicionismo vulgar, e para os estímulos perturbadores... Pelo menos são ensinadas lições de dignificação, condutas não viciosas, apresentadas renovações morais à luz do Evangelho, respeito aos bons costumes e convites à reflexão. Os danos que possam apresentar nos parecem menores do que os prejuízos anteriores, infelizmente ainda prosseguindo em outros horários e em diferentes canais, inclusive naqueles que são de orientação religiosa.

O Espiritismo não deve competir, nem se propõe a campeonatos de glorificações terrenas, mas tem uma mensagem nobre a oferecer, e cumpre aos espíritas o dever de propô-la, convidando a pessoa lúcida ou sofrida, culta ou limitada em conhecimento a ter opção para discernir e examinar.

Sem a preocupação, nem a presunção de salvar o mundo ou as pessoas, cabe aos espíritas a atitude de contribuir para que a Humanidade seja melhor e mais justa; e a divulgação da Doutrina, bem como a sua conduta moral nela baseada, são os meios hábeis e sábios para tal cometimento.

Portanto, todo esforço que vise à edificação do ser humano deve ser envidado, particularmente, mediante a iluminação das consciências através do Espiritismo.

TRAÇOS BIOGRÁFICOS DO AUTOR ESPIRITUAL VIANNA DE CARVALHO

Manuel Vianna de Carvalho (10/12/1874 – 13/10/1926), nascido em Icó (CE), foi engenheiro militar e se tornou espírita com menos de 20 anos. Em face das atividades profissionais, viajou por todo o Brasil, o que lhe possibilitou fundar vários núcleos espíritas, em muitas cidades e vários Estados. Logo se destacou como um dos maiores tribunos Espíritas do Brasil, além de escrever muitos artigos e fundar periódicos espiritistas. Foi um dos primeiros batalhadores pela unificação dos grupos espíritas e pela criação de escolas de moral cristã para as crianças, nas casas espíritas. Desencarnou a bordo do vapor Íris, em águas da Bahia. Logo no início da mediunidade de Divaldo, Vianna passou a inspirá-lo na tarefa de oratória, tendo também escrito através dele quatro livros: *À luz do Espiritismo, Enfoques espíritas, Médiuns* e *mediunidades e Reflexões espíritas*, todos editados pela LEAL, com excelente tiragem.

DADOS PESSOAIS DOS COLABORADORES DO PROJETO VIANNA DE CARVALHO

ALKINDAR DE OLIVEIRA – SÃO PAULO

Bacharel e Licenciado em Matemática pela Universidade de Santo Amaro (S. Paulo – SP); Professor da rede pública estadual até fundar o Colégio Modelo para ensino de 1º e 2º Graus (Colégio Platão), entidade que reuniu grande número de referências nacionais e internacionais pelos métodos de ensino adotados. Especializou-se em Comunicação Verbal, ministrando cursos de oratória e, esporadicamente, é professor convidado de Comunicação Verbal em tradicionais Universidades do país (USP, UNESP, UNICAMP).

CEL. CÉSAR SOARES DOS REIS – RIO DE JANEIRO

Educador, ex-professor do Colégio Militar do Rio de Janeiro; Bacharel e Licenciado em Matemática e Mestre em Pesquisa Operacional, Diretor da Capemi e do Lar Fabiano de Cristo – Escritor e Expositor.

FRANCISCO PEIXOTO LINS NETO – RIO DE JANEIRO

Bacharel em Direito pela Universidade Federal do Rio de Janeiro em 1990, professor de Direito do Trabalho na Faculdade de Direito da UFF.

HUMBERTO COSTA VASCONCELOS – PERNAMBUCO

Professor, Bacharel e Licenciado em Letras pela Universidade Federal de Pernambuco, Pós-graduado na área de Educação, Literatura e Linguística; Cursos de Informações Educacionais e Planejamento Educacional no Instituto Nacional de Estudos Pedagógicos da França em Sbures – França.

IVAN JORGE CORDEIRO DE SOUZA – MATO GROSSO

Graduado pela Faculdade de Administração da Guanabara – 1978. Especialização International Executive Development Program, pela American Graduate School of International Management State of Arizona – USA – 1980.

JOÃO JOSÉ MARINS – RIO DE JANEIRO

Graduado em Medicina pela Universidade Federal Fluminense em 1972; Especializado em Pediatria HUAP/UFF em 1974; Saúde e População na Universidade do Valle (Cali – Colômbia) em 1976; Mestrado em Medicina

Social IMS/UERJ em 1983; Professor Adjunto do Instituto de Saúde da Comunidade da UFF.

JOSÉ LUIZ BEZERRA – BAHIA

Licenciatura e Bacharelado em História Natural pela Universidade de Pernambuco – 1965; Mestrado em Botânica pela Universidade da Flórida – USA – 1974; PhD em Fitopatologia pela Universidade da Flórida – USA – 1976.

JUSELMA MARIA COELHO – MINAS GERAIS

Graduada em Pedagogia, Habilitação em Administração Escolar – Supervisão de Ensino do Estado de Minas Gerais.

LOURDES BOTELHO – PARANÁ

Graduada em Pedagogia com especialização em Administração Escolar. Desenvolveu trabalhos com crianças portadoras de Paralisia Cerebral na ABBR e posteriormente trabalhou na APAE.

WILSON GRANELLA – SÃO PAULO

Escritor com vários livros publicados entre crônicas, contos e reportagens. Jornalista com trabalhos em jornais de S. Paulo e atualmente editor chefe; Fotógrafo com conquista de vários prêmios, inclusive internacionais, com fotos em revistas de circulação nacional (*Veja*, *Isto É* etc.); Fotógrafo do Instituto de Criminalística, São Paulo.

ATUALIDADE DO PENSAMENTO ESPÍRITA

EXPLICAÇÃO

Considerando a grande riqueza polimática deste livro do Espírito Vianna de Carvalho, abordando importantes temas da atualidade, nas mais diversas áreas do conhecimento, e considerando que as grandes produções culturais sempre apresentam índices, de variada natureza, de modo a servir de auxílio aos leitores e estudiosos, para recuperar as referências e informações contidas na obra, o livro *Atualidade do pensamento espírita*, pelo rico e variado conteúdo, também se fazia merecedor de um índice analítico remissivo, de forma a servir de instrumento de estudo e pesquisa aos leituras interessados em melhor conhecer o pensamento do Autor Espiritual.

Esperamos que ele possa ter utilidade às consultas de todos os prezados leitores desta admirável obra.

ÍNDICE ANALÍTICO REMISSIVO

ABORTO, ABORTAR
- se o ... deve ser penalizado - Questão 72
- no que diz respeito ao ..., aqueles que o praticam cometendo um crime hediondo, com exceção do ... para salvar vida da mãe - Questão 72
- dessa forma, ... em outras circunstâncias provocadas, nunca - Questão 73

ACASO
- capacidade de crescimento na razão direta em que se encontre desenvolvido interiormente, não como fruto espúrio do ... - Questão 181
- concluindo que o ... não pode ter produzido tão intrincada rede de equilíbrio e perfeição - Questão 190

ACUPUNTURA, LOCAIS ACUPUNTURAIS, PONTOS ACUPUNTURÁVEIS
- se ação médica da ... aproxima-se mais de uma visão de saúde integral - Questão 50
- se os pontos de ... atingem diretamente o perispírito ou que outras zonas da organização humana - Questão 51
- tendo em vista o conceito chinês de ..., a energia ch'i é captada pelo corpo humano - Questão 51
- trata-se dos locais ..., que fazem parte constitutiva dos meridianos encarregados de conduzir a energia - Questão 51
- os locais ... que se encontram na pele são constituídos de propriedades elétricas - Questão 51

- pontos ... como circuitos elétricos levando energia à intimidade dos órgãos - Questão 51
- a energia aplicada nos pontos de ... é absorvida pelos nervos e pelas células gliais - Questão 51

ADN - (ÁCIDO DESOXIRRIBONUCLEICO); tb DNA (ingl. DEOXYRIBONUCLEIC ACID)

- se as inserções perispirituais na zona física dar-se-iam nos genes do ... - Questão 40
- se seriam os genes campos praticamente energéticos etc. como que incrustadas em faixas apropriadas na molécula do ... - Questão 40
- podendo-se afirmar que o ..., em sua estrutura íntima, é um campo de energia - Questão 40
- não se podendo ignorar o fatalismo biológico que se expressa por intermédio do ... e do RNA - Questão 66

ADOLESCÊNCIA - v. ADOLESCENTE
ADOLESCENTE, S, ADOLESCÊNCIA

- diversas sociedades do planeta observando aumento de ... envolvidos em crimes - Questão 74
- se legislação penal aplicada aos ... deve ser idêntica à estabelecida para os adultos - Questão 74
- ... quando delinque, deve receber tratamento especial - Questão 74
- necessidade de legislação própria para a criança e o ..., compatíveis com o seu nível de crescimento intelectual etc. - Questão 74
- preocupação precípua no caso da criança e do ... que delinquem, deve ser a de educar - Questão 74
- tendo em mente a reeducação quando acontecer o desequilíbrio da criança e do ... que delinquem - Questão 74
- mínimo curricular que não sobrecarregue a criança e o ... de conteúdos supérfluos - Questão 90
- a infância e a ... sendo períodos mais propícios para a aprendizagem - Questão 90
- como desenvolver a autoconfiança na criança e no ... - Questão 101

ADRIANO

- em Roma, no período de ..., estabelecendo as vantagens para a formação de escolas - Questão 97

ADULTÉRIO, S
- se legislação penal referente ao ... não necessita de reforma - Questão 72
- ... devendo receber penalidades compatíveis com o grau de prejuízos - Questão 72
- transtornos neuróticos e psicóticos decorrentes do crime de ... - Questão 72
- conduta gerando ... vergonhosos e crimes horrendos - Questão 173

AFLIÇÃO, AFLIÇÕES, AFLIGENTES
- predomínio do egoísmo respondendo pelas ... incontáveis - Questão 11
- todo processo se dará no indivíduo, de dentro para fora, espontaneamente ou através de ocorrências ... - Questão 14
- Espírito descobrindo recursos para tornar a existência física menos tormentosa, menos ... Questão 39
- a mente equilibrada ou que se resolve pela renovação altera os mecanismos ... do sofrimento - Questão 48
- tempo necessário para trabalhar as causas ... no seu organismo - Questão 50
- ignorância é fator responsável por muitas ... e misérias - Questão 76
- médium sendo ponte de luz, auxiliando aos que sofrem no Além-Túmulo etc. para que tenham diminuídas suas ... - Questão 212

ÁFRICA
- guerras cruéis continuam sucedendo-se com requintes de perversidade, de hediondez que apavora, seja na ... - Questão 11

AGRESSIVIDADE, AGRESSIVAMENTE; v. tb AGRESSIVO, S
- desemprego favorecendo a ... - Questão 17
- terapias alternativas multimilenárias de resultados não ... - Questão 50
- acumulando sentimentos de ... e de ressentimento para os descarregar mais tarde - Questão 78
- modelo pedagógico/tecnológico se propondo a formar indivíduos ... ambiciosos etc. - Questão 99
- condicionamentos saudáveis para uma vida equilibrada no grupo social, sem ... - Questão 115

- Escola fornece os melhores exemplos e métodos de construção do caráter sadio, o lar se lhes apresenta como exemplo da ... - Questão 122
- diz respeito à liberação dos costumes, à apresentação das cenas de ... etc., os seus aficionados promovem a libertinagem - Questão 129
- a ... dos movimentos religiosos contrastando com a discrição do Movimento Espírita - Questão192
- a ... positiva em torno de uma proposta que dignifica a sociedade facultando o sacrifício do idealista - Questão 192
- ... quando se volta contra aqueles que não professam o mesmo credo, caracterizando paixão dissolvente e perturbadora - Questão 192

AGRESSIVO, AGRESSIVA, S; v. tb AGRESSIVIDADE
- respostas altamente ... às diversas situações - Questão 5
- os instintos ... governando - Questão 10
- conseguindo o controle dos instintos ... e a superação das paixões dissolventes - Questão 19
- graças à contribuição da Arte, o ... se apazigua - Questão 144
- não facultado o direito de perverter-se, permitindo-se uma conduta ... ao próprio organismo - Questão 179
- tendo-se insegurança em torno de um ideal, religioso, filosófico etc. o comportamento do indivíduo faz-se ... - Questão 192

AGRICULTURA; v. tb PROBLEMAS AGRÁRIOS
- a ... moderna, com uso exagerado de máquinas, produtos químicos etc. causando impactos nocivos ao meio ambiente etc. - Questão 55
- se a ... sustentável, sem riscos ecológicos e boa produtividade, será um dia realidade - Questão 55
- experiências de laboratório já demonstraram que é possível conseguir-se uma ... viável e produtiva - Questão 55
- se o homem poderá um dia utilizar as forças espirituais, cósmicas e anímicas, extensivamente na ... - Questão 61

AIDS
- viável que nos currículos escolares fossem estabelecidas visitas a Clínicas de Enfermidades degenerativas - ... - Questão 102a

AKÁSICOS - v. REGISTROS
AKSAKOF - v. ALEXANDRE
ALBERT EINSTEIN

- homem, que se detenha na contemplação do Universo, se curvará para homenagear Deus, qual ocorreu com ... - Questão 187
- ... mesmo perseguido pela ignorância religiosa, não abdicou da sua crença e respeito ao Criador - Questão 187

ALEGRIA, S
- elevados os sentimentos etc. do indivíduo que cultiva a ... de viver etc. mais expressivos se apresentam níveis da enzima sIgA - Questão 64
- experienciando por antecipação as ... e realizações elevadas que certamente o aguardam após a morte - Questão 119
- conquistas que vêm diminuindo as dores e sofrimentos, proporcionando ... e discernimento, beleza e paz - Questão 127
- Arte conduzindo aos cenários agradáveis da ..., da paz, da plenificação - Questão 149
- ... como manifestação do estado íntimo - Questão 176
- possibilidade de descrever esse sentimento no Mundo espiritual - Questão 176
- ... expressando-se no Mundo espiritual como paz de espírito, sem mágoa do passado nem ansiedade pelo futuro - Questão 176
- ser humano desdenhando a Lei natural - o amor - aprende pelo sofrimento o que recusou pela ... - Questão 203

ALÉM-TÚMULO - v. MUNDO ESPIRITUAL
ALEXANDRE AKSAKOF
- Educação for menos preconceituosa, facultando as pesquisas em torno das Doutrinas Parapsíquicas, conforme fizeram ... - Questão 94

ALGAS MARINHAS
- ... um dos recursos para atender toda a população da Terra - Questão 55

ALLAN KARDEC, CODIFICADOR, MESTRE DE LYON
- ... acentuando ser este um mundo de provas e expiações - Questão 11
- Espíritos revelaram a ... que o planeta avança para um estágio superior - Questão 14
- recordando da resposta que os Espíritos Elevados etc. assinalada pelo codificador ... número 540 de LE - Questão 71
- nos mundos onde predomina o amor e a justiça, conforme os Espíritos Nobres responderam a ..., há legislação própria - Questão 75

- Educação for menos preconceituosa, facultando as pesquisas em torno das Doutrinas Parapsíquicas, conforme fizeram ... etc. - Questão 94
- ... esclareceu que será a educação moral que se encarregará de desenvolver os valores pertinentes do ser humano - Questão 98
- refletindo na própria consciência, lugar onde está escrita a Lei de Deus, conforme os Espíritos superiores responderam a ...- Questão 123
- Doutrina um conjunto de lições profundas e ricas de iluminação e beleza, de que o insigne ... se fez intermediário - Questão 139
- ... demonstrou a legitimidade do fenômeno imortalista - Questão 160
- mesas girantes facultaram ao ... a constatação da Doutrina Espírita - Questão 160
- ocorrendo com as investigações realizadas por ... assim como por inumeráveis cientistas - Questão 162
- Jesus estabeleceu o paradigma extraordinário: Meu reino não é deste mundo, e ... adicionou que A felicidade não é etc. - Questão 168
- os postulados que derivam dos ensinos de Jesus, que foram muito bem estudados por ... - Questão 195
- ... iniciou a investigação científica do Espírito, dando surgimento à Doutrina - Questão 196
- ... ao constatar a imortalidade da alma, demonstrou a possibilidade de a Ciência acadêmica etc.
 realizar labor equivalente - Questão 196
- ... referindo-se à futura manifestação da cultura artística promovida pelo Espiritismo - Questão 204
- concordando com a orientação do ... do Espiritismo em torno da influência dos astros nos destinos humanos - Questão 205
- prática da mediunidade oferecer riscos, não impede que se a realize, mesmo porque o ... adverte aos incautos - Questão 213
- foi ... quem inegavelmente interpretou o fenômeno da Transcomunicação Instrumental, desde o seu início - Questão 214
- TCI repetindo de forma sofisticada as experiências do ... do Espiritismo através das mesas pé de galo etc. - Questão 215
- aconteceu com ... - com a diferença que o ... se deixou inspirar e conduzir pelos seus Mentores Espirituais - Questão 216a
- divulgação pelos canais da TCI, se isso não contradiria ... quando afirma ser o Espiritismo não proselitista - Questão 218
- o próprio ... utilizou-se desses recursos, realizando viagens de divulgação doutrinária, criando uma Revista etc. - Questão 218

- Imprensa espírita, inspirada no exemplo de ... o primeiro jornalista no gênero - Questão 219

ALMA, S; v. tb IMORTALIDADE DA ALMA
- meios de comunicação de massa zombando dos valores profundos da ... e da vida - Questão 3
- visão do homem integral, e não um ser parcial, apenas constituído de matéria ou apenas do binômio corpo e ... - Questão 3
- matar Deus e a ... como erro fundamental do materialismo - Questão 27
- hipótese de criar-se um corpo sem ..., por mais avançadas as técnicas de laboratório, permanece impossível - Questão 42
- ... dos animais permanecendo algum tempo no Além, a serviço dos Espíritos Nobres - Questão 70
- recambiadas as ... dos animais ao corpo somático, sempre em processo de evolução - Questão 70
- estrutura psíquica da ..., dos animais constituída de energia específica, que dá origem ao futuro perispírito - Questão 70
- escola será laboratório de pesquisa da ... sem qualquer conotação religiosa - Questão 94
- se Jesus não teria utilizado o recurso da Arte para sensibilizar a ... humana - Questão 150
- as investigações realizadas por cientistas de nomeada, não convenceram os adversários da sobrevivência da ... - Questão 160
- convivência saudável e orientadora, que as máquinas, por não possuírem ... nem calor humano, jamais substituirão - Questão 170
- heterossexual, desrespeitando aquele com quem se une, produzindo dilacerações na ...- Questão 179

ALTRUÍSMO
- perguntando-se ao amor o que se deve fazer a fim de diminuir a penúria etc. e ele responderá: desenvolvimento do ... - Questão 172

ALUNO - v. EDUCANDO
AMADO, AMADA; v. tb AMOR E LEI DE AMOR
- modelo educacional ideal seria aquele no qual a criança, sentindo-se ..., encontre no educador o guia e amigo - Questão 116
- amoldamento da criança à vida e às suas imposições, de modo a torná-la segura e ...- Questão 121

AMBIÇÃO, AMBIÇÕES
- o Evangelho preconizando a superação das ... desordenadas etc. - Questão 124
- todo excesso é prejudicial e na Arte, em razão das ... que entram em jogo, torna-se uma conquista lamentável - Questão 153
- as atitudes do ser humano estando conduzidas pelas desregradas ... - Questão 164

AMIGO, S
- escola do futuro tendo o aspecto de um lar transitório, onde todos se estimem como ... e irmãos - Questão 111
- o modelo educacional ideal para a criança quando encontre no educador o guia e ... - Questão 116

AMOR, AMAR; v. tb AMADO E LEI DE
- família estruturada sobre as bases da honradez e do equilíbrio, sem o que se esfacelam os códigos do ... e do dever - Questão 2
- a formação religiosa, não mais castradora, não mais temente a Deus, mas sim estruturada no ... - Questão 2
- o egoísmo, a indiferença de milhões de criaturas cederão lugar à justiça, à fraternidade e ao ... - Questão 4a
- ... como grande e desconhecida técnica que pode modificar os fatores degenerativos e perturbado- res do organismo social - Questão 9
- ... no seu sentido mais profundo, aquele que estabelece paradigmas novos - Questão 9
- ... como maior fenômeno ideológico transformador de que se tem notícia - Questão 10
- lições daqueles que se fizeram paradigmas do ... - Questão 10
- lar como instituto do ... - Questão 12
- lentamente ocorre no indivíduo um despertar para a valorização de si mesmo, para o auto-...e, por efeito, o ... aos demais - Questão 15
- aumentando os lucros, mais amplas aspirações passam a ter os indivíduos, esquecidos da solidariedade e do ... - Questão 15a
- ... vicejará nos corações quando os postulados espíritas forem conhecidos - Questão 20
- despertando para os valores reais da vida, e, portanto, para a solidariedade, o ... - Questão 23
- ... como única solução para os magnos problemas existenciais, sociais e humanos - Questão 26

- somente através de uma conduta compatível com o ... é que o marxismo logrará transformar-se - Questão 26
- sem a vigência do ... como norte espiritual do ser qualquer proposta de felicidade para a sociedade tombará - Questão 28
- muitos aqueles que respeitam e compreendem a finalidade essencial da vida, que é ... a tudo e a todos - Questão 54
- Lei da Vida que o ... cobre a multidão de pecados - Questão 60
- a criança, que inspira ternura e ..., sendo um Espírito vivido e quiçá experiente - Questão 74
- nos mundos onde predominam o ... e a justiça, conforme os Espíritos Nobres responderam a Allan Kardec - Questão 75
- dia virá, não muito longe, onde os que delinquirem encontrarão misericórdia e ... - Questão 78
- ao desconsiderar as Leis da Vida o ser retorna em carência, aprendendo pela dor a valorização do ... - Questão 80
- Lei de ... é a mais sábia de todas - Questão 86
- ... sentimento criador e mantenedor da vida - Questão 86
- no ... a diretriz para o Direito estabelecer um código de preservação da vida e do planeta - Questão 86
- modelo educacional quando o ... fizer parte da programação de quaisquer atividades humanas - Questão 93
- cuidadosas, com objetivos de serem desenvolvidos os valores da solidariedade e do ... - Questão 102a
- no lar tendo início o ... pela aprendizagem - Questão 107
- Instituições específicas ideais serão aquelas nas quais floresçam o ... e o conhecimento da psicologia infantil - Questão 114
- Pestalozzi propondo o ... base de uma boa Educação - Questão 116
- Doutrinas religiosas diferentes tendo como fundamentos ensinar o ... a Deus, ao próximo e a si mesmo - Questão 118
- cada um ... e serve a Deus conforme suas possibilidades - Questão 119
- desenvolver valores ético-morais do educando, demonstrando-lhe, pelo ... etc. que a vida tem um significado profundo - Questão 123
- Educação tendo como grande desafio de urgência trabalhar o universo infantil com os instrumentos do ... e da razão - Questão 123
- havendo estágios na evolução da criatura, nos quais o ..., ainda não nasceu - Questão 132

- através das reencarnações se chegando a Deus pelo ... e à fé, mediante a razão - Questão 132
- quais gêneros artísticos mais se aproximariam do Belo, do Uno, em se considerando todos praticados com ... - Questão 136
- toda manifestação de Arte que inspira paz, eleva o ser, o estimula a progredir e ..., traduz o Belo - Questão 136
- artistas, imortalizaram em forma, cor e som, a eterna mensagem de ... e vida que Ele insculpiu nas consciências - Questão 150
- homem primitivo traduzindo o primeiro sentimento de temor, já que se encontrava impossibilitado de ... - Questão 152
- desenvolvimento moral conduzindo o pensamento e os indivíduos ao respeito mútuo, ao ... - Questão 159
- perguntando-se ao ... o que se deve fazer a fim de diminuir a penúria que aflige as vidas - Questão 172
- honrando a prole através do ... que deve prevalecer em qualquer situação como normativa de vida digna - Questão 173
- família inspirada no código do Evangelho de Jesus, tendo como alicerce o ... - Questão 174
- reencarnação na Terra desenvolve os valores que dormem latentes no Espírito, auxiliando-o a crescer no sentimento do ... - Questão 178
- vigendo em toda a parte a presença do ... de Nosso Pai - Questão 180
- a Divindade, que é o ..., dispõe de recursos inumeráveis para que o Espírito evolua - Questão 180
- pensamento filosófico de Jesus, a respeito do ... a Deus acima de todas as coisas e ao próximo como a si mesmo - Questão 181
- pensamento de Jesus Cristo, que viveu e ensinou a ... sem imposição ou interesse de ordem política - Questão 181
- o ..., na colocação do Mestre Galileu, sendo o hálito divino sustentando a vida em toda parte - Questão 181
- feita à imagem e semelhança de Deus, isto é, com os recursos que são inerentes à Divindade, de cujo ... procede - Questão 184
- não fazer ao próximo aquilo que não se deseja que outrem lhe faça, como decorrência natural do ... Questão 188
- Missionários do conhecimento e do ... até hoje sendo enviados por Jesus - Questão 202
- ser humano que, desdenhando a Lei natural - o ... - aprende pelo sofrimento o que recusou pela alegria - Questão 203
- o ... de Deus funcionando em união com a Sua misericórdia - Questão 208

- a incorporação ou psicofonia dos Espíritos sofredores tendo como meta socorrê-los em misericórdia e ... - Questão 209
- imprensa espírita, inspirada no exemplo de A.K., deverá ser responsável etc. inscrevendo nas suas páginas lições de ... etc. - Questão 219

ANALFABETISMO
- se ... político, espiritual, mais prementes no Terceiro Milênio do que ... de leitura e escrita - Questão 25
- brutalizado, o ser estertora no ... em relação às Letras, às Artes, à beleza e aos deveres - Questão 25

ANATOLE FRANCE
- ... afirmou que o homem, submetido por muito tempo a qualquer tipo de sujeição, quando se liberta, permite-se exageros - Questão 171

ANIMAL, ANIMAIS
- predominando no homem a natureza ... em detrimento da espiritual, os instintos agressivos governam-no - Questão 10
- se seria lícita a manipulação genética de outros ... pelo homem - Questão 36
- deve ceder lugar a uma ética trabalhada com rigor, a fim de que as vidas ... e humanas sejam poupadas às aberrações - Questão 36
- não sendo lícita a manipulação genética em ... - Questão 36
- recursos orgânicos que substituam as substâncias químicas e venenosas, que deformam os ... - Questão 55
- utilização um dia das forças espirituais, cósmicas e anímicas, extensivamente na agricultura e na saúde humana, vegetal e ... - Questão 61
- a espécie humana também se nutre de outras formas de vida, ... ou vegetal - Questão 68
- sobre a presença de ... no Mundo espiritual, e qual seria sua estrutura e constituição - Questão 70
- após a morte dos ..., esse psiquismo ou alma permanecendo algum tempo no Além - Questão 70
- recambiadas as almas dos ... ao corpo somático, sempre em processo de evolução - Questão 70
- considerando essas miríades de ... que, pouco a pouco fazem emergir do mar arquipélagos (LE, 540) - Questão 71

- ... de ínfima ordem que executam essas obras, provendo suas necessidades sem suspeitarem etc. (LE, 540) - Questão 71
- a criatura humana sendo um ... social - Questão 155
- onde situando o surgimento do Espírito, na elaboração da mônada, em fase posterior ou no reino ... ou pré-hominal - Questão 199
- psiquismo dormindo no mineral, sonhando no vegetal, sentindo no ... e adquirindo a função de pensar no homem - Questão 199
- graças aos fluidos ... de que é portador o médium - Questão 209

ANOMALIAS
- fetos que apresentem ... detectáveis, como se as mesmas procedessem do corpo e não do Espírito - Questão 39

ANÓXIA CEREBRAL
- cérebro que, sofrendo... tudo levaria ao caos do princípio - Questão 50

ANSIEDADE, ANSIOSA
- momento em que o espermatozoide dispara na trompa de Falópio, na ... busca do óvulo - Questão 46
- alegria expressando-se no Mundo espiritual como paz de espírito, sem mágoa do passado nem ... pelo futuro - Questão 176
- o homem moderno levando consigo novos conceitos, refletindo seu estado interior, apresentando suas insatisfações e ... - Questão 183
- desenvolvendo a capacidade de inteligência e de crescimento moral, sem pressa perturbadora nem a ... - Questão 198

ANTIMATÉRIA
- se antipartículas do campo de ... poderiam ser a causa da aura que os seres possuem - Questão 67

ANTIPARTÍCULAS
- ... atômicas constituindo o ADN (Ácido desoxirribonucleico) - Questão 40
- se nas irradiações da aura ... do campo de antimatéria comandariam o processo - Questão 67

ANTÍTESE
- se possível premissa nova na afirmativa de Hegel de que Dialética é modo de perceber real etc. (tese-...-síntese) - Questão 181

APÓSTOLO PAULO
- o ..., por duas vezes (Coríntios, 6: 12 e 10: 23) refere-se sobre licitude e edificação das coisas - Questão 179
- ... ensinando que o problema da licitude não deve estimular o comprometimento do Espírito - Questão 179
- dando liberdade a cada estudante de examinar o que lhe aprouver etc. conforme ensinava o ... (I Tess, 5: 21) - Questão 197

APRENDIZ - v. EDUCANDO
APRENDIZAGEM, APRENDIZADO
- toda ... é criativa e enriquecedora - Questão 90
- a infância e a adolescência sendo períodos mais propícios para a ... - Questão 90
- exercícios tornando a ... mais agradável - Questão 90
- excesso na área dos programas teóricos tem prejudicado a ... real - Questão 91
- necessidade de novos métodos compatíveis com a Psicologia da ... - Questão 92
- os estímulos para a ... devem permanecer após os currículos escolares - Questão 95
- a escola sempre se utilizará, por um largo período, da avaliação de resultados da ...por meio de notas - Questão 104
- avaliação da ... por meio de notas produzindo um sentido de competição positiva - Questão 104
- no lar tendo início o amor pela ... - Questão 107
- a escola numa visão mais profunda como todo lugar onde se processa a ... - Questão 112
- Leis da Reencarnação proporcionando os mecanismos de aprimoramento do ser, na convivência, na ... recíproca - Questão 114
- cabe ao orientador encaminhar o educando com segurança, de forma que adquira os princípios básicos da ... - Questão 115
- a multimídia podendo facilitar a ... - Questão 170
- como se processando a internalização do ... pela dor - Questão 180
- ... resultando da fixação dos métodos que produzem bem-estar, que estimulam ao progresso intelecto-moral - Questão 180

- a dor tendo função educativa, que decorre da necessidade de ... - Questão 180
- a ... dos postulados do Espiritismo com a sua correspondente vivência dando-se paulatinamente - Questão 194

ARDÓSIA, S
- os instrumentos para a transcomunicação tendo sido a mesa de pés de galo, a cestinha de vime, a ... - Questão 214
- TCI repetindo as experiências do codificador do Espiritismo através das mesas pé de galo, das pranchetas, das ... seladas - Questão 215

ARQUITETURA CEREBRAL; v. tb CÉREBRO
- responsabilidade dos encarnados no comportamento da homossexualidade face a descobertas de alterações da sua ... - Questão 179

ARTE, S, ARTÍSTICO, ARTÍSTICA, S - QUESTÕES 135 A 153
- durante um período há a predominância do desenvolvimento ..., em outro, o crescimento cultural - Questão 11
- brutalizado, o ser estertora no analfabetismo em relação às ... etc. - Questão 25
- Allan Kardec se referindo à Educação como ... de formar os caracteres e incutir hábitos (LE, 685a) - Questão 98
- há uma forte tendência para copiar as profissões esdrúxulas e aberrantes que passam como expressão de ... - Questões 101
- competições tornou-se fator de mercado e não de ideal ou de prazer. O mesmo em outras áreas do comportamento: ... - Questão 104
- ética devendo abarcar, quanto possível, temas pertinentes à liberdade de todos os indivíduos, nas diferentes áreas: ... etc. - Questão 118
- razão pela qual os problemas avolumam-se nos diferentes grupos sociais, políticos e religiosos, ... etc. - Questão 183
- se insegurança em torno de um ideal, de natureza religiosa, ... etc. o comportamento do indivíduo faz-se agressivo - Questão 192
- indivíduos que se não realizaram socialmente, ao se depararem com Doutrinas ... etc. se completem emocionalmente - Questão 192
- A.K. examinando a grandeza da mensagem da ... para a Humanidade, referiu-se à futura manifestação da cultura ... - Questão 204
- chegaria o momento em que se apresentaria a ... caracterizada pela expressão do pensamento espírita - Questão 204

- renascimento orgânico os Missionários da beleza, trazendo programas de rara sensibilidade e emoção, promovendo a ... etc. - Questão 204
- nas atividades culturais e ..., a Música tem recebido uma grande aceitação pelos excelentes resultados que faculta - Questão 204

ARTISTA, S - v. IN ARTE, QUESTÕES 135 A 153
ASTROLOGIA
- desqualificação da ... como ciência na Gênese, mas sendo ideia que atravessa os milênios e as diferentes culturas - Questão 205
- se haveria conceituação atual que pudesse levar a valorizar a ... como Ciência - Questão 205

ATAVISMO, S
- instinto gregário como ... que remanesce do período primário do seu desenvolvimento - Questão 8
- ... materialistas etc. estudiosos trabalhando para burlar a dor - Questão 39
- a missão do Espiritismo é libertar o ser humano dos ... negativos - Questão 62
- imposições ainda resultados de ... punitivos dos educadores - Questão 91

ATEU
- a economia socialista, nas bases do materialismo ... não conseguiu resolver o problema dos povos etc. - Questão 30

ATIVIDADES COMUNITÁRIAS
- importância da participação em ..., principalmente em países como o nosso - Questão 177

ATIVIDADES PROFISSIONAIS, PROFISSÕES
- quais serão as novas ... a partir de meados do próximo século - Questão 89
- a especialização exagerada, se qualifica o indivíduo para as ..., também o limita - Questão 90
- forte tendência para copiar as ... esdrúxulas e aberrantes que passam como expressão de Arte - Questões 101

- ... esdrúxulas e aberrantes, que atraem mentes ainda não desenvolvidas, crianças e jovens desequipados de valores - Questão 101

ATMOSFERA
- criatura gananciosa produzindo poluição destruidora na ... - Questão 4a
- ... não poluída por máquinas através de novas técnicas agrícolas - Questão 55
- o homem está inteiramente envolvido na ... do crime, essa situação não é impeditiva para ascender a melhor vida espiritual - Questão 80

ATÔMICAS
- se seriam os genes campos praticamente energéticos, de antipartículas ... - Questão 40

AURA
- energias dos espermatozoides fazem-se absorvidas pelo óvulo fecundado, tornando-se uma coroa ou ... protetora - Questão 43
- se a ... que os seres possuem, seria resultado de elementos conjuntos das irradiações do perispírito etc. - Questão 67
- ... dos seres vivos resultado da irradiação que provém do Espírito, exteriorizada através do perispírito - Questão 67
- nas formas mais primárias da vida a ...tem origem no psiquismo que as vitaliza - Questão 67
- ... resultante do somatório dos comportamentos graças ao livre-arbítrio que induz aos pensamentos, palavras e atos - Questão 67

AUTOAFIRMAÇÃO
- problemas avolumam-se nos diferentes grupos sociais, políticos e religiosos etc. atendendo às necessidades íntimas de ... - Questão 183

AUTOCONFIANÇA
- como desenvolver a ... na criança e no adolescente - Questão 101
- educando desenvolvendo naturalmente ... nas suas possibilidades - Questão 101

AUTOCONHECIMENTO
- como o modelo educacional pode favorecer a ampliação da consciência e o ... - Questão 105

AUTODESCOBRIMENTO
- Educação devendo ser uma forma de direcionamento para o ... - Questão 105
- experiência levando ao ... - Questão 105
- criatura retornando à religiosidade, à busca mística, tentando o Encontro e o ... - Questão 184

AUTOMAÇÃO - QUESTÕES 166 A 168
- se ... representa risco de desemprego e como proteger o trabalhador sem privar a sociedade da evolução tecnológica - Questão 88
- a ... sendo conquista nobre do Espírito - Questão 88

AUTOMATISMO; v. tb AUTOMATISMOS BIOLÓGICOS E AUTOMATISMOS VIBRATÓRIOS
- se implicaria dizer que não existe apenas ... absoluto em qualquer nível da Criação - Questão 182
- ... como resultado de uma Lei de Causa e Efeito muito bem trabalhada - Questão 182

AUTOMATISMOS BIOLÓGICOS; v. tb AUTOMATISMO E AUTOMATISMOS VIBRATÓRIOS
- ... causando em alguns casos o desenvolvimento espontâneo em embriões congelados a que não
  estão ligados Espíritos - Questão 41
- ... iniciando a modelagem do invólucro (corpo físico), junto com os ... perispirituais - Questão 46

AUTOMATISMOS VIBRATÓRIOS; v. tb AUTOMATISMO E AUTOMATISMOS BIOLÓGICOS
- ... responsáveis pelo psiquismo que vitaliza as formas primárias da vida originando a aura - Questão 67

AUTOR DAS LEIS DA VIDA - v. DEUS
AUTORREALIZAÇÃO

- candidatos ao conhecimento nas escolas só em busca de títulos que lhes facilitem o triunfo, sem consciência do valor da ... - Questão 103

AUTORIDADES GOVERNAMENTAIS - v. GOVERNANTES AUTORITARISMO
- não se referindo a uma Religião institucionalizada, que se faz instrumento de poder e ... - Questão 181

AVAREZA
- na raiz de toda poluição, está aquela de natureza moral, que responde pela ... que predomina na criatura humana - Questão 55
- a felicidade um estado interior e não o acúmulo de bens que nunca se fazem utilizados, sob a guarda da ... - Questão 172

BANERJEE - v. HAMENDRA

BÁRBARO, S
- açulando os impulsos ... levando à consideração de mártires das causas que abraçam e a elas se entregam com o sacrifício - Questão 185

BELEZA, BELO, BELA
- brutalizado, o ser estertora no analfabetismo em relação às Letras e às Artes, à ... e aos deveres - Questão 25
- o trabalho também fomentando o progresso das pessoas e dos povos bem como a ... e a harmonia do planeta - Questão 33
- a escola deverá ser franca e portadora de recursos que desenvolvam o sentimento do bom, do nobre e do ... - Questão 100
- outras conquistas que vêm diminuindo as dores e os sofrimentos, proporcionando alegria e discernimento, ... e paz - Questão 127
- produtos apresentados, que embora impressionem pela ... da embalagem dos seus divulgadores, nunca são adquiridos - Questão 132
- independendo da apresentação, da embalagem, às vezes ..., porém sem corresponderem ao que é divulgado - Questão 133
- a medida que o ser progride mais amplia a capacidade de perceber a ... - Questão 135
- quais gêneros artísticos mais se aproximariam do ..., do Uno, em se considerando todos praticados com amor - Questão 136
- toda manifestação de Arte que inspira paz, eleva o ser, o estimula a progredir e amar, traduz o ... - Questão 136

- gradação de ... em ascensão na Arte - Questão 138
- Espíritos elevados que se reencarnaram para transferir do mundo das causas para o dos efeitos o que há de ... - Questão 138
- o estilo do pintor oferecendo também ... e harmonia para o encanto das criaturas humanas - Questão 139
- Doutrina um conjunto de lições profundas e ricas de iluminação e ... - Questão 139
- o exercício sendo fator de realizações mais ... e perfeitas em todas as áreas do pensamento - Questão 140
- o artista tendendo a voltar a reencarnar-se no campo da ... mas quase sempre em outro gênero de expressão - Questão 142
- Arte tendo como meta materializar a ... invisível de todas as coisas - Questão 144
- observador mergulhado na ... que irradia - Questão 146
- outros estetas, já desencarnados, anelando por continuarem desenvolvendo a sua visão de ... - Questão 147
- o legítimo portador da ... caracterizando-se pelo conteúdo da mensagem que expressa - Questão 148
- sem o apoio da Religião, a Arte disporia de poucos recursos financeiros para atingir as cumeadas da ... que alcançou e hoje - Questão 152
- alguns compradores que se tornam mais investidores financeiros do que admiradores do ... - Questão 153
- sempre havendo necessidade de escolas, cada vez mais ... nos aspectos de cultura e moralidade - Questão 170
- Espiritismo é uma ciência que, examinada em profundidade, abrem-se-lhe as ... facetas filosófica e religiosa - Questão 197
- renascimento orgânico os Missionários da ... trazendo programas de rara sensibilidade e emoção - Questão 204
- Música recebendo grande aceitação pelos excelentes resultados que faculta, educando a sensibilidade, enriquecendo de ... - Questão 204
- foi Allan Kardec quem, inegavelmente, interpretou o ... fenômeno da TCI, desde o seu início - Questão 214

BELO - v. BELEZA
BEM
- sem um conceito vivencial do ... e do mal etc., facilmente estes indivíduos enveredam pelos meandros do vício e do crime - Questão 13
- a Nova Era já começou nas mentes e nos corações que se vêm devotando ao ... e à Verdade - Questão 14

- Gorbachev, conhecendo o drama do seu povo etc. inspirado pelas Forças Poderosas do ... - Questão 29
- autoridades terão que mudar o comportamento em torno da finalidade do progresso, direcionado para o ... do cidadão - Questão 35
- fontes de vida, elaborando as construções do ... e do mal que passam a fazer parte do seu comportamento - Questão 48
- quanto mais elevados os sentimentos e as aspirações do indivíduo que cultiva a alegria de viver e o ... - Questão 64
- o único fatalismo que existe é para o ..., - Questão 77
- através desse sentimento criador e mantenedor da vida se apresentam as demais leis, que devem ter como modelo o ... geral - Questão 86*
- os recursos aplicáveis para o ... geral estão em processo de transformação - Questão 89
- a ciência e a tecnologia, embora não aplicadas exclusivamente para o ... têm promovido o crescimento do ser humano - Questão 127
- o desenvolvimento moral é visto como uma vertical que emerge e alcança os altiplanos do ... Sem Limite - Questão 159
- família tendo como alicerce o amor e como colunas mestras do relacionamento doméstico, a verdadeira fraternidade, o ... - Questão 174**
- trabalhando egoisticamente e contribuindo para que o mal predomine, já que o seu é um ... inoperante, portanto inútil - Questão 177
- Divindade, dispõe de recursos para que o Espírito evolua sem necessidade do sofrimento, como o devotamento ao ... etc. - Questão 180
- mediunidade como instrumento de serviço para o crescimento espiritual do seu portador, contribuição valiosa para o ... - Questão 212
- saudável desafio que enfrentará com galhardia, pensando nas compensações que fruirá, a serviço do ... e da Imortalidade - Questão 213
- imprensa espírita, inspirada no exemplo de Allan Kardec, deverá ser responsável, honrada, verdadeira, divulgando o ... - Questão 219

BENFEITOR ESPIRITUAL - v. ESPÍRITO
BIOENERGIA, BIOENERGÉTICAS

- recorrendo-se à ... para a produção de alimentos - Questão 61
- absorvendo através do perispírito energias que lhe são dirigidas, desde vibrações de simpatia às descargas ... - Questão 208

BIOENERGÉTICAS - v. BIOENERGIA
BIOFÍSICOS
- recursos psíquicos, ... encaminhados para a área da saúde de todos os seres sencientes, logram resultados admiráveis - Questão 61

BIOÉTICA, ÉTICA DA GENÉTICA
- ... trabalhada com rigor para manipulação genética - Questão 36
- qual a visão dos Espíritos em torno da ... - Questão 39
- indispensável que seja levantada uma ética para a genética, uma ... - Questão 39
- uma ... fundamentada no respeito e na dignificação da criatura humana - Questão 39

BIOGENÉTICA - v. GENÉTICA
BIOLOGIA, BIÓLOGOS, BIOLÓGICO, BIOLÓGICA, S - QUESTÕES 65 A 67
- considerando-se a realidade do ser humano como Espírito imortal, o fenômeno da morte ... é inevitável - Questão 39
- formações aberrantes de células que, desprovidas do modelo organizador ... - Questão 39
- o desenvolvimento que ocorre em alguns casos é espontâneo, resultado do automatismo ... - Questão 41
- nos estágios mais avançados do processo ... já estariam definidos diversos programas orgânicos - Questão 44
- os automatismos perispirituais, à semelhança dos ..., dão início à modelagem do invólucro - Questão 46
- se os determinantes sociais ou as alterações ... têm maior peso no desequilíbrio do processo saúde- doença - Questão 47
- os determinantes ..., decorrentes dos mecanismos cármicos, são os responsáveis pelo equilíbrio ou desarmonia - Questão 47
- alguns ... asseverando que as nossas percepções em face do meio ambiente são esquemas psíquicos holográficos - Questão 59
- a eternidade do Espírito e a sua não consumpção ao fenômeno ... da morte física - Questão 119
- às necessidades ... da sobrevivência são apresentadas as de natureza espiritual - Questão 178
- heterossexual por enquadrar-se no equilíbrio ..., não se podendo propor conduta vulgar - Questão 179

BIOQUIMISMO
- existência no ... de proteínas ou enzimas especiais que favorecessem as recepções mediúnicas - Questão 65

BIÓTIPO
- na Terra, a Lei de destruição faculta que predomine o ... do mais forte - Questão 68

BLOCO SOVIÉTICO - v. PAÍSES SOCIALISTAS
BOLSÕES SEGREGACIONISTAS
- direitos humanos elaborados há mais de duzentos anos etc., ainda permaneçam desrespeitados, criando-se ... - Questão 5

BOZZANO - v. ERNESTO

BRASIL
- técnicas de controle social poderiam ser desenvolvidas para minorar ou acabar com surto de comportamento divergente no ... - Questão 9
- podendo-se, do ..., falar com qualquer país do mundo sobre qualquer produto elaborado em outra Nação - Questão 11
- no momento histórico atual do ... qual deve ser o objetivo geral fundamental da Educação - Questão 110
- cabendo à Educação em toda a parte, e, particularmente no ..., a grande tarefa de renovar a sociedade - Questão 110

CAMADA DE OZÔNIO
- ... vítima da poluição destruidora - Questão 4a
- malefícios para a Terra da destruição da ... - Questão 57
- abusos praticados contra a Ecologia, perturbando a fauna, a flora, contaminando os rios, mares, oceanos, ... - Questão 87

CAMPOS ENERGÉTICOS DO PERISPÍRITO - v. PERISPÍRITO
CANAIS DE TV - v. TV
CÂNCER, CÂNCERES
- sendo viável que nos currículos escolares fossem estabelecidas visitas a Clínicas de Enfermidades degenerativas - ... - Questão 102a
- Educação possuindo recursos valiosos para dissolver os ... do egoísmo, do orgulho, da prepotência - Questão 123

- na raiz de todos os males de ordem moral predomina o egoísmo, que é um ... a destruir o indivíduo - Questão 164

CAOS, CAÓTICO
- reduzir o ser humano ao conjunto celular sob a regência do cérebro que, sofrendo anóxia, tudo levaria ao ... do princípio - Questão 50
- o ... malthusiano somente será afastado quando os homens compreenderem que o sexo encontra-se a serviço da vida - Questão 83
- uma forma de ... social, porque a criatura necessita do convívio com outra criatura - Questão 89
- o estágio atual, mesmo se apresentando ..., também revela extraordinárias conquistas que beneficiam o ser - Questão 125
- conspirando contra os valores humanos e os princípios da ética e da moral, gerando desordem, fomentando o ... - Questão 129
- família como pedra angular do edifício da sociedade, ela sobreviverá ao ... do momento - Questão 174
- o orgulho vão e a presunção inútil conduzindo aquele que os agasalha ao ... espiritual - Questão 187
- concluindo que o acaso não pode ter produzido tão intrincada rede de equilíbrio e perfeição que se manifesta no aparente ... - Questão 190

CAPITALISMO
- ... devorador causando a miséria - Questão 27
- economia baseada no ... conforme vem sendo aplicada fomenta a miséria - Questão 30

CARIDADE
- ... tendo na solidariedade uma forma humanitária necessária para o bom êxito de qualquer proposta de felicidade - Questão 28
- Espiritismo tendo como máxima lapidar Fora da ... não há salvação, que se fundamenta no pensamento de Jesus - Questão 195

CARMA, S, CÁRMICA
- o perispírito que estimula as células conforme as necessidades de natureza ... - Questão 38
- procedimento que desconsidera as ocorrências ... que se dão nas criaturas de compleição orgânica saudável - Questão 39

- determinantes sociais ou alterações biológicas decorrentes de ... têm maior peso no desequilíbrio do processo saúde-doença - Questão 47
- determinantes biológicos, decorrentes dos mecanismos ..., são os responsáveis pelo equilíbrio ou desarmonia - Questão 47
- determinantes do esquema saúde-doença que se exteriorizam quando as matrizes ... facultam a instalação - Questão 48
- com o desenvolvimento moral das criaturas diluem-se as cargas ... - Questão 58
- terras conquistadas com derramamento de sangue etc. poderia sofrer as consequências do ... da região - Questão 60
- nascendo sem dúvida, a fim de que o Terapeuta Superior o libertasse da cegueira, sem violar o ... - Questão 193

CASA, S, ESPÍRITA, S, ENTIDADE ESPÍRITA, INSTITUIÇÃO, INSTITUIÇÕES, SOCIEDADE, GRUPO - QUESTÕES 206 A 208

- ensinando o comportamento saudável nas ... dedicadas ao estudo e prática do Espiritismo - Questão 195
- modismos sendo transitórios e não se podendo transferi-los para as ... Espíritas - Questão 195
- Espiritismo sendo uma ciência que deve ser estudada na ... Espírita - Questão 197
- ... onde se encontram presentes os instrumentos de aferição de valores que demonstram a excelência dos seus postulados - Questão 197
- tudo podendo acontecer, dependendo da psicosfera criada na ... Espírita - Questão 210
- ... em harmonia etc. tendo como mesma responsabilidade a defender - Questão 210
- necessitado venha à primeira parte da reunião etc. e sendo retirado depois, ficando em preces, ou noutro cômodo da ... - Questão 211
- se perigos da prática mediúnica sem estudo inibem ... bem intencionadas de expandir seu quadro de colaboradores - Questão 213
- em uma ... o exercício da mediunidade e sua prática saudável sendo essenciais ao bom desempenho dos seus postulados - Questão 213
- Codificador utilizou-se desses recursos, estimulando o surgimento de ..., sendo que ele mesmo fundou a S.P.E.E. - Questão 218

CASAMENTO, MATRIMÔNIO, CONSÓRCIOS CONJUGAIS

- se constatando uma grave crise no relacionamento entre homens e mulheres, especialmente no ... - Questão 173

- ... propiciando a dignidade de uma existência monogâmica, respeitando-se o parceiro - Questão 173
- ... impostos a muitos homens, determinados por interesses do Estado - Questão 173
- indivíduos vêm preferindo inicialmente a experiência do relacionamento íntimo para depois a eleição do ... - Questão 173
- ... não sendo somente um vínculo legal, mas forma constitucional de responsabilizar os parceiros pela união - Questão 173
- acreditando que o ... permanecerá na sociedade humana - Questão 173

CATARSE PSICOLÓGICA
- afinidade entre o crente e a Doutrina que abraça como necessidade de apoio, de conforto, de ... - Questão 119

CAUSA E EFEITO - v. LEI
CEGO - v. CEGUEIRA
CEGUEIRA, CEGO
- João, 9: 3, em que o Mestre, diante de um ... de nascença, considerou, que nem ele havia pecado nem seus pais - Questão 193
- contribuir com o ministério do Mestre, nascendo sem dívida, a fim de que o Terapeuta Superior o libertasse da ... - Questão 193

CÉLULA, S, CELULAR, CELULARES; v. tb CÉLULAS GLIAIS
- perispírito que estimula as ... conforme as necessidades de natureza cármica - Questão 38
- somente podendo acontecer mediante a interferência do Espírito, sem o que tem-se formações aberrantes de ... - Questão 39
- se as inserções perispirituais na zona física dar-se-iam nos genes do ADN ... - Questão 40
- se as energias que os espermatozoides devem carregar não seriam aproveitadas após a desintegração ... - Questão 43
- os espermatozoides excedentes, quando começam a desintegração ..., irradiam energias que os constituem - Questão 43
- à medida que a mitose ... se processa, os elementos genéticos experimentam a ação magnética dele irradiante - Questão 46
- visão organicista do academicismo ancestral tentou reduzir o ser humano ao conjunto ... sob a regência do cérebro - Questão 50

- pais da Medicina ocidental já intuíam que o indivíduo é uma energia envolta em ... - Questão 50
- a energia ch'i é captada pelo perispírito, que se encarrega de estimular as futuras ... a um desenvolvimento harmônico - Questão 51
- exteriorizando-se em ondas de frequência descontínua que dificulta o processo da mitose ... - Questão 52
- produzindo neguentropia orgânica, alterando o comportamento ... para melhor - Questão 67
- o que se faz imediato é a reconstrução da família, ... *mater* do organismo social - Questão 114
- a escola, sendo a ... importante da construção da personalidade - Questão 118
- mediunidade como faculdade do Espírito, que o corpo reveste de ..., a fim de permitir o intercâmbio entre os dois mundos - Questão 212

CÉLULAS GLIAIS
- ... absorvendo a energia aplicada pelos pontos de acupuntura - Questão 51

CEREBRINAS
- algumas ... se tornando condutoras da onda mental captada - Questão 65

CÉREBRO, CEREBRAL, CEREBRAIS - v. tb ARQUITETURA CEREBRAL
- visão organicista do academicismo ancestral tentou reduzir o ser humano ao conjunto celular sob a regência do ... - Questão 50
- percepções abrangentes, de totalidade, transcendendo os apropriados centros nervosos ... - Questão 59
- na extraordinária glândula ... existindo enzimas e proteínas que facilitam a realização dos fenômenos mediúnicos - Questão 65
- trabalhando-se a consciência individual do educando - sem lavagem ... - cria-se uma consciência coletiva - Questão 93
- Jesus jamais se utilizou de lavagem ... ou de mecanismos equivalentes para atrair simpatizantes - Questão 124
- inconcebível que a tecnologia possa transferir de um ... humano para outro os recursos que só o pensamento pode produzir - Questão 157
- responsabilidade no comportamento da homossexualidade em face das descobertas de alterações da arquitetura ... - Questão 179

- imprimindo nas suas tecelagens do ... aquilo que lhe é mais importante para o desenvolvimento próprio - Questão 179
- natural que em alguns estejam presentes na estrutura ... alterações compatíveis com os processos da reencarnação - Questão 179

CÉSAR LOMBROSO
- Educação for menos preconceituosa, facultando as pesquisas em torno das Doutrinas Parapsíquicas, conforme fizeram ... etc. - Questão 94

CESTINHA DE VIME
- os instrumentos para a transcomunicação tendo sido a mesa de pés de galo, a ..., a ardósia - Questão 214

CHAKRAS
- ... concentrando os registros desencadeadores dos processos depurativos - Questão 50

CHAPAS FOTOGRÁFICAS
- graças ao avanço da tecnologia, os instrumentos de transcomunicação sendo os gravadores, as ... - Questão 214

CHECHÊNIA
- guerras cruéis continuam sucedendo-se com requintes de perversidade, de hediondez que apavora, na ... etc. - Questão 11

CH'I - v. ENERGIA CH'I
CHINÊS, CHINESA
- conceito ... sobre acupuntura - Questão 51
- outro conceito do mesmo pensamento filosófico ... sobre a polaridade yin/yang - Questão 51
- filosofia ... ensinando que o indivíduo é um microcosmo - Questão 51

CHOPIN - v. FREDERICO
CÍCERO
- conceito da História de ... - Questão 16

CICLONES
- ... detectados pelos grandes progressos tecnológicos permitindo a evacuação da área onde ocorrerão - Questão 58

CIDADANIA
- ... conquistada de forma consciente quando o Espírito conhece seus deveres e direitos espirituais - Questão 25
- pessoas mais bem informadas sobre suas responsabilidades etc. diminuindo a ignorância em torno da própria ... - Questão 169

CIÊNCIA, S, CIENTÍFICO, S, CIENTIFICAMENTE, CIÊNCIA EXPERIMENTAL
- decorrência de propostas medievais não superadas, que o conhecimento da ... e da tecnologia vem pondo em xeque - Questão 3
- visão do homem integral, confirmado pela ... - Questão 3
- desenvolvimento ... evitando uma superpopulação danosa ao equilíbrio do planeta - Questão 4a
- conhecimento ... podendo ser visto como fenômeno ideológico, o que fazer para construir sociedade mais justa - Questão 10
- já não existindo distâncias geográficas que dificultem quaisquer realizações e trabalhos ... - Questão 18
- ... aliada à Tecnologia tem logrado feitos extraordinários - Questão 35
- quando ..., através dos seus nobres investigadores, assenhorear-se da realidade do Espírito, compreenderá etc. - Questão 39
- entre nobres funções da ... o exame das possibilidades denominadas impossíveis - Questão 38
- outros rumos do conforto e sobrevivência graças aos avanços das ... da moderna tecnologia - Questão 54
- ... em suas múltiplas expressões lentamente se aproximando da realidade do ser e da vida - Questão 59
- ... distante do entendimento das intrincadas redes de energia que constituem o perispírito e o Espírito - Questão 59
- se a Espiritualidade Superior espera que os homens comecem a exercitar etc. em experiências ... conduzidas - Questão 62
- confiança de que os indivíduos crescerão em ..., tecnologia e moral - Questão 89
- denominados acadêmicos com os alternativos que trazem contribuição nova e, no futuro, se transformarão em ... - Questão 92

- grandioso progresso da Informática e demais ... etc. aumentam o número de periódicos - Questão 126
- a ... e a tecnologia, embora não aplicadas só para o bem, têm promovido o crescimento do ser humano - Questão 127
- se a sociedade da inteligência terá acesso à comprovação ... das verdades espíritas - Questão 161
- ... adotando a metodologia da pesquisa associada à experimentação, e os fenômenos transcendentes dependendo de outras inteligências, a conquista da adesão do trabalho ..., por parte daquelas outras inteligências - Questão 162
- modernas abordagens da ... experimental apontando para um universo probabilístico - Questão 182
- crise de paradigma no âmbito da ... e das religiões, levando aos graves conflitos de identidade dos indivíduos - Questão 183
- problemas avolumam-se nos diferentes grupos sociais, políticos e religiosos, ... e filosóficos, artísticos - Questão 183
- notável o avanço dos postulados espíritas nos meios ... - Questão 191
- insegurança em torno de um ideal, de natureza religiosa, ... etc. o comportamento do indivíduo faz-se agressivo - Questão 192
- se a aceitação da descoberta do Espírito pela ... atual constituirá um marco na evolução da Humanidade - Questão 196
- A.K. iniciou a investigação ... do Espírito, dando surgimento à Doutrina que, em um dos seus aspectos é ... - Questão 196
- A.K. cientista que, constatando a imortalidade da alma, demonstrou possibilidade da ...acadêmica realizar labor equivalente - Questão 196
- esse resultado da investigação ..., constatando a imortalidade da alma reafirma as conquistas da ... Espírita - Questão 196
- Espiritismo sendo uma ... que deve ser estudada na Entidade Espírita - Questão 197
- renascimento orgânico os Missionários da beleza, trazendo programas de rara sensibilidade e emoção, promovendo a ... - Questão 204
- Astrologia desqualificada como ... na Gênese - Questão 205
- se haveria conceituação atual que pudesse levar a valorizar a Astrologia como ... - Questão 205
- ampliação dos contatos entre o Mundo espiritual e o material, a ponto da TCI tornar-se reconheci da pela ... - Questão 217
- obstinação do materialismo vem sendo vencida pelo Espiritismo e pela demonstração de outros setores das ... - Questão 217

CIÊNCIA EXPERIMENTAL - v. CIÊNCIA
CIÊNCIAS EDUCACIONAIS À LUZ DO ESPIRITISMO - QUESTÕES 90 A 123
CIÊNCIAS FILOSÓFICAS E PSICOLÓGICAS À LUZ DO ESPIRITISMO - QUESTÕES 173 A 183
CIÊNCIAS JURÍDICAS À LUZ DO ESPIRITISMO - QUESTÕES 72 A 89
CIÊNCIAS MÉDICAS E BIOLÓGICAS À LUZ DO ESPIRITISMO - QUESTÕES 36 A 71
CIÊNCIAS SOCIAIS, POLÍTICAS E ECONÔMICAS À LUZ DO ESPIRITISMO - QUESTÕES 1 A 35
CIÊNCIAS TECNOLÓGICAS, À LUZ DO ESPIRITISMO - QUESTÕES 154 A 172
- outros rumos do conforto e sobrevivência graças aos avanços das ... e da moderna tecnologia - Questão 54

CIENTÍFICO - v. CIÊNCIA
CIENTISTA, S
- alguns ... especulando sobre a possibilidade de criação de uma raça humana intelectualmente inferior - Questão 38
- sem dúvida que o ... pode interferir na constituição genética e perturbar-lhe o desenvolvimento - Questão 38
- enquanto ... e outros profissionais são quase marginalizados - Questão 103
- muitos ... e pensadores não encontrando compreensão mas não derrapando nas fugas do desequilíbrio - Questão 141
- investigações realizadas por ... de nomeada, não convenceram os adversários da sobrevivência da alma - Questão 160
- ocorrendo com as investigações realizadas por Allan Kardec, assim como por inumeráveis ... que souberam conduzir-se - Questão 162
- A.K. o ... que, ao constatar a imortalidade da alma, demonstrou possibilidade de a ciência acadêmica realizar labor equivalente - Questão 196

CIRURGIAS
- papel emergencial das ... em tempo não distante - Questão 50

CIVILIZAÇÃO - v. tb CIVILIZAÇÕES GRECO-ROMANAS
- infelizmente sendo assim, em todas as épocas do processo histórico da ... - Questão 2
- em uma cultura que se apresenta como responsável pelo desenvolvimento da ... não pode existir a miséria econômica - Questão 24
- estabelecendo o retorno do primarismo da ... - Questão 130
- evitando-se catástrofes que pairam sobre a ... - Questão 164
- desenvolvimento tecnológico, quando orientado dignamente, sempre oferecerá à Humanidade as bênçãos da ... - Questão 169

CIVILIZAÇÕES GRECO-ROMANAS
- nas ... a terra como propriedade do Estado, que passou a doá-las aos seus membros, de início para as tumbas dos mortos - Questão 81

CLÍNICAS DE SAÚDE MENTAL; v. tb MEDICINA
- sendo viável que nos currículos escolares fossem estabelecidas visitas a ... - Questão 102a

CLASSES OPERÁRIAS
- novas ... cujo patrão perverso era o Estado, insensível e insatisfeito sempre, exigindo mais subserviência e produção - Questão 29

CLONAGEM
- bioética e a visão dos Espíritos da ... - Questão 39
- sonho de lograr-se uma ...real, copiando-se seres padronizados, já é uma realidade - Questão 39
- requisitos da ... com relação ao ser humano - Questão 39

CLUBES
- a solidão, todavia, sendo antinatural, e o indivíduo foge para ... exclusivos - Questão 171

COCRIADOR, COCRIADORA
- a mulher sendo ... - Questão 73
- o artista real sendo missionário de Deus, como ... junto à Humanidade - Questão 148

CODIFICAÇÃO ESPÍRITA - v. tb DOUTRINA ESPÍRITA
- a ... encontrando-se estruturada e completa - Questão 139
- o estudo da ... oferecendo recursos básicos para o atendimento das problemáticas humanas em todas as épocas - Questão 207
- se os conhecimentos doutrinários trazidos pela ... terão divulgação pelos canais da TCI - Questão 218

CODIFICADOR - v. ALLAN KARDEC
CÓDIGO, S
- família estruturada sobre bases de honradez e equilíbrio, sem o que se esfacelam os ... do amor e do dever - Questão 2
- toda forma de exploração humana é atentatória aos ... da Divina Justiça - Questão 32
- objetivando interferir nos ... genéticos para verdadeiras aventuras, a licitude da experiência deve ceder lugar à ética - Questão 36
- compreenderá a necessidade de ser estabelecido um ... de preservação da vida - Questão 39
- se é possível formação de corpos orgânicos perfeitos baseados no ... genético humano sem a presença do Espírito - Questão 42
- não se conduzindo de maneira digna, respeitando os ... de Leis que regem as Nações, seja passível de punições - Questão 72
- devendo existir ... que correspondam aos diferentes níveis de cultura e moralidade - Questão 75
- a dor não fazendo parte dos Soberanos ... - Questão 77
- estabelecido o ... de respeito à vida e de preservação da Natureza - Questão 84
- quando fosse firmado o ..., os países membros se comprometeriam a submeter-se à Organização de vigilância - Questão 84
- ... de respeito à vida e preservação da Natureza para proteção ao meio ambiente - Questão 86
- ... de respeito à vida e preservação da Natureza copiando as Leis que regem o Universo - Questão 86
- no amor a diretriz para o Direito estabelecer um ... de preservação da vida e do planeta - Questão 86
- ponto de partida para um ... que regulamente tudo o que agride, fere, ultraja, perturbe, induza ao crime e à decadência - Questão 130
- família sobrevivendo ao caos do momento, ressurgindo com valores esquecidos e inspirada no ... do Evangelho de Jesus - Questão 174

- muitas atitudes permitidas, que ferem os ... Soberanos, não edificam, antes perturbam o ser - Questão 179

COMPANHEIROS, COMPANHEIRISMO
- imprescindível a vigilância para que o auxílio auferido das conquistas tecnológicas não matem o sentimento, o ... - Questão 102
- vítima de si e de outros ... portadores de transtornos neuróticos e comportamentais - Questão 171

COMPETIÇÃO, COMPETIÇÕES, COMPETITIVAS, COMPETITIVOS, COMPETITIVIDADE
- guetos modernos: pretos, gays etc., com áreas restritas, não estão cooperando para formação de indivíduos ... etc. - Questão 5
- a ... e o individualismo como características das sociedades modernas - Questão 15
- homem e mulher ainda predominantemente egoístas, a ... injustificável caracteriza-lhes a conduta - Questão 15
- o sistema socioeconômico está arraigado na ... - Questão 104
- como a Educação poderia influenciar positivamente, não reforçando atitudes ... - Questão 104
- a ... tem também um sentido saudável, quando não objetiva vencer para esmagar - Questão 104
- avaliação da aprendizagem por meio de notas produzindo um sentido de ... positiva - Questão 104
- ... lamentável é aquela que humilha o vencido - Questão 104
- muitos estímulos funcionam através de manifestações ... - Questão 104
- quando o ego está presente em primazia, já os valores da ... perdem o significado - Questão 104
- nações ricas, muitas vezes carentes de valores éticos, deram início ao mercado de ... - Questão 104
- desportos perdendo quase o sentido de ... qualificativa para se tornarem indústrias de profissionais - Questão 104
- ganhar nas ... tornou-se fator de mercado e não de ideal ou de prazer - Questão 104
- estímulos pelo idealismo, as ... para a qualificação do educando, são métodos valiosos para a conquista de valores nobres - Questão 104
- a ... inicial em torno das conquistas realizadas sempre abrindo portas a um sentido de identidade internacional - Questão 154

- mulher adquirindo lugar que merece na sociedade ... e lutadora
- Questão 173

COMPRAS ON LINE; v. INFORMÁTICA
- se home school, as ..., missas, cultos, sexo via Internet, não estariam evidenciando um comporta mento socialmente doente - Questão 171

COMPUTAÇÃO - v. INFORMÁTICA
COMPUTADOR, COMPUTADORES; v. tb INFORMÁTICA
- com o surgimento de novos meios de comunicação, por rede de ... etc. qual o destino da mídia impressa - Questão 126
- se tecnologia através do ..., da multimídia, da internet etc. não estará dando visão próxima de um mundo sem escolas etc. - Questão 170
- sobre a criação de uma geração de indivíduos neuróticos e solitários cuja vida se restringirá a uma tela de ... - Questão 171
- mundo da tecnologia a que se acostumaram, ao alcance de um controle remoto, de um ... de última geração - Questão 171
- graças ao avanço da tecnologia, os instrumentos de transcomunicação sendo os gravadores, os ... etc. - Questão 214

COMUNICABILIDADE - v. COMUNICAÇÃO ESPIRITUAL
COMUNICAÇÃO, COMUNICAÇÕES - QUESTÕES 124 A 134; v. PROPAGANDA, MÍDIA, IMPRENSA
- se os meios de ... causando também o enfraquecimento dos valores socialmente consagrados - Questão 3
- meios de ... de massa, interessados em reduzir o indivíduo a simples elemento de peso nas avaliações etc. estimulam o banal - Questão 3
- papel relevante da Doutrina Espírita no comportamento dos meios de ... - Questão 3
- as redes de ... facultam a troca de informações com grande velocidade - Questão 18
- crescimento nos meios de ..., da presença das religiões, com o intuito de influenciar na formação religiosa, cultural etc. - Questão 220

COMUNICAÇÃO ESPIRITUAL, COMUNICABILIDADE
- precisão do desenvolvimento tecnológico permitirá a comprovação da vida após morte, através da ... - Questão 160

- A.K. já demonstrou a legitimidade do fenômeno imortalista, mediante a ... dos Espíritos após a morte do corpo físico - Questão 160
- ideal que havendo a ..., ela se transforme em oportuna psicoterapia - Questão 209
- membros do Grupo devendo estar vigilantes, não se descurando de observar as ... que devem passar pelo crivo da razão - Questão 210
- apresentando a questão aos responsáveis espirituais, facilmente identificados pela qualidade das ... que ofereçam - Questão 210
- a ... do perseguidor é sempre muito constrangedora, e poderá provocar no enfermo uma soma de sofrimento - Questão 211
- por quais mecanismos se processam as ... através dos chamados aparelhos de Transcomunicação Instrumental - Questão 214
- através da contribuição do desenvolvimento da eletrônica torna-se mais fácil a ... dos Espíritos com os homens - Questão 215
- se através do avanço tecnológico instrumentos precisos poderão ser utilizados como meio de ... entre os dois planos da vida - Questão 216
- instrumentos sendo ainda relativamente grosseiros para o mister das ... - Questão 216a
- se logo se poderá ter acesso de maneira mais direta a alguma rede de ... existente no plano espiritual, facilitando a ... - Questão 216b
- importante não sendo o fato de ser aceita a ... de forma incontestável mas o aplicar desse conhecimento à conduta - Questão 217

COMUNIDADE INTERNACIONAL
- ... demonstrando preocupação em incluir em suas legislações dispositivos de proteção ao meio ambiente - Questão 87

CONFLITO, S
- enquanto não haja uma real modificação interior permanecerão os focos de ... - Questão 7
- não como forma de vingança da sociedade, que descarrega os próprios ... naquele que delinque - Questão 72
- a entender os ... e problemas desafiadores que os educandos enfrentam e devem receber orientação de segurança - Questão 105
- prepotência podendo tomar-lhe as rédeas, como vem ocorrendo através dos tempos e gerar terríveis ... entre as criaturas - Questão 159
- pessoas que negam por sistema, nenhum recurso é confiável, já que os ... individuais inibem a aceitação das experiências - Questão 160

- crise de paradigma no âmbito da Ciência etc. levando aos graves ... de identidade, e como se poderão superar esses ... - Questão 183
- homem moderno levando consigo novos conceitos, refletindo seu estado interior, apresentando as suas dificuldades e ... - Questão 183
- real sentido da sua presença na Terra e o alto significado existencial, é que superará os ... e estabelecerá paradigmas novos, com base na vida e no ser humano por prevalência, desaparecendo os ... - Questão 183
- como se analisa o atual ... de religiões no país e no mundo - Questão 184
- a predominância do egoísmo no caráter do homem respondendo por qualquer tipo de ... - Questão 184
- ... de qualquer natureza no grupo social como resultado do primarismo que prevalece no ser humano - Questão 184
- muitas vezes ... que jazem no íntimo do ser são desvelados - Questão 192
- ... e situações embaraçosas, prejudiciais, que somente exaltam o ego e exibem o personalismo doentio - Questão 219

CONSCIÊNCIA, S, CONSCIENTE, S, CONSCIENTIZAÇÃO
- paixões religiosas se responsabilizaram por crimes hediondos, cuja memória repugna a ... social contemporânea - Questão 2
- condições para se atingir os níveis elevados de ... - Questão 4
- se ... crítica como melhor caminho para desvendar e resolver os problemas sociais - Questão 6
- uma ... crítica de ordem coletiva, partindo do indivíduo, necessário considerarmos nível de responsabilidade - Questão 6
- seres humanos em diferentes níveis de ... - Questão 13
- ... coletiva superando o egoísmo destruidor dos empresários e administradores - Questão 17
- contribuir em favor da evolução da Humanidade, conquistando, de forma ..., a sua cidadania - Questão 25
- somente através de uma conduta compatível com o amor, em regime de ... de si mesmo, é que logrará transformar-se - Questão 26
- materialismo histórico embora haja contribuído para despertar algumas ... para os inalienáveis direitos da criatura humana - Questão 27
- não passa incólume ao despertar da própria ... etc. da Cósmica o crime de utilizar-se do semelhante em nome do lucro - Questão 32

- conceito de saúde mais próprio, tido como importante no Mundo espiritual, é o que decorre da ... do dever - Questão 53
- ... de si faz que o homem respeite a vida em todas as suas manifestações - Questão 55
- o campo perispiritual refletindo-se na zona física (...) - Questão 59
- quando seja possível ao ser humano desenvolver esse mecanismo (sIgA) de forma ..., mais se equipara - Questão 64
- ação mais ou menos ... exercida pelo Espírito sobre a glândula pineal - Questão 65
- enquanto se ensaiam para a vida, antes que tenham plena ... de seus atos e estejam no gozo pleno do livre-arbítrio etc. - Questão 71
- a fim de que o desemprego não prolifere na ..., gerando a ociosidade e o crime - Questão 88
- trabalhando-se a ... individual do educando, cria-se uma ... coletiva - Questão 93
- o ser, ... das suas responsabilidades, elimina os monstros do medo, da punição, da culpa - Questão 93
- mais eficiência na área dos estudos que levam à ... dos seus deveres e da sua realização interior - Questão 103
- apenas em busca de títulos que lhes facilitem o triunfo no mundo, sem ... do valor da autorrealização Questão 103
- mais eficiência na área dos estudos que levam à ... dos seus deveres - Questão 103
- como o modelo educacional pode favorecer a ampliação da ... e o autoconhecimento - Questão 105
- supôs-se no passado que o conhecimento era responsável pela plenitude da ... - Questão 105
- graças à contribuição da Psicanálise, particularmente de Karl Gustav Jung, o conceito de ... evoluiu - Questão 105
- a conquista da ..., na escola, caminhará ao lado da aquisição do conhecimento - Questão 105
- como decorrência dessa ... já se realizam programas dos amantes do verde - Questão 109
- liberdade de pensamento na escola do futuro, com inteira responsabilidade e ... - Questão 111
- diferentes níveis de ... das massas - Questão 119
- Educação religiosa nas escolas como intromissão violenta nos direitos da liberdade de ...- Questão 120
- todos os atos refletindo na própria ..., lugar onde está escrita a Lei de Deus - Questão 123

- Educação tendo como grande desafio trabalhar o universo infantil e ... de que é membro da família universal - Questão 123
- veículos de comunicação utilizados para a educação, contribuindo para a iluminação de ... - Questão 128
- graves responsabilidades pesando sobre a ... dos profissionais de comunicação - Questão 129
- pessoas menos esclarecidas aderindo à novidade, recebendo orientação própria para o seu nível de ... - Questão 132
- o ser humano avançando para a conquista da ... lúcida, portanto, da responsabilidade - Questão 133
- poema de vida de Jesus, imortalizaram em forma, cor e som a eterna mensagem de amor e de vida que Ele insculpiu nas ... - Questão 150
- se será possível as máquinas tornarem-se ... - Questão 167
- a ... sendo patrimônio do ser espiritual, imortal, e jamais qualquer máquina poderá pensar por ela própria - Questão 167
- o real despertar da ... das responsabilidades - Questão 175
- com essa ... vem a necessidade imediata de participação na comunidade - Questão 177
- Espiritismo não gerando fanatismo e acima de tudo respeitando os níveis de ... - Questão 191
- O Espiritismo respeitando os níveis de ... nos quais estagiam as demais pessoas - Questão 191
- criaturas evoluem pouco a pouco, transitando por diferentes níveis ou estados de ... - Questão 192
- ... espírita ocorrendo quando o profitente da Causa pode discernir o comportamento que deve ser aplicado no cotidiano - Questão 194
- se responsabilizando pelo cumprimento das referidas Leis, através das revelações que são dirigidas a todas as ... - Questão 202
- médium como instrumento por oferecer a energia indispensável à obtenção do fenômeno, mesmo que não tenha ... - Questão 216
- todo esforço que vise à edificação do ser humano deve ser envidado, mediante a iluminação das ... através do Espiritismo - Questão 220

CONSCIÊNCIA CÓSMICA - v. DEUS
CONSCIENTE - v. CONSCIÊNCIA

CONSOLADOR PROMETIDO

- transformação do planeta de mundo de provas e expiações para mundo de regeneração, enviou o Espiritismo ou ... - Questão 202

CONSÓRCIOS CONJUGAIS - v. CASAMENTO

CONSTITUIÇÃO FEDERAL DA REPÚBLICA, CONSTITUCIONAL, CONSTITUIÇÕES
- viabilidade ... do liberalismo político com economia dirigida aos interesses da maioria faminta - Questão 22
- ... admitindo formalmente a igualdade de todos perante a lei - Questão 75
- preservação dos valores éticos devendo estar presente em todas as ... - Questão 130
- ... estabelecendo diretrizes da dignidade e da honra da criatura humana - Questão 130
- casamento não apenas como vínculo legal, porém, a forma ... de responsabilizar os parceiros pela união - Questão 173

CONSUMIDOR
- propaganda tendo grande credibilidade junto ao público, até porque existem órgãos de defesa do ... - Questão 133
- cada produto conquistará o ... conforme a sua qualidade, conforme o valor que possui - Questão 133
- havendo respeito pelo ..., serão cuidados mais a legitimidade do produto e seus conteúdos - Questão 133
- criação de novas técnicas de propaganda, como ora sucede, sempre baseada no respeito ao ... - Questão 134

CONTROLE FETAL
- bioética e a visão dos Espíritos acerca do ... - Questão 39

CONVIVÊNCIA, CONVÍVIO
- a criatura necessita do ... com a outra criatura - Questão 89
- o homem faz parte integrante do Universo, e quanto mais se informe a seu respeito, melhor se torna a ... consigo mesmo - Questão 90
- como modelo educacional pode fornecer ampliação da consciência e autoconhecimento, tão necessários para ... harmônica - Questão 105
- pais em cujo relacionamento as Leis da Reencarnação proporcionam aprimoramento do ser, na ..., nas experiências - Questão 114

- a escola será sempre o Laboratório vivo de atividades e ... dos seres humanos - Questão 170
- induzido a romper muralhas do isolacionismo e voltar à ... social ampla - Questão 171
- Escola ensejando ao educando a ... agradável com outras pessoas - Questão 171
- passadas as crises existenciais de comportamento, sempre retorna ao ... com o Pensamento Cósmico - Questão 184
- Educação, com o seu objetivo superior de terapia preventiva, o ... social edificante etc., são antídotos para esse mal - Questão 185
- ... nos meios espiritistas com aspectos discutíveis dos costumes modernos tornando tênue a fronteira entre tolerância etc. - Questão 195

COPÉRNICO - v. NICOLAU
CORAGEM
- criatura sempre retornando ao convívio com o Pensamento Cósmico, n'Ele haurindo forças e ... - Questão 184
- a prece proporcionando ... ao homem e como conservá-la, ao ponto de transportar montanhas, conforme ensinou Jesus - Questão 189
- casos em que a dor se apresenta como mensagem de vida, como convite à reflexão, de modo que seja suportada com ... - Questão 193

CORÍNTIOS - v. EPÍSTOLA AOSCORRUPÇÃO
- fatores responsáveis pelo aumento da ... - Questão 13

COSMO
- todos os seres sujeitos à Lei do Trabalho, que rege a harmonia do ... - Questão 33
- o respeito pelas forças constitutivas do ... é dever que, de imediato, todos identificamos - Questão 109

CREDO, S
- oferecendo uma visão espiritual do ser compatível com o pensamento religioso de todos os ... - Questão 96
- falência de outros ... que não souberam ou não quiseram conduzir corretamente os seus fiéis - Questão 132
- a contribuição de cada um, sem qualquer preconceito de raça, de ..., de política, tendo apenas o objetivo de servir - Questão 177

- agressividade quando se volta contra aqueles que não professam o mesmo ..., caracteriza paixão dissolvente - Questão 192

CRENTE
- diferentes níveis de consciência das massas, sempre ocorrerá a afinidade entre o ... e a Doutrina que abraça - Questão 119

CRESCIMENTO ARITMÉTICO DA POPULAÇÃO; v. tb FANTASMA MALTHUSIANO
- instrumentos para diminuir crescimento geométrico da população, enquanto a produção de alimentos se dá através de um ... - Questão 83

CRESCIMENTO GEOMÉTRICO DA POPULAÇÃO; v. tb FANTASMA MALTHUSIANO
- o digno planejamento familiar realizado em bases éticas, serão os instrumentos hábeis para diminuir o ... da população - Questão 83

CRETA
- a orientação do Estado na Educação dos cidadãos remonta à cultura grega, particularmente ... - Questão 97
- ... deu início no Ocidente à formação de escolas - Questão 97

CRIAÇÃO
- se ... de guetos modernos: pretos, gays etc. não estão cooperando para formação de indivíduos inamistosos - Questão 5
- alguns cientistas especulando sobre a possibilidade de ... de uma raça humana intelectualmente inferior - Questão 38
- sonhar com a ... de homens e mulheres xerox, insensíveis à dor, automatistas, é levar a aspiração à condição de pesadelo - Questão 38
- como dimensionar adequadamente, quando exigir e quando deixar para a livre ... do indivíduo - Questão 115
- se a home school, as compras on-line, internet, não sendo a ... de uma geração de indivíduos neuróticos - Questão 171
- se implicaria dizer que não existe apenas automatismo absoluto em qualquer nível da ...- Questão 182
- em nível algum da ... encontra-se ausente a Divina Inteligência que tudo permeia e vitaliza - Questão 182

CRIADOR - v. DEUS

CRIANÇA, S; v. tb INFÂNCIA
- diversas sociedades do planeta observando aumento de ... envolvidas em crimes - Questão 74
- se legislação penal aplicada às ... deve ser idêntica à estabelecida para os adultos - Questão 74
- ... que inspira ternura e amor, não obstante o período de infância, é um Espírito vivido e quiçá experiente - Questão 74
- ... quando delinque, deve receber tratamento especial - Questão 74
- necessidade de legislação própria para a ... e o adolescente - Questão 74
- preocupação precípua no caso da ... e do adolescente que delinquem, deve ser a de educar - Questão 74
- ter em mente a reeducação quando acontecer o desequilíbrio da ... e do adolescente que delinquem - Questão 74
- mínimo curricular que não sobrecarregue a ... e o adolescente de conteúdos supérfluos - Questão 90
- experiências edificantes para a necessidade de novos métodos compatíveis com a Psicologia da aprendizagem, para a ... - Questão 92
- como oferecer à ... condições educacionais para o surgimento do pensamento criativo, verdadeiro, novo - Questão 100
- como desenvolver a autoconfiança na ... - Questão 101
- ... e adolescente, em quase tudo, espelha-se um na vida do outro - Questão 101
- profissões esdrúxulas e aberrantes, que atraem mentes ainda não desenvolvidas, ... e jovens desequipados de valores - Questão 101
- sendo viável que nos currículos escolares fossem estabelecidas visitas a Hospitais, Lares de ... - Questão 102a
- estabelecessem como programa as tarefas que tivessem como objetivo a promoção social de ... etc. marginalizados - Questão 102a
- como a Educação poderia influenciar positivamente, não reforçando atitudes competitivas entre ... e jovens - Questão 104
- família não possuindo a configuração tradicional, qual o momento mais adequado para iniciar-se a Educação da ... - Questão 114
- a Educação começa a partir do momento em que são insculpidos os hábitos na ... - Questão 114
- Instituições específicas ideais serão aquelas nas quais floresçam o amor e o conhecimento da psicologia ...- Questão 114

- o modelo educacional ideal para a ... quando encontre no educador o guia e amigo - Questão 116
- se ... deve receber informações sobre as diferentes religiões ou deve-se aguardar a maturidade - Questão 118
- no lar e no Templo de cada Religião, a ... deve receber instruções e orientações sobre diferentes religiões - Questão 118
- primeiros apontamentos devendo ser oferecidos à ... a partir do seu nascimento - Questão 118
- como o ensino religioso poderia fortalecer a ... internamente - Questão 119
- transformação social ocorrendo no amoldamento da ... à vida e às suas imposições - Questão 121
- evitar os males que afligem a sociedade é não transferir para a escola toda a responsabilidade pela formação ética etc. da ... - Questão 122
- ... à mercê dos dominadores e exploradores quando os direitos humanos derrapam no desrespeito, em um Estado fragilizado - Questão 130
- qual seria no futuro a reação das ... a uma tentativa de formação religiosa - Questão 132

CRIATIVIDADE
- harmonia entre a Tecnologia e Pedagogia vigentes devendo ter como proposta ideal construir o ser inteligente, rico de ... etc. - Questão 99
- se a Arte seria também fruto de exercícios da ... do ser, existindo como um segmento da Sabedoria Universal de outros mundos - Questão 140
- à medida que o homem se exercita, a sua ... se desenvolve por encontrar espaço de expansão e realização - Questão 140

CRIME, S, CRIMINÓGENOS, DELITO, DELITUOSA; v. tb CRIMINALIDADE, DELINQUÊNCIA, CRIMINOSO, PENA e DIREITO PENAL
- o respeito pelo homem, pela sua dignidade, pela vida, cede lugar à agressão, aos desajustes, ao ... - Questão 2
- paixões religiosas no pensamento primitivo se responsabilizaram por ... hediondos - Questão 2
- facilidades que levam os indivíduos ao ... - Questão 13

- para tornar-se um plano de regeneração, quando a dor mais cruel baterá em retirada e o ... for abandonado - Questão 14
- toda forma de individualismo quase sempre resulta do egoísmo que conduz aos desvarios da indiferença e do ... - Questão 15a
- história registrando todo processo de desenvolvimento dos homens e mulheres etc. mas também seus ... hediondos - Questão 16
- paixões dissolventes que são responsáveis pelos ... de todo jaez - Questão 19
- ... hediondos praticados inobstante as religiões preconizarem o amor como única solução para os magnos problemas - Questão 26
- sem uma fé religiosa racional os idealistas também descambam para outra ordem de ... - Questão 26
- toda ditadura é ... disfarçado com o manto da legalidade - Questão 29
- ... que não passa incólume utilizar-se do semelhante em nome do lucro - Questão 32
- todo desrespeito à vida é ... que se comete contra si mesmo - Questão 63
- todo ... direcionado à Natureza constitui um gravame terrível, que se transforma em motivo de sofrimento - Questão 63
- a fim de que o desemprego não prolifere na consciência, gerando a ociosidade e o ... - Questão 88
- muitos ... servindo de modelo a personalidades psicopatas - Questão 101
- quando houver propaganda dos valores que engrandecem o gênero humano em detrimento do ... etc. - Questão 101
- ponto de partida para um código que regulamente tudo o que agrida, fira, ultraje, perturbe, induza ao ... - Questão 130
- violação ética dos direitos humanos, robotizando criaturas, mesmo sob justificativa de dignificação e prevenção contra o ... - Questão 157
- conduta gerando adultérios vergonhosos e ... horrendos - Questão 173
- enquanto viger o primarismo em a natureza humana, a sociedade enfrentará o fanatismo, o preconceito, a violência, ... - Questão 185

CRIMINALIDADE; v. TB CRIME, DELINQUÊNCIA, CRIMINOSO, PENA e DIREITO PENAL

- aumento da ... associado ao enfraquecimento das Instituições, notadamente a família e a Religião - Questão 2
- fatores responsáveis pelo aumento da ... - Questão 13

CRIMINOSO,S; v. tb CRIME, CRIMINALIDADE, DELINQUÊN-CIA, PENA e DIREITO PENAL
- penalidade ao aborto devendo ser aplicada tendo em vista a reeducação do ... - Questão 72
- evitando-se piorar-lhes a situação, assim transformando-os em ... inveterados - Questão 74
- homem moderno observando condutas ... em diversos segmentos sociais - Questão 76
- havendo ... ignorantes e os há portadores de elevado grau de instrução - Questão 76
- se a tecnologia poderá controlar a mente das pessoas, podendo programá-la para evitar ocorrência de atos ... - Questão 157
- mãos ... podendo utilizar-se do recurso para processos totalmente opostos - Questão 157
- no lar sendo forjados os heróis ou ... - Questão 174

CRISTIANISMO, CRISTÃ, CRISTÃO, S
- Religião, que sempre direcionou o destino dos povos etc., com exceção do ... nos seus primórdios - Questão 152
- como reagir às campanhas frontalmente contrárias aos ideais espíritas-... - Questão 192
- mediunidade não atendida convenientemente através da vivência moral e ..., trazendo danos graves ao seu portador - Questão 212

CROMOSSOMOS
- bioética para limitar a interferência na estrutura dos genes e ... - Questão 39
- ... contendo os equipamentos necessários para a evolução do Espírito - Questão 44
- organização dos ... nos moldes energéticos dos automatismos perispirituais - Questão 46

CULTO, S (relig.)
- Escola devendo apresentar lições de ética e respeito da consideração que merecem todos os ... - Questão 118
- o Ecumenismo devendo ser ensinado nos lugares reservados a cada ... religioso - Questão 118
- se iniciando o ... de adoração às Forças Vivas - Questão 152

- se a home school, as compras on-line, ... etc. não estariam evidenciando um comportamento socialmente doente - Questão 171

CULTURA, CULTURAL, CULTURAIS, CULTA, CULTO, CULTURALMENTE

- o atraso ... dos povos e da época que se vive na Terra, já representa um passo para a futura fraternidade - Questão 5
- cumprindo a todo homem sadio, moral e ..., combater todo o tipo de separativismo - Questão 5
- durante um período há a predominância do desenvolvimento artístico, em outro, o crescimento ... - Questão 11
- história registrando fastos que se desenrolaram através dos milênios de realização, de ... - Questão 16
- não necessariamente se fará a transferência dos centros de conhecimento, da ... - Questão 18
- em uma ... que se apresenta como responsável pelo desenvolvimento da civilização não pode existir a miséria econômica - Questão 24
- aberrações, que muitas mentes desequilibradas, de ontem e de hoje, têm tentado realizar em diversas ... - Questão 36
- ... estabelecida em terras conquistadas com derramamento de sangue etc. poderia sofrer as consequências do carma da região, e se .... posteriormente plantadas poderiam sofrer idênticas consequências- Questão 60
- não se podendo culpar, insensatamente, com os mesmos agravantes, o ignorante e o ... - Questão 75
- o grau de responsabilidade sendo correspondente ao nível de conhecimento ... e ético-moral - Questão 75
- devendo existir códigos que correspondam aos diferentes níveis de ... e moralidade - Questão 75
- embora se observem ocorrências, igualmente perversas e cruéis, em todos os níveis ... da criatura humana - Questão 76
- valores ... que devem ser insculpidos no indivíduo em formação, mediante roteiros ... e exemplos morais - Questão 90
- considerando que este sendo período de experiências ... imediatistas - Questão 91
- escola como templo para o saber, uma oficina para experiências ... - Questão 91
- orientação do Estado na Educação dos cidadãos remontando à ... grega - Questão 97

- as bases da Educação formal, como instrumento de transmissão da ... - Questão 97
- doutrinas profissionalizantes, que manterão o alto nível moral e ... do indivíduo - Questão 99
- e a sociedade melhor prestigiar o conhecimento em detrimento da astúcia, assim como a ... - Questão 103
- ganhar nas competições tornou-se fator de mercado, não de ideal, o mesmo em outras áreas do comportamento, ... - Questão 104
- desrespeito pela ... geral e a supervalorização dos esportes e divertimentos, permanecerá o desinteresse juvenil pela escola - Questão 107
- profissionais liberais e pessoas que adquiriram ... universitária se veem constrangidos a exercerem tarefas em outras áreas - Questão 107
- escola do futuro tendo o aspecto de um lar transitório, rico de segurança emocional e ... - Questão 111
- nenhuma Instituição por mais bem aparelhada ... substitui o afeto da família - Questão 114
- ética devendo abarcar temas pertinentes à liberdade de todos os indivíduos, nas diferentes áreas: política, arte, esporte, ...- Questão 118
- melhores lições tornando-se um amontoado de informações ... sem o exemplo do professor - Questão 121
- evitando males que afligem a sociedade é não transferir para a Escola toda a responsabilidade pela formação ... etc. - Questão 122
- aumentam o número de periódicos, que se multiplicam com velocidade, em tipos, propostas ... e áreas de informação - Questão 126
- ser humano elevado a pontos culminantes no seu processo de evolução ... - Questão 127
- se as tradições ... devem ser preservadas, incentivadas ou renderem-se à adequação de uma nova realidade - Questão 145
- sabedoria sempre atual das parábolas, conforme o grau de desenvolvimento ... da sociedade - Questão 150
- artistas inspirando-se no próprio sofrimento e produzindo incomparáveis obras que vêm sensibilizando a ... - Questão 153
- atraída uma pela outra pelo instinto gregário, ampliando o relacionamento pelos valores do Espírito e da ... - Questão 155
- desenvolvimento tecnológico, quando orientado dignamente, sempre oferecerá à Humanidade as bênçãos da ... etc. - Questão 169
- sempre havendo necessidade de escolas, cada vez mais belas nos aspectos de ... e moralidade - Questão 170
- a multimídia podendo facilitar a aprendizagem, ampliar a capacidade de conhecimentos, proporcionar comodidades ... - Questão 170

- toda vez que a ... se liberta da escravidão dos preconceitos, as mágoas guardadas surgem em forma de reação - Questão 173
- indivíduos que se não realizaram socialmente, ao se depararem com Doutrinas religiosas ... se completem emocionalmente - Questão 192
- Espiritismo aumentando a capacidade de discernimento dos alunos e abrindo-lhes espaços ... - Questão 197
- grandeza da mensagem da Arte para Humanidade, referiu-se à futura manifestação da ... artística promovida - Questão 204
- renascimento orgânico os Missionários da beleza, trazendo programas de rara sensibilidade e emoção, promovendo a ... - Questão 204
- nas atividades ... e artísticas, a Música tem recebido uma grande aceitação pelos excelentes resultados que faculta - Questão 204
- Astrologia desqualificada como ciência na Gênese, mas sendo ideia que atravessa os milênios e as diferentes ... - Questão 205
- maior que seja o conhecimento do intelectual e seu desenvolvimento ... ele jamais dispensará a contribuição do alfabeto - Questão 215
- meios de comunicação, notadamente televisivo, a presença das religiões, com intuito de influenciar na formação ... - Questão 220
- Espiritismo convidando a pessoa lúcida ou sofrida ... ou limitada em conhecimentos a ter a opção para discernir etc. - Questão 220

DAVID BOHN
- o homem, que se detenha na contemplação do Universo, se curvará para homenagear Deus, qual ocorreu com ... etc. - Questão 187
- ... mesmo perseguido pela ignorância religiosa, não abdicou da sua crença e respeito ao Criador - Questão 187

DEFICIÊNCIAS CORONARIANAS
- de que adiantam todos os confortos e comodidades etc. no enfrentamento das enfermidades degenerativas ... etc. - Questão 168

DEFICIENTES
- criação de guetos modernos: negros, gays, ... com suas áreas restritivas – elevadores de serviço, favelas etc. – não coopera para formação de indivíduos inamistosos etc. - Questão 5

DELINQUENCIA; v. tb CRIME, CRIMINALIDADE, CRIMINOSO, PENA e DIREITO PENAL

- desemprego favorecendo as fugas espetaculares para os vícios e a ... em geral - Questão 17

DELITO - v. CRIME

DEPRESSÃO
- por astúcia, o Espírito comunicante poderá ameaçar o doente, produzindo nele ..., receio, ou sugestioná-lo - Questão 211

DESAFIO, S, DESAFIADORA, DESAFIADORES
- enfrentando-se certamente um grande ... que ainda perdurará, que é a desigualdade moral dos indivíduos - Questão 7
- mínimo curricular, que não sobrecarregue a criança e o adolescente, e não deixe despreparados para os ... - Questão 90
- Educação devendo ter em mira equipar o candidato com recursos hábeis para enfrentar ... - Questão 90
- a vida sendo uma realidade ... - Questão 95
- mestre ideal deverá ser também conhecedor dos problemas do Espírito, de forma a entender os problemas ... - Questão 105
- conscientizar de ser membro atuante da família universal, constitui o grande ... de urgência da Educação - Questão 123
- o que hoje se apresenta como ... ou sonho, amanhã se torna realidade - Questão 125
- insistindo, porém, no equívoco por teimosia, revolta ou ... às Leis que regem a Vida, desarmoniza- se interiormente - Questão 180
- vendo-se nos diferentes grupos sociais, políticos e religiosos, científicos etc. os ..., as dificuldades - Questão 183
- orando, o ser consegue a força para superar-se e alcançar o patamar da felicidade, vencendo todos os ... que defronta - Questão 189
- investigando o macrocosmo e todos seus ..., concluindo que o acaso não pode ter produzido tão intrincada rede de equilíbrio - Questão 190
- riscos e dificuldades que deve enfrentar, mas antes, constituam-lhe um estímulo, um saudável ... - Questão 213

DESAJUSTE, S
- as Instituições experimentando desequilíbrio, e o respeito pelo homem, pela sua dignidade etc.
cedendo lugar aos ... etc. - Questão 2

- se é possível o fortalecimento das Instituições sociais e eliminação dos ... etc. através da revisão dos sistemas políticos etc. - Questão 23
- eliminação dos ... que fazem parte dos grupamentos humanos em sociedade - Questão 23
- ociosidade é matriz de muitos males que atormentam os seres humanos, gerando ... comportamentais etc. - Questão 33
- qualquer tipo de distonia gerando um desequilíbrio no organismo, que se converte em ... ou enfermidade - Questão 51

DESAJUSTE, SOCIAL, SOCIAIS
- ... associado ao enfraquecimento das Instituições, notadamente a família e Religião - Questão 2
- se a melhor distribuição da propriedade rural pode reduzir a miséria e o ... - Questão 82

DESEMPREGO
- problemas para vários países em função do aumento do ... pelo desenvolvimento tecnológico - Questão 17
- ... um fantasma que sempre ameaça as comunidades humanas - Questão 17
- ... respondendo por várias expressões da miséria econômica, social e moral - Questão 17
- ... sem lugar em uma cultura que se apresenta responsável pelo desenvolvimento da civilização - Questão 24
- forma de desenvolvimento econômico e tecnológico no mundo atual resultando no crescente ... - Questão 35
- consequências do crescente ... para o desenvolvimento espiritual da sociedade - Questão 35
- papel do Estado frente ao crescente ... - Questão 35
- ... vitimando o ser humano face à robotização - Questão 35
- Educação moral e espiritual do indivíduo resumem a questão do ... - Questão 35
- o uso adequado da terra dirigido para a produção de alimentos afastando o fantasma malthusiano, a miséria, a fome, o ... - Questão 83
- se automação representa risco de ... e como proteger o trabalhador do ... sem privar a sociedade da evolução tecnológica - Questão 88
- a fim de que o ... não prolifere na consciência, gerando a ociosidade e o crime - Questão 88

- se a sociedade conseguirá desenvolver novas tecnologias para automatizar os serviços etc. sem aumentar o ... - Questão 166
- novas tecnologias, particularmente naquelas que reduzem o número de servidores em atividades repetitivas, cresce o ... - Questão 166
- situação de ... e miséria não alterada pelo desenvolvimento da Informática e quando se reduzirão esses efeitos - Questão 172

DESENCARNAÇÃO, DESENCARNADO, S
- viver as emoções que terão continuidade, sem que a ... interrompa - Questão 119
- sensibilidade psíquica, o que lhe permite sintonizar com outros estetas, que já se encontram ... - Questão 147
- no passado, com poucas exceções, os artistas viveram e ... faltos de recursos - Questão 153
- ... não oferecendo sabedoria a Espírito algum - Questão 198
- participando dos estudos preparatórios, recebendo passes e sendo retirado depois, na terapia com os ... - Questão 211

DESERTOS
- recursos tecnológicos valiosos sejam aplicados para aproveitamento das áreas inóspitas - ... e geleiras - Questão 4

DESMATAMENTO
- se haveria relação do ... com a seca e os elementais e para onde iriam esses Espíritos quando se desse o ... - Questão 63

DESIGUALDADE, S, SOCIAL, SOCIAIS
- se é possível pensar que a ... foco central de estudo da Sociologia, será superada - Questão 7
- podendo-se e devendo-se pensar na construção de uma sociedade justa, sem ... - Questão 7
- enfrentando-se certamente um grande desafio, que ainda perdurará, que é a ... moral dos indivíduos - Questão 7
- desaparecendo as perturbadoras injunções que promovem as ... entre os seres humanos - Questão 7
- quais outros fatores responsáveis pelo aumento da violência, corrupção etc. além da ... que sempre existiu - Questão 13

DESOBSESSÃO - QUESTÕES 209 A 211; v. tb OBSESSÃO
DESOLAÇÃO
- o amor vicejará nos corações, banindo da Terra os monstros do egoísmo, da guerra, da ... - Questão 20
- razão das facilidades que parecem existir nos meios urbanos, enquanto na área onde vive, com a ... etc. - Questão 31

DESPAUTÉRIO
- podendo modificar a face do planeta e torná-lo um mundo de felicidade, o que não sucede, em razão do ... - Questão 11
- preocupar-nos com os danos que nosso egoísmo vem ocasionando à mãe-Terra, pelo ... e desrespeito às Leis - Questão 57
- onde prevalecem a licenciosidade, o ..., a hediondez, aí teríamos a medida-padrão para o procedimento de todos - Questão 130

DESPORTOS, DESPORTISTAS, ESPORTES
- a supervalorização dos ... e dos divertimentos em detrimento das conquistas da inteligência e do saber - Questão 103
- ... perdendo o sentido de competição qualificativa para se tornarem indústrias de profissionais - Questão 104
- o desrespeito pela Cultura geral e a supervalorização dos ... e divertimentos, permanecerá o desinteresse juvenil pela escola - Questão 107
- ética devendo abarcar temas pertinentes à liberdade de todos os indivíduos, nas diferentes áreas: política, arte, ... - Questão 118

DESTINO, S
- se o ..., o "estava escrito" aplicados à ordem moral, não absolvem o crime e desapreciam a virtude - Questão 77
- o ... cada qual estando a escrevê-lo com os atos, mediante o seu livre-arbítrio - Questão 77
- Educação tendo como objetivo principal preparar homens e mulheres para a condução do próprio... e da sociedade - Questão 110
- o ... que a cada um espera após a conclusão da breve etapa carnal, oferecendo oportunidade de iluminação íntima - Questão 119
- qual será o ... da mídia impressa nas próximas décadas, face ao surgimento de novos meios de comunicação - Questão 126
- sem o apoio da Religião, que sempre direcionou o ... dos povos, a Arte disporia de poucos recursos financeiros - Questão 152

- concordando com a orientação do codificador do Espiritismo em torno da influência dos astros nos ... humanos - Questão 205
- no que tange aos ... e ao futuro dos seres humanos, somos inteiramente concordes com a Lei de Causa e Efeito - Questão 205

DESTRUIÇÃO - v. LEI DE
DEUS, CRIADOR, PENSAMENTO CAUSAL, CÓSMICO, AUTOR, SENHOR DA VIDA, FONTE GERADORA DE VIDA, INCOMPARÁVEL ARTISTA, PAI, CONSCIÊNCIA CÓSMICA; v. tb LEI DE, DIVINDADE, INTELIGÊNCIA DIVINA

- Religião sempre exercendo um papel fundamental preponderante, por manter como base dos seus postulados a crença em ... - Questão 2
- formação religiosa, não mais temente a ... etc. mas sim estruturada no amor - Questão 2
- assim tem sido, até hoje, o resultado dos denominados movimentos libertários, que não têm como alicerce ... - Questão 9
- a pior ignorância é a que decorre do desconhecimento das Leis de ... - Questão 25
- matar ... como erro fundamental do materialismo - Questão 27
- Jesus acentuou com propriedade que o ... até hoje trabalha - Questão 33
- imposição de limites das Leis de ... para o avanço das experiências que extrapolam a capacidade de controle do ser humano - Questão 37
- ... estabelecendo as Leis da ecologia - Questão 57
- se diante de ... a espécie humana vale mais que as outras - Questão 68
- animais de ínfima ordem que executam essas obras sem suspeitarem que são instrumentos de ... (LE, 540) - Questão 71
- pertencendo a ... o direito à vida, da qual é o seu Autor - Questão 73
- se seria lícita retenção improdutiva do solo em nome do direito de propriedade sendo ele uma dádiva de ... - Questão 81
- quando o amor fizer parte da programação de quaisquer atividades humanas, dentro da consideração e afetividade a ... - Questão 93
- ... Criador do Universo - Questão 93
- programação escolar oferecendo uma visão espiritual compatível com o pensamento religioso de todos os credos: ... - Questão 96
- Doutrinas religiosas diferentes tendo como fundamentos ensinar o amor a ..., ao próximo e a si mesmo - Questão 118

- Religião faz parte da vida para todos aqueles que creem em ... e na imortalidade - Questão 118
- Religião tendo por meta produzir a religação da criatura com o ... - Questão 119
- cada um ama e serve a ... conforme suas possibilidades e não segundo as determinações de pastores etc. - Questão 119
- oportunidade de iluminação íntima e sintonia na parte divina do educando com a ... da Vida - Questão 119
- todos os atos refletindo na própria consciência, lugar onde está escrita a Lei de ... - Questão 123
- conquistas espaciais etc. demonstrando a ordem e equilíbrio de um ... e Ordenador de todas as coisas - Questão 130
- por objeto equipar o homem de esclarecimentos que lhe facultem o crescimento na direção de ... - Questão 131
- através das reencarnações se chegando a ... pelo amor, e à fé, mediante a razão - Questão 132
- gêneros artísticos e os candidatos à aproximação do Incomparável ... - Questão 136
- Música mais aproximando a criatura do seu ... - Questão 136
- libertando a criatura humana das paixões primitivas, aproximando-a da ... - Questão 136
- se a Vida seria expressão artística de ... - Questão 137
- Vida como emanação do pensamento de ... que se exterioriza em completa harmonia - Questão 137
- o artista real sendo missionário de ... como cocriador junto à Humanidade - Questão 148
- sentindo as primeiras necessidades da compreensão das Leis da Vida e do seu ... - Questão 152
- reencarnações dos promotores da felicidade humana dão-se amiúde, e que o ... zela pela sociedade terrestre - Questão 156
- o homem e a mulher estando convocados, crescendo na direção de ... e da sua própria imortalidade - Questão 168
- vigendo em toda a parte a presença do amor de Nosso ..., conclamando à ordem, ao trabalho, ao dever - Questão 180
- pensamento filosófico de Jesus, a respeito do amor a ... acima de todas as coisas e ao próximo como a si mesmo - Questão 181
- apontando para um universo probabilístico, seria indicação de que, mesmo nas partículas infinitesimais a ... se faz - Questão 182
- a criatura humana, feita à imagem e semelhança de ..., isto é, com os recursos que são inerentes à ... - Questão 184

- passadas as crises existenciais de comportamento, criatura sempre retornando ao convívio com o ... - Questão 184
- sintonizando com aqueles que estão em débito perante a ... - Questão 185
- Religião tendo como meta aproximar a criatura ao seu ..., religá-la a ... - Questão 186
- o conhecimento levando a ... inevitavelmente - Questão 187
- mesmo perseguidos pela ignorância religiosa, não abdicaram da sua crença e respeito ao ... - Questão 187
- o homem, que se detenha na contemplação do Universo, inevitavelmente se curvará para homenagear ... - Questão 187
- quanto mais lúcido, mais próximo se encontra o ser humano de ... - Questão 187
- Primeiro Mandamento sendo o Amar a ... sobre todas as coisas e ao próximo como a si mesmo - Questão 188
- conseguindo a força para superar-se e alcançar o patamar da felicidade, vencendo desafios que defronta, porque ligado a ... - Questão 189
- o ser humano, mesmo sem dar-se conta, aproxima-se cada vez mais de ... - Questão 190
- postulados religiosos ingênuos das velhas tradições cedendo lugar aos postulados eloquentes da Majestade de ... etc. - Questão 190
- Espírito se fizera voluntário, para poder contribuir com o ministério do Mestre, tornando-se instrumento das obras de ... - Questão 192
- considerou: nem ele havia pecado nem seus pais, mas tinha sido para que nele se manifestassem as obras de ... - Questão 193
- Entidades Venerandas que zelam pelo progresso da comunidade humana em nome de ... - Questão 198
- ... criando o psiquismo antes da mônada, esta já sendo uma forma primitiva de energia em processo de materialização - Questão 199
- como o amor de ... funciona em união com a Sua misericórdia - Questão 208
- o sincero trabalhador da mediunidade tem por modelo Jesus, que é o Médium de ... - Questão 212
- comunicação espiritual de forma incontestável, mas o aplicar desse conhecimento à conduta, direcionando-os para ... - Questão 217

DEUS, ES, SEMIDEUS
- insensatez daquele que se ergue à condição de ... - Questão 37

- ... novos que repetem os gladiadores romanos, se apresentam afortunados nos veículos da mídia - Questão 103
- fase na evolução da criatura onde o seu é o ... do medo, da imposição arbitrária - Questão 132

DEVERES ESPIRITUAIS
- capacidade política e cidadania adquiridas pelo Espírito quando conhecedor dos seus direitos e ... - Questão 25

DIALÉTICA
- se possível introduzir premissa nova na afirmativa de Hegel de que a ... é um modo de perceber o real em evolução - Questão 181
- visão ... do indivíduo cedendo lugar à espiritual, em que o ser tem uma destinação estabelecida anteriormente - Questão 181

DIALÉTICO - v. MATERIALISMO

DIGNIDADE, DIGNIFICAÇÃO
- o respeito pelo homem, pela sua ..., pela vida, cede lugar à agressão - Questão 2
- somente pensam em lucro, olvidando-se do compromisso de promoção e ... da criatura humana - Questão 17
- evitando-se as lutas de classe com mão armada, a alienação do trabalhador, dando-lhe ...- Questão 26
- bioética fundamentada no respeito e na ... da criatura humana - Questão 39
- modelo de recuperação de presos, vigente no país como em muitas outras Nações da Terra, sendo atentatório à ... humana - Questão 78
- oferta de condições de ... para que ele possa produzir, tais como sementes, infraestrutura social etc. - Questão 82
- Pestalozzi inaugurou a Escola Nova, restaurando a ... infantil - Questão 116
- ensinar é criar condições no educando para que ele possa viver com ... - Questão 121
- as ideias nobres em consideração e as crenças na ... humana como base para o progresso individual e geral da sociedade - Questão 122
- meios de comunicação exercendo esse papel amputador dos valores pessoais e da ... pessoal - Questão 128

- estabelecendo-se diretrizes de preservação da ... e da honra da criatura humana como essenciais à própria existência - Questão 130
- válido que o artista venda o seu trabalho, a fim de viver com ... - Questão 153
- robotizando as criaturas, mesmo que sob a justificativa de ... - Questão 157
- o matrimônio, que propicia a ... de uma existência monogâmica - Questão 173
- os exemplos de ... e solidariedade que vicejam na Humanidade são os antídotos para esse mal - Questão 185
- sendo ensinadas lições de ..., condutas não viciosas, apresentadas renovações morais à luz do Evangelho - Questão 220

DINHEIRO
- indústrias de profissionais cujos únicos interesses são o ... e a supervalorização que lhes facultam granjear altos estipêndios - Questão 104

DIPLOMA
- quando se espera pelo ... e não pela capacitação para a luta no mundo social - Questão 103

DIREITO, S; v. CIÊNCIAS JURÍDICAS À LUZ DO ESPIRITISMO; v. tb DIREITOS HUMANOS E DIREITOS ESPIRITUAIS
- de ... justos e deveres dignamente exercidos, graças aos quais, os valores sejam considerados de forma equânime - Questão 1
- consciente dos seus ... e de como tem sido vítima de injustiças, disporá de recursos para lutar contra a classe dominadora - Questão 6
- gerando a revolução das mentes honradas em favor dos valores igualitários a que todos têm ... - Questão 6
- marchamos para a construção de uma sociedade nobre, na qual todos desfrutem dos mesmos ... e deveres - Questão 7
- amor no sentido mais profundo, aquele que estabelece paradigmas de deveres e de respeito aos próprios como aos ... alheios - Questão 9
- quando a força estabelece os ... de governança - Questão 9
- credora de respeito e digna de experienciar os seus ... de ser humano - Questão 9
- quando os resquícios do comportamento machista cederem lugar aos ... de igualdade entre homens e mulheres - Questão 12

- não negando à mulher o ... à participação no mercado de trabalho - Questão 12
- imediata redução dos ... sociais das massas, cada vez mais comprimidas - Questão 15a
- abrindo-se campo de trabalho para todos, com os consequentes ... de repouso, recreação, saúde e educação - Questão 23
- materialismo histórico tendo contribuído para despertar algumas consciências para os alienáveis ... da criatura humana - Questão 27
- o homem tendo o ... e o dever de investigar sempre - Questão 37
- revoluções educacionais que pretendem libertar as doutrinas do pensamento cultural, facultando-lhes o ... de vida própria - Questão 91
- a compreensão dos ... e deveres que lhe dizem respeito são de inestimável significado - Questão 106
- de modo que os ... alheios sejam respeitados e levados em conta, sem tentativas de se ultrapassar as fronteiras invisíveis - Questão 111
- como se chegando a uma Educação que observe e respeite a universalização dos ... - Questão 113
- sentir-se-ão capazes de infundir nas mentes novas as diretrizes de respeito à universalização dos ... - Questão 113
- estabelecendo currículos de orientação religiosa, o que viria a constituir uma agressão aos ... das doutrinas minoritárias - Questão 117
- abordagem devendo ser ampla, favorecendo a compreensão dos ... individuais à eleição da crença que melhor lhe convenha - Questão 118
- sem agressão aos das outras confissões, em respeito ao ... de pensar que é concedido a cada criatura - Questão 119
- o Estado não tendo o ... de interferir na Educação religiosa dos cidadãos em geral, porque seria intromissão violenta nos ... da liberdade de escolha - Questão 120
- ninguém tendo o ... de interferir na formação moral daqueles que lhe são dependentes - Questão 122
- à medida que o homem se desenvolva moralmente perceberá que a vida é um ... à disposição de todos - Questão 128
- qual a responsabilidade dos profissionais da comunicação e dos defensores dos ... de divulgação - Questão 129
- o período do ludíbrio, da marginalidade, vai sendo substituído pelo da razão e do respeito aos ... alheios - Questão 133
- as pessoas permanecerão mais bem informadas, inclusive, sobre as suas responsabilidades, ... e deveres - Questão 169
- possuidora de todos os requisitos exigíveis para uma vida em comum, perfeitamente concorde com os ... do ser humano - Questão 173

- não facultado ao homossexual o ... de perverter-se - Questão 179
- passando a exigir o ... de usufruir prerrogativas e privilégios enquanto escraviza e persegue - Questão 191

DIREITO CIVIL - v. DIREITO DE PROPRIEDADE
DIREITO DE PROPRIEDADE - QUESTÕES 81 A 83
DIREITO INTERNACIONAL - v. QUESTÕES 84 A 87
DIREITO PENAL - QUESTÕES 72 A 80; v. tb CRIME, CRIMINALIDADE, DELINQUÊNCIA, PENA E CRIMINOSO
DIREITOS ESPIRITUAIS
- capacidade política e cidadania adquiridas pelo Espírito quando conhecedor dos seus deveres e ... - Questão 25

DIREITOS HUMANOS; v. tb DIREITO E DIREITOS ESPIRITUAIS
- sendo lamentável que os discutidos ... elaborados desde há mais de duzentos anos ainda permaneçam desrespeitados - Questão 5
- efêmera duração de toda doutrina que violenta os ... - Questão 28
- Estado fragilizado pelas licenças morais, os ... derrapam no desrespeito - Questão 130
- crianças etc. ficando à mercê dos dominadores e exploradores de todo gênero, quando os ... derrapam no desrespeito - Questão 130
- terrível violação ética dos ... robotizando as criaturas, mesmo sob justificativa de dignificação e prevenção contra o crime - Questão 157

DIREITO TRABALHISTA - QUESTÕES 88 E 89; v. tb TRABALHO E TRABALHADOR

DISCRIMINAÇÃO, DISCRIMINAM
- momento em que os dois braços do progresso real se ampliem concomitantemente, sem qualquer tipo de ... - Questão 93
- campo psíquico equivalente nas organizações sociais civilizadas, que ainda oprimem, ... os fracos e sofredores - Questão 185

DISCIPLINA, S (EDUC.), PROGRAMAS TRANSVERSAIS
- felizmente já se pensa em estabelecer, na área da programação escolar, a introdução de ... transversais - Questão 96
- Educação moral alongando-se na escola, não como um currículo obrigatório, mas como parte integrante de todas as .... - Questão 108

- Espiritismo poderá e deverá ser estudado nas Universidades como parte dos ... transversais, não como ...curricular - Questão 197

DISCIPLINA SEXUAL; v. tb SEXO
- ... como instrumento hábil para diminuir o crescimento geométrico da população - Questão 83

DISCÍPULO, S
- ressurreição de Jesus, embora o atestado inequívoco de Maria de Magdala, a dúvida permaneceu nos outros ... - Questão 160
- João, 9: 3), em que o Mestre, diante de um cego de nascença, em resposta aos ... - Questão 193
- de pouca valia nas Casas que se dedicam ao Espiritismo, onde todos devemo-nos considerar ... do Mestre que é Jesus - Questão 206

DISJUNÇÃO CADAVÉRICA - v. MORTE
DISJUNÇÃO MOLECULAR DO CORPO - v. MORTE

DITADURA
- inquietação social que a mão de ferro da ... esmagava cruelmente - Questão 29
- ... sendo poder arbitrário, sobrevive através da traição, da perseguição e do crime disfarçado com o manto da legalidade - Questão 29
- insegurança pessoal, psicologicamente conduz o indivíduo à ... da fé - Questão 184

DIVERTIMENTO, S
- a supervalorização dos desportos e dos ... em detrimento das conquistas da inteligência e do sabe - Questão 103
- a indústria do ... arrebata - Questão 103
- prevalecendo o desrespeito pela Cultura geral e a supervalorização dos esportes e ... - Questão 107
- tendo-se em vista que os desportistas e os astros dos ... desfrutam de privilégios e salários exorbitantes - Questão 107
- da mesma forma ocorrerá com as transcomunicações eletrônicas, que passarão à categoria de ... sem resultados morais - Questão 160

DIVINA INTELIGÊNCIA - v. DIVINDADE
DIVINA JUSTIÇA - v. DIVINDADE

DIVINDADE, DIVINA JUSTIÇA, JUSTIÇA DIVINA, DIVINO PENSAMENTO, DIVINA INTELIGÊNCIA, PENSAMENTO DIVINO, TRANSCENDÊNCIA DIVINA, ESSÊNCIA DIVINA, MENTE DIVINA

- Religião mantendo como base dos seus postulados a crença em Deus, na imortalidade da alma e na ... - Questão 2
- ... tudo realiza dentro de uma programática dignificante - Questão 14
- sem o conceito da ... etc. qualquer proposta de felicidade para a sociedade tombará por falta de sustentação - Questão 28
- toda forma de exploração como sendo atentatória, aos códigos da ... - Questão 32
- a vida, sem dúvida, sendo resultado da ... - Questão 64
- Leis que regem o Universo que se exteriorizam através do ... - Questão 86
- criatividade como prosseguimento do ... nos diferentes mundos do Universo - Questão 140
- a ..., que é o Amor, dispõe de recursos inumeráveis para que o Espírito evolua sem a necessidade do sofrimento - Questão 180
- homem e mulher ampliando a capacidade de crescimento etc. como manifestação da ... - Questão 181
- em nível algum da Criação encontra-se ausente a ... que tudo permeia e vitaliza - Questão 182
- criatura humana, feita à imagem e semelhança de Deus, isto é, com os recursos que são inerentes à ... - Questão 184
- sendo inevitável que o avanço tecnológico conduza a mente humana à ... - Questão 190
- a ... propiciando ao indivíduo os meios necessários para o seu desenvolvimento - Questão 196
- todos os diferentes passos e processos de conquista estando previstos pelo ... - Questão 196
- adquirindo a função de pensar no homem, prosseguindo no rumo da ... - Questão 199
- ... estabeleceu Leis de ordem e equilíbrio que mantêm a harmonia Cósmica - Questão 202
- a ... faz com que se reencarnem na Terra os grandes Missionários - Questão 204
- a Lei de Causa e Efeito que constitui mecanismo equânime para apresentar-se a ... aos seres humanos - Questão 205

DIVINO, DIVINA, S
- criatura como representação ..., credora de respeito e digna de experienciar os seus direitos de ser humano - Questão 9
- felicidade no grupo de ajuda e apoio, de fraternidade e afeto é manifestação ... - Questão 15
- Benfeitores da Humanidade, em o LE, questão 618, respondendo sobre a diversidade das Leis ...- Questão 75
- de que forma o ensino religioso poderia fortalecer a criança em sua parte ... - Questão 119
- oferecem oportunidade de iluminação íntima e sintonia na parte ... do educando com a ... Geradora da Vida - Questão 119
- desenvolvimento das aptidões inatas - as de natureza ... que jazem no imo dos seres - Questão 128
- música, em razão da sua capacidade de penetrar o imo do ser etc., despertando o ... no humano -
Questão 136
- o amor, na colocação do Mestre Galileu, sendo o hálito ... sustentando a vida em toda a parte - Questão 181
- estaríamos diante de uma grande injustiça ..., que permite ao indivíduo nascer e renascer sob injunção de signos zodiacais - Questão 205

DIVINO PENSAMENTO - v. DIVINDADE

DIVULGAÇÃO ESPÍRITA - QUESTÕES 219 E 220
- cursos de ... (espírita) e trabalhos de fácil aplicação multiplicando--se sob cuidados especiais - Questão 194

DNA (ingl. DEOXYRIBONUCLEIC ACID) - v. ADN (ÁCIDO DESOXIRRIBONUCLEICO)
DOENÇA - v. ENFERMIDADE
DOENTE - v. ENFERMO
DOENTIO, DOENTIAS
- como educadores devem agir para a não reprodução dos valores, ideias e crenças ... da sociedade - Questão 122
- exaltando o ego e exibindo o personalismo ... nos combates inglórios das acusações sem justificativa - Questão 219

DOR, DORES, DOLOROSO; v. tb AFLIÇÃO, SOFRIMENTO E SOFREDOR
- tecnologia, se traz danos para a Humanidade, por outro lado promove-a e dignifica o ser, diminuindo-lhe as ... - Questão 11
- Terra deixando de ser mundo de ..., de exílio espiritual, de recuperações dolorosas - Questão 14
- tornando-se plano de regeneração, quando a ... mais cruel baterá em retirada - Questão 14
- indivíduo contribuindo para amenizar as ... dos desafortunados - Questão 33
- sonhar com a criação de homens e mulheres xerox, insensíveis à ... etc. é levar a aspiração à condição de pesadelo - Questão 38
- atavismos materialistas que permanecem em muitos estudiosos da vida, trabalham com objetivos de burlar a ... - Questão 39
- como as endorfinas que aliviam e suprimem a ... - Questão 51
- mau uso dos recursos naturais pelo homem e o desrespeito pela vida podendo transformar-se em fenômeno de ... - Questão 57
- menor soma de ... através da evacuação das áreas onde ocorrerão as calamidades sísmicas - Questão 58
- a ... não faz parte dos Soberanos Códigos - Questão 77
- a ... existe enquanto o Espírito permanece na rebeldia etc., na ignorância da sua fatalidade - que é alcançar o reino dos céus - Questão 77
- retorna em carência, de forma que valorize em outra oportunidade o que desperdiçou, aprendendo pela ... - Questão 80
- solidariedade com todos aqueles que padecem qualquer tipo de limite, de ... tendo-se em vista a faixa etária do educando - Questão 102a
- outras conquistas que vêm diminuindo as ... e os sofrimentos, proporcionando alegria, beleza e paz - Questão 127
- atos pretéritos responsáveis pelas ocorrências de ... e sombra nas quais o indivíduo atual se encontra envolvido - Questão 161
- que a sua felicidade é infinita, e que o prazer que desfruta, pela sua transitoriedade, é apenas ilusão com ... despertar - Questão 175
- a ... utilizada como forma de aprendizado para esta e vidas futuras - Questão 180
- como se processando a internalização do aprendizado pela ... - Questão 180
- Espírito insistindo no equívoco por teimosia etc. desarmoniza-se interiormente e abre espaço para a instalação da ... - Questão 180

- a ... tendo função educativa, que decorre da necessidade de aprendizagem - Questão 180
- a ... não sendo mecanismo punitivo, mas agente estimulante para o progresso - Questão 180
- havendo muitos casos em que a ... se apresenta como mensagem de vida, como convite à reflexão etc. - Questão 193
- se numa perspectiva de planeta de regeneração, a ... ainda continuará a ser a alavanca do progresso espiritual do homem - Questão 203
- ... tendo função educativa, promotora do ser humano que, desdenhando a Lei natural - o amor - aprende pelo sofrimento - Questão 203
- enquanto o ser humano se comportar de maneira reprochável, a ... lhe será mecanismo de despertamento inevitável - Questão 203

DOUTRINA ESPÍRITA, ESPIRITISMO; v. tb CODIFICAÇÃO ESPÍRITA

- cabe à ... um papel relevante no comportamento dos meios de comunicação - Questão 3
- construção de uma sociedade justa como uma das metas nobres do ... - Questão 7
- sendo o ... a Doutrina que penetra a lâmina da investigação no organismo da criatura para identificá-la - Questão 20
- ... tem como meta prioritária a transformação moral do ser humano para melhor e, por consequência, da sociedade - Questão 20
- possibilidade de seguir a ... sem abrir mão dos conceitos marxistas - Questão 26
- ... conclama o homem à responsabilidade - Questão 26
- factível obter a justiça social através do ... - Questão 26
- missão do ... sendo libertar o ser humano dos atavismos negativos - Questão 62
- ... ensinando que os Espíritos que governam o clima da Terra utilizam para isso Entidades - Questão 63
- pintura mediúnica não oferecendo maior contribuição à ... porque ela se encontra estruturada e completa - Questão 139
- o fenômeno necessita da ... a fim de se explicar, porém a ... dispensa o fenômeno - Questão 139
- ... um conjunto de lições profundas e ricas de iluminação e beleza, de que o insigne Allan Kardec se fez intermediário - Questão 139
- o fenômeno confirmando a ... e essa elucidando-o - Questão 139

- mesas girantes facultaram ao codificador a constatação da ... - Questão 160
- postulados eloquentes da imortalidade e da reencarnação etc. que são os alicerces da ... - Questão 190
- ... sendo uma Doutrina de liberdade, porque a sua é a fé raciocinada, derivada da observação dos fatos etc. - Questão 191
- o comportamento do Movimento Espírita está exarado na própria ... - Questão 192
- Jesus acompanhando o processo de transformação do planeta de mundo de expiação etc. enviou o ... - Questão 202

DOUTRINAS PARAPSICOLÓGICAS - v. PARAPSICOLOGIA DOUTRINAS PARAPSÍQUICAS
- quando a Educação for menos preconceituosa, facultando as pesquisas em torno das ... - Questão 94
- comprovações da sobrevivência do Espírito à disjunção molecular, assim como da reencarnação, em diversas áreas das ... - Questão 161
- qual vem ocorrendo com as diferentes doutrinas psíquicas, parapsicológicas, ..., psicotrônicas, da TCI - Questão 196

DOUTRINAS PROFISSIONALIZANTES
- ... que manterão o alto nível moral e cultural do indivíduo - Questão 99

DOUTRINAS, PSICOTRÔNICA, S
- quando a Educação for menos preconceituosa, facultando as pesquisas em torno do ser transpessoal, da ... - Questão 94
- qual vem ocorrendo com as diferentes doutrinas psíquicas, parapsicológicas, parapsíquicas, ... da TCI - Questão 196

DOUTRINAS PSÍQUICAS; v. tb PSÍQUICA, PSIQUISMO E TRANSTORNOS PSÍQUICOS
- comprovações da sobrevivência do Espírito à disjunção molecular, assim como da reencarnação, em diversas áreas das ... - Questão 161
- qual vem ocorrendo com as diferentes ... parapsicológicas, parapsíquicas, psicotrônicas - Questão 196

DROGAS
- o abuso de ... na escola - Questão 103

DUPLO ETÉREO
- se irradiação do ... poderia resultar a aura que os seres possuem - Questão 67

ECO-92
- governantes sensatos se reúnem procurando estabelecer programas de preservação da Natureza, qual ocorreu em 1992 (...) - Questão 85

ECOLOGIA, ECOLÓGICOS - QUESTÕES 54 A 63; v. tb ECOSSISTEMA
- abusos praticados contra a ..., perturbando a fauna, a flora, contaminando os rios, mares, oceanos, a camada de ozônio - Questão 87
- já se realizam programas dos amantes do verde, dos zeladores pela integridade do Planeta, dos estudiosos da ... - Questão 109

ECONOMIA, ECONÔMICO, ECONÔMICA, S, ECONOMICAMENTE - QUESTÕES 31 A 35
- natural que a superpopulação pareça ameaçar as estruturas ... e morais do homem - Questão 4
- bilhões de Espíritos possam reencarnar-se sem qualquer prejuízo para a ... social do planeta - Questão 4a
- são propostos os labores domésticos compatíveis com a sua estrutura feminina, sem sobrecarga para a sua ... emocional - Questão 12
- os atuais fatores sociais e ... facilitam o desabrochar das tendências inferiores - Questão 13
- desemprego respondendo por várias expressões da miséria ... - Questão 17
- natural que esses centros de conhecimento se encontrem nos países com melhores possibilidades ... - Questão 18
- viabilidade constitucional do liberalismo político com ... dirigida aos interesses da maioria faminta - Questão 22
- se é possível o fortalecimento das Instituições sociais e a redução ou eliminação dos sistemas ... etc. - Questão 23
- revisão dos sistemas ..., abrindo-se campo de trabalho para todos, com os consequentes direitos de repouso etc. - Questão 23
- se vale a pena mudar o regime sócio-... e sociopolítico do país, alterando o quadro da miséria - Questão 24

- enquanto não sejam estabelecidas Leis justas, que objetivem combater a miséria sócio-... - Questão 24
- somente através de uma mudança de regime sociopolítico e sócio-... é que se poderão criar condições dignificantes - Questão 24
- em uma cultura que se apresenta responsável pelo desenvolvimento da civilização não pode existir a miséria ... - Questão 24
- abdicaram da fé cega, tomados de paixão ardorosa pela tentativa de solucionarem os terríveis problemas ... etc. - Questão 26
- o marxismo seria uma proposta sócio-... feliz, não se assentasse no materialismo dialético - Questão 26
- através dos mecanismos da reencarnação os fenômenos sociais e ... se harmonizarão - Questão 26
- proposta socialista falhando nas suas próprias bases, que são a felicidade do ser e o equilíbrio sócio-... - Questão 28
- natureza sociopolítica e sócio-... do fator predominante na reestruturação da perestroika - Questão 29
- URSS encontrava-se exaurida ... para poder manter o programa militar - Questão 29
- se as quedas dos regimes ... socialistas podem repercutir negativamente na legislação dos povos do ocidente - Questão 30
- ... socialista não conseguindo resolver o problema dos povos para os quais foi dirigida - Questão 30
- constatada a crueldade das fórmulas da ... socialista quando tombaram as restrições impiedosas - Questão 30
- ... baseada no capitalismo conforme vem sendo aplicada fomenta a miséria - Questão 30
- utilização justa das terras, aplicando-as para a produção de alimentos, diminuiria os fatores da miséria ... - Questão 83
- pressões sócio-... nos educadores - Questão 91
- quando a lição não se torna prática, vívida, perde totalmente o significado e passa a pesar na ... do currículo - Questão 91
- dois braços do progresso real se ampliem concomitantemente, sem as presenças do monstro da escravidão sócio-... - Questão 93
- sistema sócio-... estando arraigado na competição, como Educação poderia influenciar positivamente - Questão 104
- ampliação em direção à integridade física, moral, social e ... do educando - Questão 113
- reduzem o número de servidores em atividades repetitivas, cresce o desemprego com graves danos para a ... social e moral - Questão 166

- consórcios conjugais impostos a muitos homens, por interesses do Estado, e outros de natureza ... etc. - Questão 173

ECOSSISTEMA; v. tb ECOLOGIA
- ... ameaçado pelos abusos dos indivíduos das Nações desprevenidas ou arbitrária - Questão 109

ECTOPLASMA
- onda mental captada do comunicante, durante os fenômenos da psicofonia etc. contribuindo para a exteriorização do ... - Questão 65
- fenômeno da transcomunicação se dando através da utilização pelos Espíritos, do ... humano, fornecido pelos médiuns - Questão 214

ECUMENISMO, ECUMÊNICA
- como atender à necessidade de formação ... sem tendenciosidade - Questão 118
- ... devendo ser ensinado nos lugares reservados a cada culto religioso - Questão 118

EDUCAÇÃO, EDUCAR, EDUCACIONAL, IS, EDUCATIVA, EDUCATIVO, S, EDUCADORA, S; v. tb EDUCANDO, EDUCADOR, EDUCAÇÃO INTEGRAL E PEDAGOGIA
- necessário que a obra da ... tenha prioridade, cooperando em favor de uma sociedade melhor - Questão 7
- mulher assumindo em muitos casos a manutenção da casa e a ... dos filhos - Questão 12
- a ... e a perseverança podendo promover os seres humanos, mediante experiências ora educativas ora reeducativas - Questão 13
- abrindo-se campo de trabalho para todos, com os consequentes direitos de ... etc. - Questão 23
- questão resume-se na ... moral e espiritual do indivíduo, nunca desumanizando a criatura - Questão 35
- preocupação precípua no caso da criança e do adolescente que delinquem, deve ser a de ... - Questão 74
- fatores criminógenos podendo se desenvolver de acordo com a ... - Questão 76
- dia virá, no qual esses processos arbitrários e injustos cederão lugar a mecanismos de ... e de reeducação - Questão 78

- em si a TV é neutra e o uso que dela se faz é que a torna ... ou perniciosa - Questão 127
- a preservação da individualização do ser humano será sempre efeito da ... em bases de profundo respeito - Questão 128
- ... por meios dos veículos de comunicação, contribuindo para a iluminação de consciências etc. - Questão 128
- meios de comunicação promovendo a libertinagem que estimula os instintos que deveriam ser ... - Questão 129
- ... é criar hábitos considerados saudáveis - Questão 129
- costumes que pervertem e levam à consumpção, longe se encontram de ter caráter ... - Questão 129
- tecnologia, fator de aceleração do processo ... não podendo colocar em risco o equilíbrio harmonioso - Questão 102
- fundamental importância a contribuição dos recursos tecnológicos para o desenvolvimento da ... - Questão 102
- a dor tendo função ..., que decorre da necessidade de aprendizagem - Questão 180
- a ... com o seu objetivo superior de terapia preventiva, o convívio social edificante etc. - Questão 185
- a dor tendo função ... promotora do ser humano - Questão 203
- produzindo algum distúrbio no comportamento psicológico, orgânico etc. chamando a atenção para a sua conveniente ... - Questão 212
- mediunidade presente em todos os tempos e nações da Terra, somente o Espiritismo lhe é o conveniente método ... - Questão 212

EDUCAÇÃO ARTÍSTICA - QUESTÕES 140 A 143

EDUCAÇÃO INTEGRAL; v. tb EDUCAÇÃO
- escola como base de segurança para a ..., que abrange a do ser na sua condição de Espírito imortal - Questão 91
- ... deve ser uma forma de direcionamento para o autodescobrimento - Questão 105

EDUCADOR, EDUCADORES, MESTRE, S, ORIENTADOR, PROFESSOR - v. tb EDUCAÇÃO E EDUCANDO
- Escola realmente leiga, sem os ... materialistas etc. transmitindo mensagens pessimistas aos alunos - Questão 132

- arrastar pelas vibrações superiores do Mundo espiritual transcendental, e entrando em sintonia com os ... da Arte - Questão 143
- tecnologia através do computador etc. não estará dando a visão próxima de um mundo sem escolas e sem ... - Questão 170
- Escola sempre o laboratório vivo de atividades e convívio dos seres, onde se haurirá a sabedoria dos ... - Questão 170

EDUCANDÁRIO - v. ESCOLA
EDUCANDO, ALUNO, S, APRENDIZ, ESTUDANTE - v. tb EDUCAÇÃO E EDUCADOR
- sem os professores materialistas e utilitaristas, céticos e amargos transmitindo mensagens pessimistas aos ... - Questão 132
- própria formação egoística, tendo na escola, o seu antídoto, por ensejar ao ... a convivência com outras pessoas - Questão 171
- Espiritismo aumentando a capacidade de discernimento dos ... e abrindo-lhes espaços culturais - Questão 197
- Espiritismo estudado não como disciplina sujeita à avaliação curricular e à promoção dos ... - Questão 197
- dando liberdade a cada ... de examinar o que lhe aprouver e escolher o que lhe seja melhor - Questão 197

EFEITO ESTUFA
- muito se condenando os malefícios, para a Terra, do ... - Questão 57

EGO, EGOCÊNTRICO
- quando o ... presente em primazia, já os valores da competição perdem o significado - Questão 104
- quando o ... toma conhecimento de todos os seus conteúdos psíquicos - Questão 105
- separatividade resultando do período do pensamento ... - Questão 109
- conflitos e situações embaraçosas, prejudiciais, que somente exaltam o ... e exibem o personalismo doentio - Questão 219

EGOÍSMO, EGOÍSTA, EGOÍSTICA, EGOÍSTICO, S
- condições ... em que vive a atual sociedade, natural que a superpopulação pareça ameaçar as estruturas econômicas etc. - Questão 4
- ... cedendo lugar à justiça - Questão 4a

- predomínio do ... na natureza humana respondendo pelas aflições incontáveis no organismo social - Questão 11
- se a competição e o individualismo também têm a ver com a natureza humana, decadente, ... e imperfeita - Questão 15
- porque homens e mulheres são ainda predominantemente ... - Questão 15
- toda forma de individualismo quase sempre resulta do ... que conduz aos desvarios da indiferença e do crime - Questão 15a
- a consciência coletiva deve superar o ... destruidor dos empresários e administradores - Questão 17
- ... banido da Terra quando o amor vicejar nos corações - Questão 20
- maioria das pessoas escravas de atitudes ... - Questão 24
- ... causando miséria socioeconômica - Questão 24
- ... terrível chaga da Humanidade - Questão 26
- vicejem na criatura manifestações de natureza ..., encontrará forma de constituir um grupo social privilegiado - Questão 34
- devendo haver preocupação com os danos que o nosso ... vem ocasionando à mãe Terra - Questão 57
- os que se deixam dominar pelo ... nos crimes direcionados contra a Natureza, sendo motivo de sofrimento e enfermidade - Questão 63
- a dor existe enquanto o Espírito permanece na rebeldia, no ..., na ignorância da sua fatalidade - Questão 77
- o ... descobriu fonte de fortuna nas civilizações greco-romanas, quando houve elaboração de leis de propriedade - Questão 81
- uso adequado da terra dirigido para a produção de alimentos afastando o fantasma malthusiano, sociedade menos ... etc. - Questão 83
- Leis de proteção à vida em todas as suas expressões, aplicando-as com severidade contra aqueles que, alucinados, ... - Questão 87
- fase ... do processo de evolução do planeta terrestre - Questão 89
- possuindo recursos valiosos para dissolver os cânceres do ..., do orgulho, da prepotência, geradores da miséria - Questão 123
- quem aguarda resposta imediata, gratidão e recompensa, ainda transita nas faixas do ... - Questão 141
- tornando-se conquista lamentável para aqueles que a possuem para deleite exclusivo do ... - Questão 153
- realizações espirituais do ser impondo as necessidades do equilíbrio moral, estimulando à superação do ... etc. - Questão 158
- na raiz de todos os males de ordem moral predomina o ... - Questão 164

- comportamento enfermo pela própria formação ..., tendo na escola, o seu antídoto - Questão 171
- a fim de diminuir a penúria que aflige as vidas em todos os setores do mundo e ele responderá: anulação do ... - Questão 172
- trabalhando ... e contribuindo para que o mal predomine, já que o seu é um bem inoperante, portanto inútil - Questão 177
- a predominância do ... no caráter do homem respondendo por qualquer tipo de conflito, especialmente no de religiões - Questão 184
- viger o primarismo em a natureza humana, a sociedade enfrentará o fanatismo etc., que são filhos asselvajados do ... - Questão 185
- infelizmente, em razão das paixões ... em predomínio, os religiosos têm-se utilizado da fé para escravizar - Questão 186
- disposição de abdicar dos recursos ... aos quais se submete, subserviente - Questão 187

EGOÍSTA - v. EGOÍSMO

EINSTEIN - v. ALBERT

EJACULAÇÃO
- energias que os espermatozoides devem carregar, lançadas nas vias femininas (200 milhões por ...), não seriam aproveitadas - Questão 43

ELEMENTAIS
- Espiritismo ensinando que os Espíritos governam o clima da Terra utilizando para isso Entidades
  – os ... da Teosofia – etc. - Questão 63
- se haveria alguma relação entre desmatamento, seca e ... - Questão 63

ELÉTRICO, ELÉTRICA, S
- propriedades ... constituindo os locais acupunturais - Questão 51
- pontos acupuntuáveis como circuitos ... levando energia à intimidade dos órgãos - Questão 51

ELETROMAGNÉTICAS - v. ENERGIAS

ELETRÔNICA, ELETRÔNICO, S
- determinados setores das denominadas religiões ..., ferem frontalmente a qualidade do ensino de Jesus - Questão 124

- graças aos recursos da ... e da Física Quântica se pode ter uma ideia das ondas e vibrações do mundo parafísico - Questão 131
- a propaganda bombástica da fé ... perderá completamente o sentido - Questão 132
- desenvolvimento tecnológico permitirá a comprovação da vida após a morte, através da comunicabilidade pelos meios ... - Questão 160
- da mesma forma ocorrerá com as transcomunicações ..., que passarão à categoria de divertimento sem resultados morais - Questão 160
- sendo certo que através da contribuição do desenvolvimento da ... tornando-se mais fácil a comunicação dos Espíritos - Questão 215

ELEVAÇÃO MENTAL
- Divindade dispõe de recursos inumeráveis para que o Espírito evolua sem a necessidade do sofrimento, tais como a ... - Questão 180

ELISABETH KÜBBLER-ROSS
- quando a Educação for menos preconceituosa, facultando as pesquisas em torno das Doutrinas Parapsíquicas, conforme ... - Questão 94

EMBRIÕES CONGELADOS
- no caso de ..., em estados avançados de desenvolvimento, se estariam a eles ligados Espíritos - Questão 41

EMBRIOLOGIA - QUESTÕES 41 A 46

EMOÇÃO, EMOCIONAL, EMOCIONAIS, EMOCIONALMENTE
- os labores domésticos compatíveis com a sua estrutura feminina, sem sobrecarga para a sua economia ... - Questão 12
- qualquer proposta de felicidade para a sociedade tombará por falta de sustentação ... - Questão 28
- a ociosidade é a matriz de muitos males que atormentam os seres humanos, gerando perturbações ... - Questão 33
- ocorrências cármicas nas criaturas de compleição orgânica saudável com profundos distúrbios ... - Questão 39
- mente sendo dínamo gerador de energia, cuja qualidade resulta dos fatores que lhe constituem os interesses ... - Questão 48
- doença que afeta o corpo, a ... ou o psiquismo - Questão 48

- processos depurativos a expressar-se como enfermidades no corpo somático, na ... e no psiquismo - Questão 50
- deixando livre o espaço para as infecções, as deteriorações e desequilíbrios ... que aí se instalam - Questão 52
- adquirindo estabilidade ... e intelectual, sem olvido, por certo, dos valores morais - Questão 90
- o homem como um ser que possui corpo físico, ... e mental, como a Educação poderia alinhar esses corpos - Questão 94
- intelecto e ..., conhecimento e sentimento andam unidos no processo educacional - Questão 102a
- a escola do futuro terá o aspecto de um lar transitório, rico de segurança ... e cultural - Questão 111
- aprendizagem recíproca entre educadores e educandos, que se nutrem dos valores espirituais e ... que os reúnem - Questão 114
- para viver as ... que terão continuidade, sem que a desencarnação interrompa - Questão 119
- artista colocando a sua maneira de entendimento e ... cria o estilo - Questão 135
- nas regiões felizes a Arte é viva, portadora de calor e comunicativa pela ... - Questão 146
- tormentos que desgovernam as ... com predominância das sensações - Questão 148
- investigadores insuspeitos que procuravam terapias alternativas para problemas graves de transtornos ... - Questão 161
- o intercâmbio de experiências e de ... com as criaturas serão sempre fundamentais para o desenvolvimento do ser - Questão 170
- o casamento permanecerá na sociedade humana, por constituir-se uma das grandes e belas conquistas da ... etc. - Questão 173
- que não se realizaram socialmente, ao se depararem com Doutrinas religiosas etc., se completam ... - Questão 192
- programas de rara sensibilidade e ..., promovendo a Cultura, a Ciência e a Arte - Questão 204
- presença do paciente, que deve ser evitada em razão do próprio estado de desequilíbrio ... - Questão 211

ENDORFINAS
- ... liberadas sob a ação da irradiação perispiritual absorvida pela energia aplicada nos pontos de acupuntura - Questão 51

ENERGÉTICO - v. ENERGIA

ENERGIA, S, ENERGÉTICO; v. tb ENERGIA CH'I E ENERGIA NUCLEAR
- se seriam os genes campos praticamente ..., de antipartículas atômicas - Questão 40
- podendo-se afirmar que o ADN, na sua estrutura íntima, sendo um campo de ... na sua mais elevada expressão - Questão 40
- se as ... que os espermatozoides devem carregar, lançadas nas vias femininas, não seriam aproveitadas no mecanismo reencarnatório, e se teria outra destinação ... - Questão 43
- o que parece destruição não passando de transformação, retornando ao campo da ... de onde procede - Questão 43
- os espermatozoides excedentes, quando começam a desintegração celular, irradiam as ... que os constituem - Questão 43
- mente do ser humano sendo dínamo gerador de ... - Questão 48
- realidade estrutural do indivíduo, que se inicia nos campos da ... pensante - Questão 50
- os pais da Medicina ocidental já intuíam que o indivíduo é uma ... envolta em células - Questão 50
- desordenado espiritualismo imposto pela fé cega, lentamente é retomado o conceito baseado na ... - Questão 50
- revitalizando-se os campos ... no perispírito - Questão 50
- locais acupunturais que fazem parte constitutiva dos meridianos encarregados de conduzir a ...até os órgãos - Questão 51
- oferecendo ao organismo a ... necessária para manter o seu equilíbrio - Questão 51
- locais acupunturais como circuitos elétricos que levam a ... dos pontos acupuntuáveis à intimidade dos órgãos - Questão 51
- ... aplicada nos pontos de acupuntura sendo absorvida pelos nervos e pelas células gliais - Questão 51
- perispírito é alcançado, desse modo, diretamente em razão dos seus campos ... - Questão 51
- campo de ... apresentando-se debilitado, exteriorizando-se em ondas de frequência que dificulta o processo de mitose celular - Questão 52
- é do Espírito através do seu perispírito que partem as correntes de ... - Questão 52
- neste século, o petróleo sendo a principal fonte de ... e quais outras fontes de ... poderiam substituí-lo - Questão 56

- podendo-se concluir que a ... solar substituirá outros combustíveis - Questão 56
- controle nuclear, no que diz respeito à ... em si mesma, que auxiliará o progresso da humanidade - Questão 56
- ciência ainda distante do entendimento das intrincadas redes de ... que constituem o perispírito e o Espírito - Questão 59
- produção de alimentos mediante os recursos preciosos das forças mentais, recorrendo à bio-... etc. - Questão 61
- exercida pelo Espírito sobre a glândula pineal, através de cuja capacitação ... se produz a recepção da mensagem - Questão 65
- óvulo a ser fecundado, em cujo campo ... se encontram os demais fatores necessários para a modelagem do organismo - Questão 66
- ... magnéticas como as fluídicas produzindo uma neguentropia orgânica - Questão 67
- ... eletromagnéticas procedentes do Espírito através da ação mental do passista - Questão 67
- não existindo aniquilamento da vida na sua essência, na sua estrutura ... - Questão 69
- ... específica da estrutura psíquica da alma dos animais, que suavemente dá origem ao futuro perispírito - Questão 70
- ser humano, na linguagem parapsicológica, considerado ... pensante, Psicossoma e Soma - Questão 94
- responsável pelos pensamentos que projeta no espaço, que hoje ou mais tarde retornam ampliados pelo potencial de ... - Questão 129
- se a transmissão de ... em grandes blocos poderá ser feita sem meios físicos - Questão 165
- Deus criando o psiquismo antes da mônada, esta já sendo uma forma primitiva de ... em processo de materialização - Questão 199
- as ... prodigalizadas nas Casas Espíritas devendo alcançar os equipamentos sensíveis do Espírito - Questão 208
- sem que o indivíduo se resolva pela alteração de conduta para melhor, as ... absorvidas pelo perispírito - Questão 208
- o grande beneficiário da assistência que lhe é dispensada, absorvendo através do perispírito as... que lhe são dirigidas - Questão 208
- os agentes da transcomunicação irão recolher a ... que lhes faculte o intercâmbio onde o mesmo se encontre - Questão 214
- indispensável a participação do médium, que fornece a ... hábil na TCI - Questão 214a
- não olvidando que o médium sendo sempre necessário como instrumento por oferecer a ... indispensável - Questão 216

- espiritualização da matéria, que volve sempre ao campo da ... - Questão 217

ENERGIA CH'I; v. tb ENERGIA E ENERGIA NUCLEAR
- somente através da harmonia da ... há o equilíbrio da polaridade yin/yang e a reconquista da saúde - Questão 51
- a ... sendo captada pelo perispírito - Questão 51
- no conceito chinês sobre acupuntura, a ... é captada pelo corpo humano graças aos portais de entrada - Questão 51

ENERGIA NUCLEAR; v. tb ENERGIA E ENERGIA CH'I
- se a sociedade atual está preparada para a utilização dos benefícios da ... com fins pacíficos - Questão 164 reconhecendo que a
- ... aplicada pacificamente poderá modificar a paisagem da Terra, melhorando enormemente a vida - Questão 164

ENFERMIÇO, ENFERMIÇA - v. ENFERMIDADE

ENFERMIDADE, S, ENFERMIÇO, ENFERMIÇA, S, DOENÇA; v. tb ENFERMO, PROCESSO SAÚDE-DOENÇA, SAÚDE E CLÍNICA DE SAÚDE MENTAL, AIDS E INFECÇÕES
- numa sociedade injusta, onde vigem a fome, a ..., a insatisfação etc. são inevitáveis os focos de rebeldia - Questão 1
- transformação moral do indivíduo modificará a torpe paisagem terrena etc. desaparecendo os monstros das ... degenerativas - Questão 11
- sobre a manipulação genética para evitar as ... - Questão 36
- todo crime direcionado à Natureza constitui um gravame terrível, motivo de sofrimento, ... - Questão 63
- elabora forças destrutivas que lhe perturbam a harmonia, levando-o a estados ... - Questão 64
- nos currículos escolares fossem estabelecidas visitas a Hospitais, Clínicas de ... degenerativas etc. - Questão 102a
- evitados os males que ora afligem a sociedade, no que diz respeito a valores, ideias e crenças ... - Questão 122
- de que adiantam todos os confortos e comodidades etc. no enfrentamento das ... degenerativas, mentais etc. - Questão 168
- permanecendo-se em atitude desarmônica retornam os sintomas ou surgem outras ... - Questão 208

ENFERMO, DOENTE; v. tb ENFERMIDADE, PROCESSO SAÚDE-DOENÇA, SAÚDE E CLÍNICA DE SAÚDE MENTAL
- não se podendo culpar igualmente o ignorante e o culto, o homem primário e o social, o saudável e o ... psíquico - Questão 75
- direitos humanos derrapando no desrespeito a pessoas mais indefesas - ... etc. ficam à mercê dos dominadores - Questão 130
- graças à contribuição da Arte, o bruto se acalma, o primitivo se comove, o agressivo se apazigua, o ... se renova - Questão 144
- se a home school, as compras on-line, missas etc. não estariam evidenciando um comportamento socialmente ... - Questão 171
- problemática estrutural da personalidade, em outras palavras, do Espírito ... - Questão 171
- comportamento ... pela própria formação egoística, tendo na escola, o seu antídoto - Questão 171
- comunicação do perseguidor sempre muito constrangedora, e poderá provocar no ... uma soma de sofrimento - Questão 211
- por astúcia, Espírito comunicante poderá ameaçar o ..., produzindo nele depressão, receio etc. - Questão 211

ENGENHARIA GENÉTICA - v. GENÉTICA

ENSINO RELIGIOSO, EDUCAÇÃO, ORIENTAÇÃO RELIGIOSA - QUESTÕES 117 A 120; v. tb RELIGIÃO - QUESTÕES 184 A 193
- ... devendo ser sempre leigo, dando liberdade a cada estudante de examinar o que lhe aprouver e escolher - Questão 197

ENTIDADE ESPÍRITA - v. CASA ESPÍRITA
ENTIDADE ESPIRITUAL - v. ESPÍRITO
ENZIMA, S
- mais elevados os sentimentos e aspirações do indivíduo que cultiva a alegria de viver, mais expressivos os níveis da ... sIgA - Questão 64
- se no bioquimismo cerebral existiriam ... especiais que favorecessem as recepções mediúnicas - Questão 65
- na extraordinária glândula cerebral existem ... e proteínas que facilitam a realização de fenômenos mediúnicos - Questão 65
- essas ... etc. tornando-se condutoras da onda mental captada do comunicante, durante os fenômenos da psicofonia etc. - Questão 65

EPÍSTOLA AOS CORÍNTIOS; v. tb APÓSTOLO PAULO
- licitude e edificação das coisas (I Cor, 6: 12 e 10: 23) - Questão 179

EPÍSTOLA AOS TESSALONICENSES
- examinar o que lhe aprouver e escolher o que lhe seja de melhor, conforme ensinava o Apóstolo Paulo (I, ... 5: 21) - Questão 197

EQUIDADE
- a Divindade, dispõe de recursos inumeráveis para que o Espírito evolua sem a necessidade do sofrimento, tais como a ... - Questão 180

ERNESTO BOZZANO
- quando a Educação for menos preconceituosa, facultando as pesquisas em torno das Doutrinas Parapsíquicas, conforme... - Questão 94

ERRATICIDADE
- despreendimento temporário do corpo através do sono, vivenciando experiências na ...- Questão 143

ERUPÇÕES VULCÂNICAS
- ... detectadas pelos grandes progressos permitindo a evacuação da área onde ocorrerão - Questão 58

ESCOLA, S, ESCOLAR, ESCOLARES, ESCOLARIDADE, EDUCANDÁRIO - v. EDUCAÇÃO
- recuperação de presos sendo atentatório à dignidade humana, o delinquente mais se rebela, aprendendo na ... do crime - Questão 78
- infelizmente, a Terra ainda é um planeta-... de provas e expiações - Questão 78
- condições de dignidade para que ele possa produzir, tais como sementes, infraestrutura social, através de ... - Questão 82
- ... realmente leiga, sem os professores materialistas etc., transmitindo mensagens pessimistas aos alunos - Questão 132
- Terra sendo um planeta onde o Espírito desenvolve as suas aptidões, porém, ... transitória - Questão 168
- a tecnologia através do computador, da multimídia, da Internet, não estará dando a visão próxima de um mundo sem ... - Questão 170
- sempre havendo necessidade de ... cada vez mais belas nos aspectos de cultura e moralidade - Questão 170
- ... sendo sempre o laboratório vivo de atividades e convívio dos seres humanos etc. que as máquinas jamais substituirão - Questão 170

- comportamento enfermo pela própria formação egoística, tendo na ... o seu antídoto - Questão 171
- o mundo como ...de bênçãos, na qual se engrandece e se aprimora - Questão 178
- evitar tornar-se superior às demais, antes ensinando pelo exemplo e tornando-se uma ... de Doutrina Espírita - Questão 206

ESCOLA NOVA
- Pestalozzi inaugurou a ..., restaurando a dignidade infantil, abrindo espaço para a Psicologia da infância - Questão 116

ESCOLARIDADE - v. ESCOLA
ESCRAVIDÃO, ESCRAVIZA, ESCRAVIZAR, ESCRAVIZADORES, ESCRAVAGISTAS; v. tb ESCRAVO
- consciente dos seus direitos etc., disporá de valiosos recursos para lutar contra a classe dominadora que o ... - Questão 6
- o sentimento religioso, que é inato na criatura humana etc. reagiu em favor da ruptura das algemas ... - Questão 29
- educadores e orientadores de programas que não se libertaram dos condicionamentos ... para as mentes juvenis - Questão 91
- sem as presenças do monstro da guerra, da ... socioeconômica do homem - Questão 93
- toda vez que a cultura se liberta da ... dos preconceitos, as mágoas guardadas surgem em forma de reação quanto ao status - Questão 173
- infelizmente, em razão das paixões egoísticas em predomínio, os religiosos têm-se utilizado da fé para ... - Questão 186
- sendo os obstáculos morais que impedem o ser humano de crescer espiritualmente, de superar os vícios que o ... - Questão 189
- perdendo senso de discernimento e equilíbrio, passando a exigir o direito de usufruir prerrogativas enquanto ... - Questão 191

ESCRAVO, ESCRAVA; v. tb ESCRAVIDÃO
- se vale a pena mudar o regime socioeconômico do país etc. enquanto a maioria das pessoas continua ... de preconceitos - Questão 24
- o homem nascendo para ser livre - nem libertino, nem ... - Questão 28

ESFERAS ESPIRITUAIS, INFERIORES, FELIZES
- ... programando a reencarnação de mais de 20 bilhões de seres no Planeta - Questão 4
- Missionários que reencarnam com objetivos de aproximar a vida na Terra àquela que pulsa fora do corpo físico nas ... - Questão 131
- havendo expressões de estesia nas diferentes ... Felizes - Questão 138
- mais grotescas as manifestações artísticas nas ... ainda inferiores - Questão 138

ESPERMATOZOIDE, S
- aproveitamento das energias dos ... no mecanismo reencarnatório após a desintegração dos corpos celulares - Questão 43
- os .... excedentes, quando começam a desintegração celular, irradiam energias que os constituem - Questão 43
- momento em que o ... dispara na trompa de Falópio, os automatismos espirituais dão início à modelagem do invólucro - Questão 46
- ligação vibratória do futuro reencarnante no momento da eleição do ... encarregado da fecundação - Questão 66
- ... disparado pela ligação vibratória do futuro reencarnante - Questão 66

ESPIRITISMO - QUESTÕES 194 A 220; v. IN DOUTRINA ESPÍRITA
ESPÍRITO, S, SER ESPIRITUAL, BENFEITOR, BENFEITORES, ENTIDADE, S
- óptica do ... relativamente às preocupações de superpopulação do Planeta - Questão 4
- programados para reencarnar na Terra mais de vinte bilhões de seres - Questão 4
- bilhões de ... possam reencarnar-se sem qualquer prejuízo para a economia social do planeta - Questão 4a
- levando-os aos desequilíbrios referidos, excetuando-se os ... mais resistentes aos apelos primitivos - Questão 13
- ... Elevados revelando a Allan Kardec que o planeta avança para um estágio superior - Questão 14
- o conhecimento elevado liberta o ... das suas paixões perturbadoras - Questão 20

- investigação no organismo da criatura para identificá-la corretamente, constatando-lhe a indestrutibilidade, porque ... imortal - Questão 20
- pior ignorância é a que decorre do desconhecimento das Leis de Deus, da sua realidade de ... imortal - Questão 25
- o ... em prova possui ínsito o discernimento que o auxilia a reparar os males - Questão 25
- ... se socializa, adquire capacidade política, contribuindo em favor da Humanidade - Questão 25
- presença do ..., cujo órgão modelador é o perispírito - Questão 38
- somente através do ... a vida humana se expressa em plenitude - Questões 38, 42
- qual visão dos ... em torno da Bioética - Questão 39
- considerando-se a realidade do ser humano como ... imortal, o fenômeno da morte biológica sendo inevitável - Questão 39
- em face da necessidade de evoluir através das sucessivas reencarnações, o ... desenvolve as potencialidades intelectuais - Questão 39
- fetos com anomalias detectáveis, como se as mesmas procedessem do corpo e não do ... - Questão 39
- clonagem real em relação à criatura humana somente podendo acontecer mediante a interferência do ... - Questão 39
- ciência assenhorear-se da realidade do ..., compreenderá a necessidade de estabelecer-se um código de preservação da vida - Questão 39
- engenharia genética conseguindo requisitos para que a vida humana se expresse, o ... se utilizará da circunstância - Questão 39
- possibilidade de estarem ligados ... em embriões congelados em estados avançados de desenvolvimento - Questão 41
- ... que pensaram burlar a Lei da Vida pelo falso caminho do suicídio, permanecem em semi-hibernação - Questão 41
- se é possível o processo de formação de corpos orgânicos perfeitos baseados no código genético humano sem a presença do ... - Questão 42
- perispírito começa a imprimir nos genes e cromossomos contendo os equipamentos de que necessita o ... para a evolução - Questão 44
- definidos diversos programas orgânicos, o que dificultaria a perfeita identificação do ... com os instrumentos - Questão 44
- perispírito o modelador sem cuja presença o ... não lograria imantar-se à organização física - Questão 45
- delicados processos mentais decorrem das conquistas do ... - Questão 46

- automatismos perispirituais, à semelhança dos biológicos, dão início à modelagem do invólucro de que se utilizará o ... - Questão 46
- perispírito, encarregado de armazenar as conquistas evolutivas, que decorrem das ações do ... sobre a matéria - Questão 47
- o ser humano sendo essencialmente o ... que o organiza - Questão 48
- do pensamento, portanto do próprio ..., produzindo equilíbrio ou desarmonia a expressar-se em forma de doença - Questão 48
- quais das ações médicas se aproximam mais de uma visão de saúde integral (corpo/...) - Questão 50
- o ser humano sendo constituído pelo ..., perispírito e matéria - Questão 50
- é do ... através do seu perispírito que partem as correntes de energia - Questão 52
- todo labor terapêutico deve ter como meta prioritária atingir o cerne do ser - o ... - Questão 52
- ciência ainda distante do entendimento das intrincadas redes de energia que constituem o perispírito e o ... - Questão 59
- sistema holográfico no perispírito que reproduziria pensamentos, ideias, lembranças que procedem do ... - Questão 59
- Espiritismo ensinando que os ... que governam o clima da Terra utilizam para isso Entidades - Questão 63
- para onde iriam esses ... quando se dá o desmatamento - Questão 63
- essas Entidades, que são orientadas pelos ... Superiores, como ainda não dispõem de discernimento - Questão 63
- se as características imunológicas de cada ser refletem as particularidades dos ... - Questão 64
- o ... é o agente causador de todas as ocorrências em torno de si mesmo - Questão 64
- características imunológicas de cada ser, que refletem as condições evolutivas do ... que é - Questão 64
- ação mais ou menos consciente exercida pelo ... sobre a glândula pineal - Questão 65
- vibrações do perispírito decorrentes dos atos morais e dos comportamentos mentais do ... nas suas experiências anteriores - Questão 66
- irradiação que provém do ... como causa da aura dos seres vivos - Questão 67
- energias eletromagnéticas procedentes do ... através da ação mental do passista - Questão 67
- o ser humano é precioso, porque nele transitam os ... que já alcançaram uma faixa superior de entendimento na vida - Questão 68

- ... Nobres utilizando a alma dos animais no Além em trabalhos próprios de sua condição - Questão 70
- energia específica da alma dos animais, que suavemente dá origem ao futuro perispírito, que será envoltório do ... - Questão 70
- recordando da resposta dos ... Elevados, que se encarregaram da promoção do progresso da Terra etc. (LE, 540) - Questão 71
- se os ... que exercem ação nos fenômenos da Natureza operam com conhecimento de causa (LE, 540) - Questão 71
- os ... mais atrasados oferecem utilidade ao conjunto (LE, 540) - Questão 71
- a criança, que inspira ternura e amor, não obstante o período de infância, é um ... vivido e quiçá experiente - Questão 74
- ... respondendo em O Livro dos Espíritos (nº 618) sobre a diversidade de leis - Questão 75
- nos mundos onde predominam o amor e a justiça, conforme os ... Nobres responderam a Allan Kardec - Questão 75
- se a igualdade perante a lei não seria lamentável injustiça contra os pobres de corpo e de ... - Questão 75
- a dor existe enquanto o ... permanece na rebeldia, no egoísmo, na ignorância da sua fatalidade - Questão 77
- Terra um planeta-escola de provas e expiações, em razão de os ... que aqui nos encontramos ainda sermos inferiores - Questão 78
- o ... renasce no lugar e nas circunstâncias que lhe são mais necessárias para a evolução - Questão 80
- ... se reencarna em lugares que fomentam o crime e desenvolvem os sentimentos servis, se encontra sob o guante de provação - Questão 80
- se o ... preferir dar-se conta dos obstáculos que enfrenta e trabalhar-se moralmente, muito mais valiosas serão suas aquisições - Questão 80
- automação é conquista nobre do ... que descobre a desnecessidade de trabalhos pesados - Questão 88
- se o ensino formal, na visão espiritual, está conseguindo preparar seres ou está confundindo seus ... - Questão 91
- escola como base de educação integral, abrangendo a do ser na sua condição de ... imortal - Questão 91
- incluídos nos seus programas estudos do homem integral, o ser humano passará a ser considera do..., Perispírito e Corpo - Questão 94
- uma vida consentânea com a realidade imortalista do indivíduo, sempre ... indestrutível - Questão 94

- Allan Kardec transcreve dos ... é muito expressivo, porém, o codificador esclareceu antes que será a educação moral etc. - Questão 98
- compreendendo a história de ... do educando, que vem transitando por múltiplas reencarnações - Questão 99
- os fenômenos renovadores do pensamento ocorrendo quando os ... Missionários volvem à Terra - Questão 100
- no futuro, o mestre ideal deverá ser também o conhecedor do ... e seus potenciais - Questão 105
- ESCOLA como célula importante da construção intelectual, moral e social do ... - Questão 118
- na fase do nascimento o ... regista ocorrências da sua nova experiência com bastante lucidez - Questão 118
- conhecimento da eternidade do ... etc. oferecendo oportunidade de sintonia na parte divina do educando - Questão 119
- a crença na eternidade do ..., estribada na razão, exercendo função definida no comportamento do ser - Questão 119
- na própria consciência, lugar onde está escrita a Lei de Deus, conforme os ... superiores responderam a Allan Kardec - Questão 123
- os ... Lúcidos e Nobres não compartindo dos métodos apresentados nas TVs, para levar a mensagem da vida eterna - Questão 124
- graças aos recursos da Eletrônica e da Física Quântica se pode ter ideia do mundo parafísico, no qual vivem os ... Questão 131
- cada ... vendo e sentindo a Arte com as suas características e expressões evolutivas - Questão 135
- compreendendo a qualidade e tipo de Arte existente na Espiritualidade, onde vivem as Entidades nobres - Questão 138
- entendendo-se sempre que existem esferas inferiores onde estagiam os ... rebeldes - Questão 138
- movimentos artísticos inovadores e manifestações especiais da Arte e seus pioneiros sendo ... elevados - Questão 138
- psicopictografia sendo recurso nobre para a confirmação da sobrevivência do ... à disjunção molecular - Questão 139
- o ... de um artista não necessariamente buscando reencarnar-se como artista - Questão 142
- comum ver-se o ... que se realizou em determinado campo de vivência, retornar na mesma atividade - Questão 142
- quais ... atuariam ao lado dos artistas - Questão 143
- Lei de afinidades que vige no Universo fazendo que sintonizem os artistas encarnados com ... semelhantes - Questão 143

- quando artistas agitados pelas paixões perturbadoras, tornam-se instrumentos de equivalentes ... - Questão 143
- atraída uma pela outra pelo instinto gregário, ampliando o relacionamento pelos valores do ... e da cultura - Questão 155
- Allan Kardec demonstrou a legitimidade do fenômeno imortalista, mediante a comunicação dos ... após a morte - Questão 160
- se a sociedade da inteligência comprovará cientificamente as verdades espíritas, como a sobrevivência do ... etc. - Questão 161
- comprovações da sobrevivência do ... à disjunção molecular, assim como da reencarnação - Questão 161
- Psicologia Transpessoal detectou a causalidade do ... através de eminentes investigadores - Questão 161
- início de um intercâmbio cooperativo, pelo respeito a essas inteligências, que são os ... - Questão 162
- ... não se submetendo aos caprichos e exigências de estudiosos e pesquisadores - Questão 162
- consciência sendo patrimônio do ..., imortal, e jamais qualquer máquina poderá pensar por ela própria - Questão 167
- a característica essencial do ... é a capacidade de pensar - Questão 167
- a Terra sendo um planeta onde o ... desenvolve as suas aptidões, porém, escola transitória - Questão 168
- problemática estrutural da personalidade, em outras palavras, do ... enfermo - Questão 171
- forjados os heróis ou criminosos, graças ao comportamento do grupo, tendo-se em vista os ... que os constituem - Questão 174
- alegria expressando-se no Mundo espiritual como paz de ..., sem mágoa do passado nem ansiedade pelo futuro - Questão 176
- a função da reencarnação na Terra é desenvolver os valores que dormem latentes no ... - Questão 178
- responsabilidade dos ... encarnados no comportamento da homossexualidade em face das descobertas de alterações etc. - Questão 179
- ... portador de uma psicologia diferente da sua anatomia, não necessariamente corrompendo-se - Questão 179
- ... imprimindo nas sutis tecelagens do cérebro aquilo que lhe é mais importante para o desenvolvimento próprio - Questão 179
- o problema da licitude não devendo estimular o comprometimento do ... - Questão 179
- métodos que estimulam ao progresso intelecto-moral, ampliando os horizontes do ... em crescimento - Questão 180

- ... repetindo a lição quando se equivoca por ignorância - Questão 180
- ... insistindo no equívoco por teimosia, revolta ou desafio às Leis que regem a Vida, desarmoniza- se interiormente - Questão 180
- ... descobrindo-se em sofrimento e percebendo que do seu próprio esforço depende a libertação, desperta para a realidade - Questão 180
- a Divindade dispõe de recursos inumeráveis para que o ... evolua sem a necessidade do sofrimento - Questão 180
- ... Nobres periodicamente mergulhando nas sombras da Terra a fim de sofrerem espontaneamente, ensinando aos demais que o sofrimento conduz à reflexão, ao equilíbrio - Questão 180
- ... desarmonizando-se interiormente abre espaços para instalação da dor, que se lhe torna convite áspero à renovação - Questão 180
- ... limando as arestas morais e auxiliando no desenvolvimento espiritual - Questão 185
- o valor dos ... Nobres que reencarnam em todos os campos das atividades humanas, a fim de promoverem o progresso - Questão 186
- acreditando que aquele ... se fizera voluntário, para poder contribuir com o ministério do Mestre, nascendo sem dívida - Questão 193
- se a aceitação da descoberta do ... pela ciência atual constituirá um marco na evolução da Humanidade - Questão 196
- Allan Kardec iniciou a investigação científica do ... - Questão 196
- em que termos se podendo entender o limite do conhecimento dos ... entre aquilo que detêm e o que conseguem revelar - Questão 198
- desencarnação não oferecendo sabedoria a ... algum - Questão 198
- Entidades Veneradas que zelam pelo progresso da comunidade humana em nome de Deus - Questão 198
- ... prosseguem aprendendo e desenvolvendo a sua capacidade de inteligência e de crescimento moral, sem pressa - Questão 198
- onde se podendo situar o surgimento do ... na elaboração da mônada, em fase posterior onde se manifestasse o ... inteligente etc. - Questão 199
- psiquismo passando por processos de intumescimento, permitindo que surja das próprias entranhas o ... - Questão 199
- Jesus enviou seus Mensageiros, culminando com Sua vinda pessoal e o próprio sacrifício, retornando depois em ... - Questão 202
- as ocorrências que dizem respeito à vida são elaboradas pelo próprio ... que é o autor do que lhe sucede - Questão 205
- a única hierarquia que ressalta no indivíduo é aquela que procede da sua qualidade moral, portanto, a que provém do ... - Questão 206

- se o ... recebe também alguma forma de cuidado no tratamento espiritual das Casas Espíritas - Questão 208
- as energias prodigalizadas nas Casas Espíritas devem alcançar os equipamentos sensíveis do ... - Questão 208
- ... tornando-se o grande beneficiário da assistência que lhe é dispensada, absorvendo através do perispírito as energias - Questão 208
- se simples ligação do ... perturbado com o médium, poderia constituir recurso para habilitá-lo a esclarecimento oportuno - Questão 209
- fenômeno da incorporação de um ... em perturbação, não somente o obsessor, resulta em bênçãos para o comunicante - Questão 209
- ... Espirituais dispondo de melhores possibilidades para oferecer esclarecimentos à paz e ao equilíbrio - Questão 209
- havendo a comunicação, ela se transforme em psicoterapia, mediante as orientações sábias à ... etc. - Questão 209
- a incorporação ou psicofonia dos ... sofredores tendo como meta socorrê-los em misericórdia e amor - Questão 209
- desde que o Grupo se encontre em harmonia e siga as instruções da ... dos trabalhos - Questão 210
- por astúcia, o ... comunicante poderá ameaçar o doente, produzindo nele depressão, receio - Questão 211
- mediunidade como faculdade do ..., que o corpo reveste de células - Questão 212
- Espiritismo sendo a Doutrina dos ... e, portanto, que se desenvolve mediante o contato permanente com eles - Questão 213
- Allan Kardec quem interpretou o fenômeno da TCI, através do qual construiu, com os ... essa incomparável Doutrina - Questão 214
- fenômeno da transcomunicação se dando através da utilização pelos ..., do ectoplasma humano, fornecido pelos médiuns - Questão 214
- se os ... não sensibilizam as fitas magnéticas de modo próprio, se fazendo necessária a participação do médium - Questão 214a
- TCI repetindo as experiências do codificador através das mesas pé de galo etc. nas quais os ... gravavam mensagens - Questão 215
- através da contribuição do desenvolvimento da eletrônica tornando-se mais fácil a comunicação dos ... com os homens - Questão 215
- os ... ao se comunicarem, têm como meta despertar as criaturas, a fim de tomarem conhecimento de suas responsabilidades - Questão 218

ESPIRITUALIDADE; v. tb MUNDO ESPIRITUAL
- se a ... superior espera que os homens comecem agora a utilização dessas forças (espirituais, cósmicas e anímicas) - Questão 62
- como analisar a escola sob o aspecto espiritual, de preparação para a ...- Questão 91
- compreendendo a qualidade e tipo de Arte existente na ... onde vivem as Entidades nobres - Questão 138
- Arte promovendo o ser humano aos páramos da ... - Questão 144
- Allan Kardec e inumeráveis cientistas, que souberam conduzir-se ética e moralmente, granjeando a simpatia da ... - Questão 162
- em conta a precedência do Mundo espiritual, até que ponto é verdadeiro afirmar que tudo quanto
 existe na terra há também na ... - Questão 201
- sendo o terrestre o mundo das formas, quanto aqui existe se encontra na sua expressão mais elevada na ... - Questão 201
- mediante cuja colaboração recíproca, se vêm obtendo mensagens autênticas da ... - Questão 216

ESPIRITUALISMO, ESPIRITUALISTA
- abandonado o conceito pelo materialismo, no século passado, como reação ao desordenado ... imposto pela fé cega - Questão 50
- abrindo-se possibilidades para a visão ... e espiritista - Questão 50
- se à medida que o homem obtenha maior conhecimento, ele será mais ... - Questão 187
- compreensível que, à medida que se lhe dilate o conhecimento, mais ... se apresente - Questão 187
- ... ressurgindo em outras dimensões mais compatíveis com o conhecimento e a razão - Questão 190

ESPONTANEÍSTA,S
- observando-se uma proliferação de propostas educativas com tendências ... - Questão 115
- não obstante a respeitabilidade do conceito educacional ... etc. a orientação do educador é indispensável - Questão 116

ESPORTES- v. DESPORTOS

ESPÚRIA, ESPÚRIO, S

- leis injustas, filhas ... do materialismo, foram elaboradas para privilegiar alguns indivíduos, em prejuízo da grande maioria - Questão 81
- homem e mulher não como frutos ... do acaso - Questão 181

ESQUEMAS PSÍQUICOS HOLOGRÁFICOS - v. HOLOGRÁFICO
ESQUIZOFRÊNICO - v. TRANSTORNO

ESSÊNCIA DIVINA - v. DIVINDADE

ESTADO, S, GOVERNO,S GOVERNANÇA; v. tb GOVERNANTES
- sociedade melhor, que a reencarnação irá propiciando, mas que pode ser antecipada se os ... e cidadãos se unirem - Questão 7
- quando a força estabelece os direitos de ... - Questão 9
- Gorbachev, conhecendo o drama do seu povo e das demais Repúblicas sob sua ... inspirado pelas Forças do Bem - Questão 29
- organizações religiosas se ligando ao ... para sobreviverem - Questão 26
- recentes experiências de outros ... que demonstraram a falência da eficiência do marxismo como proposta socioeconômica - Questão 26
- gerando novas classes operárias cujo patrão perverso era o ... - Questão 29
- a distribuição de riquezas sob o comando de ... cruéis peca pela base - Questão 30
- os ... dos países tecnologicamente desenvolvidos ou não, não trabalharem leis dignas etc., haverá a ilusão da cidade - Questão 31
- a questão dependerá da lucidez e da responsabilidade dos ... - Questão 31
- papel do ... frente ao crescente desemprego resultado pela forma de desenvolvimento econômico e tecnológico - Questão 35
- experiência demonstrando ser desastrosa interferência do ... como regulador do processo de desenvolvimento econômico - Questão 35
- ... péssimo patrão que sofre interferência dos partidos políticos - Questão 35
- nas civilizações greco-romanas a terra era propriedade do ... - Questão 81
- nas civilizações greco-romanas o ... passou a doar a terra aos seus membros de início para serem preservadas as tumbas dos mortos - Questão 81

- como atuar um eventual Direito Internacional diante das soberanias dos ... - Questão 84
- todos incursos nas mesmas consequências da insânia que grassa em ... irresponsáveis e indivíduos gananciosos - Questão 85
- a orientação do ... na Educação dos cidadãos remonta à cultura grega, particularmente Creta - Questão 97
- mesmo que o ... proporcione uma Educação de qualidade, o que fazer para superar a falta de interesse dos educandos - Questão 107
- mister que os indivíduos em particular e o ... em geral passem a conceber a Educação de vital importância - Questão 107
- sendo indispensável que a família e o ... conjuguem esforços para a valorização da escola - Questão 107
- postura do espírita diante da imposição do ... de Educação religiosa nas escolas - Questão 120
- ... não tendo o direito de interferir na Educação religiosa dos cidadãos em geral, dos educandos em particular - Questão 120
- se seria lícito ao ... estabelecer censura à divulgação de comportamentos contrários aos princípios morais - Questão 130
- ao ... sendo lícito o dever de disciplinar o abuso em quaisquer áreas do comportamento dos seus cidadãos - Questão 130
- em um ... fragilizado pelas licenças morais, os direitos humanos derrapam no desrespeito - Questão 130
- Arte com o apoio da Religião, que sempre direcionou o destino dos povos, de alguma forma amparada pelo ... - Questão 152
- ... arbitrários e ambiciosos que somente pensam no seu poder etc. - Questão 164
- ... totalitários poderão exercer maior pressão sobre as massas, amargurando-as e controlando-as - Questão 169
- consórcios conjugais impostos a muitos homens, determinados por interesses do ...- Questão 173
- doutrinas religiosas que se aliaram ao ... para governar e impor seus postulados, distantes do pensamento de Jesus Cristo - Questão 181
- como o ... espiritual do mundo observa os problemas atuais - Questão 202

ESTESIA
- mente humana não podendo conceber nem o vocábulo traduzir as expressões de ... das Esferas Felizes - Questão 138

ESTETA, S
- o artista sendo portador de grande sensibilidade psíquica, lhe permitindo sintonizar com outros... - Questão 147
- ... já desencarnados, anelando por continuarem desenvolvendo a sua visão de beleza - Questão 147

ESTÉTICA - QUESTÕES 135 A 139
- mestres da Arte encarregados de a promoverem na Terra, ampliando as paisagens do sentimento, da ... - Questão 143

ESTILO - v. ARTISTA
ESTRELA, S
- período humano paradoxal, no qual o ser quase atingiu as ..., permanecendo em patamar inferior - Questão 151

ESTUDANTE - v. EDUCANDO
ÉTICA, ÉTICO, S
- para genética - V. Bioética
- quando a sociedade se desorganiza, os valores ...-morais encontram-se em decadência - Questão 2
- cabendo à Doutrina Espírita um papel relevante no comportamento dos meios de comunicação, em face das sua propostas ... - Questão 3
- o desenvolvimento tecnológico e científico evitará superpopulação danosa ao equilíbrio moral etc., criando condições ... - Questão 4a
- mudanças que se operarão na sociedade, no que diz respeito à ...-moral - Questão 4a
- dos fastos que se desenrolaram através dos milênios de realização, de cultura, de ... - Questão 16
- política tem sido instrumento mal utilizado por homens e mulheres, esquecidos dos valores ... - Questão 21
- a licitude da experiência devendo ceder lugar aos impositivos de uma ... trabalhada com rigor - Questão 36
- indispensável que seja levantada uma ... para a genética - Questão 39
- o grau de responsabilidade sendo correspondente ao nível de conhecimento cultural e ...-moral do indivíduo - Questão 75
- planejamento familiar realizado em bases ... será instrumento hábil para diminuir o crescimento geométrico da população - Questão 83

- qual modelo ...-educacional formará cidadão prontos para legitimar regras nas sociedades atuais - Questão 93
- legitimando regras fundamentadas em princípios ... relevantes - Questão 93
- inclusão de doutrinas ... na programação escolar - Questão 96
- as Nações ricas, muitas vezes carentes de valores ... deram início ao mercado de competições - Questão 104
- se Educação moral ... social, é tema escolar ou familiar - Questão 108
- Educação moral, na sua abrangência, envolvendo também a ... social e outras expressões - Questão 108
- consideração pelos valores ... exercitados desde os primeiros momentos junto ao educando - Questão 113
- Escola devendo apresentar na sua programação lições de ... a respeito da consideração que merecem todos os cultos - Questão 118
- contribuição ... devendo abarcar temas pertinentes à liberdade de todos os indivíduos, nas diferentes áreas - Questão 118
- direito de pensar concedido a toda criatura, mesmo por uma razão de natureza ... -moral e espiritual - Questão 119
- evitados os males que afligem a sociedade é não transferir para a escola toda a responsabilidade pela formação ... - Questão 122
- ao educador cabe desenvolver os valores ... -morais do educando - Questão 123
- não se podendo divorciar a proposta da Religião da ... de apresentá-la - Questão 124
- costumes que pervertem e levam à consumpção, conspirando contra os valores humanos e os princípios da ... e da moral - Questão 129
- preservação dos valores ... devendo estar presente em todas as Constituições - Questão 130
- em vista ser o avanço tecnológico superior ao avanço da criatura humana, como será a ... da era pós-revolução tecnológica - Questão 156
- sendo inevitável o despertar de uma nova ... mais consentânea com o progresso alcançado na área tecnológica - Questão 156
- terrível violação ... dos direitos humanos, robotizando as criaturas, mesmo sob justificativa de dignificação - Questão 157
- investigações realizadas por Allan Kardec, como por inumeráveis cientistas, que souberam conduzir-se ... e moralmente - Questão 162
- na realização de uma tecnologia dignificante, os valores ... não podem ser esquecidos - Questão 166

- do ponto de vista ...-religioso e da modernidade dos tempos atuais, como será o comportamento da Imprensa espírita - Questão 219

ÉTICA DA GENÉTICA - v. BIOÉTICA

EU PROPÍNQUO
- oração sendo o vínculo que ata o ser que se levanta do chão das paixões ao fulcro das realizações, ligando o ... ao Tu longínquo - Questão 189

EVANGELHO
- distribuição e venda de produtos terrenos, com a possibilidade de enriquecimento dos seus líderes agredindo o ... - Questão 124
- se Jesus não teria utilizado o recurso da Arte para sensibilizar a alma humana quando passou o seu ... através de parábolas - Questão 150
- família ressurgindo com valores ora esquecidos e inspirada no código do ... de Jesus - Questão 174
- sendo ensinadas lições de dignificação, condutas não viciosas, apresentadas renovações morais à luz do ... - Questão 220

EVOLUÇÃO, EVOLUTIVO,S EVOLUTIVAS
- o ser humano crescendo mediante as lutas que lhe desenvolvem a capacidade de ... - Questão 1
- desigualdade moral dos indivíduos, em razão do seu estágio de ... espiritual - Questão 7
- os seres humanos encontrando-se em diferentes níveis de consciência, em variados estágios de ... moral e espiritual - Questão 13
- a ... sendo inevitável, porque faz parte dos mecanismos da vida - Questão 14
- graças a esse processo de ..., o planeta Terra, qual ocorre com os demais, passa por diferente ciclo na escala dos mundos - Questão 14
- adquirindo capacidade política, a fim de contribuir em favor da ... da Humanidade - Questão 25
- no atual estágio de ... da criatura humana e do planeta terrestre, a reencarnação tem início no momento da fecundação - Questão 44
- na fecundação, o perispírito começa a imprimir nos genes e cromossomos os equipamentos de que necessita o Espírito para a ... Questão 44

- recursos magnéticos de que é constituído o perispírito, apresentando as características que lhe refletem o estado, a ... - Questão 45
- mecanismos cármicos, responsáveis no binômio saúde-doença em razão das necessidades de ...- Questão 47
- perispírito, encarregado de armazenar as conquistas ... - Questão 47
- encaminhadas a outras experiências ..., de modo a que não se lhes interrompa o processo de ... - Questão 63
- características imunológicas de cada ser, refletindo as condições ... do Espírito que é - Questão 64
- estágios ... dos indivíduos não são os mesmos - Questão 65
- o perispírito molda o futuro corpo necessário ao processo de ... - Questão 66
- transformações impostas pelo mecanismo da ... caracterizam todos os seres que a ela são submetidos - Questão 69
- recambiadas as almas dos animais ao corpo somático, sempre em processo de ... - Questão 70
- o Espírito renasce no lugar e nas circunstâncias que lhe são mais necessárias para a ... - Questão 80
- se automação representa risco de desemprego e como proteger o trabalhador sem privar a sociedade da ... tecnológica - Questão 88
- fase egoísta do processo de ... dos seres do planeta terrestre - Questão 89
- processo de ... sendo inevitável - Questão 93
- modelo educacional através do qual se alcance os principais objetivos da Educação, visando sua integração social e ... etc. - Questão 96
- no processo da ... da escola e da Educação - Questão 97
- formação do caráter e o desenvolvimento do intelecto fazendo parte do programa de ... da criatura humana - Questão 110
- sem as bases do programa de ... da criatura humana, esta se vê obrigada a estacionar nas fases primárias do pensamento - Questão 110
- paixões assinalando o estágio ... - Questão 115
- equipando o educando com valores que o capacitem para a vida etc. preparando-o para os passos da ... - Questão 118
- educando resolvendo com sabedoria os problemas que enfrentará durante a sua caminhada ... - Questão 121
- o imenso poder da mídia e o atual estágio da Humanidade, onde preponderam os vícios, como se dará a ... - Questão 125
- ser humano elevado a pontos culminantes no seu processo de ... cultural - Questão 127

- havendo estágios na ... da criatura, nos quais o amor ainda não nasceu e o temor predomina - Questão 132
- fase na ... da criatura onde o seu é o Deus do medo, da imposição arbitrária, tendo a sua que ser a melhor Religião - Questão 132
- cada Espírito vendo e sentindo a Arte com as suas características e expressões ... - Questão 135
- a ... do ser sendo abrangente, facultando-lhe experiências em várias áreas do conhecimento, do comportamento - Questão 142
- afinidades direcionadas para as paixões primitivas e suas expressões, materializando, na Arte, o nível ... - Questão 151
- quais contribuições Arte e Religião mutuamente trouxeram no decorrer da ... humana e qual a mais influenciada pela outra - Questão 152
- Arte e Religião, que se confundem na pré-história, ambas contribuindo para o processo da ... dos seres - Questão 152
- o medo de aproximação como mecanismo transitório do processo de ... - Questão 155
- violação do livre-arbítrio do ser e o seu processo de ... ficaria paralisado - Questão 157
- fenômeno ... tendo lugar no momento em que se deseje - Questão 175
- homossexualidade sendo processo natural de experiência ... - Questão 179
- se existem processos mais brandos na busca ... - Questão 180
- mecanismo da ... dando-se através das experiências que fazem parte da vida - Questão 180
- Divindade, que é o amor, dispõe de recursos inumeráveis para que o Espírito evolua - Questão 180
- afirmativa de Hegel de que a Dialética é um modo de perceber o real em ... (via a ser) por movimentos contraditórios - Questão 181
- nas partículas infinitesimais a Inteligência Divina se faz, restando alguma parcela de decisão em todos os níveis ... - Questão 182
- enfrentando os problemas por ele mesmo gerados e que o surpreenderam com novos conceitos em torno da vida e da ... - Questão 183
- conflito no grupo social como resultado do primarismo que prevalece no ser humano em trânsito de estágio de ... - Questão 184
- filhos asselvajados do egoísmo em desgoverno desses indivíduos portadores de pensamento primitivo, nos primórdios da ... - Questão 185
- se a aceitação da descoberta do Espírito pela ciência atual constituirá um marco na ... da Humanidade - Questão 196

- se haveria saltos no processo ... - Questão 200
- problemas atuais e que tipo de providências estariam sendo adotadas para a ... espiritual - Questão 202
- informação e a prova que lhes faltavam para se entregarem à transformação moral indispensável à própria ... - Questão 202
- planeta de regeneração, ainda sob a injunção do sofrimento quando necessário, porque essa não é a etapa última da ... - Questão 203
- outras etapas da ... dos mundos se desdobrarão até o Infinito, porquanto esse não tem limite - Questão 203
- construção do comportamento e os fenômenos positivos ou negativos são resultados das suas necessidades ... - Questão 205

EXCESSO, S, EXCESSIVO
- qual a visão dos Espíritos em torno da bioética e do número ... de discussões em torno da regulamentação desse tema - Questão 39
- indispensável a moderação nos ... - as exageradas cargas de trabalho que fatigam e aborrecem o educando - Questão 90
- se ensino formal está confundindo pelo ... de matérias teóricas - Questão 91
- o ..., na área dos programas teóricos, tem prejudicado a aprendizagem real - Questão 91
- extraídos os ..., que são da natureza humana, Arte e Religião ofereceram valiosa contribuição para o processo de evolução - Questão 152
- todo ... sendo prejudicial - Questão 153
- quando as criaturas forem solidárias o ... de alguns atenderá as necessidades de todas - Questão 172

EXECUTIVOS
- sempre haverá grupos sociais e gerenciais, de ... e trabalhadores, em lugares próprios para o desempenho das suas tarefas - Questão 89

EXIBICIONISMO
- mídia religiosa, de certa forma preenche espaços que estavam sendo utilizados para o sexo alucinado, para o ... vulgar - Questão 220

EXPIAÇÃO, EXPIAÇÕES
- o progresso, na Terra, se fazendo por etapas, em razão de ser o planeta um mundo de provas e ... - Questão 11

- semi-hibernação aguardando oportunidade para o recomeço da experiência, e esse período lhes constitui a ... - Questão 41
- planeta Terra alterando o clima e constituição, mediante o que passará de mundo de provas e ... para mundo de regeneração - Questão 58
- Terra ainda é um planeta-escola de provas e ..., em razão de os Espíritos que aqui nos encontramos ainda sermos inferiores - Questão 78
- processo de transformação do planeta de mundo de provas e ... para mundo de regeneração - Questão 202
- enfermidades que fazem parte do seu quadro de provas e ...- Questão 208
- em atitude desarmônica retornam os sintomas ou surgem outras enfermidades que fazem parte do quadro de provas e ... - Questão 208

FAMÍLIA, FAMILIAR, FAMILIARES
- se é possível associar o aumento dos desajustes sociais etc. ao enfraquecimento das Instituições, notadamente a ... etc. - Questão 2
- indispensável que a ... se apresente estruturada sobre bases de honradez e equilíbrio - Questão 2
- criando condições éticas e nobres para o planejamento ... - Questão 4a
- numa época de violência, de desrespeito pelos valores adquiridos etc., necessárias providências de defesa da ... - Questão 5
- ... enfrentando condições sub-humanas para conseguirem ao menos o alimento que as manterá vivas - Questão 11
- como analisar a crescente participação da mulher no mercado formal de trabalho com a perspectiva do futuro da ... - Questão 12
- direitos de igualdade entre homens e mulheres, os primeiros tendo iguais deveres na construção da ... - Questão 12
- deveres equanimemente divididos, de acordo com as possibilidades de cada um dos envolvidos na harmonia ... - Questão 12
- planejamento ... realizado em bases éticas, como instrumento para diminuir o crescimento geométrico da população - Questão 83
- escola facultando preparação para os cometimentos externos, na ... - Questão 91
- como integrar a educação ... e a escolar - Questão 98
- na ... sendo formados os caracteres, incutidos os hábitos salutares do educando - Questão 98

- mesmo que a ... proporcione uma Educação de qualidade, o que fazer para superar a falta de interesse dos educandos - Questão 107
- na ... se encontra a primeira escola, formadora do caráter e da personalidade - Questão 107
- sendo indispensável que a ... e o Estado conjuguem esforços para a valorização da escola - Questão 107
- se Educação moral, ética social, é tema escolar ou ... - Questão 108
- Educação moral iniciando-se no lar, pelo exemplo dos pais em relação aos demais indivíduos, incluindo os ... - Questão 108
- quando a ... não possui a configuração tradicional, qual seria o momento mais adequado para iniciar-se a Educação - Questão 114
- o que se faz imediato é a reconstrução da ... célula *mater* do organismo social - Questão 114
- nenhuma instituição por mais bem aparelhada substitui o afeto da ... - Questão 114
- à .... cabendo a tarefa não só de conduzir os filhos à Religião que os pais professam, senão também da educação em geral - Questão 117
- ... como suporte-exemplo para o trabalho complementar da escola - Questão 117
- Educação incutindo no imo do educando a certeza da imortalidade e conscientizando-o de que é membro da ... universal - Questão 123
- se o que se conhece como ... será mantido - Questão 174
- ... como pedra angular do edifício da sociedade, ela sobreviverá ao caos do momento - Questão 174
- ... ressurgindo com valores ora esquecidos e inspirada no código do Evangelho de Jesus, tendo como alicerce o amor - Questão 174
- todo empenho devendo ser direcionado à ..., a fim de harmonizar os interesses de todos que ali se encontram vinculados, membros da grande ... universal - Questão 174
- se a comunidade religiosa tem assumido o papel de solidariedade na ... na sociedade - Questão 186

FANATISMO
- quando faltam valores apela-se para os recursos da sugestão, do engodo, do ... - Questão 124
- nas religiões em geral, esses conflitos se manifestam em forma de rebeldia ou de ... - Questão 183

- enquanto viger o primarismo em a natureza humana, a sociedade enfrentará o ..., o preconceito, a violência - Questão 185
- por que entre os religiosos crescem o ... e a intolerância - Questão 191
- Espiritismo não gerando ... e acima de tudo respeitando os níveis de consciência - Questão 191
- características do atraso moral da criatura humana, a intolerância com as demais e o ... de qualquer natureza - Questão 191
- equívoco de outras Doutrinas que, no passado, tentaram impor os seus postulados, terminando pelo delírio do ... - Questão 197
- recurso característico do ... que não encontra guarida nos postulados espíritas - Questão 218
- entre as características do atraso moral da criatura humana, a intolerância para com as demais e o ... de qualquer natureza - Questão 191

FANTASMA MALTHUSIANO, MALTHUSIANISMO; v. tb CRESCIMENTO ARITMÉTICO E GEOMÉTRICO DA POPULAÇÃO
- se o uso adequado da terra dirigido para a produção de alimentos afastaria o ... - Questão 83

FARISAICAS
- falhas que, habitualmente, são detectadas, mas, raramente alteradas porque servem para conciliar as dominações ... - Questão 23

FATALIDADE - v. FATALISMO
FATALISMO, FATALIDADE, DESTINO
- apresentando-se a realidade sem as marcas danosas do pessimismo, do ... - Questão 10
- não se podendo ignorar o ... biológico, se expressando através do DNA e do RNA - Questão 66
- se o ..., o destino, quando aplicados à ordem moral não absolveriam o crime e desapreciariam a virtude - Questão 77
- o único ... que existe é para o bem, para a felicidade - Questão 77
- o ..., cada qual está a escrevê-lo com os atos, mediante o livre-arbítrio - Questão 77
- dor existe enquanto o Espírito permanece na rebeldia, na ignorância da sua ... - que é alcançar o reino dos céus - Questão 77
- objetivo da Educação é preparar homens e mulheres dignos para a condução do próprio como do ... da sociedade - Questão 110

- o conhecimento dos objetivos espirituais da vida, o ... que a cada um espera após a conclusão da breve etapa carnal - Questão 119
- crescimento de novos meios de comunicação, redes de computadores etc. qual o ... da mídia impressa - Questão 126
- religião, que sempre direcionou o ... dos povos - Questão 152
- a fim de desdobrar e permitir que surja das próprias entranhas o ser espiritual, que é a sua própria ... - Questão 199
- concordando com a orientação do codificador do Espiritismo em torno da influência dos astros nos ... humanos - Questão 205
- no que tange ao ... e ao futuro dos seres humanos somos inteiramente concordes com a Lei de Causa e Efeito - Questão 205

FAUNA
- abusos praticados contra a Ecologia, perturbando a ..., a flora, contaminando os rios, mares, oceanos, camada de ozônio - Questão 87

FÉ
- decepcionados com a conduta dos religiosos, abdicaram da ... cega e irracional adotando comportamento materialista - Questão 26
- sem a segurança de uma ... religiosa racional descambam também em outra ordem de crimes - Questão 26
- abandonado o conceito pelo materialismo, no século passado, como reação ao espiritualismo imposto pela ... cega - Questão 50
- a Religião deve ser aprendida no lar e no templo da sua confissão de ... - Questão 91
- cada aluno seja orientado no lar e no seu núcleo de ... a respeito da Doutrina espiritual que deverá seguir - Questão 118
- o templo dedicado a cada expressão de ... sendo o lugar ideal para o ensino dos seus postulados - Questão 119
- a propaganda bombástica da ... eletrônica perderá completamente o sentido - Questão 132
- através das reencarnações se chegando a Deus pelo amor, e à ..., mediante a razão - Questão 132
- a insegurança pessoal, psicologicamente conduz o indivíduo à ditadura da ... - Questão 184
- infelizmente, em razão das paixões egoísticas em predomínio, os religiosos têm-se utilizado da ... para escravizar - Questão 186

- é de lamentar-se! – a solidariedade humana é exercida para com aqueles que privam dos mesmos postulados de ... - Questão 186
- impedem o avanço do indivíduo na busca da sua plenitude, necessitam ser vencidas através da ... racional - Questão 189
- Espiritismo sendo uma Doutrina de liberdade, porque a sua é a ... raciocinada - Questão 191
- membros do Grupo devendo estar vigilantes, liberando-se de qualquer tentativa de ... cega - Questão 210

FECUNDAÇÃO, FECUNDADO
- se as energias que os espermatozoides devem carregar constituiriam uma coroa protecional para o óvulo ... - Questão 43
- espermatozoides excedentes irradiam suas energias, que se fazem absorvidas pelo óvulo ... - Questão 43
- se a reencarnação poderia processar-se não no momento da ... e sim em estágios mais avançados do processo embriológico - Questão 44
- no atual estágio de evolução da criatura humana e do planeta terrestre, a reencarnação tendo início no momento da ... - Questão 44
- como se processando a interferência do perispírito na organização genética do corpo após a ... - Questão 46
- momento da eleição do espermatozoide encarregado da ..., dá-se a ligação vibratória do futuro reencarnante, fazendo-o disparar e alcançar o óvulo a ser ... - Questão 66
- interromper aquela em formação quando a vida da mãe esteja em perigo, porquanto a matriz poderá ensejar nova ... Questão 73

FELICIDADE, FELIZ, FELIZES
- revoluções que, ao invés de estabelecerem um período de ..., quase sempre derrubam uma classe privilegiada e erguem outra - Questão 9
- conquistas tecnológicas sendo neutras em si mesmas, podendo modificar a face do planeta e torná-lo um mundo de ... - Questão 11
- tendo-se sempre em vista a ... da prole e dos pais - Questão 12
- valores elevados que servem de base para novas aquisições etc. que têm por objeto a ... de todos - Questão 14
- o amor aos demais, em cujo grupo se podem estabelecer os mecanismos da ... real e fecunda - Questão 15
- a ... a sós é transtorno esquizofrênico - Questão 15
- a ... a dois é paixão consumidora - Questão 15

- a ... no grupo de ajuda e apoio, de fraternidade e afeto, é manifestação divina - Questão 15
- falência das religiões nos objetivos de conduzir o ser humano com segurança no rumo da ... - Questão 26
- proposta socialista etc. foi transformada em arma de dominação, passou a falhar nas próprias bases, que são a ... do ser etc. - Questão 28
- qualquer proposta de ... para a sociedade tombando por falta de sustentação emocional e moral - Questão 28
- novos descobrimentos contribuindo para que se possa viver com mais equilíbrio e mais ... - Questão 39
- ser humano podendo receber as revelações necessárias para a sua própria ... - Questão 62
- o único fatalismo que existe é para o bem, para a ... - Questão 77
- sob o guante de provação necessária, porque não soube ou não quis utilizar-se com o proveito para a ... - Questão 80
- preparação da ... a ser fruída depois da disjunção molecular - Questão 119
- recursos valiosos para a ... humana - Questão 127
- acreditando-se que no futuro a TV contribuirá de forma positiva para a sociedade ... - Questão 127
- levando-se em conta que as reencarnações dos promotores da ... humana dão-se amiúde - Questão 156
- Jesus estabeleceu o paradigma: Meu reino não é deste mundo, e Allan Kardec adicionou que A ... não é deste mundo - Questão 168
- compreendendo-se ser a ... um estado interior e não o acumular de bens que nunca se fazem utilizados - Questão 172
- quando compreenderá o homem que tudo se resume na busca da ..., orientando sua vida de forma coerente com essa busca - Questão 175
- indivíduo compreendendo que a sua ... é infinita, e que o prazer que se desfruta, pela sua transitoriedade, é apenas ilusão - Questão 175
- o ser desperta para o valor de si mesmo, descobre que é membro da sociedade e que de si depende a ... do grupo social - Questão 177
- orando, o ser consegue a força para superar-se e alcançar o patamar da ... - Questão 189

FELIZ, FELIZES ; v. tb FELICIDADE
- no indivíduo as pedras básicas do alicerce social, que devem ser trabalhadas de forma a poderem construir grupos ... - Questão 8
- nunca os instrumentos do terror podem servir de mecanismos nobres para serem alcançados resultados ... - Questão 26
- o marxismo seria uma proposta socioeconômica ..., não se assentasse no materialismo dialético - Questão 26
- mudança no processo da miséria quando cada um se dê conta que é impossível ser ... a sós - Questão 34
- solidariedade etc. e oportunidades a todos para o seu crescimento e a sua existência ... - Questão 34
- na conquista de valores morais e espirituais indispensáveis à vida ... - Questão 89
- a escola deve ser leiga, livre de peias e imposições seitistas, facultando livre e ... escolha por parte dos seus integrantes - Questão 91
- Educação como de vital importância para uma existência saudável e ... na Terra - Questão 107
- valorização da escola e o seu grandioso significado na edificação de uma sociedade justa e ... - Questão 107
- Educação moral como base para uma existência ... - Questão 116
- vida tornada mais nobre e ... através dos gêneros artísticos - Questão 136
- havendo expressões de estesia nas diferentes Esferas ... - Questão 138
- nessas Regiões ..., a Arte é viva - Questão 146
- respeito mútuo, ao amor, à verdadeira solidariedade e à legítima fraternidade que a todos unirá na sociedade ... - Questão 159
- em ... oportunidade a mulher se liberta da sujeição absurda ao estigma da inferioridade em relação ao homem - Questão 173
- sociedade se tornando melhor e mais ... e não apenas mais devota - Questão 186

FILHO, FILHA, S
- se esfacelam os códigos do amor e do dever dos pais para com os ... - Questão 2
- mulher muitas vezes assumindo em muitos casos a manutenção da casa e a educação dos ... - Questão 12
- homens tendo iguais deveres na construção da família e orientação dos ... - Questão 12

- violência urbana que é um dos ... perversos dessa miséria - Questão 34
- leis injustas ..., espúrias do materialismo, foram elaboradas para privilegiar alguns indivíduos - Questão 81
- se cabe à família conduzir seus ... no caminho dos valores religiosos - Questão 117
- à família cabendo não somente a tarefa da condução dos ... à Religião que os seus pais professam - Questão 117
- pais inconsequentes creem que a tarefa da Educação é exclusivamente da escola, no que se tornam antimodelos para os ... - Questão 122
- pais pretendem transferir para a escola toda a responsabilidade pela condução dos ..., outros
  desrespeitam as propostas educacionais que os ... lhes apresentam - Questão 122
- viger o primarismo na natureza humana, a sociedade enfrentará o fanatismo etc. que são ... asselvajados do egoísmo - Questão 185

FILOSOFIA, FILÓSOFOS, FILOSÓFICO-QUESTÕES 181 A 183; v. tb FILOSOFIA DA ARTE, FILOSOFIA CHINESA E FILOSOFIA DA EDUCAÇÃO

- quando desaparecem seus líderes, os ... idealistas, os mais perversos e hábeis assumem o poder - Questão 9
- a ... da Revolução de 1917, que se apresentava como salvadora dos oprimidos, estava esquecida, e dominava o terror - Questão 29
- pensamento ... chinês, existe uma polaridade universal expressa pelo yin e pelo yang - Questão 51
- também ensina a ... chinesa que o indivíduo é um microcosmo - Questão 51
- insegurança em torno de um ideal, de natureza religiosa, ... etc. o comportamento do indivíduo faz-se agressivo - Questão 192
- não realizaram socialmente, ao se depararem com Doutrinas ... etc. se completem emocionalmente - Questão 192
- reafirma as conquistas da Ciência Espírita, cujos postulados oferecem campo para reflexões ... e morais-religiosas - Questão 196
- examinado o Espiritismo em profundidade, abrem-se-lhe as belas facetas ... e religiosa - Questão 197

FILOSOFIA CHINESA, FILOSÓFICO CHINÊS; v. tb FILOSOFIA, FILOSOFIA DA ARTE E FILOSOFIA DA EDUCAÇÃO
- segundo pensamento ... chinês, existe uma polaridade universal expressa pelo yin e pelo yang - Questão 51
- também ensinando a ... que o indivíduo é um microcosmo - Questão 51

FILOSOFIA DA ARTE - QUESTÕES 144 A 146; v. tb FILOSOFIA, FILOSOFIA CHINESA E FILOSOFIA DA EDUCAÇÃO
FILOSOFIA DA EDUCAÇÃO - QUESTÕES 108 A 116; v. tb FILOSOFIA, FILOSOFIA CHINESA E FILOSOFIA DA ARTE
FILÓSOFO - v. FILOSOFIA
FÍSICA NUCLEAR - QUESTÕES 163 A 165
FÍSICA QUÂNTICA
- graças aos recursos da Eletrônica e da ... se pode ter uma ideia das ondas e vibrações do mundo parafísico - Questão 131

FISIOLOGISTAS
- ... e psicólogos contribuindo valiosamente para que se estabelecessem com segurança as bases da Educação formal - Questão 97

FITOTERAPIA
- se ação médica da ... aproxima-se mais de uma visão de saúde integral - Questão 50

FIXAÇÕES FÍSICAS E PSÍQUICAS
- incorporação dos Espíritos sofredores tendo como meta socorrê-los em misericórdia etc.
convidando-os à libertação das ... - Questão 209

FLORA
- abusos perpetrados contra a Ecologia, perturbando a fauna, a ... contaminando os rios, mares, oceanos, camada de ozônio - Questão 87

FLUIDOS ANIMAIS
- ... de que é portador o médium, que o (obsessor) encharca - Questão 209

FLUXO MIGRATÓRIO CAMPO-CIDADE
- se não será necessária a inversão do ... já no próximo século - Questão 31

FOME
- numa sociedade injusta onde vigem a ..., a enfermidade etc. são inevitáveis os focos de rebeldia - Questão 1
- natural que a superpopulação pareça ameaçar as estruturas econômicas etc. trabalhando para que as calamidades da ... - Questão 4
- construindo uma Humanidade mais saudável, da qual desaparecerão os monstros da ..., da guerra etc. - Questão 11
- constitucionalmente voltados para atender a grande maioria que padece ... e outras carências - Questão 22
- em uma cultura que se apresenta como responsável pelo desenvolvimento da civilização, não há lugar para a presença da ... - Questão 24
- a ... grassava e a dominação política do partido comunista gerava insatisfações - Questão 29
- enquanto, na área onde vive, com a desolação, a ..., a sede etc. - Questão 31
- latifúndios injustificáveis na sociedade na qual ainda se morre de ... e ao desabrigo - Questão 81
- o uso adequado da terra dirigido para a produção de alimentos afastando o fantasma malthusiano, a miséria, a ... - Questão 83
- utilização justa das terras diminuiria grandemente os fatores da miséria econômica, da ... etc. - Questão 83

FONTE GERADORA DE VIDA - v. DEUS
FONTES VITAIS DO PENSAMENTO
- organismo elabora substâncias defensivas que provêm das ... - Questão 64

FORÇA, S; v. tb FORÇAS ANÍMICAS, FORÇAS CÓSMICAS, FORÇAS ESPIRITUAIS E FORÇAS MENTAIS
- instinto gregário mantém a ... preservadora que sustenta a espécie e aglutina os indivíduos - Questão 8
- melhores técnicas sociais e políticas ficando ultrapassadas etc. quando a ... estabelece os direitos de governança - Questão 9
- a saúde seria, conforme essa teoria, o equilíbrio perfeito entre essas duas ... - Questão 51

- correntes de energia partem do Espírito, através do perispírito e não do corpo para aquele núcleo que lhe distribui as ... - Questão 52
- quando se deixa enlear nos tormentosos pensamentos elabora ... destrutivas que lhe perturbam a harmonia - Questão 64
- alterando o comportamento celular para melhor e revitalizando os campos de irradiação de ... - Questão 67
- quando a sociedade mais prestigiar o conhecimento em detrimento da astúcia, assim como a cultura, ao invés da ... - Questão 103
- o respeito pelas ... constitutivas do Cosmo é dever que, de imediato, identifica-se - Questão 109
- evitando-se coações que são sempre reminiscências do primarismo que se pretende impor pela ... do poder - Questão 118
- como se dará a evolução conquanto ... antagônicas exerçam total controle sobre a mídia - Questão 125
- como usar a ... dos meios de comunicação, na construção de uma sociedade menos massificada - Questão 128
- o início do culto de adoração às ... Vivas que rodeavam o homem primitivo - Questão 152
- não forem mobilizadas todas as ... para combater o egoísmo, as atitudes estarão conduzidas pelas desregradas ambições - Questão 164
- criatura sempre retornando ao convívio com o Pensamento Cósmico, n'Ele haurindo ... para prosseguir a luta de elevação - Questão 184
- orando, o ser consegue a ... para superar-se e alcançar o patamar da felicidade, vencendo todos os desafios que defronta - Questão 189

FORÇAS ANÍMICAS; v. tb FORÇA, FORÇAS CÓSMICAS, FORÇAS ESPIRITUAIS E FORÇAS MENTAIS

- ... espirituais etc. se passíveis de um dia serem utilizadas pelo homem - Questão 61
- se a Espiritualidade superior espera que os homens comecem a utilizar agora as ... espirituais etc. - Questão 62

FORÇAS CÓSMICAS; v. tb FORÇA, FORÇAS ANÍMICAS, FORÇAS ESPIRITUAIS E FORÇAS MENTAIS

- ... anímicas etc. se passíveis de um dia serem utilizadas pelo homem - Questão 61
- se a Espiritualidade superior espera que os homens comecem a utilizar agora as ... anímicas etc. - Questão 62

FORÇAS ESPIRITUAIS; v. tb FORÇA, FORÇAS ANÍMICAS, FORÇAS CÓSMICAS E FORÇAS MENTAIS
- ... anímicas etc. se passíveis de um dia serem utilizadas pelo homem - Questão 61
- se a Espiritualidade superior espera que os homens comecem a utilizar agora as ... anímicas etc. - Questão 62

FORÇAS MENTAIS; v. tb FORÇA, FORÇAS ANÍMICAS E FORÇAS CÓSMICAS
- ... já valendo na atualidade para produção de alimentos - Questão 61

FORMAÇÕES ABERRANTES DE CÉLULAS
- clonagem humana somente podendo acontecer mediante a interferência do Espírito, sem o qual teremos ... - Questão 39

FRATERNIDADE, FRATERNO, FRATERNAL
- egoísmo, indiferença de milhões de criaturas cedendo lugar à justiça, à ... e ao amor - Questão 4a
- embora bolsões segregacionistas demonstrando atraso cultural dos povos, já representa um passo para a futura ... - Questão 5
- felicidade no grupo de ajuda e apoio, de ... e afeto, sendo manifestação divina - Questão 15
- já que as calamidades anteriores não lhe serviram de lição para uma vida verdadeiramente saudável em clima de ... - Questão 19
- desportos tornando-se indústrias de profissionais destituídos de sentimentos ... - Questão 104
- necessidade de ser mantida a ... entre os indivíduos - Questão 118
- povos prepotentes e dominadores cedendo lugar aos solidários e ... - Questão 154
- desenvolvimento moral conduzindo o pensamento e os indivíduos ao respeito mútuo, à legítima ... etc. - Questão 159
- romper as muralhas do isolacionismo e voltar à convivência ampla, ... - Questão 171
- família ressurgindo com valores ora esquecidos, tendo como colunas mestras do relacionamento doméstico a verdadeira ... - Questão 174
- função da reencarnação na Terra é desenvolver os valores que dormem latentes no Espírito, auxiliando-o a crescer na ... etc. - Questão 178

FREDERICO CHOPIN
- Rafael Sanzio renascendo como ... - Questão 142

FRIVOLIDADE
- qual ocorre hoje, onde há uma forte tendência para copiar a ... dourada - Questão 101
- mesas girantes facultaram ao codificador a constatação da Doutrina Espírita, enquanto os demais nada mais viam que ... - Questão 160

FUNÇÕES FISIOPSICOLÓGICAS
- sem o uso abusivo pela mulher das suas ... - Questão 173

FUSÃO NUCLEAR
- se o controle do processo de ... será obtido brevemente - Questão 163

FUTURO,S FUTURA, S; v. tb FUTUROLOGIA
- embora bolsões segregacionistas demonstrando atraso cultural dos povos, já representa um passo para a ... fraternidade - Questão 5
- participação da mulher no mercado formal de trabalho e assumindo manutenção da casa etc. como analisar o ... da família - Questão 12
- se existem fatos ligados à história da Humanidade, desconhecidos que, se revelados, poderão mudar o ... da mesma - Questão 16
- se teremos mais guerras no ... - Questão 19
- facultando uma alteração completa da forma de conduzir-se e de programar o seu ... - Questão 20
- de forma que surjam ... títeres conforme tem ocorrido - Questão 26
- dando início à modelagem do invólucro de que se utilizará o Espírito para os ... cometimentos - Questão 46
- a energia ch'i sendo captada pelo perispírito, que se encarrega de estimular as ... células - Questão 51
- espalhados por todo o corpo humano, preservando a coleta de dados que arquiva para ... empreendimentos - Questão 51
- que os homens comecem agora a exercitar a utilização dessas forças ou as desaconselhem, reservando para o ... - Questão 62
- a sociedade do ... que tem começo na atualidade, se utilizará mais dos recursos psíquicos - Questão 62
- o perispírito moldando o ... corpo necessário ao processo da evolução - Questão 66

- no momento da eleição do espermatozoide encarregado da fecundação, dá-se a ligação vibratória do ... reencarnante - Questão 66
- no processo de crescimento para adquirir o estado de Humanidade, que a aguarda no ... - Questão 69
- estrutura específica da alma dos animais sendo constituída de energia específica, que suavemente dá origem ao ... perispírito - Questão 70
- desinteressando-se totalmente do seu conteúdo informativo, que ele acredita jamais necessitar no ... - Questão 91
- métodos alternativos de ensino que trazem contribuição nova e, no ... se transformarão em científicos - Questão 92
- abrindo espaço para as realizações ... - Questão 100
- o ... da Humanidade caminhando com os pés do presente idealista - Questão 100
- no ..., o mestre ideal devendo ser também conhecedor do espírito e seus problemas - Questão 105
- escola será então, em ... próximo, como já vem ocorrendo, um campo de experiências integrais - Questão 109
- a escola do ... tendo o aspecto de um lar transitório, rico de segurança emocional e cultural - Questão 111
- a fim de que se examinando o passado, melhor se possa construir o ... - Questão 113
- essa lição viva, demonstrando que tudo passa, contribui para a edificação do ... - Questão 113
- acreditando que, no ..., a televisão contribuirá de forma positiva para a sociedade feliz - Questão 127
- qual será a reação das crianças no ... a uma tentativa de formação religiosa seja ela qual for - Questão 132
- como será a credibilidade da propaganda junto ao público dos cenários ... - Questão 133
- o verdadeiro artista sabendo que está trabalhando para o ... - Questão 141
- todos os artistas encontraram, nas fontes do ontem, a inspiração para as experiências do ... - Questão 145
- artista real permanece edificando, mesmo quando morre, pela qualidade do conteúdo de sua inspiração, que antecipa o ... - Questão 148
- ensinamentos de Jesus na roupagem de parábolas, a fim de preservá-los para o ... - Questão 150
- vivendo o ... na atualidade, se muitos fossem afeitos aos aspectos mais sublimados da Arte - Questão 151

- se o desenvolvimento tecnológico etc. seria ou será no ... cópia do que existe em mundos mais adiantados - Questão 159
- tendo em vista o processo de crescimento da sociedade do ..., - Questão 159
- desenvolvimento tecnológico levando a pensar em uma sociedade ... na qual todos os trabalhos executados pelas máquinas - Questão 168
- alegria expressando-se no Mundo espiritual como paz de espírito, sem mágoa do passado nem ansiedade pelo ... - Questão 176
- se as motivações do ser humano para continuar a viver poderão ser outras no ... - Questão 178
- produzindo dilacerações nas almas e gerando graves transtornos para o seu ... espiritual - Questão 179
- a dor sendo utilizada como forma de aprendizado para esta e para vidas ... - Questão 180
- como uma semente que possui em latência todos os elementos do ... vegetal, o psiquismo desenvolve-se lentamente - Questão 199
- Allan Kardec referiu-se à ... manifestação da cultura artística promovida pelo Espiritismo - Questão 204
- no que tange aos destinos e ao ... dos seres humanos, sendo inteiramente concorde com a Lei de Causa e Efeito - Questão 205
- médiuns cooperando mais ativamente na construção do mundo melhor do ... - Questão 215
- sendo pouco recomendável prever condutas ... - Questão 219

FUTUROLOGIA; v. tb FUTURO
- não se encorajando a fazer ... - Questão 126

GALHARDIA
- ao candidato sincero da mediunidade, os riscos etc. a fim de bem servir, constituam-lhe um desafio que enfrentará com ... - Questão 213

GALILEU - v. JESUS

GALILEU GALILEI
- o homem que se detenha na contemplação do Universo, se curvará para homenagear Deus, qual ocorreu com ... - Questão 187
- ... que, mesmo perseguido pela ignorância religiosa, não abdicou da sua crença e respeito ao Criador - Questão 187

GAYS
- criação de guetos modernos: negros, ..., pobres etc. com suas áreas restritas – elevadores de serviço, favelas etc. não coopera para formação de indivíduos inamistosos etc. - Questão 5

GELEIRAS
- recursos tecnológicos valiosos sejam aplicados para aproveitamento das áreas inóspitas - desertos e ... - Questão 4

GÊNERO ARTÍSTICO - v. ARTE

GENES
- interferindo-se na estrutura dos ... e cromossomos, diante de fetos que apresentem anomalias detectáveis - Questão 39
- se inserções perispirituais na zona física dar-se-iam nos ... do ADN e se seriam os ... campos energéticos - Questão 40
- na fecundação, a partir de cujo instante o perispírito começa a imprimir nos ... e cromossomos os equipamentos necessários - Questão 44

GÊNESE
- se o perispírito seria fator fundamental nos processos de ... corporal - Questão 45
- na ... corporal, o perispírito sendo de fundamental importância - Questão 45
- Astrologia desqualificada como ciência na ... (AK), mas sendo ideia que atravessa os milênios e as diferentes culturas - Questão 205

GENÉTICA, GENÉTICO, S, GENETICAMENTE, ENGENHARIA GENÉTICA, BIOGENÉTICA - QUESTÕES 36 A 40
- Se leis da Natureza permitirão ao homem penetrar nos mecanismos da ... - Questão 38
- se é possível o processo de corpos orgânicos perfeitos baseados no código ... humano - Questão 42
- como se processa a interferência do perispírito do reencarnante na organização ... do corpo após a fecundação - Questão 46
- à medida que a mitose celular se processa, os elementos ... experimentam a ação magnética dele irradiante - Questão 46

- o perispírito molda o futuro corpo necessário ao processo da evolução, utilizando-se dos recursos ... dos genitores - Questão 66
- fatores criminógenos podendo se desenvolver de acordo com o fator ... hereditário - Questão 76

GIGANTES, GIGANTESCA
- o sentimento religioso, que é inato na criatura humana, não mais suportou a opressão ... e asfixiante na URSS - Questão 29
- montanhas internas na busca da plenitude, vencidas através da fé racional etc. que transforma pigmeus em ... - Questão 189

GLADIADORES ROMANOS
- novos deuses que repetem os ..., se apresentam afortunados nos veículos da mídia - Questão 103

GLÂNDULA CEREBRAL - V. GLÂNDULA PINEAL
GLÂNDULA PINEAL, CEREBRAL
- se a ... seria a estação de comando do processo mediúnico na zona física - Questão 65
- na ... cerebral existem enzimas e proteínas especiais que facultam a realização dos fenômenos mediúnicos - Questão 65
- resultando em ação mais ou menos consciente exercida pelo Espírito sobre a ... - Questão 65

GLOBALIZAÇÃO
- vivendo-se num mundo marcado pela fragmentação, pela ... e pelo desenvolvimento meteórico da Informática - Questão 11

GORBACHEV - v. MIKHAIL
GOVERNANÇA - v. ESTADO

GOVERNANTES, AUTORIDADES GOVERNAMENTAIS; v. tb ESTADO, GOVERNO
- felizmente já se reúnem alguns ... mais sensatos - Questão 85
- ... perdendo a compostura, adotando mesmas condutas dissolventes - Questão 130

GOVERNO - v. ESTADO

GOVERNO ESPIRITUAL DO MUNDO
- como o ... observa os problemas atuais e que providências estariam sendo adotadas para a evolução espiritual do homem - Questão 202

GRANDE LUZ
- todos avançamos para a ... de onde se deriva todo o conhecimento - Questão 194

GRATIDÃO
- quem aguarda resposta imediata, ... e recompensa, ainda transita nas faixas do egoísmo, guindado ao orgulho vão - Questão 141

GRAVADORES
- graças ao avanço da tecnologia, os instrumentos de transcomunicação sendo os ..., os telefones, as televisões etc. - Questão 214

GRAVIDADE - v. LEI DA
GRUPO ESPÍRITA - v. CASA ESPÍRITA
GRUPOS FUNDAMENTALISTAS ISLÂMICOS
- mundo atual, tentativa de estabelecimento da paz e tolerância, como explicar grupos ..., que ainda espalham o terror - Questão 185

GUERRA,S
- a força estabelece os direitos de governança sobre as demais pessoas, reduzindo-as a hilotas ou matando-as vilmente em ... - Questão 9
- por isso, as ... cruéis continuam sucedendo-se com requintes de perversidade, de hediondez que apavora - Questão 11
- construindo uma Humanidade mais saudável, da qual desaparecerão os monstros da fome, da ... etc. - Questão 11
- motivos das ... - Questão 12
- o homem promovendo ... para obtenção de mais poder e se teremos mais ... no futuro - Questão 19
- enquanto o ser humano não se harmonize, viverá em ... íntima, em desequilíbrio que o aturde, respondendo pelas ... externas - Questão 19
- tendo convicção de que os desatinos humanos ainda produzirão muitas ... - Questão 19

- o amor vicejará nos corações, banindo da Terra os monstros do egoísmo, da ... - Questão 20
- os dois braços do progresso real se ampliem concomitantemente, sem as presenças do monstro da ... - Questão 93
- nos dias atuais observando-se uma verdadeira ... comercial nos comerciais de TV pela penetração da Religião nas residências - Questão 124
- retorno do primarismo da civilização, que facilmente derrapa em ... lamentáveis - Questão 130

GUETOS
- ... modernos: negros, gays etc. com áreas restritas, - elevadores etc. não está cooperando para formação de indivíduos inamistosos? - Questão 5
- abandono moral e social a que são relegados os pobres, que se estorcegam nos ... de sofrimentos - Questão 24

HAMENDRA NAT BANERJEE
- a Educação for menos preconceituosa, facultando as pesquisas em torno das Doutrinas Parapsíquicas, conforme fizeram ... - Questão 94

HARMONIA SOCIAL
- com fatores de equilíbrio certamente serão mudados os problemas, cedendo espaço à ... e ao progresso moral das pessoas - Questão 1
- desconsideração pelos valores que constituem a ... - Questão 122

HEDONISTA, S
- propostas mercantilistas e ... do prazer como fundamento da vida fazendo que uns se atirem contra os outros - Questão 15
- reconhecendo ser este um período de experiências culturais imediatistas, ..., com forte suporte materialista - Questão 91

HEGEL
- se é possível introduzir premissa nova na afirmativa de ... de que a Dialética é um modo de perceber o real em evolução - Questão 181

HERANÇA FÍSICA, HEREDITARIEDADE, HEREDITÁRIO
- evitando-lhe a fragilidade e as enfermidades que decorrem do meio ambiente ou de fatores ... - Questão 36
- se região mais periférica de contato material seria influenciada pela ... - Questão 66
- DNA (Ácido Desoxirribonucleico) e RNA (Ácido ribonucleico) encarregados dos fatores ponderáveis da ... - Questão 66
- fatores criminógenos podendo se desenvolver de acordo com o fator genético ... - Questão 76

HEREDITARIEDADE - v. HERANÇA FÍSICA
HEREDITÁRIO - v. HERANÇA FÍSICA
HERÓIS
- muitos ... e artistas etc. não encontrando compreensão mas não derrapando nas fugas do desequilíbrio - Questão 141
- no lar sendo forjados os ... ou criminosos, graças ao comportamento do grupo - Questão 174

HETEROSSEXUAL
- fato do ... enquadrar-se no equilíbrio biológico de uma anatomia idêntica à psicologia, não se pode propor conduta vulgar - Questão 179

HIERARQUIA, S, HIERARQUIZAÇÃO
- Casas Espíritas mais sólidas, que passam a servir de padrão, não havendo perigo do surgimento de uma ... etc. - Questão 206
- a única ... que ressalta no indivíduo é aquela que procede da sua qualidade moral - Questão 206
- as demais ... de natureza transitória, são de pouca valia nas Casas que se dedicam ao Espiritismo - Questão 206
- risco de ... entre as Instituições ou mesmo entre os trabalhadores não advertidos pela Doutrina - Questão 206

HIERARQUIZAÇÃO - v. HIERARQUIA
HILOTAS
- quando a força estabelece os direitos de governança sobre as demais pessoas, reduzindo-as a ... - Questão 9

HISTÓRIA, HISTÓRICO, S; v. tb PRÉ-HISTÓRIA
- assim em todas as épocas do processo ... da civilização - Questão 2
- se existiriam fatos ligados à ... da Humanidade ainda desconhecidos que, se revelados, poderiam mudar o futuro da mesma - Questão 16
- a ... registrando todo o processo de desenvolvimento dos homens e mulheres bem como do pensamento e dos fastos etc. - Questão 16
- afirmava Cícero que a ... é a pedra de toque que desgasta o erro e faz brilhar a verdade - Questão 16
- a ... podendo ser escrita por interesses políticos, raciais, paixões primitivas ou aspirações do pensamento elevado - Questão 16
- o mesmo fato ... podendo ser exposto sob várias angulações - Questão 16
- povo sempre preterido, desrespeitado e oprimido através da ... - Questão 21
- paradoxo constatar que os movimentos que mais pensaram em igualdade e justiça basearam-se numa visão materialista da ... - Questão 26
- quais erros e incongruências poderiam ser apontados no materialismo ... dialético - Questão 27
- foi aberto espaço para a revolução do pensamento, que deu origem ao materialismo ... - Questão 27
- educando compreendendo a sua ... de Espírito que vem transitando por multifárias reencarnações - Questão 99
- no momento ... atual do Brasil, qual deve ser o objetivo fundamental da Educação - Questão 110
- retirando-se proveito das páginas da ... - Questão 113
- se Jesus não teria utilizado o recurso da Arte quando passou seu Evangelho através de parábolas com forte colorido de ... - Questão 150
- Arte nascendo quase simultaneamente com a Religião e, através da ..., esta sempre influenciando a Arte - Questão 150
- através da ... a Religião sempre influenciou a Arte - Questão 152
- em um período da ... o ser conquista determinados valores que deverão ser postos à prova - Questão 158
- Religião exercendo, no curso da ..., um papel relevante de referência à construção da sociedade, dos países, da Humanidade - Questão 186

HOLOGRÁFICO, HOLOGRÁFICA, S, SISTEMA, ESQUEMAS PSÍQUICOS
- alguns biólogos afirmando que as nossas percepções ao meio ambiente são esquemas psíquicos ... - Questão 59
- possibilidade do campo perispiritual ter característica ... - Questão 59
- perispírito possui um sistema ... - Questão 59
- sistema ... do perispírito reproduzindo pensamentos, ideias, lembranças que procedem do Espírito - Questão 59

HOMEM INTEGRAL
- a visão do ... fundamentando propostas éticas profundas - Questão 3
- quando a Educação for menos preconceituosa e forem incluídos nos seus programas os estudos do... - Questão 94
- sobre um modelo educacional através do qual se alcance a formação do ... - Questão 96
- um modelo educacional que construa um ... é elaborado mediante a visão espiritual - Questão 96

HOMEM PSÍQUICO
- dia chegará, na Terra, em que o ... ultrapassará os limites do ser físico - Questão 165

HOMEOPATIA
- se ação médica da ... aproxima-se mais de uma visão de saúde integral - Questão 50

HOME SCHOOL
-se a ..., as compras on-line, missas etc. via Internet, não estariam evidenciando um comportamento socialmente doente - Questão 171

HOMICÍDIO
- muitos rumando até mesmo para o ... devido aos crimes de adultério e sedução - Questão 72

HOMOSSEXUALIDADE
- ...Espíritos encarnados insertos nesse comportamento do ... face as descobertas de alterações na arquitetura cerebral - Questão 179

- ... sendo processo natural de experiência evolutiva, através do qual o Espírito deve desenvolver valores - Questão 179

HOSPITAL, HOSPITAIS
- sendo viável que nos currículos escolares fossem estabelecidas visitas a ... - Questão 102a

HUMILDADE, HUMILDE; v. tb HUMILDES DE CORAÇÃO
- próprios limites e imensas necessidades de crescimento espiritual etc. perigo da hierarquização cede lugar à ... - Questão 206
- ... sendo característica básica do ser desenvolvido - Questão 206
- experimentadores da TCI aprimorarem as técnicas e tendo a ... de reconhecer que lhes falta muito para entender etc. - Questão 216a

HUMILDES DE CORAÇÃO; v. tb HUMILDADE
- montanhas internas na busca da plenitude vencidas pela fé racional etc. que transforma os ... em batalhadores da luz - Questão 189

IAN STEVENSON
- Educação for menos preconceituosa, facultando as pesquisas em torno das Doutrinas Parapsíqui cas, conforme fizeram ... etc. - Questão 94

IDEAL, IDEALISMO, IDEALISTA, S
- será ... o dia em que ocorra essa conquista pela qual deveremos todos trabalhar afanosamente - Questão 6
- quando desaparecem os seus líderes, os filósofos ... os mais perversos e hábeis assumem o poder - Questão 9
- incontáveis homens ... decepcionados com a conduta dos religiosos, abdicaram da fé cega e irracional - Questão 26
- harmonia entre a Tecnologia e a Pedagogia vigentes, devendo ter como proposta ... construir o ser inteligente - Questão 99
- o futuro da Humanidade caminhando com os pés do ... - Questão 100
- ganhar nas competições tornou-se fator de mercado e não de ... ou de prazer - Questão 104
- estímulos pelo ..., competições para qualificação do educando, métodos valiosos para a conquista de valores nobres - Questão 104
- no futuro, o mestre ... deverá ser também conhecedor do Espírito - Questão 105

- modelo educacional ... seria aquele no qual a criança, sentindo-se amada e despertada para o crescimento interior etc. - Questão 116
- qual a idade ... para a criança ou o jovem receber informações sobre as diferentes religiões ou deve ficar para a maturidade - Questão 118
- o templo dedicado a cada expressão de fé sendo o lugar ... para o ensino dos seus postulados - Questão 119
- a construção do homem ... começando na Educação formal e experimental - Questão 122
- pais e mestres devendo trabalhar unidos no mesmo ... da Educação - Questão 122
- proposta para programas pelos veículos de comunicação como fórmula ... para construção de sociedade menos massificada - Questão 128
- ... de cada qual, Lei de afinidades no Universo faz com que sintonizem artistas encarnados com os Espíritos - Questão 143
- o homem, submetido por muito tempo à sujeição, quando se liberta, permite-se exageros, que o levam depois à conduta ... - Questão 171
- quando se tem insegurança em torno de um ..., de natureza religiosa etc. o comportamento do indivíduo faz-se agressivo - Questão 192
- agressividade positiva em torno de uma proposta que dignifica a sociedade facultando o sacrifício do seu ... - Questão 192
- quando um ... de grande envergadura, qual ocorre com o Espiritismo, cresce em superfície perde em profundidade - Questão 194
- ... é que havendo comunicação, ela se transforme em psicoterapia, mediante a doutrinação e as orientações sábias - Questão 209
- ... será que o necessitado venha à primeira parte da reunião, a fim de participar dos estudos preparatórios - Questão 211

IDEALISMO - v. IDEAL
IDEIA, S
- esse sistema holográfico reproduziria pensamentos, ... - Questão 59
- cultivando ... enobrecedoras sintoniza com o Princípio Vital e robustece-se - Questão 64
- se pode-se ter alguma ... do processo da glândula pineal no processo mediúnico - Questão 65

- a fim de arrancar o conhecimento que nele dormia e provinha do mundo das ... - Questão 116
- como educadores devem agir para a não reprodução dos valores ..., e crenças doentias da sociedade atual - Questão 122
- evitados os males que ora afligem a sociedade, no que diz respeito a valores, ... e crenças enfermiças - Questão 122
- só quando lar e escola trabalhem em união é que se poderão manter os valores em alta, as ...
 nobres em consideração - Questão 122
- periódicos propiciando melhor intercâmbio de ... - Questão 126
- graças aos recursos da Eletrônica e da Física Quântica se podendo ter uma ... das ondas e vibrações do mundo parafísico - Questão 131
- mediante uma comparação simples se podendo ter ... da qualidade e tipo de arte existente na Espiritualidade - Questão 138
- maneira de defender a excelência de uma ... é vivê-la integralmente, demonstrando sua qualidade pelo que propicia de bom - Questão 192
- Astrologia sendo ... que atravessa milênios - Questão 205
- entre apresentar uma ... e impô-la, existe uma grande distância - Questão 218

IDOSOS
- sendo viável que nos currículos escolares fossem estabelecidas visitas a Hospitais, Lares de crianças e de ... - Questão 102a
- ... ficando à mercê dos dominadores e exploradores quando os direitos humanos derrapam no desrespeito - Questão 130

IGNORÂNCIA, IGNORANTE, S
- numa sociedade injusta, onde vigem a fome, a ... etc. sendo inevitáveis os focos de rebeldia - Questão 1
- de modo a libertar o indivíduo de um dos seus maiores adversários que é a ... - Questão 6
- sem dúvida, a ... é o grande inimigo do ser humano - Questão 25
- a pior ... sendo aquela que decorre do desconhecimento das Leis de Deus - Questão 25
- não se podendo culpar, insensatamente, com os mesmos agravantes o ... e o culto - Questão 75
- havendo criminosos ... e os há portadores de elevado grau de instrução - Questão 76

- a ... sendo fator responsável por muitas aflições e misérias que visitam a criatura humana - Questão 76
- a dor existindo enquanto o Espírito permanece na rebeldia, no egoísmo, na ... da sua fatalidade - Questão 77
- pais inconsequentes ou desatentos, ... ou indiferentes creem que a tarefa da Educação é exclusiva da escola - Questão 122
- pessoas permanecendo bem informadas sobre suas responsabilidades etc. diminuindo a ... em torno da própria cidadania - Questão 169
- quando o Espírito se equivoca por ...repete a lição - Questão 180
- Newton, Copérnico, Galileu, mesmo perseguidos pela ... religiosa, não abdicaram de sua crença e respeito ao Criador - Questão 187
- comportamento do Movimento Espírita exarado na Doutrina, que ensina a compreender a fragilidade do próximo e sua ... - Questão 192
- função da Imprensa sendo dignificar a criatura e orientá-la, instruí-la e informá-la, combatendo a ... e o mal, porém ajudando aos ... e aos maus - Questão 219

IGUAL, IGUAIS, IGUALDADE, IGUALITÁRIO, S
- fatores de equilíbrio e de ... de direitos justos e deveres dignamente exercidos etc. - Questão 1
- gerando a revolução das mentes honradas em favor dos direitos ... a que todos têm direito - Questão 6
- resquícios do comportamento machista cederem lugar aos direitos de ... entre os homens e mulheres, os primeiros terão ... deveres na construção da família - Questão 12
- tendo-se sempre em vista a felicidade da prole e dos pais, em ... de condições - Questão 12
- vários revolucionários pregaram mudanças sociais, justiça social, ... entre os homens etc. - Questão 26
- se seria paradoxo constatar-se que movimentos que mais trataram de ... foram baseados numa visão materialista - Questão 26
- com relação às leis civis em nosso país, Constituição admitindo que todos são ... perante a Lei e a justiça aplica penas ... - Questão 75
- entendendo que todos são ... perante a Lei, no que diz respeito à conduta - Questão 75
- direitos e deveres que deverão vicejar no organismo social, terão que ser sempre ... para todos - Questão 86

ILUSÃO
- leis dignas e providenciarem recursos para facultar a permanência do homem no solo a cultivar, a... da cidade o chamará - Questão 31
- ... campeando desenfreada - Questão 103
- ser a felicidade infinita, e que o prazer que se desfruta, pela sua transitoriedade, é apenas ... com doloroso despertar - Questão 175

IMEDIATISMO, IMEDIATISTA, S
- merecendo considerar que este é um período de experiências ... - Questão 91
- o indivíduo ... procurando sempre retirar proveito pessoal de tudo que encontra em detrimento dos demais - Questão 154
- desenvolvimento tecnológico como uma conquista horizontal dos valores, porque o ... etc. podem tomar-lhe as rédeas - Questão 159

IMORTALIDADE DA ALMA, IMORTAL, IMORTALISTA, SOBREVIVÊNCIA; v. tb ALMA
- Religião sempre exerceu um papel preponderante, por manter como base dos seus postulados a crença em Deus, na ... - Questão 2
- oferecendo ao homem perspectivas melhores sobre a ... da vida, e que ele enfrentará após o decesso da organização física - Questão 2
- Doutrina que penetra a lâmina da investigação no organismo da criatura para identificá-la corretamente, porque Espírito ... - Questão 20
- pior ignorância é aquela que decorre do desconhecimento das Leis de Deus etc. da sua realidade de Espírito ... - Questão 25
- sem o conceito da ... qualquer proposta de felicidade para a sociedade tombará por falta de sustentação - Questão 28
- considerando-se a realidade do ser humano como Espírito ... - Questão 39
- educação integral, que abrange, naturalmente, a do ser na sua condição de Espírito ... - Questão 91
- Educação alinhando elementos constitutivos do ser, oferecendo orientações para vida consentânea com proposta ... - Questão 94
- programação escolar oferecendo uma visão espiritual compatível com o pensamento religioso de todos os credos: ... etc. - Questão 96
- Religião faz parte da vida para todos aqueles que creem em Deus e na ... - Questão 118

- tendo como grande desafio trabalhar o universo infantil com instrumentos do amor e da razão, incutindo a certeza da ... - Questão 123
- psicografia e a psicofonia, nas expressões da mediunidade intelectual, contribuindo para a comprovação da ... - Questão 139
- Allan Kardec utilizando-se de linguagem acurada e cuidadosa, já demonstrou a legitimidade do fenômeno ... - Questão 160
- TCI comprovando a ... e a reencarnação como consequência da eternidade do ser - Questão 161
- não se submetendo aos caprichos e exigências de estudiosos e pesquisadores, porque não têm pressa para confirmar a ... - Questão 162
- a consciência sendo patrimônio do ser espiritual, ..., e jamais qualquer máquina, poderá pensar por ela própria - Questão 167
- o homem e a mulher estando convocados, crescendo na direção de Deus e da sua própria ... - Questão 168
- postulados religiosos ingênuos das velhas tradições cedendo lugar aos postulados eloquentes da ... etc. - Questão 190
- Allan Kardec o cientista que, ao constatar a ... demonstrou a possibilidade de a Ciência realizar labor equivalente - Questão 196
- esse resultado da investigação científica, constatando a ... reafirma as conquistas da Ciência Espírita - Questão 196
- Sua (Jesus) vinda pessoal, para ensinar e viver a proposta da vida abundante, retornando depois em Espírito, provando a ... - Questão 202
- sendo ponte de luz, auxiliando aos que sofrem no Além-Túmulo etc. tendo orientados os passos em direção da ... - Questão 212
- um saudável desafio que enfrentará com galhardia, pensando nas compensações que fruirá, a serviço da ... - Questão 213
- Allan Kardec quem inegavelmente interpretou o fenômeno da TCI, através do qual descobriu e confirmou a ... - Questão 214
- Espíritos ao se comunicarem, têm como meta despertar criaturas, facultando-lhes preparar-se para acordarem lúcidas na ... - Questão 218

IMPIEDADE, IMPIEDOSO, IMPIEDOSA, S

- quando tombaram as restrições ..., constatou-se a crueldade das suas fórmulas e aplicações - Questão 30
- em detrimento de outras que lhes padeceriam a ... e a covardia de perseguições cruéis - Questão 36

- a felicidade um estado interior e não o acumular de bens que nunca se fazem utilizados, sob a guarda da avareza e da ... - Questão 172

IMPRENSA - v. COMUNICAÇÃO - QUESTÕES 124 A 134; v. tb IMPRENSA ESPÍRITA
- diante do que se vê pela ... até onde chegarão os representantes religiosos para arrebanhar adeptos - Questão 132
- função da ... sendo dignificar a criatura e orientá-la, instruí-la e informá-la, combatendo a ignorância e o mal - Questão 219

IMPRENSA ESPÍRITA; v. tb IMPRENSA
- do ponto de vista ético-religioso e da modernidade dos tempos atuais, como será o comportamento da ... - Questão 219
- ..., inspirada no exemplo de Allan Kardec, deverá ser responsável, honrada, verdadeira - Questão 219

IMUNOGLOBULINA SALIVAR A - v. sIgA
IMUNOLOGIA, IMUNOLÓGICOS - QUESTÃO 64
INCOMPARÁVEL ARTISTA - v. DEUS
INCONSCIENTE, INCONSCIENTEMENTE
- enveredando pelos meandros do vício e do crime, esperando ... contar com a compreensão etc. - Questão 13
- animais de ínfima ordem que executam obras, atuando em fenômenos, de que ...se constituem agentes (LE) - Questão 71
- identificando suas próprias falhas e deficiências do educando, produzindo, ..., um sentido de competição - Questão 104
- vivência de liberdade, que quase sempre se transforma em libertinagem, como reação ... às limitações experienciadas - Questão 173
- facultando-lhe experimentar a ocorrência perturbadora que ficara bloqueada no seu ...- Questão 209

INCORPORAÇÃO
- o fenômeno da ... de um Espírito em perturbação, não somente o obsessor, sempre resulta em bênçãos para o comunicante - Questão 209
- a ... ou psicofonia dos Espíritos sofredores tendo como meta socorrê-los em misericórdia e amor - Questão 209

INDIFERENÇA, INDIFERENTES
- o egoísmo, a ... de milhões de criaturas cederão lugar à justiça, à fraternidade e ao amor - Questão 4a
- individualismo quase sempre resulta do egoísmo que conduz aos hediondos desvarios da ... e do crime - Questão 15a
- mecanismos inditosos, que teimam por manter a conduta perversa e de ... dos poderosos - Questão 78
- morte de verdadeiras multidões dizimadas pela ... social - Questão 83
- o que fazer para superar o desinteresse, a ..., a falta de vontade e de empenho dos educandos - Questão 107
- pais inconsequentes ou desatentos, ignorantes ou ... creem que a tarefa da Educação é exclusiva mente da escola - Questão 122
- condutas excêntricas, em comportamentos de ... humana pela própria sociedade - Questão 130
- Missionários sendo enviados por Jesus, de modo que seres humanos se sintam amparados e estimulados ao avanço, sem ... - Questão 202

INDIVIDUALISMO, INDIVIDUALISTA
- competição e ... como características das sociedades modernas - Questão 15
- se os prejuízos sociais das massas, numa sociedade ..., podem ser causados pelo desejo de lucro de alguns - Questão 15a
- numa sociedade ... os interesses de lucro sobrepõem-se aos valores humanos - Questão 15a
- toda forma de ... quase sempre resulta do egoísmo que conduz aos desvarios da indiferença e do crime - Questão 15a
- maioria das pessoas continua escravas de preconceitos, de ... - Questão 24

INDUÇÃO MENTAL
- a ... para as ações renovadoras através de ondas que envolvam o ser, nele produzindo receptividade - Questão 208

INDÚSTRIA, S, INDUSTRIAIS
- tendo em vista a utilização de menos mão de obra pela ..., não seria necessária a inversão do fluxo migratório campo-cidade - Questão 31

- robotização do ser humano que, de um lado, perde a identidade e, por outro, torna-se descartável nas operações ... - Questão 35
- a ... dos divertimentos arrebata - Questão 103
- desportos perdendo quase o sentido de competição qualificativa para se tornarem ... de profissionais - Questão 104
- ... de profissionais cujos únicos interesses são o dinheiro e a supervalorização para ganhar altos estipêndios - Questão 104
- a velocidade do desenvolvimento da ... da Informática de alguma forma perturbando as estruturas do poder vigente - Questão 169

INFÂNCIA, INFANTIL; v. tb CRIANÇA
- criança que inspira ternura e amor, não obstante o período de ..., é um Espírito vivido e quiçá experiente - Questão 74
- a ... e a adolescência sendo períodos mais propícios para a aprendizagem - Questão 90
- Pestalozzi inaugurou a Escola Nova, restaurando a dignidade ..., abrindo espaços para Psicologia da ... - Questão 116
- desse modo, trabalhar o universo ... com os instrumentos do amor e da razão - Questão 123

INFECÇÕES; v. tb ENFERMIDADES
- diminui a produção de leucócitos, dessa forma deixando livre o espaço para as ... - Questão 52
- prevenção de ... pela produção da sIgA (imunoglobulina salivar A) pelo organismo através das fixações positivas etc. - Questão 64

INFELICIDADE, INFELIZ
- o método, sem dúvida ..., não impede que cada qual viva sem pública perseguição - Questão 5
- ... e desolação banidas da Terra quando o amor vicejar nos corações - Questão 20
- comportamento... que vem sendo mantido já apavora os arbitrários dominadores - Questão 34
- fatores criminógenos, quando procedentes de experiências ... em existências passadas - Questão 76
- o ... modelo de recuperação de presos, hoje vigente no país etc. sendo atentatório à dignidade humana - Questão 78
- conduta perversa e de indiferença dos poderosos, que se esquecem dos seus irmãos ... - Questão 78

- graças à contribuição da arte, o bruto se acalma, o primitivo se comove, o ... se redescobre etc. - Questão 144

INFINITO, INFINITA, S
- gerando os desperdícios dos poderosos em detrimento das ... necessidades dos pobres - Questão 15a
- criando novos condicionamentos de natureza espiritual, a fim de que supere os próprios limites e se alce no rumo do ... - Questão 62
- número quase ... de insetos, se seria possível afirmar que todos princípios inteligentes que animam insetos se humanizarão - Questão 71
- nesse setor de investigações, quanto ao processo de fissão nuclear, as perspectivas de crescimento sendo quase ... - Questão 163
- o indivíduo compreender lucidamente que a sua felicidade é ... - Questão 175
- desenvolvimento em uma linha ascensional que segue ao ... para a aquisição da perfeição - Questão 181
- outras etapas da evolução dos mundos se desdobrarão até o ... porquanto esse não tem limite - Questão 203

INFORMÁTICA, INFORMATIZADOS, COMPUTAÇÃO - QUESTÕES 169 A 172 - v. tb COMPUTADOR, MULTIMÍDIA, COMPRAS ON LINE, INTERNET E VIDEOCONFERÊNCIAS
- vivendo-se num mundo marcado pela fragmentação, pela globalização e pelo desenvolvimento meteórico da ... - Questão 11
- Organização de vigilância para a defesa do planeta, utilizando-se dos recursos da moderna ... - Questão 84
- graças à contribuição da tecnologia e da ..., os lares se transformarão em escolas produtivas - Questão 112
- grandioso progresso da ... e demais ciências encarregadas de simplificar a comunicação, aumentam o número de periódicos - Questão 126
- sistemas de comunicação ... eliminando distâncias físicas dificultando retenção de informações de segurança - Questão 131
- se com o desenvolvimento da realidade virtual e o avanço da ... multimídia, as técnicas de venda sofrerão mudanças - Questão 134

INSATISFAÇÃO, INSATISFAÇÕES, INSATISFEITO
- numa sociedade injusta, onde vigem a fome, a enfermidade, a ... etc. sendo inevitáveis os focos de rebeldia - Questão 1

- a dominação política do partido comunista gerava ... - Questão 29
- novas classes operárias cujo patrão perverso era o Estado, insensível e ... - Questão 29
- homem moderno levando consigo novos conceitos etc. apresentando as suas dificuldades e conflitos, ... - Questão 183

INSEGURANÇA
- a ... pessoal, psicologicamente conduz o indivíduo à ditadura da fé, de forma a sentir-se cercado de adeptos - Questão 184
- quando se tem ... em torno de um ideal etc. de natureza religiosa, filosófica etc., o comportamento do indivíduo faz-se agressivo - Questão 192

INSENSÍVEL, INSENSÍVEIS
- novas classes operárias cujo patrão perverso era o Estado, ... e insatisfeito sempre, exigindo mais subserviência e produção - Questão 29
- sonhar com a criação de homens e mulheres xerox, ... à dor, automatistas etc. é levar a aspiração à condição de pesadelo - Questão 38

INSETOS
- número quase infinito de ... etc. se seria possível afirmar que todos os princípios inteligentes que animam ... se humanizarão - Questão 71

INSTINTO, S, INSTINTIVO
- predominando no homem a natureza animal em detrimento da espiritual, os ... agressivos governam-no - Questão 10
- ser humano conseguindo controlar os ... agressivos e superar as paixões dissolventes - Questão 19
- Espíritos que exercem ação nos fenômenos da Natureza operam por efeito de ... impulso ou etc. (LE, 540) - Questão 71
- por ..., muitos estímulos funcionam através de manifestações competitivas - Questão 104
- insculpidos os hábitos na criança, corrigindo-lhe as reações do ... e modelando-lhe as características - Questão 114
- quando imaturo, o indivíduo somente possui ... não educados - Questão 115
- libertinagem estimulando os ... que deveriam ser educados - Questão 129

- permanecendo com os ... freados, de alguma forma menos sujeitos a deslizes morais - Questão 132
- homem primitivo traduzindo o primeiro sentimento de temor etc. impossibilitado de amar, governado que se sentia pelo ... - Questão 152

INSTINTO GREGÁRIO
- ... sendo responsável, no ser humano, pela necessidade do grupo social como mecanismo de sobrevivência etc. - Questão 8
- criatura sendo um animal social, atraída uma pela outra pelo ... ampliando o relacionamento pelos valores do Espírito etc. - Questão 155

INSTITUCIONALIZAÇÃO, INSTITUCIONALIZADA
- não desejando referir-se a uma Religião ... - Questão 181
- Espiritismo apresentando exemplos de Casas Espíritas mais sólidas etc. não havendo perigo do surgimento de uma ... - Questão 206

INSTITUIÇÃO ESPÍRITA - v. CASA ESPÍRITA
INSTITUTOS PENITENCIÁRIOS
- em razão da promiscuidade vigente nos ... - Questão 74

INTELIGÊNCIA, S, INTELIGENTE, S
- facultando o acesso às conquistas da ... e a sua colocação prática no mundo - Questão 18
- desde as espécies mais simples até àquelas que são as primeiras manifestações da vida ... - Questão 69
- quando suas ... já houverem alcançado um certo desenvolvimento, ordenarão e dirigirão as coisas do mundo material (LE) - Questão 71
- utilizando-se mais da ... do que dos músculos - Questão 88
- pedagógico/tecnológico propõe formar indivíduos ... etc. não esquece que o mundo necessita de seres afetuosos - Questão 99
- deverá ter como proposta ideal construir o ser ... rico de criatividade e outros valores - Questão 99
- a supervalorização dos desportos e dos divertimentos em detrimento das conquistas da ... e do saber - Questão 103
- não se podendo negar que as conquistas da ... têm superado as realizações do sentimento - Questão 158

- se a sociedade da ... comprovará cientificamente as verdades espíritas - Questão 161
- Ciência adotando a metodologia da pesquisa associada à experimentação, e os fenômenos transcendentes dependendo de outras ..., haverá algum meio de conquistar a adesão do trabalho científico, por parte daquelas outras ... - Questão 162
- ocorrendo quando objetivos da investigação fazem-se caracterizar pela nobreza de propósitos, pelo respeito a essas ... - Questão 162
- máquina sempre exigindo a intervenção da ... humana - Questão 167
- casamento permanecendo na sociedade humana, por constituir-se uma das grandes e belas conquistas da ... e da emoção - Questão 173
- período da rebeldia etc. indivíduos, frustrados pelas conquistas da ..., estão retornando à religiosidade, à busca mística - Questão 184
- processo de crescimento etc. do psiquismo dando-se muito lentamente nos reinos primários, acelerando-se no período da ... - Questão 200
- Espíritos prosseguem aprendendo e desenvolvendo a sua capacidade de ... e de crescimento moral - Questão 198
- onde se podendo situar o surgimento do Espírito: onde se manifestasse de alguma forma o Espírito ... etc. - Questão 199

INTERNET; v. tb INFORMÁTICA

- se a tecnologia através do computador, da ... etc. não estará dando a visão próxima de um mundo sem escolas e professores - Questão 170
- se a home school, cultos, sexo via ... etc. não estariam evidenciando um comportamento socialmente doente - Questão 171

INTOLERÂNCIA, INTOLERANTE

- impondo, em razão da ... que predomina na natureza humana, atitudes compatíveis com o seu desenvolvimento moral - Questão 117
- por que entre os religiosos crescem o fanatismo e a ... - Questão 191
- destacando-se entre as características do atraso moral da criatura humana a ... para com as demais etc. - Questão 191
- insegurança em torno de um ideal, de natureza religiosa etc. o comportamento do indivíduo faz-se
  agressivo, intolerante - Questão 192
- equívoco de outras Doutrinas que, no passado, tentaram impor seus postulados, terminando pelo delírio da ... etc. - Questão 197

ISLÂMICO - v. GRUPOS FUNDAMENTALISTAS
ISOLACIONISMO
- induzido a romper as muralhas do ... e voltando à convivência social ampla, fraternal - Questão 171

ISRAELITAS, ISRAELENSE
- tentativa de paz e tolerância, como explicar que radicais da extrema direita ... etc. ainda espalham terror - Questão 185
- outras ovelhas que não eram daquele rebanho, equivalendo dizer, que havia outras criaturas além dos ... - Questão 186

IUGUSLÁVIA
- guerras cruéis continuam etc. seja nos países chamados desenvolvidos como a ... - Questão 11

JESUS, MESTRE, GALILEU, TERAPEUTA SUPERIOR, MÉDICO INCOMPARÁVEL
- ... acentuou com muita propriedade que o Pai até hoje trabalha - Questão 33
- diretriz terapêutica proposta por ... - Questão 49
- cada qual responde pelo que lhe acontece, eis por que ... recomendava a necessidade da vigilância e da oração - Questão 79
- ..., o Educador por Excelência, utilizava-se das parábolas e, sobretudo, das lições vivas - Questões 116
- Pestalozzi, sintetizando Sócrates e ... tornava o educando um ser maleável que necessita de direcionamento - Questão 116
- ... sintetizou toda a tese do comportamento humano em uma frase - Não fazer a outrem o etc. - Questão 123
- ferindo frontalmente a qualidade do ensino de ..., que jamais se utilizou da lavagem cerebral para atrair simpatizantes - Questão 124
- se ... não teria utilizado o recurso da Arte para sensibilizar a alma humana - Questão 150
- na Sua condição de Mestre, ... sempre utilizou a arte de bem apresentar os Seus ensinamentos - Questão 150
- nos reportando à ressurreição de ..., embora o atestado inequívoco de Maria de Magdala, a dúvida permaneceu nos outros - Questão 160
- qual ocorreu com Tomé, que foi convidado pelo ... a que O tocasse - Questão 160

- ... estabeleceu o paradigma extraordinário: Meu reino não é deste mundo - Questão 168
- família ressurgindo com valores ora esquecidos e inspirada no código do Evangelho de ..., tendo como alicerce o amor - Questão 174
- com a introdução do pensamento filosófico de ..., a respeito do amor a Deus acima de todas as coisas etc. - Questão 181
- doutrinas religiosas que se aliaram ao Estado para governar e impor seus postulados, estão distantes do pensamento de ... - Questão 181
- o amor, na colocação do ... Galileu, sendo o hálito divino sustentando a vida em toda parte - Questão 181
- essa a mensagem de ..., quando afirmou que tinha ovelhas que não eram daquele rebanho - Questão 186
- sabendo-se muito pouco a respeito da vida de ... e se um dia se terá acesso ao conhecimento de tudo que diz respeito a Ele - Questão 188
- a prece proporcionando coragem ao homem e como conservá-la, ao ponto de transportar montanhas, conforme ensinou ... - Questão 189
- as montanhas a que o ... se referiu, são os obstáculos morais que impedem o ser humano de crescer espiritualmente - Questão 189
- João, 9: 3, em que o ... diante de um cego de nascença, considerou que nem ele havia pecado nem seus pais - Questão 193
- o caso de ... que, sem mácula, ofereceu-nos o espetáculo inesquecível da Sua doação, com objetivo de ensinar-nos a sofrer - Questão 193
- Espírito se fizera voluntário, para poder contribuir com o ministério do ... nascendo sem dívida, a fim de que o Terapeuta Superior o liberasse da cegueira - Questão 193
- tornando-se instrumento das obras de Deus, que operavam pelas mãos do ... - Questão 193
- máxima Fora da Caridade não há salvação, que se fundamenta no pensamento e exemplificação de ... - Questão 195
- no caso específico da Terra, ... sempre enviou Seus Mensageiros, que buscaram alertar e esclarecer as criaturas humanas - Questão 202
- ... participando das ocorrências que se operam no mundo terrestre, inspirando, amparando etc. - Questão 202
- nas Casas que se dedicam ao Espiritismo, onde todos devemo-nos considerar discípulos do ... que é ... - Questão 206
- o sincero trabalhador da mediunidade tem por modelo ..., que é o Médium de Deus - Questão 212 JOÃO (Evang.)
- o episódio narrado em ... 9:3, em que o Mestre, diante de um cego de nascença, considerou etc. - Questão 193

JORNAL, JORNAIS; v. tb IMPRENSA
- com o surgimento de novos meios de comunicação, rede de computadores etc. qual destino da mídia impressa (...) - Questão 126
- periódicos - ... e revistas - sobrevivendo às admiráveis conquistas da moderna comunicação - Questão 126

JOSEPH RHINE
- Educação for menos preconceituosa, facultando as pesquisas em torno das Doutrinas Parapsíquicas, conforme fizeram ... etc. - Questão 94

JOVEM, JOVENS
- experiências edificantes para a necessidade de novos métodos compatíveis com a Psicologia da aprendizagem, para o ... - Questão 92
- como oferecer ao ... condições educacionais para o surgimento do pensamento criativo, verdadeiro, novo - Questão 100
- profissões esdrúxulas e aberrantes, que atraem mentes ainda não desenvolvidas, crianças e ... desequipados de valores - Questão 101
- factível se estabelecessem como programa as tarefas que tivessem como objetivo a promoção social de crianças, ... - Questão 102a
- como a Educação poderia influenciar positivamente, não reforçando atitudes competitivas entre crianças e ... - Questão 104
- se a criança ou o ... deve receber informações sobre as diferentes religiões ou deve-se aguardar a maturidade - Questão 118
- não transferir para a escola toda a responsabilidade pela formação ética, moral e cultural da criança e do ... - Questão 122

JUNG - v. CARL GUSTAV
JUSTIÇA
- a indiferença de milhões de criaturas cederão lugar à ... etc. - Questão 4a
- como aceitar que o mundo está em desenvolvimento e caminhando para a ... social com tantas disparidades - Questão 11
- grupos privilegiados quase nunca alcançados pela ... - Questão 23
- despertando para os valores reais da vida, e, portanto, para a solidariedade, o amor e a ... - Questão 23
- revolucionários pregaram mudanças sociais, ... social etc. não sendo paradoxo que os movimentos que mais trataram de ... etc. foram baseados em visão materialista - Questão 26

- Espiritismo conclamando o homem à responsabilidade, factível estabelecer-se a ... social - Questão 26
- pensando e agindo com equidade e ... - Questão 49
- em nosso país, a ... aplicando penas iguais - Questão 75
- nos mundos onde predominem o amor e a ... - Questão 75
- como critério de ... não se podendo considerar passível de receberem a mesma punição - Questão 76

JUSTIÇA DIVINA - v. DIVINDADE
KARDEC- v. ALLAN
CARL GUSTAV JUNG
- graças à contribuição da Psicanálise, particularmente de ..., o conceito de consciência evoluiu - Questão 105

KARL MARX
- um dos maiores defensores da justiça social, ..., era um revolucionário materialista - Questão 26

LABOR - v. TRABALHO

LAR, LARES
- o ... sendo o instituto do amor - Questão 12
- homem envolvido na atmosfera do crime, nascido num ... etc. não seria impeditivo para ascender espiritualmente - Questão 80
- a Religião devendo ser aprendida no ... - Questão 91
- Escola devendo tornar-se cada vez mais nobre: um templo para o saber, um ... de intercâmbios de informações etc. - Questão 91
- estabelecidas visitas a Hospitais, ... de crianças e de idosos - Questão 102a
- sendo viável que nos currículos escolares fossem estabelecidas visitas a Hospitais, ... de crianças e de idosos - Questão 102a
- no ... tendo início o amor pela aprendizagem - Questão 107
- no ... se inicia a Educação moral, pelo exemplo dos pais em relação aos demais indivíduos, e alonga-se na escola - Questão 108
- escola do futuro terá o aspecto de um ... transitório, rico de segurança emocional e cultural etc. - Questão 111
- graças à contribuição da tecnologia e da computação, os ... se transformarão em escolas produtivas - Questão 112

- no ... e no Templo de cada Religião, a criança deve receber instruções e orientações sobre as diferentes religiões - Questão 118
- e cada aluno seja orientado no ... e no seu núcleo de fé - Questão 118
- indivíduo como resultado do que fez de si mesmo, pela formação educativa que recebeu no ... etc. - Questão 121
- o ... podendo se apresentar como exemplo da desconsideração pelos valores que constituem a harmonia social - Questão 122
- o ... e a escola como termos da mesma equação educativa - Questão 122
- o ... se encarregando de orientar religiosamente os seus membros - Questão 132
- no ... sendo forjados os heróis ou criminosos, graças ao comportamento do grupo - Questão 174
- necessitado venha à primeira parte da reunião, a fim de participar dos estudos preparatórios etc. retornando ao ... - Questão 211

LATIFÚNDIO, S
- dando início aos ... injustificáveis na sociedade, na qual ainda se morre de fome e ao desabrigo - Questão 81

LAVAGEM CEREBRAL
- trabalhando-se a consciência individual do educando - sem ... - cria-se uma consciência coletiva - Questão 93
- Jesus jamais se utilizou da ... para atrair simpatizantes - Questão 124

LAZER
- se a arte, como ..., de forma geral traz algum benefício às pessoas - Questão 149
- inesgotáveis os benefícios da arte às pessoas em forma de ... e terapia - Questão 149

LEGISLAÇÃO PENAL - v. DIREITO PENAL - QUESTÕES 72 A 80
- ... contendo figuras delituosas como o adultério e a sedução não necessitaria de reforma - Questão 72
- A ... aplicada às crianças e adolescentes deve ser idêntica à estabelecida para os adultos - Questão 74

LEGISLAÇÃO SUPRANACIONAL - v. IN DIREITO INTERNACIONAL
LEIS DA ECOLOGIA
- ... estabelecidas por Deus - Questão 57

LEI DA GRAVIDADE
- ... facultando imprevisíveis contribuições no que diz respeito à energia em si mesma - Questão 56

LEI (DE AMOR)
- ... de amor é a mais sábia de todas - Questão 86
- dor tendo função educativa, promotora do ser humano que, desdenhando a ... natural - o amor - aprende pelo sofrimento - Questão 203

LEI DE CAUSA E EFEITO
- lei moral de ... - Questão 38
- graças à ..., cada um é aquilo que de si mesmo faz - Questão 77
- automatismo como resultado de uma ... muito bem trabalhada - Questão 182
- destino e futuro dos seres humanos concorde com a ... que constitui mecanismo equânime para apresentar a Justiça Divina - Questão 205

LEI DE DESTRUIÇÃO
- a vida na Terra, obedece, de certo modo, à ... - Questão 68

LEI, S, DE DEUS
- a pior ignorância é a que decorre do desconhecimento das ... - Questão 25
- imposição de limites das ... para o avanço das experiências que extrapolam a capacidade de controle do ser humano - Questão 37
- os atos refletindo na própria consciência, lugar onde está escrita a ... - Questão 123

LEI DO PROGRESSO; v. tb PROGRESSO
- vivendo-se sob a ... - Questão 127
- a ... funcionando mediante etapas e especificidades - Questão 158
- a ... cumprindo-se de forma inexorável - Questão 194
- a ... funcionando irrefragavelmente - Questão 207

LEI DO TRABALHO, LEI
- se todos os homens estão sujeitos à ... - Questão 33
- Jesus ensinou que o trabalho é ... da vida - Questão 33

LEUCÓCITOS
- exteriorizando-se em ondas de frequência descontínua que dificulta o processo de mitose celular ou diminui a produção de ...- Questão 52

LIBERALISMO POLÍTICO; v. tb POLÍTICA
- se é viável constitucionalmente o ... com economia dirigida aos interesses da maioria faminta - Questão 22

LIBERDADE
- se levantou e abriu as portas da colossal fortaleza para que a ... entrasse vitoriosa - Questão 29
- desfrutando-se da ... de pensamento na escola do futuro, com inteira responsabilidade e consciência - Questão 111
- não se podendo facultar ... quando esta se encontra distante da responsabilidade - Questão 115
- conceder ao indivíduo ... sem orientação é condená-lo ao desequilíbrio gerador da libertinagem - Questão 115
- sem cerceamento da ... de escolha e direcionamento do educando - Questão 115
- toda tentativa de levar a orientação religiosa à escola constitui ameaça à ... do aluno - Questão 117
- contribuição ética devendo abarcar, quanto possível, temas pertinentes à ... de todos os indivíduos, nas diferentes áreas - Questão 118
- todo empenho deve ser feito por mestres e pais para que a ... de Religião seja preservada - Questão 118
- educar, sob qualquer aspecto, é conduzir com segurança, ... e responsabilidade - Questão 118
- Educação religiosa nas escolas como intromissão violenta nos direitos da ... de escolha, da ... de consciência - Questão 120
- apresentação de cenas de violência, agressividade etc. os seus aficionados, em nome da ... promovendo a libertinagem - Questão 129
- havendo exagerada vivência de ... que quase sempre se transforma em libertinagem, como reação inconsciente - Questão 173
- mulher recuperando a sua real ... - Questão 173

- com a ... de escolha, os indivíduos vêm preferindo inicialmente a experiência do relacionamento íntimo - Questão 173
- o Espiritismo sendo uma Doutrina de ... porque a sua é a fé raciocinada - Questão 191
- ensino devendo ser sempre leigo, dando ... a cada estudante de examinar o que lhe aprouver - Questão 197

LIBERTINAGEM
- conceder ao indivíduo liberdade sem orientação é condená-lo ao desequilíbrio gerador da ... - Questão 115
- apresentação de cenas de violência, agressividade etc., os seus aficionados, em nome da liberdade, promovendo a ... - Questão 129
- havendo exagerada vivência de liberdade, que quase sempre se transforma em ... como reação inconsciente - Questão 173

LIVRE-ARBÍTRIO
- nos seres humanos, graças ao ... que induz aos pensamentos - Questão 67
- se Espíritos que exercem ação nos fenômenos da Natureza operam com conhecimento de causa, usando do ... (LE) - Questão 71
- antes que tenham plena consciência de seus atos e estejam no gozo pleno do ... (LE, 540) - Questão 71
- o destino, cada qual está a escrevê-lo com os atos, mediante o seu ... - Questão 77
- violação do ... do ser e o seu processo de evolução ficaria paralisado - Questão 157
- deixando, no entanto, que funcione a Lei do ... - Questão 202

LOCAIS ACUPUNTURAIS - v. ACUPUNTURA
LOMBROSO - v. CÉSAR
LOUCURA
- desatinos humanos ainda produzirão muitas guerras, que dissuadirão o homem da ... em que se demora - Questão 19

LOUISE RHINE
- Educação menos preconceituosa, facultando pesquisas em torno das Doutrinas Parapsíquicas, conforme fizeram Joseph e ... - Questão 94

LUA
- não se podendo negar a influência magnética da ... sobre as marés, a Terra, e desta sobre aquela - Questão 205

LUCRO, S
- se numa sociedade individualista os prejuízos sociais poderiam ser causados pelo desejo de ... de alguns - Questão 15a
- numa sociedade individualista os interesses de ... sobrepõem-se aos valores humanos - Questão 15a
- razão direta em que aumentam os ... mais amplas aspirações passam a ter os indivíduos, esquecidos da solidariedade etc. - Questão 15a
- consciência coletiva superando o egoísmo destruidor dos empresários e administradores que somente pensam em ... - Questão 17
- qual responsabilidade dos que, em nome do ... expõem seus semelhantes para seu sustento material - Questão 32
- trabalho não devendo ter como meta prioritária somente os ... materiais - Questão 33

LUTAS DE CLASSES
- possibilidade de se abrir mão de alguns conceitos marxistas de ... - Questão 26
- evitando-se as ... com a mão armada - Questão 26

MACHISTA
- quando os resquícios do comportamento ... cederem lugar aos direitos de igualdade entre homens e mulheres - Questão 12

MACROCOSMO
- também ensina a filosofia chinesa que o indivíduo é um microcosmo, reflexo do ... - Questão 51
- as conquistas espaciais, no ... e das micropartículas, no microcosmo, demonstrando a ordem e o equilíbrio - Questão 130
- investigando o ... etc. concluindo que o acaso não pode ter produzido tão intrincada rede de equilíbrio e perfeição - Questão 190

MAGISTÉRIO - QUESTÕES 121 A 123
MAGNÉTICO, MAGNÉTICA, S; v. tb MAGNETIZADOR
- primeiro envoltório, cuja programação se dá pelos recursos ... de que é constituído - Questão 45

- os elementos genéticos experimentam a ação ... dele irradiante - Questão 46
- que elementos comandariam nessas irradiações o processo nos denominados passes ... - Questão 67
- as energias ... como as fluídicas utilizadas nos processos de cura - Questão 67
- não se podendo negar a influência ... da lua sobre as marés, a Terra, e desta sobre aquela - Questão 205
- se os Espíritos então não sensibilizam as fitas ... - Questão 214a
- necessária a participação do médium, que fornece a energia hábil, sem a qual a sensibilização das fitas ... não ocorre - Questão 214a

MAGNETIZADOR; v. tb MAGNÉTICO
- de relevante importância a conduta moral do ... nos processos de cura - Questão 67

MÁGOA, S
- toda vez que a cultura se liberta da escravidão dos preconceitos, as ... guardadas surgem em forma de reação - Questão 173
- alegria expressando-se no Mundo espiritual como paz de espírito, sem ... do passado nem ansiedade pelo futuro - Questão 176

MAIS VALIA
- se seria possível seguir a Doutrina Espírita sem abrir mão de alguns conceitos marxistas (luta de classes, ... etc. - Questão 26

MAL, MALES
- sem um conceito vivencial do bem e do ... do nobre e do equivocado etc. esses indivíduos enveredam para o vício - Questão 13
- política sendo instrumento ... utilizado - Questão 21
- o Espírito em prova, possui ínsito o discernimento que o auxilia a reparar os ... - Questão 25
- a ociosidade sendo a matriz de muitos ... que atormentam os seres humanos - Questão 33
- elaborando as construções do bem e do ... que passam a fazer parte do seu comportamento - Questão 48
- regiões de sofrimentos onde estagiam os que se comprometeram com o ... - Questão 70

- levados a penas reparadoras dos ... proporcionados às suas vítimas - Questão 72
- ao invés de entender a prisão como uma forma de reparação do ... praticado, nela vê somente instrumento de punição... - Questão 78
- uma das maneiras de serem evitados os ... que ora afligem a sociedade - Questão 122
- onde estagiam Espíritos rebeldes e primários que se comprazem no erro e no ... - Questão 138
- na raiz de todos os ... de ordem predomina o egoísmo - Questão 164
- trabalhando-se interiormente, de modo a arrancar as raízes do ... - Questão 171
- trabalhando egoisticamente e contribuindo para que o ... predomine, já que o seu é um bem inoperante, portanto inútil - Questão 177
- os exemplos de dignidade e solidariedade humana que vicejam na Humanidade são os antídotos para esse ... - Questão 185
- imprensa espírita, inspirada no exemplo de Allan Kardec, deverá ser responsável etc. ensinando como superar o ... - Questão 219
- função da Imprensa sendo dignificar a criatura e orientá-la, instruí-la e informá-la, combatendo a ignorância e o ... - Questão 219

MALTHUSIANISMO - v. FANTASMA MALTHUSIANO

MÃO DE FERRO
- necessidades de vária ordem assolavam em toda parte gerando inquietação social que a ... da ditadura soviética esmagava - Questão 29
- enquanto esteve sob a ... dos regimes totalitários parecia atender as problemáticas existentes nos países onde era aplicada - Questão 30

MARÉS
- não se podendo negar a influência magnética da lua sobre as ..., a Terra, e desta sobre aquela - Questão 205

MARIA DE MAGDALA
- nos reportando à ressurreição de Jesus, embora o atestado inequívoco de ... a dúvida permaneceu nos outros discípulos - Questão 160

MARX - v. KARL

MARXISMO, MARXISTAS
- possibilidade de seguir a Doutrina Espírita sem abrir mão dos conceitos ... - Questão 26
- possibilidade de o ... ser uma explicação para as diferenças impostas pelos processos reencarnatórios - Questão 26
- ... seria proposta socioeconômica feliz não se assentasse no materialismo dialético - Questão 26

MATERIALIZAÇÃO
- construções mentais do ser humano como primeiro passo para a ... do que se convencionou chamar realidade objetiva - Questão 61
- Deus criando o psiquismo antes da mônada, esta já sendo uma forma primitiva de energia em processo de ... - Questão 199

MATERIALISMO, MATERIALISTA, S; v. tb MATERIALISMO DIALÉTICO
- toda técnica, portanto, que se estriba no ..., logo se converte em mecanismo de opressão - Questão 9
- se competição e individualismo seriam características das sociedades apenas explicadas pelas relações sociais ... - Questão 15
- paradoxo constatar que os movimentos que mais pensaram em igualdade e justiça foram baseados numa visão ... - Questão 26
- Karl Marx como um revolucionário ... - Questão 26
- idealistas, decepcionados com conduta dos religiosos, abdicaram da fé cega, irracional adotando comportamento ... - Questão 26
- o ... sob qualquer forma que se apresente é sempre uma atitude de rebeldia do homem em relação à vida - Questão 27
- a proposta socialista, embora seus fundamentos ..., foi transformada em arma de dominação - Questão 28
- a economia socialista, nas bases do ... ateu, não conseguiu resolver o problema dos povos para os quais foi dirigida - Questão 30
- atavismos ... que permanecem em muitos estudiosos da vida - Questão 39
- abandonando o conceito pelo ..., no século passado, como reação ao desordenado espiritualismo imposto pela fé cega - Questão 50
- leis injustas, filhas espúrias do ..., elaboradas para privilegiar alguns indivíduos, em prejuízo da grande maioria - Questão 81

- reconhecendo ser este um período de experiências culturais imediatistas, hedonistas, com forte suporte ... - Questão 91
- Escola sendo realmente leiga, sem que professores ... etc. transmitam suas mensagens pessimistas aos alunos - Questão 132
- alteração de conduta sucedendo lentamente nas sociedades menos ... - Questão 178
- período de rebeldia, de ..., os indivíduos, frustrados pelas conquistas da inteligência etc. estão retornando à religiosidade - Questão 184
- o ... desfalece ante a ausência da matéria nos termos em que sempre foi concebida - Questão 190
- obstinação do ... lentamente vem sendo vencida pelo Espiritismo e pela demonstração de outros setores das várias ciências - Questão 217

MATERIALISMO DIALÉTICO, HISTÓRICO; v. tb MATERIALISMO
- marxismo seria proposta socioeconômica feliz, não se assentasse no ... cuja eficiência ficou falida - Questão 26
- quais erros ou incongruências podem ser apontados no ... - Questão 27
- aberto espaço para a revolução do pensamento, que deu origem ao ..., ao ... - Questão 27

MATERIALISMO HISTÓRICO DIALÉTICO; v. MATERIALISMO DIALÉTICO

MATERNIDADE, MATERNA, MATERNAL
- a ... responsável etc. como instrumento hábil para diminuir o crescimento geométrico da população - Questão 83
- à mulher são propostos labores domésticos compatíveis com a sua estrutura feminina, dócil, ... - Questão 12
- não se referindo àquela tradicional, castradora, dominadora, com a figura paterna e ... predominante- Questão 114
- imensas possibilidades da ... - Questão 173

MATRIARCAL
- desaparecendo os tipos retrógrados das sociedades ... como patriarcal - Questão 12

MATRIMÔNIO - v. CASAMENTO
MECANISMO DE AUTOJUSTIFICAÇÃO
- procurando ... a fim de escapar da responsabilidade do insucesso - Questão 141
MEDICINA - QUESTÕES 47 A 53; v. MEDICINA OCIDENTAL
MEDICINA OCIDENTAL; v. MEDICINA
- das ações de saúde aproximam-se mais de visão de saúde integral (corpo/espírito). A clássica ... ou as práticas alternativas - Questão 50
- a ..., na sua proposta unicista do ser, aplicou a terapia compatível com a organização eminentemente material - Questão 50
- os pais da ... já intuíam que o indivíduo é uma energia envolta em células - Questão 50

MÉDICO INCOMPARÁVEL - v. JESUS

MEDITAÇÃO
- não só o trabalho é essencial ao crescimento espiritual como também o repouso, a ..., o encontro consigo mesmo - Questão 149
- em toda parte encontrando-se os convites para a ... em torno da transcendentalidade da vida e do ser - Questão 156
- nas atividades culturais e artísticas, a Música tem recebido uma grande aceitação pelos excelentes resultados que faculta, educando a sensibilidade, promovendo a ..., enriquecendo de beleza - Questão 204

MÉDIUM, MÉDIUNS - v. IN MEDIUNIDADE - QUESTÕES 212 E 213
- simples ligação do Espírito perturbado com o ..., poderia constituir recurso para habilitá-lo a esclarecimento oportuno - Questão 209
- graças aos fluidos animais de que é portador o ..., que o (obsessor) encharca - Questão 209
- fenômeno da transcomunicação se dando através da utilização pelos Espíritos, do ectoplasma humano, fornecido pelos ... - Questão 214
- quase sempre o ... sendo o próprio investigador, embora desconhecendo em si essa peculiaridade - Questão 214
- se os Espíritos não sensibilizam as fitas magnéticas de modo próprio, se fazendo necessária a participação do ... - Questão 214a
- sendo indispensável a participação do ... - Questão 214a

- acreditando que os ... jamais seriam dispensados ante a ocorrência do fenômeno da Transcomunicação Instrumental - Questão 215
- acreditando que se tornando mais comuns e aceitos os fenômenos mediúnicos, multiplicar-se-á o número de ... - Questão 215
- não olvidando que o ... sendo sempre necessário como instrumento por oferecer a energia indispensável - Questão 216

MEDIÚNICO - v. MEDIUNIDADE
MEDIUNIDADE, MEDIUNICAMENTE, MEDIÚNICO, MEDIÚNICA, S - QUESTÕES 212 E 213; v. tb PSICOFONIA E PSICOGRAFIA

- se no bioquimismo cerebral existiriam enzimas e proteínas que favorecessem as recepções ... - Questão 65
- se a glândula pineal seria a estação de comando do processo ... na zona física - Questão 65
- na glândula cerebral existem enzimas e proteínas especiais que facultam a realização dos fenômenos ... - Questão 65
- se pintura ... é arte e se traria algum benefício ao Movimento Espírita e à Doutrina Espírita - Questão 139
- psicografia e a psicofonia, nas expressões da ... intelectual, contribuindo para a comprovação da imortalidade - Questão 139
- outras manifestações positivas do fenômeno ... - Questão 139
- não sendo a ... psicopictográfica que irá aumentar a excelente proposta de sabedoria da Doutrina Espírita - Questão 139
- estetas inspirando ... aqueles que estão em equivalente faixa vibratória - Questão 147
- não sendo realização ... mas do esforço pessoal daquele que produz a obra de arte, justo que possa dispor dela - Questão 153
- experiências ... podendo ser realizadas em qualquer lugar onde predominem os valores nobres - Questão 197
- instruções da Entidade Mentora dos trabalhos que se prontificou a oferecer a mensagem inicial das reuniões ... - Questão 210
- se o avanço da transcomunicação tornará dispensável a atuação de alguns tipos de ... - Questão 215
- não identificando quais faculdades ... que desapareceriam ante o avanço da TCI - Questão 215
- acreditando que se tornando mais comuns e aceitos os fenômenos ... multiplicar-se-á o número de médiuns - Questão 215

- a TCI se tornando tão natural, qual ocorre com os fenômenos da ... que será inexequível negar-lhe a legitimidade - Questão 217

MEDO, TEMOR
- qual modelo éticoeducacional formará cidadãos etc. de tal forma que o sentimento de ... pela punição seja substituído - Questão 93
- o ser, consciente das suas responsabilidades, elimina os monstros do ..., da punição etc. por conduzir harmonia mental - Questão 93
- estágios de evolução onde o amor ainda não nasceu e o temor predomina e, nesta fase, o seu deve ser o Deus do ... - Questão 132
- homem primitivo traduzindo o primeiro sentimento de ..., já que se encontrava impossibilitado de amar - Questão 152
- o ... impedindo os indivíduos de aproximarem-se uns dos outros - Questão 155
- mediante mecanismo de transferência psicológica, exibindo a timidez, o ... em virulência - Questão 192

MEIO AMBIENTE
- evitando-se a fragilidade e as enfermidades que decorrem do ... - Questão 36
- uso exagerado de máquinas, produtos químicos e até com plantas e micro-organismos causando impactos nocivos ao ... - Questão 55
- energia solar substituindo muitos combustíveis que, mesmo não se extinguindo, deixarão de poluir o ... - Questão 56
- biólogos asseverando que as nossas percepções em face ao ... são esquemas psíquicos holográficos - Questão 59
- como o Direito poderia tutelar de forma eficaz o ... - Questão 86
- códigos de respeito à vida e preservação da Natureza para proteção do ... - Questão 86
- comunidade internacional demonstrando preocupação em incluir em suas legislações dispositivos de proteção ao ... - Questão 87
- indispensável que se tomem medidas urgentes de preservação do ... ameaçado - Questão 164

MEIO UNIVERSITÁRIO; v. tb UNIVERSIDADE
- se o ... estaria preparado para receber o conhecimento do Espiritismo e se seria válida a proposta - Questão 197
- aspecto em que o ... estaria preparado para receber as informações sobre o Espiritismo - Questão 197

MENTALIZAÇÃO
- recorrendo-se à ... para a produção de alimentos - Questão 61

MENTE DIVINA - v. DIVINDADE

MENTOR, MENTORA, MENTORES
- os ... de cada Orbe se responsabilizando pelo cumprimento das referidas Leis, através das revelações - Questão 202
- A manifestação inicial de um ... em reuniões desobsessivas, adotada como norma, não podendo ensejar mistificações - Questão 210
- siga as instruções da Entidade ... dos trabalhos, que se prontificou a oferecer a mensagem inicial das reuniões mediúnicas - Questão 210
- se instrumentos precisos serão utilizados como meio de comunicação entre os dois planos etc. trazendo a mensagem dos ... .- Questão 216
- o codificador se deixou inspirar e conduzir pelos ... Espirituais - Questão 216a

MERCADO DE TRABALHO
- não negando à mulher o direito à participação no ... - Questão 12
- como educar para a vida e não somente para o ... - Questão 95

MERIDIANOS
- ... onde se situam os registros desencadeadores dos processos depurativos - Questão 50
- locais acupunturais que fazem parte constitutiva dos ... encarregados de conduzir a energia até os órgãos - Questão 51
- somente através da energia ch'i por meio dos ... direito/esquerdo se consegue o equilíbrio yin/yang - Questão 51
- os locais acupunturais que se encontram nos ... da pele, são constituídos por propriedades elétricas - Questão 51

MESA DE PÉS DE GALO
- os instrumentos para a transcomunicação tendo sido a ..., a cestinha de vime, a ardósia - Questão 214
- a moderna TCI repetindo de forma sofisticada as experiências do codificador do Espiritismo através das ... etc. - Questão 215

MESAS GIRANTES
- transcomunicações eletrônicas, que passarão à categoria de divertimento sem resultados morais conforme ocorreu com as ...- Questão 160

MESTRE - v. EDUCADOR; v. tb JESUS

MESTRE DE LYON - v. ALLAN KARDEC

METODOLOGIA DE ENSINO - QUESTÕES 90 A 98

MICROCOSMO
- também ensinando a filosofia chinesa que o indivíduo é um ... - Questão 51
- conquistas espaciais, no macrocosmo, e das micropartículas, no ..., demonstrando a ordem e o equilíbrio - Questão 130
- macrocosmo e todo os seus desafios, penetrando no ... e todas as suas investigações, e concluindo que o acaso não pode - Questão 190

MICRO-ORGANISMOS
- agricultura com uso exagerado de máquinas, produtos químicos, ... etc. causando impactos nocivos ao meio ambiente - Questão 55

MÍDIA - QUESTÕES 124 A 132; v. tb TV
- ante a divulgação pela ... de acontecimentos funestos - Questão 101
- novos deuses que repetem os gladiadores romanos, se apresentam afortunados nos veículos da ... - Questão 103
- presença das religiões, com o intuito de influenciar na formação religiosa etc. qual deverá ser o papel da ... espírita - Questão 220
- condutas na ... religiosa, de certa forma preenchem os espaços que estavam sendo utilizados para o sexo alucinado etc. - Questão 220

MIKHAIL GORBACHEV
- ... abriu as portas da colossal fortaleza para a entrada da liberdade vitoriosa - Questão 29

MILÍCIAS CURDAS
- como explicar grupos fundamentalistas islâmicos, ... etc. que ainda espalham o terror - Questão 185

MINERAL
- psiquismo dormindo no ..., sonhando no vegetal, sentindo no animal e adquirindo a função de pensar no homem - Questão 199

MISÉRIA, S
- permanecendo os focos de conflitos, os bolsões de preconceito e perseguição, de ... e abandono - Questão 7
- tecnologia, se traz muitos danos para a Humanidade, por outro lado promove e dignifica o ser, diminuindo-lhe as dores e ... - Questão 11
- expansão dos sentimentos inferiores, tornando-se responsáveis pela ... que se alastra sob diferentes formas - Questão 11
- desemprego respondendo por várias expressões da ... econômica, social etc. - Questão 17
- abundância da ... sempre causada pelo acúmulo de recursos em poucas mãos - Questão 17
- conveniência de mudança de regime socioeconômico e sociopolítico do país alterando o quadro da ... - Questão 24
- Leis justas, que objetivem combater a ... socioeconômica, que decorre do egoísmo, gerador da ... moral - Questão 24
- em cultura que se apresenta responsável pelo desenvolvimento da civilização não pode existir a ... econômica - Questão 24
- egoísmo, terrível chaga da Humanidade etc., sendo o grande responsável pelas ... humanas - Questões 26
- ... não sendo menor do que nos outros países que sofreram o talante do materialismo histórico - Questão 27
- ... fomentada pela economia baseada no capitalismo conforme vem sendo aplicada - Questão 30
- os menos favorecidos continuando impossibilitados de libertar-se da ... - Questão 30
- desenvolvimento econômico e tecnológico não resolvendo de forma significativa o problema da ... - Questão 34
- aumento do cerco do cinturão da ... em toda parte - Questão 34
- ... tendo na violência urbana um dos filhos perversos - Questão 34
- vítima do desemprego, e sofrendo situações lamentáveis de ... moral, econômica e social - Questão 35
- ignorância sendo fator responsável por muitas aflições e ... que visitam a criatura humana - Questão 76

- se a melhor distribuição da propriedade rural pode reduzir a ... e o desajuste social - Questão 82
- não só a distribuição da propriedade rural poderá reduzir a ..., mas também um cuidadoso programa etc. - Questão 82
- se o uso adequado da terra dirigido para a produção de alimentos afastaria o fantasma malthusiano, a ..., a fome etc. - Questão 83
- possuindo recursos valiosos para dissolver os cânceres do egoísmo, do orgulho, prepotência, geradores da ... - Questão 123
- desemprego e ... não alterados pelo desenvolvimento da Informática mesmo nas sociedades mais desenvolvidas - Questão 172

MISERICÓRDIA
- aqueles que delinquirem encontrarão ... e amor - Questão 78
- tudo o mais vindo por acréscimo de ... - Questão 188
- o amor de Deus funciona em união com a Sua ... - Questão 208
- a incorporação ou psicofonia dos Espíritos sofredores tendo como meta socorrê-los em ... e amor - Questão 209

MISSAS
- se a home school, as compras on-line, ..., cultos etc. não estariam evidenciando um comportamento socialmente doente - Questão 171

MISSIONÁRIO, S
- os fenômenos renovadores do pensamento ocorrem quando os Espíritos ... volvem à Terra - Questão 100
- tecnologias modernas, que objetivem o progresso, são inspiradas por ... - Questão 131
- o artista real sendo ... de Deus - Questão 148
- ... do conhecimento e do amor até hoje sendo enviados por Jesus - Questão 202
- todas as áreas do progresso humano, a Divindade faz com que se reencarnem na Terra os grandes ... - Questão 204
- quase amanhecer de uma Nova Era, já se encontrando em processos de renascimento orgânico os ... da beleza - Questão 204
- estando reencarnados na Terra os ... da Nova Era, que irão aprimorar as técnicas da TCI - Questão 216

MISTICISMO, MÍSTICA
- como se analisa a busca da religiosidade, o crescimento do ... neste final de século - Questão 184
- período da rebeldia etc. indivíduos, frustrados pelas conquistas da inteligência etc. retornando à religiosidade, à busca ... - Questão 184

MISTIFICAÇÃO, MISTIFICAÇÕES
- se a manifestação inicial de um Mentor em reuniões desobsessivas, adotada como norma, não podendo ensejar ... - Questão 210

MITOSE CELULAR
- à medida que a ... se processa, os elementos genéticos experimentam a ação magnética dele irradiante - Questão 46
- exteriorizando-se em ondas de frequência descontínua que dificulta o processo de ... ou diminui a produção de leucócitos - Questão 52

MODELO ORGANIZADOR BIOLÓGICO
- interferência do Espírito, sem o qual teremos formações aberrantes que, desprovidas de ... jamais repetirão o indivíduo original - Questão 39
- sistema holográfico reproduzindo pensamentos, ideias, lembranças que procedem do Espírito através do seu ... - Questão 59

MODO DE PRODUÇÃO
- possibilidade de seguir a Doutrina Espírita sem abrir mão dos conceitos marxistas de ... etc. - Questão 26

MODUS VIVENDI
- Espiritismo sendo Doutrina de liberdade, porque a sua é fé raciocinada, derivada da observação e sua incorporação ao ... - Questão 191

MÔNADA
- onde se podendo situar o surgimento do Espírito, na elaboração da ..., em fase posterior - Questão 199
- Deus criando o psiquismo antes da ..., esta já sendo uma forma primitiva de energia em processo de materialização - Questão 199

MONOGÂMICA
- matrimônio propiciando a dignidade de uma existência ..., respeitando-se o parceiro - Questão 173

MORTE, BIOLÓGICA, FÍSICA, DISJUNÇÃO MOLECULAR DO CORPO, CADAVÉRICA; v. tb MORTOS
- sem pública perseguição, que antes culminava no encarceramento, no degredo, na ... - Questão 5
- ... certa para o homem do campo que vive com a fome, a sede, as pragas, o esquecimento das autoridades - Questão 31
- considerando-se a realidade do ser humano como Espírito imortal, o fenômeno da ... biológica é inevitável - Questão 39
- muitos estudiosos da vida, trabalham com objetivos de burlar a dor, a ... - Questão 39
- adiando-se sine die o momento da ... física, realizando-se transplantes antes da ... real - Questão 39
- na Terra, a sobrevivência de um ser depende da ... de outro - Questão 68
- imediato aproveitamento do princípio que anima os animais não significando, necessariamente, logo após a ... - Questão 70
- ninguém pode pretender direcionar a vida para a ... - Questão 73
- o homem só é dono, proprietário, daquilo que pode conduzir com ele após o fenômeno da ... - Questão 81
- angústia que se deriva pela falta de alimentos e que responde pela ... de verdadeiras multidões dizimadas pela indiferença - Questão 83
- conhecimento dos objetivos espirituais da vida, a sua não consumpção ao fenômeno biológico da ... - Questão 119
- alegrias e realizações elevadas que aguardam o ser após a ... - Questão 119
- preparação da felicidade a ser fruída depois da ... - Questão 119
- psicopictografia sendo recurso nobre para a confirmação da sobrevivência do Espírito à ... do corpo - Questão 139
- artista reconhecido como gênio senão depois da sua ... - Questão 148
- se a precisão do desenvolvimento tecnológico permitirá a comprovação da vida após ... - Questão 160
- a legitimidade do fenômeno imortalista, mediante a comunicação dos Espíritos após a ... do corpo físico - Questão 160
- comprovações da sobrevivência do Espírito à ..., assim como da reencarnação - Questão 161

- não têm pressa compulsória para confirmar a imortalidade da alma, desde que sabem ser a ... inevitável - Questão 162
- ante a aproximação da ..., o poder passageiro perde o sentido - Questão 168
- cada qual atravessando a aduana da ... conduzindo os valores que lhe são próprios - Questão 198
- sempre resulta em bênçãos para o comunicante, que experimenta uma forma de repetição da ... física - Questão 209
- convidando-os à libertação das fixações físicas e psíquicas que permanecem após a ... - Questão 209

MORTOS; v. tb MORTE
- terra era de propriedade do Estado, que passou a doá-las aos seus membros, de início para serem preservadas tumbas dos ... - Questão 81

MOVIMENTO ESPÍRITA
- se traria a Pintura mediúnica alguma importância real para o ...- Questão 139
- a agressividade dos movimentos religiosos contrastando com a discrição do ... - Questão 192
- o comportamento do ... está exarado na própria Doutrina, que ensina a compreender a fragilidade do próximo etc. - Questão 192
- muitos espiritistas que não entenderam os conteúdos doutrinários importantes e o que faltaria ao... para corrigir esta falha - Questão 194
- necessário manter a constância do trabalho, o estudo sistematizado da Doutrina etc. para um correto crescimento do ... - Questão 194
- por que se explora tão pouco o recurso da Música no ... e se haveria algum preconceito - Questão 204

MULTIMÍDIA; v. tb INFORMÁTICA
- se com o desenvolvimento da realidade virtual e o avanço da informática ..., as técnicas de venda sofrerão mudanças - Questão 134
- se a tecnologia através do computador, da ..., da internet etc. não estará dando visão próxima de um mundo sem escolas etc. - Questão 170
- a ... poderá facilitar a aprendizagem etc. no entanto, a escola será sempre o laboratório vivo de atividades e convívio - Questão 170

MUNDO CAUSAL - v. MUNDO ESPIRITUAL
MUNDO DAS IDEIAS
- Sócrates preocupava-se em arrancar o conhecimento que dormia dentro do educando e provinha do ... - Questão 116

MUNDO DE PROVAS E EXPIAÇÕES
- passará de ... para mundo de regeneração - Questão 58
- o progresso, na Terra, ainda se faz por etapas, em razão de ser o planeta um ... - Questão 11
- Jesus acompanhando o processo de transformação do planeta de ... para mundo de regeneração, enviou o Espiritismo - Questão 202

MUNDO DE REGENERAÇÃO - v. PLANETA

MUNDO ESPIRITUAL, CAUSAL, TRANSCENDENTE, ALÉM--TÚMULO; v. tb ESPIRITUALIDADE
- a história real se encontrando escrita nos registros akásicos do ... - Questão 16
- qual o conceito de saúde no ... - Questão 53
- conceito de saúde próprio para o homem, tido como importante no ..., é o que decorre da consciência do dever cumprido - Questão 53
- sobre a presença de animais no ... - Questão 70
- qual tipo de arte existe no ... - Questão 138
- com relação às elaborações conseguidas no ..., o homem terrestre estaria agora na fase rupestre - Questão 138
- artistas deixando-se arrastar pelas vibrações superiores do ... transcendental, entrando em sintonia com os mestres da arte - Questão 143
- despoja do fardo das paixões, mais sutis se lhe fazem as percepções, com maior captação do mundo ... - Questões 146
- como é visto pelo ... o fato de quase sempre todo artista comercializar a sua obra para sobreviver, alguns tornando-se milionários - Questão 153
- planeta onde o Espírito desenvolve suas aptidões, porém, escola transitória, retornando sempre ao Mundo Causal, que é o ... - Questão 168
- possibilidade de descrever o sentimento da alegria no ... - Questão 176
- precedência do ..., até que ponto sendo verdadeiro afirmar que tudo quanto aqui existe há também na Espiritualidade - Questão 201

- simples ligação do Espírito perturbado com o médium etc. poderia constituir recurso para habilitá-lo a esclarecimento no ... - Questão 209
- ser médium, conforme a visão espírita, é ser ponte de luz, auxiliando os que sofrem no ... - Questão 212
- se o desenvolvimento da tecnologia de telecomunicações permitirá a ampliação dos contatos entre o ... e o material - Questão 217

MUNDO TRANSCENDENTE - v. MUNDO ESPIRITUAL

MUSEU, S
- Educação não devendo reduzir-se apenas aos estímulos e informações da sala de aula, antes ampliá-la com visitas aos ... - Questão 113

MÚSICA
- o que definiria o estilo da cada artista, quer na ..., literatura, pintura - Questão 135
- ... despertando o divino no humano, veículo que mais aproxima a criatura do seu Criador - Questão 136
- por que se explora tão pouco o recurso da ... no Movimento Espírita e se haveria algum preconceito - Questão 204
- cuidado dos adeptos em introduzir a ... nas atividades, ao invés de preconceito, deve ser o zelo - Questão 204
- nas atividades culturais e artísticas, a ... tem recebido uma grande aceitação pelos excelentes resultados que faculta - Questão 204

MUTAÇÕES
- bioética e a visão dos Espíritos acerca das ... - Questão 39

NARCISO
- indivíduo autofascinado, qual novo ..., perdendo o senso de discernimento e de equilíbrio - Questão 191

NATUREZA
- respeito à ... através de níveis mais elevados de consciência - Questão 4
- ... jamais negará ao homem o que necessita - Questão 32
- se leis da ... permitirão ao homem penetrar nos mecanismos da biogenética - Questão 38
- tudo em a ... tendo uma função necessária e específica - Questão 43

- homem primitivo e civilizado destruindo a ... na ânsia de sobreviver - Questão 54
- conciliação das necessidades de sobrevivência com a preservação da ... Questão 54
- conhecimento tecnológico quando aplicado corretamente, pode recompor o ambiente e refazer a ...- Questão 54
- equilíbrio da ... refletindo as leis da ecologia estabelecidas por Deus - Questão 57
- todo crime direcionado à ... constitui um gravame terrível, que se transforma em motivo de sofrimento, enfermidade - Questão 63
- se os Espíritos que exercem ação nos fenômenos da ... operam com conhecimento de causa (LE, 540) - Questão 71
- tudo se encadeia na ... (LE, 540) - Questão 71
- Código de respeito à vida e proteção da ... os países membros se comprometeriam a submeter-se à Organização de vigilância - Questão 84
- governantes sensatos se reúnem procurando estabelecer programas de preservação da ..., qual ocorreu em 1992 (ECO-92) - Questão 85
- códigos de respeito à vida e preservação da ... para proteção ao meio ambiente - Questão 86
- o homem podendo mas não devendo legislar contra as leis da ... porque resulta em consequências imprevisíveis - Questão 87
- o homem sendo vítima de si mesmo face ao desrespeito à ... e às suas leis - Questão 87
- homem faz parte integrante do Universo, e quanto mais se informa a respeito, melhor se torna a convivência com a ... etc. - Questão 90
- a reencarnação no mundo das formas, o indivíduo é conduzido ao conhecimento da ... e das suas expressões de vida - Questão 106
- como o processo educativo poderia trabalhar as questões de unicidade entre o homem, a ... e a sociedade - Questão 109
- o homem é um ser eminentemente social e dependente da ... - Questão 109
- acreditava ser merecedor de todos os favores e merecimentos da Vida, da ... - Questão 109
- já se realizam programas dos amantes do verde etc. para melhor integração do homem com a sociedade e com a ... - Questão 109
- Educação não devendo reduzir-se apenas aos estímulos e informações da sala de aula, antes ampliá-la no contato com a ... - Questão 113

- Jesus utilizando-se da pauta da ..., para cantar a mais extraordinária melodia que os ouvidos humanos jamais escutaram - Questão 150
- aquelas montanhas que fazem parte da ... a cada momento sendo vencidas pela moderna tecnologia - Questão 189

NEGUENTROPIA
- ... orgânica produzida pelas energias magnéticas como as fluídicas - Questão 67

NERVOS, NERVOSOS
- energia aplicada nos pontos de acupuntura sendo absorvida pelos ... e pelas células gliais - Questão 51
- percepções abrangentes, de totalidade, transcendendo os apropriados centros ... cerebrais - Questão 59

NEURÓTICOS
- transtornos ... decorrentes dos crimes de adultério e sedução - Questão 72
- criação de uma geração de indivíduos ... cuja vida se restringe a uma tela de computador - Questão 171
- recreações de alto preço sendo vítimas de si e de outros companheiros portadores de transtornos ... e comportamentais - Questão 171

NEUROTRANSMISSORES
- ... liberados sob a ação dessa mesma irradiação - Questão 51

NEWTON
- se detenha na contemplação do Universo, inevitavelmente se curvará para homenagear Deus, qual ocorreu com ... - Questão 187
- ... mesmo perseguido pela ignorância religiosa, não abdicou da sua crença e respeito ao Criador - Questão 187

NICOLAU COPÉRNICO
- se detenha na contemplação do Universo, inevitavelmente se curvará para homenagear Deus, qual ocorreu com ... - Questão 187
- ... mesmo perseguido pela ignorância religiosa, não abdicou da sua crença e respeito ao Criador - Questão 187

NOVA ERA
- falando-se muito de uma ... que surgirá após a virada do século - Questão 14
- a ... já começou nas mentes e corações - Questão 14
- e quase amanhecer de uma ..., já se encontrando em processos de renascimento orgânico os Missionários da beleza - Questão 204
- reencarnados na Terra os Missionários da ... que irão aprimorar as técnicas da TCI - Questão 216

NOVELAS TELEVISIVAS
- observando-se timidamente nas ... a presença da mensagem espírita, por vezes incorreta. Como será no amanhã - Questão 127

OBEDIÊNCIA
- Divindade, dispõe de recursos inumeráveis para que o Espírito evolua sem a necessidade do sofrimento, tais como a ... etc. - Questão 180

OBSESSÃO, OBSESSÕES, OBSESSOR, PERSEGUIDOR, OBSIDIADO - QUESTÕES 209 A 211
- responsabilidade de um agente que delinque sob a influência de um ... - Questão 79
- indivíduo sob injunção de uma ..., que lhe dificulta o raciocínio, as ações perpetradas não são de sua
 exclusiva responsabilidade - Questão 79
- preexistência da vida ao corpo e sua sobrevivência etc. identificando a psicopatologia das ... - Questão 161

OBSESSOR - v. OBSESSÃO

OBSIDIADO - v. OBSESSÃO

OCEANO, S
- propiciando recursos para atender a todas necessidades, particularmente aqueles que podem ser retirados dos ... - Questão 4
- aproveitamento das áreas inóspitas e áridas – desertos e geleiras – retirando-se alimento dos ... - Questão 4a
- outros recursos, quais os grandes viveiros de reprodução de peixes, de plantas aquáticas, ... etc. - Questão 55

- abusos praticados contra a Ecologia, perturbando a fauna, a flora, contaminando os rios, mares, ..., a camada de ozônio - Questão 87

OCIOSIDADE, OCIOSA
- ... matriz de muitos males que atormentam os seres humanos - Questão 33
- a fim de que o desemprego não prolifere na consciência, gerando a ... e o crime - Questão 88
- humanizem mais a máquina, diminuam o desgaste do ser nos trabalhos estressantes etc. para que a mão de obra não fique ... - Questão 166

O LIVRO DOS ESPÍRITOS
- recordando a resposta dos Espíritos elevados, assinalada pelo codificador A.K., em o número 540 de ... - Questão 71
- Benfeitores da Humanidade, em ..., questão 618, respondendo sobre a diversidade das leis - Questão 75
- só a educação podendo reformar os homens (..., questão 796) - Questão 98
- a desordem e a imprevidência como duas chagas que só uma educação bem entendida pode curar (... questão 685a) - Questão 98.
- todos os atos refletindo na própria consciência, lugar onde está escrita a Lei de Deus, conforme ..., questão 621- Questão 123
- modismos sendo transitórios e não se podendo transferi-los para Sociedades Espíritas etc. estando estudadas em ... - Questão 195

O LIVRO DOS MÉDIUNS
- mesmo porque o codificador adverte os incautos a esse respeito, conforme se encontra exarado em ... - Questão 213

OPRESSÃO, OPRIMIDO, S, OPRIMEM
- toda técnica que se estriba no materialismo, logo se converte em mecanismo de ... - Questão 9
- disseminando os seus conceitos de ... para se manterem dominadores - Questão 9
- regimes justos e nobres, que atendam as necessidades do povo, sempre preterido, desrespeitado e ... - Questão 21
- a filosofia da Revolução de 1917, que se apresentava como salvadora dos ... estava esquecida - Questão 29

- a Religião submetida não contribuiu, tão decisivamente, para a libertação do povo ... - Questão 29
- o sentimento religioso, que é inato na criatura humana, não mais suportou a ... gigantesca - Questão 29
- nas organizações sociais civilizadas para desenvolver e aplicar aptidões perturbadoras, que ainda ... e matam - Questão 185

ORAÇÃO, ORANDO, PRECE
- recursos preciosos das forças mentais, direcionadas no sentido positivo, recorrendo à ..., mentalização etc. - Questão 61
- cada qual responde pelo que lhe acontece, eis por que Jesus recomendava a necessidade da vigilância e da ... - Questão 79
- ... proporcionando coragem ao homem mas como conservá-la, ao ponto de transportar montanhas - Questão 189
- ..., sendo o vínculo que ata o ser que se levanta do chão das paixões ao fulcro das realizações - Questão 189
- ... o ser consegue a força para superar-se e alcançar o patamar da felicidade, vencendo todos os desafios que defronta - Questão 189
- venha à primeira parte da reunião etc. recebendo passes e sendo retirado depois, retornando ao lar, ficando em ... - Questão 211

ORDEM UNIVERSAL
- produzindo a sintonia com a ... - Questão 180

ORELHA HUMANA
- mundo assistiu chocado a uma experiência em que uma ... foi implantada nas costas de um rato. - Questão 38

ORGANIZAÇÃO DE VIGILÂNCIA
- programada uma ... em torno dos dispositivos de defesa do planeta, utilizando-se dos recursos da moderna informática - Questão 84
- firmado o Código de respeito à vida e proteção da Natureza, os países membros se comprometeriam a submeter-se à ... - Questão 84

ORGULHO
- grande desafio de urgência para a Educação, que possui recursos valiosos para dissolver os cânceres do egoísmo, do ... etc. - Questão 123
- quem aguarda resposta imediata, gratidão e recompensa, ainda transita nas faixas do egoísmo, guindado ao ... vão - Questão 141

- na arte, comercializando-a, torna-se conquista lamentável para aqueles que a possuem para deleite exclusivo do ... - Questão 153
- impondo necessidades do equilíbrio moral, estimulando conquistas superiores do ser, à superação do ... etc. - Questão 158
- o ... vão e a presunção inútil conduzindo aquele que os agasalha ao caos espiritual - Questão 187

ORIENTADOR - v. EDUCADOR

OVELHAS
- mensagem de Jesus, quando afirmou que tinha ... que não eram daquele rebanho - Questão 186

ÓVULO
- se energias não aproveitadas dos espermatozoides constituiriam uma coroa protecional para o ... fecundado - Questão 43
- espermatozoides excedentes, quando começam a desintegração celular, que irradiam energias absorvidas pelo ... - Questão 43
- espermatozoide dispara na trompa de Falópio, na ansiosa busca do ... - Questão 46
- ... alcançado pelo espermatozoide disparado pela ligação vibratória do futuro reencarnante - Questão 66

PACÍFICO - v. PAZ

PAI - v. DEUS
PAIS
- sem o que se esfacelam os códigos de amor e do dever dos ... para com os filhos - Questão 2
- tendo-se sempre em vista a felicidade da prole e dos ... em igualdade de condições - Questão 12
- os ... da Medicina ocidental já intuíam que o indivíduo, sendo uma energia envolta em células - Questão 50
- Educação moral, iniciando-se no lar, pelo exemplo dos ... em relação aos demais indivíduos - Questão 108
- o equilíbrio se estabelecendo como base do grupo e os ... constituam modelos a serem seguidos - Questão 114
- nenhuma Instituição por mais bem aparelhada substitui o afeto da família, principalmente dos ... - Questão 114

- à família cabendo a tarefa não só de conduzir filhos à Religião que os ... professam, senão também da educação em geral - Questão 117
- todo empenho deve ser feito por mestres e ... para que a liberdade de Religião seja preservada - Questão 118
- ... e mestres devendo trabalhar unidos no mesmo ideal da Educação - Questão 122
- com frequência ... inconsequentes e desatentos etc. creem que a tarefa da Educação é exclusiva da escola - Questão 122
- ... pretendem transferir para a escola toda responsabilidade pela condução dos filhos, outros desrespeitam propostas - Questão 122
- João, 9: 3), em que o Mestre, diante de um cego de nascença, considerou que nem ele havia pecado nem seus ... - Questão 193

PAÍSES SOCIALISTAS DO BLOCO SOVIÉTICO, PAÍSES SOVIÉTICOS; v. tb UNIÃO DAS REPÚBLICAS SOCIALISTAS SOVIÉTICAS
- recentes experiências dos ..., que demonstraram a falência da eficiência do marxismo como proposta socioeconômica - Questão 26
- fato social religioso foi decisivo na perestroika, que se tornou necessária para a manutenção dos ... - Questão 29

PAIXÃO, PAIXÕES
- em muitos períodos do pensamento primitivo, as ... religiosas se responsabilizaram por crimes hediondos - Questão 2
- a felicidade a sós, sendo transtorno esquizofrênico, a dois, apenas, constitui ... consumidora - Questão 15
- história podendo ser escrita por interesses políticos e raciais, por ... primitivas etc. - Questão 16
- conseguindo controlar os instintos agressivos e superar as ... dissolventes - Questão 19
- o conhecimento elevado sempre liberta o Espírito das suas ... perturbadoras - Questão 20
- abdicaram da fé cega e irracional, adotando o comportamento materialista, tomados de ... ardorosa - Questão 26
- suas fraquezas, e disso tirando proveito, malsinando suas horas, cultivando-lhe ou estimulando-lhe as ... inferiores - Questão 32
- quando imaturo, o indivíduo somente possui instintos não educados, portanto passíveis de transbordamento pelas ... - Questão 115

- ... assinalando o estágio evolutivo - Questão 115
- equipando o educando com valores que o capacitem para a vida, para a vitória sobre as ... dissolventes - Questão 118
- libertação da criatura humana das ... mais primitivas através da diversidade dos gêneros artísticos - Questão 136
- heróis e artistas etc. não encontrando compreensão mas não derrapando nas fugas do desequilíbrio e dependência das ... - Questão 141
- quando artistas agitados pelas ... perturbadoras, tornam-se instrumentos de equivalentes Espíritos - Questão 143
- à medida que o ser se despoja do fardo das ..., mais amplas e sutis se lhe fazem as percepções - Questões 146
- respeitando-se umas às outras sem apelos às ... perturbadoras - Questão 148
- criaturas ainda se encontrando com afinidades direcionadas para as ... primitivas - Questão 151
- necessidades do equilíbrio moral, estimulando as conquistas superiores do ser, à superação das ... perturbadoras etc. - Questão 158
- casamento permanecendo na sociedade, por constituir-se das grandes conquistas da inteligência etc. superando as ... - Questão 173
- qualquer tipo de conflito, especialmente no de religiões, em que a ... dominante pretende impor a sua forma de crença - Questão 184
- infelizmente, em razão das ... egoísticas em predomínio, os religiosos têm-se utilizado da fé para escravizar - Questão 186
- oração sendo o vínculo que ata o ser que se levanta do chão das ... ao fulcro das realizações - Questão 189
- em a natureza humana a ... insensata, permanecerão todos os seus problemas perturbando a marcha do progresso - Questão 191
- agressividade quando se volta contra aqueles que não professam o mesmo credo, caracterizando... dissolvente - Questão 192
- condutas na mídia religiosa, de certa forma preenchem os espaços que estavam sendo utilizados para as ... subalternas etc. - Questão 220

PARÁBOLA, S
- Jesus, o Educador por Excelência, utilizava-se das ... e, sobretudo, das lições vivas - Questão 116
- Jesus não usou o recurso da arte para sensibilizar a alma humana, quando passou o seu Evangelho através de ... - Questão 150
- Jesus ocultando a profundidade dos Seus ensinamentos na roupagem das ..., a fim de preservá-los para o futuro - Questão 150

PARADIGMA, S
- amor no seu sentido mais profundo, aquele que estabelece ... novos - Questão 9
- aqueles que se fizeram ... do amor e foram assassinados pela arbitrariedade do poder temporal - Questão 10
- no futuro, métodos alternativos se transformarão em científicos, ao serem definidos os seus ... e conceitos - Questão 92
- valores adquiridos permanecerão como ... de sustentação - Questão 158
- Jesus estabeleceu o ... extraordinário: Meu reino não é deste mundo - Questão 168
- pensamento filosófico de Jesus, a respeito do amor a Deus acima de todas as coisas etc. como seguro ... de transformação - Questão 181
- observando-se uma crise de ... no âmbito da Ciência e das religiões - Questão 183
- quando o indivíduo compreender o real sentido da sua presença na Terra etc. é que superará conflitos e estabelecerá ... novos - Questão 183
- incontáveis pessoas que estão acostumadas à reflexão nos ... da experimentação acadêmica - Questão 196

PARAÍSO
- sociedade futura na qual todos os trabalhos serão executados pelas máquinas e, nesse caso, se terá o ... na Terra - Questão 168
- ... estando sempre na mente tranquila e no coração pacificado, resultantes dos deveres retamente cumpridos - Questão 168

PARAPSICOLOGIA, PARAPSICOLÓGICA, S, DOUTRINAS PARAPSICOLÓGICAS
- quando a Educação for menos preconceituosa, facultando as pesquisas em torno da ... - Questão 94
- ser humano, na linguagem ..., considerado Energia pensante, Psicossoma e Soma - Questão 94
- comprovações da sobrevivência do Espírito à disjunção molecular etc., em diversas áreas das ... - Questão 161
- realizar labor equivalente, qual vem ocorrendo com as diferentes Doutrinas psíquicas, ... etc. - Questão 196

PARTÍCULAS INFINITESIMAIS
- apontando para um universo probabilístico, seria indicação de que, mesmo nas ... a Inteligência Divina se faz - Questão 182
- Divina Inteligência tudo permeia e vitaliza, encaminhando à harmonia vibratória mesmo as ... que constituem o Universo - Questão 182

PARTIDOS POLÍTICOS - v. POLÍTICA

PASSE, S, MAGNÉTICO, PASSISTA
- nas irradiações da aura, que elementos comandariam o processo nos denominados ... magnéticos -
Questão 67
- energias eletromagnéticas procedentes do Espírito através da ação mental do ... - Questão 67
- de relevante importância a conduta moral do ... espírita nos processos de cura - Questão 67
- venha à primeira parte da reunião etc., recebendo ... e sendo retirado depois, retornando ao lar,
ficando em preces - Questão 211

PASSISTA - v. PASSE

PASTORES
- Ecumenismo deverá ser ensinado nos lugares reservados a cada culto religioso, mediante tolerância que demonstrem seus ...- Questão 118
- cada um ama e serve a Deus conforme suas possibilidades e não segundo as determinações dos outros - ..., rabinos etc. - Questão 119

PATERNIDADE, PATERNA
- ... responsável como instrumento hábil para diminuir o crescimento geométrico da população - Questão 83
- não a família castradora, dominadora, com a figura ... ou materna predominante - Questão 114

PATRIARCAL
- desaparecendo os tipos retrógrados das sociedades matriarcal como ... - Questão 12

PAULO - v. APÓSTOLO
PAZ, PACÍFICO, PACIFICADO, PACIFICAMENTE, APAZIGUA
   - quando o ser humano estiver ..., gerará harmonia - Questão 19
   - aqueles que delinquirem encontrarão misericórdia e amor, conduzindo-os ao equilíbrio e à ... - Questão 78
   - indivíduos que procedem de meios desqualificados e, não obstante atingiram o ápice da glória e da ... - Questão 80
   - outras conquistas que vêm diminuindo as dores e os sofrimentos, proporcionando alegria, beleza e ... - Questão 127
   - toda manifestação de arte que inspira ... e eleva o ser etc. traduz o Belo - Questão 136
   - graças à contribuição da arte, o bruto se acalma, o primitivo se comove, o agressivo se ... - Questão 144
   - Humanidade enriquecida pelo artista com ..., inspiração e engrandecimento moral - Questão 148
   - momentos em que arte ajuda na condução aos cenários agradáveis da alegria, da ..., da plenificação - Questão 149
   - se a sociedade atual está preparada para a utilização dos benefícios da energia nuclear com fins ... - Questão 164
   - a energia nuclear aplicada ... poderá modificar a paisagem da Terra, melhorando enormemente a vida - Questão 164
   - conquistas logradas pelo homem na área da tecnologia, serão necessárias as realizações morais, propiciando-lhe ... etc. - Questão 168
   - paraíso estando sempre na mente tranquila e no coração ..., resultantes dos deveres retamente cumpridos - Questão 168
   - alegria expressando-se no Mundo espiritual como ... de espírito, sem mágoa do passado nem ansiedade pelo futuro - Questão 176
   - vivendo-se, no mundo atual, uma tentativa de estabelecimento da ... e tolerância - Questão 185
   - de ondas que envolvam o ser, nele produzindo receptividade, sendo o passo inicial para absorção das vibrações de ... - Questão 208
   - Benfeitores Espirituais dispondo de melhores possibilidades para oferecer esclarecimentos indispensáveis à ... etc. - Questão 209

PECADO, PECA, PECOU
   - a distribuição de riquezas sob o comando de governos cruéis ... pela base - Questão 30
   - sendo Lei da Vida, que o amor cobre a multidão de ... - Questão 60

- João, 9: 3, em que o Mestre, diante de um cego de nascença, considerou, que nem ele ... nem seus pais etc. - Questão 193
pais etc. - Questão 193

PEDAGOGIA, PEDAGÓGICO, PEDAGOGO, S; EDUCAÇÃO, EDUCADOR E EDUCANDO
- modelo .../tecnológico se propõe formar vencedores etc. não esquece que o mundo necessita de indivíduos afetuosos - Questão 99
- a harmonia entre a Tecnologia e a ... vigentes devendo ter como proposta ideal construir o ser inteligente etc. - Questão 99
- Escola não sendo somente o lugar onde se aplicam os métodos ... e psicológicos da Educação - Questão 101
- vidas que pensam e sentem não se podendo robotizá-las, automatizando os contributos da metodologia e da ... - Questão 102
- enquanto ... e outros são quase marginalizados - Questão 103
- não o Espiritismo como uma Doutrina que deva ser estudada em Universidades, fazendo parte do currículo ... - Questão 197

PEIXES
- grandes viveiros de reprodução de ... como um dos recursos para atender toda a população da Terra - Questão 55

PENA, S ; v. tb CRIME, CRIMINALIDADE, DELINQUÊNCIA, CRIMINOSO, DIREITO PENAL E PRINCÍPIO DA INDIVIDUALIZAÇÃO DA
- natural que os responsáveis sejam imputados, levados a ... reparadoras - Questão 72
- no que diz respeito ao aborto, aqueles que o praticam cometendo um crime hediondo etc. fazem jus a ... específicas - Questão 72
- as circunstâncias nas quais ocorre o crime contribuem para o estabelecimento e aplicação da ... compatível - Questão 76
necessidades de evolução impostas pelo ..., encarregado de armazenar as conquistas evolutivas - Questão 47
- o ser humano constituído pelo Espírito, ... e matéria - Questão 50
- revitalizando-se os campos energéticos no ... - Questão 50
- se pontos da acupuntura alcançam direta ou indiretamente o ... - Questão 51
- ... captando a energia ch'i e estimulando as futuras células a um desenvolvimento harmônico - Questão 51

- ... sendo alcançado, desse modo, diretamente, em razão dos seus campos energéticos espalhados por todo o corpo - Questão 51
- como se processando a relação físico - ... no desenvolvimento das enfermidades - Questão 52
- do Espírito, através do ... que partem as correntes de energia encarregadas de contribuir para o metabolismo orgânico - Questão 52
- campo ... do encarnado refletindo-se na zona física (consciente) - Questão 59
- ciência ainda distante do entendimento das intrincadas redes de energia que constituem o ... e o Espírito - Questão 59
- havendo um sistema holográfico no ..., que sempre repete o modelo original - Questão 59
- mensagem do comunicante sempre ocorre ... a ... - Questão 65
- no ato reencarnatório o ... molda o corpo físico - Questão 66
- o ... molda o futuro corpo necessário ao processo da evolução - Questão 66
- se a aura, que os seres possuem, seria resultado de elementos conjuntos das irradiações do ... etc. - Questão 67
- a aura dos seres vivos sendo resultado da irradiação que provém do Espírito etc. exteriorizando-se através do ... - Questão 67
- estrutura psíquica da alma dos animais constituída de energia específica, que suavemente dá origem ao futuro ... - Questão 70
- incluídos nos seus programas os estudos do homem integral, o ser humano passará a ser considerado Espírito, ... e Corpo Físico - Questão 94
- se a interferência inicial do tratamento espiritual ocorre no ... - Questão 208
- se resolva pela alteração de conduta para melhor, as energias absorvidas pelo ... produzem estabilização etc. da saúde - Questão 208
- Espírito tornando-se o grande beneficiário da assistência que lhe é dispensada, absorvendo através do ... as energias - Questão 208

PERISPIRITUAL - v. PERISPÍRITO
PENSADOR, PENSADORES

- muitos heróis e artistas, ... etc. não encontraram compreensão mas não derraparam nas fugas do desequilíbrio etc. - Questão 141
- ... francês Anatole France, afirmou que o homem, submetido por muito tempo à sujeição etc., depois permite-se exageros - Questão 171

PENSAMENTO CAUSAL - v. DEUS
PENSAMENTO CÓSMICO - v. DEUS
PENSAMENTO DIVINO - v. DIVINDADE
PENSAMENTO PRÉ-MÁGICO
- encontramos o homem primitivo tentando comunicar-se graficamente, deixando marcas da sua trajetória no rumo do ... - Questão 152

PERESTROIKA
- se o fato social religioso foi decisivo na reestruturação da ... - Questão 29
- fator predominante na reestruturação da ... foi o de natureza sociopolítico e socioeconômica - Questão 29

PERFEIÇÃO, APERFEIÇOADOS
- vivendo-se sob a inexorável Lei do Progresso, e tudo marcha para o equilíbrio e ... - Questão 127
- pensamento filosófico de Jesus, a respeito do amor a Deus etc. como mais seguro paradigma de desenvolvimento para a ... - Questão 181
- concluindo que o acaso não pode ter produzido tão intrincada rede de equilíbrio e ... que se manifesta no aparente caos - Questão 190
- lentamente os métodos serão ... e os resultados se farão mais expressivos e probantes - Questão 216

PERIÓDICOS - v. JORNAL, IS, REVISTA, S
PERISPÍRITO, PERISPIRITUAL, PERISPIRITUAIS, CAMPO ENERGÉTICO DO PERISPÍRITO
- para que a vida humana se expresse, indispensável a presença do Espírito, cujo órgão modelador é o ... - Questão 38
- se as inserções ... na zona física dar-se-iam nos genes do ADN (Ácido Desoxirribonucleico) - Questão 40
- o ADN (Ácido Desoxirribonucleico), na sua estrutura íntima, sendo um campo de energia etc. exteriorizada pelo ... - Questão 40
- reencarnação tendo início no momento da fecundação, a partir de cujo instante o ... começa a imprimir nos genes etc. - Questão 44
- se o ... seria fator fundamental nos processos de gênese corporal - Questão 45

- é o ... o modelador, sem cuja presença o Espírito não lograria imantar-se à organização física - Questão 45
- na gênese corporal, o ... sendo de fundamental importância - Questão 45
- como se processa a interferência do ... do reencarnante na organização genética do corpo após a fecundação - Questão 46
- automatismos ..., à semelhança dos biológicos, dão início à modelagem do invólucro - Questão 46
- necessidades de evolução impostas pelo ..., encarregado de armazenar as conquistas evolutivas -Questão 47
- o ser humano constituído pelo Espírito, ... e matéria - Questão 50
- revitalizando-se os campos energéticos no ... - Questão 50
- se pontos da acupuntura alcançam direta ou indiretamente o ... - Questão 51
- ... captando a energia ch'i e estimulando as futuras células a um desenvolvimento harmônico - Questão 51
- ... sendo alcançado, desse modo, diretamente, em razão dos seus campos energéticos espalhados por todo o corpo - Questão 51
- como se processando a relação físico - ... no desenvolvimento das enfermidades - Questão 52
- do Espírito, através do ... que partem as correntes de energia encarregadas de contribuir para o metabolismo orgânico - Questão 52
- campo ... do encarnado refletindo-se na zona física (consciente) - Questão 59
- ciência ainda distante do entendimento das intrincadas redes de energia que constituem o ... e o Espírito - Questão 59
- havendo um sistema holográfico no ..., que sempre repete o modelo original - Questão 59
- mensagem do comunicante sempre ocorre ... a ... - Questão 65
- no ato reencarnatório o ... molda o corpo físico - Questão 66
- o ... molda o futuro corpo necessário ao processo da evolução - Questão 66
- se a aura, que os seres possuem, seria resultado de elementos conjuntos das irradiações do ... etc. - Questão 67
- a aura dos seres vivos sendo resultado da irradiação que provém do Espírito etc. exteriorizando-se através do ... - Questão 67
- estrutura psíquica da alma dos animais constituída de energia específica, que suavemente dá origem ao futuro ... - Questão 70

- incluídos nos seus programas os estudos do homem integral, o ser humano passará a ser considerado Espírito, ... e Corpo Físico - Questão 94
- se a interferência inicial do tratamento espiritual ocorre no ... - Questão 208
- se resolva pela alteração de conduta para melhor, as energias absorvidas pelo ... produzem estabilização etc. da saúde - Questão 208
- Espírito tornando-se o grande beneficiário da assistência que lhe é dispensada, absorvendo através do ... as energias - Questão 208

PERSONALIDADE, S
- bases da Educação formal, como instrumento da transmissão da cultura e da construção da ... do educando - Questão 97
- aprofundando nas estruturas da ... do educando - Questão 99
- muitos crimes servindo de modelo a ... psicopatas - Questão 101
- na família se encontra a primeira escola, formadora do caráter e da ... - Questão 107
- Escola sendo a célula importante da construção da ... intelectual, moral e social do educando - Questão 118
- problemática estrutural da ..., em outras palavras, do Espírito enfermo - Questão 171

PERSONALISMO
- conflitos e situações embaraçosas, prejudiciais, que somente exaltam o ego e exibem o ... doentio nos combates inglórios - Questão 219

PERVERSIDADE, PERVERSO, PERVERSA, S
- mais tarde, quando desaparecem os seus líderes, os filósofos idealistas, os mais ... e hábeis assumem o poder - Questão 9
- as guerras cruéis continuam sucedendo-se com requintes de ... - Questão 11
- condições dignificantes para o ser humano, a fim de que o mesmo se liberte da desagregação ... - Questão 24
- onde a miséria não é menor do que nos outros de conduta igualmente ... graças ao capitalismo devorador - Questão 27
- gerando novas classes operárias cujo patrão ... era o Estado - Questão 29
- violência urbana, que é um dos filhos ... dessa miséria - Questão 34

- os que se deixam dominar pela ... nos crimes direcionados contra a Natureza sendo motivo de sofrimento e enfermidade - Questão 63
- crimes inomináveis naqueles que lhe padecem o jugo, embora se observem ocorrências, igualmente ... e cruéis - Questão 76
- delinquente aprendendo, técnicas e recursos para se fazer mais revel, cínico e ... - Questão 78
- mecanismos inditosos, que teimam por manter a conduta ... e de indiferença dos poderosos - Questão 78
- comportamento do indivíduo fazendo-se agressivo, intolerante, carregado de sentimentos ... - Questão 192

PERSUASÃO
- com utilização da ... Não se contradiria Kardec quando afirma ser o Espiritismo não proselitista - Questão 218

PESADELO
- sonhar com a criação de homens e mulheres xerox, insensíveis à dor, automatistas, é levar a aspiração à condição de ... - Questão 38
comportamento do indivíduo fazendo-se agressivo, intolerante, carregado de sentimentos ... - Questão 192

PERSUASÃO
- com utilização da ... Não se contradiria Kardec quando afirma ser o Espiritismo não proselitista - Questão 218

PESADELO
- sonhar com a criação de homens e mulheres xerox, insensíveis à dor, automatistas, é levar a aspiração à condição de ... - Questão 38
- comportamento do indivíduo fazendo-se agressivo, intolerante, carregado de sentimentos ... - Questão 192

PERSUASÃO
- com utilização da ... Não se contradiria Kardec quando afirma ser o Espiritismo não proselitista - Questão 218

PESADELO
- sonhar com a criação de homens e mulheres xerox, insensíveis à dor, automatistas, é levar a aspiração à condição de ... - Questão 38

PESTALOZZI
- ... inaugurou a Escola Nova, restaurando a dignidade infantil, abrindo espaço para a Psicologia da infância - Questão 116

PETRÓLEO
- no século atual, o ... sendo principal fonte de energia, esgotável, e quais fontes de energia substituirão o ... - Questão 56

PIGMEUS
- indivíduo na busca da plenitude necessitando da fé racional, constante, poderosa, que transforma... em gigantes - Questão 189

PINTOR - v. ARTISTA
PINTURA MEDIÚNICA
- se ... é arte - Questão 139
- ... não oferecendo maior contribuição à Doutrina Espírita - Questão 139

PINTURAS RUPESTRES
- observando a contribuição do homem primitivo em relação à arte, mediante as ..., e compararmos com modernas conquistas - Questão 138
- nas ... encontramos o homem primitivo tentando comunicar-se graficamente, deixando marcas da sua trajetória - Questão 152

PLANETA; v. tb PLANETA DE REGENERAÇÃO
- a óptica do Espírito relativamente às preocupações de superpopulação do ... - Questão 4
- desenvolvimento tecnológico e científico da Humanidade evitando uma superpopulação danosa ao equilíbrio do ... - Questão 4a
- bilhões de Espíritos possam reencarnar-se sem qualquer prejuízo para a economia social do ... - Questão 4a
- criatura gananciosa produzindo poluição destruidora na atmosfera e camada de ozônio que envolvem o ... - Questão 4a
- o mundo um ... de provas e expiações, conforme bem acentuou Allan Kardec - Questão 11
- conquistas tecnológicas são neutras em si mesmas, podendo modificar a face do ... - Questão 11

- ... Terra passando por diferente ciclo na escala dos mundos - Questão 14
- se competição e individualismo etc. características apenas explicadas pelas relações materialistas que dominam o ... - Questão 15
- a beleza e a harmonia do ... também como objetivo do trabalho - Questão 33
- no atual estágio de evolução da criatura humana e do ... terrestre, a reencarnação tem início na fecundação - Questão 44
- ... Terra prosseguirá o seu processo de adaptação e transformação molecular alterando o clima e a constituição - Questão 58
- diversas sociedades do ... observando aumento de adolescentes e crianças envolvidos em crimes - Questão 74
- Terra ainda um ...-escola de provas e expiações, em razão de os Espíritos que aqui nos encontramos ainda sermos inferiores - Questão 78
- Organização de vigilância para a defesa do ... utilizando-se dos recursos da moderna informática, por meio de radares etc. - Questão 84
- sociedade podendo e devendo produzir uma legislação supranacional de proteção ao ..., que estertora - Questão 85
- no amor a diretriz para o Direito estabelecer um código de preservação da vida e do ... - Questão 86
- fase egoísta do processo de evolução do ... terrestre - Questão 89
- amantes do verde, zeladores pela integridade do ... etc. para melhor integração do homem com a sociedade, com a Natureza - Questão 109
- se quanto mais evoluído o ... maior seria a sua integração com as artes - Questão 146
- quanto mais evoluído o ... mais integrado com a arte sublime - Questão 146
- a Terra sendo um ... onde o Espírito desenvolve as suas aptidões, porém, escola transitória - Questão 168
- seres passando pelo mesmo processo, pelo menos no ... terrestre, sem dúvida ocorrendo da mesma forma em outras Esferas - Questão 200
- Jesus acompanhando o processo de transformação do ... de mundo de provas e expiações etc.
enviou o Espiritismo - Questão 202

PLANETA DE REGENERAÇÃO; v. tb PLANETA
- se na perspectiva de ..., a dor ainda continuará a ser a alavanca do progresso espiritual do homem - Questão 203
- no ... ainda se estará sob a injunção do sofrimento quando necessário - Questão 203

PLANTAS; v. tb PLANTAS AQUÁTICAS
- uso exagerado de máquinas etc. e até com ... e micro-organismos causando impactos nocivos ao meio ambiente e à saúde - Questão 55

PLANTAS AQUÁTICAS; v. tb PLANTAS
- outros recursos, quais os grandes viveiros de reprodução de peixes, de ... e algas marinhas etc. - Questão 55

PLENITUDE
- felicidade no grupo de ajuda e apoio, de fraternidade e afeto, sendo manifestação divina, elevada expressão de ... - Questão 15
- a vida em ... só se expressando na criatura humana através do Espírito - Questão 42
- educar sendo facultar vida, enriquecê-la de luz e ... - Questão 95
- supondo-se, no passado, que o conhecimento era responsável pela ... da consciência - Questão 105
- o fanal do ser humano sendo a ... - Questão 125
- Allan Kardec adicionou que A felicidade não é deste mundo, em termos de ... e ausência de sofrimento - Questão 168
- alegria expressando-se no Mundo espiritual como um estado de harmonia interna, rico de júbilos, que leva à ... - Questão 176
- montanhas internas que impedem o avanço do indivíduo na busca da sua ... necessitando ser vencidas através da fé racional - Questão 189

PLURALIDADE DOS MUNDOS HABITADOS; v. tb PLANETA
- postulados religiosos ingênuos das velhas tradições cedendo lugar aos postulados eloquentes da... etc. - Questão 190

POBRES DE ESPÍRITO
- se não seria lamentável injustiça contra os ... e de corpo a admissão da igualdade de todos perante a Lei - Questão 75

POBREZA, RURAL - v. MISÉRIA
PODER
- quando desaparecem os seus líderes, os filósofos idealistas, os mais perversos e hábeis assumem o ... - Questão 9
- recordando de todos aqueles que se fizeram paradigmas do amor e foram assassinados pela arbitrariedade do ... temporal - Questão 10
- prerrogativas que se permitem os dominadores arbitrários que assaltam o ... - Questão 11
- o homem promovendo guerras para obtenção de mais ... - Questão 19
- o maior ... que se deve objetivar alcançar é sobre si mesmo - Questão 19
- organizações religiosas têm-se ligado aos Estados, a fim de sobreviverem, tomando as rédeas do ... - Questão 26
- face às posturas das religiões dominantes, aliadas ao ... temporal etc. foi aberto espaço para a revolução do pensamento - Questão 27
- vantagens desfrutadas pelos membros do Politiburo, enquanto o povo sofria vergonhosamente asfixiado pelo ... - Questão 29
- toda ditadura sendo ... arbitrário - Questão 29
- Doutrinas ortodoxas comprometidas também pelo ... temporal - Questão 29
- culturas que se caracterizam pelo totalitarismo do ... que pretende considerar superiores algumas raças - Questão 36
- evitando-se coações que são sempre reminiscências do primarismo que se pretende impor pela força do ... - Questão 118
- considerando-se o imenso ... da mídia em nosso tempo e o atual estágio da Humanidade etc. como se dará a evolução - Questão 125
- por causa de governos arbitrários e ambiciosos que somente pensam no seu ... e no conforto dos seus povos - Questão 164
- o ... passageiro perde o sentido ante a aproximação da morte - Questão 168
- se a velocidade do desenvolvimento da indústria da Informática ameaça, de alguma sorte, as estruturas do ... vigente - Questão 169
- não se referindo a uma Religião institucionalizada, que se faz instrumento de ... e autoritarismo - Questão 181

POLARIDADE UNIVERSAL YIN/YANG
- segundo conceito filosófico chinês, existe uma ... expressa pelo yin/yang - Questão 51

POLITIBURO
- vantagens desfrutadas pelos membros do ..., enquanto o povo sofria vergonhosamente asfixiado pelo poder - Questão 29

POLÍTICA, POLÍTICO, S, PARTIDOS POLÍTICOS, SISTEMAS POLÍTICOS - QUESTÕES 21 A 25; v. tb LIBERALISMO POLÍTICO
- melhores técnicas sociais e ... até agora apresentadas ficam ultrapassadas, senão inúteis, quando
a força estabelece o direito - Questão 9
- interesses ... podendo escrever a História - Questão 16
- fator predominante na reestruturação da perestroika foi o de natureza socio...e socioeconômica - Questão 29
- dominação ... do partido comunista, geradora de insatisfações - Questão 29
- ... digna e justa da fixação do homem à terra - Questão 31
- partidos ... interferindo no Estado que se torna péssimo patrão - Questão 35
- face às pressões socioeconômicas, socio ... e à ânsia malcontida de libertação dos velhos cânones religiosos - Questão 91
- sistema socio... etc. que temos está arraigado na competição, como a Educação poderá influenciar positivamente - Questão 104
- ética devendo abarcar, quanto possível, temas pertinentes à liberdade de todos os indivíduos, nas diferentes áreas: ... - Questão 118
- desenvolvimento tecnológico, como instrumento de transformações ... etc. seria ou será cópia do que existe em mundos etc. - Questão 159
- contribuição de cada um, sem qualquer preconceito de raça, de credo, de ..., tendo apenas o objetivo de servir - Questão 177
- Jesus Cristo, que não propôs nenhuma delas, mas viveu e ensinou a amar sem imposição ou interesse de ordem ... - Questão 181
- razão pela qual os problemas avolumam-se nos diferentes grupos sociais, ... etc. - Questão 183
- meios de comunicação, presença das religiões, com intuito de influenciar na formação ..., qual será o papel da mídia espírita - Questão 220

POLUIÇÃO, POLUIR
- superada a ... destruidora que a criatura gananciosa tem produzido na atmosfera - Questão 4a
- na raiz de toda ..., de toda destruição da vida, está aquela de natureza moral - Questão 55
- energia solar, irá substituir muitos combustíveis que, mesmo não se extinguindo, deixarão de ... o meio ambiente - Questão 56

PONTOS ACUPUNTURÁVEIS - v. ACUPUNTURA
PRAIAS
- a solidão, todavia, sendo antinatural, e o indivíduo foge para clubes exclusivos, ... também próprias - Questão 171

PRANCHETA, S
- TCI repetindo de forma sofisticada as experiências do codificador do Espiritismo através das mesas pé de galo, das ... etc. - Questão 215

PRAZER, PRAZERES
- tudo sendo devorado pela máquina insaciável da pressa e do ... voluptuoso - Questão 3
- as propostas mercantilistas e hedonistas do ... - Questão 15
- ganhar nas competições tornou-se fator de mercado e não de ideal ou de ..., o mesmo em outras áreas do comportamento - Questão 104
- as mentes juvenis preferindo os espairecimentos e a musculação, a ginástica e os ... - Questão 107
- a todos reduzindo à condição primária de objetos para o ... mórbido - Questão 129
- objetivos essenciais da existência não se resumindo apenas na comodidade, no ... - Questão 156
- compreendendo lucidamente que sua felicidade é infinita, e que o ... que desfruta, pela sua transitoriedade, é apenas ilusão - Questão 175

PRECE - v. ORAÇÃO
PRECONCEITO, S
- enquanto não haja uma real modificação interior, permanecerão os focos de conflitos, os bolsões de ... - Questão 7
- se vale a pena mudar o regime socioeconômico e sociopolítico do país etc. enquanto a maioria continua escrava de ... - Questão 24

- duas vertentes do conhecimento médico – oriente e ocidente – dar-se-ão as mãos, objetivando a saúde do ser humano sem ... - Questão 50
- enquanto prevaleçam os ... e as diferenças de classes na estrutura da sociedade, essa estabelecerá parâmetros separatistas - Questão 128
- toda vez que a cultura se liberta da escravidão ou dos ..., as mágoas guardadas surgem em forma de reação quanto ao status - Questão 173
- contribuição de cada um, sem qualquer ... de raça etc. tendo apenas objetivo de servir, dos mais relevantes serviços etc. - Questão 177
- enquanto viger o primarismo em a natureza humana, a sociedade enfrentará o fanatismo, o ... etc. - Questão 185
- por que se explora tão pouco o recurso da Música no Movimento Espírita e se haveria algum ... - Questão 204
- cuidado dos adeptos em introduzir a Música nas atividades, ao invés de ..., deve ser o zelo - Questão 204
- multiplicar-se-á o número de médiuns e os que exercem a faculdade ocultamente desvelar-se-ão, em razão do ... que existe - Questão 215

PREGADOR, ES
- cada um ama e serve a Deus conforme suas possibilidades e não segundo as determinações dos outros – pastores, ... etc. - Questão 119
- ensinando o grande ... que o problema da licitude não deve estimular o comprometimento do Espírito (I Cor, 6: 12 e 10: 23) - Questão 179

PRÉ-HISTÓRIA; v. tb HISTÓRIA
- primária de desenvolvimento intelecto-moral, arte e religião, que se confundem na ..., ambas contribuindo para a evolução - Questão 152

PREMISSA
- se possível introduzir ... nova na afirmativa de Hegel de que Dialética é modo de perceber o real em evolução (vir-a-ser) - Questão 181

PREPOTÊNCIA
- Educação, que possui recursos valiosos para dissolver os cânceres do egoísmo, do orgulho, da ..., geradores da miséria - Questão 123

- podendo ser considerado como uma conquista horizontal dos valores, porque imediatismo e ... podem tomar-lhe as rédeas - Questão 159

PRESÍDIOS
- superlotação dos ... e quase ao abandono - Questão 74

PRESO, S
- modelo atual de recuperação de ..., propiciando mínimas condições de ressocialização dos condenados - Questão 78
- infeliz modelo de recuperação de ..., vigente no país e outras Nações, como obstáculo para o homem se elevar espiritualmente - Questão 78

PRESUNÇÃO
- o orgulho vão e a ... inútil conduzindo aquele que os agasalha ao caos espiritual - Questão 187
- sem a ... de salvar o mundo ou as pessoas, cabe aos espíritas a atitude de contribuir para que a Humanidade seja melhor - Questão 220

PRIMARISMO, PRIMITIVISMO
- evitando-se coações que são sempre reminiscências do ... que se pretende impor pela força do poder - Questão 118
- condutas dissolventes daqueles que exploram e aniquilam a esperança da vida social, estabelecendo o retorno do ... - Questão 130
- conflito de qualquer natureza no grupo social como resultado do ... que prevalece no ser humano - Questão 184
- enquanto viger o ... em a natureza humana, a sociedade enfrentará o fanatismo etc. filhos asselvajados do egoísmo - Questão 185
- do indivíduo faz-se agressivo etc., carregado de sentimentos perversos, exteriorizando o nível de ... - Questão 192

PRIMEIRO MANDAMENTO
- prática do ..., que se resume no Amar a Deus sobre todas as coisas e ao próximo como a si mesmo - Questão 188

PRIMITIVISMO - v. **PRIMARISMO**

PRINCÍPIO DA INDIVIDUALIZAÇÃO DA PENA; v. tb PENA
- vigência do ... não seria lamentável injustiça contra os pobres de corpo e de espírito - Questão 75

PRINCÍPIO, S ESPIRITUAL, ESPIRITUAIS, INTELIGENTE, S
- quando uma espécie é extinta o que ocorre com os ... que as animavam - Questão 69
- sobre as informações de que haveria imediato aproveitamento do ... que animava os animais - Questão 70
- se seria possível afirmar que todos os ... inteligentes que animam insetos um dia se humanizem - Questão 71

PRINCÍPIO INTELIGENTE - v. PRINCÍPIO ESPIRITUAL

PRINCÍPIO VITAL
- sintonia com o ... pelo cultivo de ideias enobrecedoras - Questão 64

PROBLEMAS AGRÁRIOS; v. tb AGRICULTURA
- necessidade dos governos se voltarem para uma análise séria e profunda dos ... - Questão 31

PROCESSO DA ORGANIZAÇÃO MOLECULAR
- início do ... sob a ação magnética irradiante do espermatozoide - Questão 46

PROCESSO SAÚDE-DOENÇA; v. tb E MEDICINA, SAÚDE, ENFERMIDADE E ENFERMO
- o que tem maior peso no desequilíbrio do ... - Questão 47

PROCESSOS MENTAIS
- perispírito o agente modelador dos equipamentos orgânicos, como dos delicados ... decorrentes das conquistas do Espírito - Questão 46

PROCESSOS REENCARNATÓRIOS - v. REENCARNAÇÃO

PRODUTOS QUÍMICOS

- uso exagerado de máquinas, ... e até com plantas e micro-organismos, causando impactos nocivos ao meio ambiente e à saúde- Questão 55

PROFESSOR, PROFESSORES - v. EDUCADOR
PROFISSIONAIS DE COMUNICAÇÃO - v. COMUNICAÇÃO
PROFISSIONAIS LIBERAIS - v. ATIVIDADES PROFISSIONAIS
PROFISSÕES - v. ATIVIDADES PROFISSIONAIS
PROGRAMAS TRANSVERSAIS - v. DISCIPLINAS TRANSVERSAIS

PROGRESSÃO GEOMÉTRICA
- nas últimas décadas observando-se que o conhecimento tem aumentado em ... - Questão 158

PROGRESSO, S, v. tb LEI DO
- certamente serão mudados os problemas, que cederão espaço à harmonia social e ao ... moral da criatura - Questão 1
- avançando com o ..., as técnicas para descobertas alimentícias propiciarão recursos para atender a todas as necessidades - Questão 4
- lamentavelmente, por enquanto, o ... na Terra, ainda se faz por etapas - Questão 11
- olvidando-se do compromisso de promoção e dignificação da criatura humana, afinal, a meta do próprio ... - Questão 17
- Leis justas, que objetivem atender as imposições do ... - Questão 23
- satisfação de seguir a dinâmica da Vida, auxiliando e fomentando o ... das pessoas - Questão 33
- chega o momento no qual as autoridades terão que mudar o comportamento em torno da finalidade do ... - Questão 35
- o homem tendo o direito e o dever de investigar sempre, a fim de que o ... não fique paralisado - Questão 37
- o ... moral do ser humano não acompanhou o ... tecnológico - Questão 38
- consciência do dever retamente cumprido, tendo em vista as altas aspirações de ... cultivadas - Questão 53
- no que diz respeito à energia em si mesma, que auxiliará o ... da Humanidade - Questão 56
- grandes ... nessa área, detectando-se erupções vulcânicas, ciclones e tufões com antecedência - Questão 58

- recordando da resposta que os Espíritos Elevados etc. que se encarregaram da promoção do ... da Terra, número 540 de LE - Questão 71
- responderam os Espíritos Nobres a A.K., há legislação própria para cada tipo de conduta, em relação aos diferentes graus de ...- Questão 75
- as Leis da Vida oferecendo recursos para o ... - Questão 80
- leis devem ter como modelo o bem geral e o ... de todos os seres - Questão 86
- até o momento em que esses dois braços do ... se ampliem concomitantemente - Questão 93
- Espíritos Missionários volvem à Terra, a fim de promoverem o ... da sociedade - Questão 100
- as ideias nobres em consideração e as crenças na dignidade humana como base para o ... individual e geral da sociedade - Questão 122
- o ... sendo inevitável no processo de desenvolvimento da sociedade - Questão 125
- embora o grandioso ... da Informática e demais ciências etc. aumenta o número de periódicos - Questão 126
- a fim de que possa crescer e contribuir mais vigorosamente em favor do ... geral - Questão 128
- Estado estabelecendo Leis compatíveis com o seu nível de ... e desenvolvimento - Questão 130
- tecnologias modernas, que objetivam o ..., são inspiradas por Missionários que se reencarnam - Questão 131
- o ... sendo inestancável, apresentando-se sob vários aspectos e propondo mudanças - Questão 134
- em alguns casos, o artista precede o seu tempo, a fim de fazer que o ... avance - Questão 141
- a arte permanecerá no mundo assinalando as fases do ... - Questão 144
- o ... multiplica-se por si mesmo e sedimenta-se na sinuosa inferior - Questão 151
- ... impondo suas próprias regras de comportamento e manifestando-se em toda parte - Questão 154
- moralizado o ser, mais tem necessidade de relacionar-se, crescer em grupo, auxiliando o próximo e contribuindo para o ... - Questão 155
- inevitável o despertar de uma nova ética mais consentânea com o ... alcançado na área tecnológica - Questão 156

- os valores do conhecimento formando a horizontal do ... - Questão 158
- não havendo retrocesso mesmo que os indivíduos se perturbem, tentem obstaculizar a marcha do...- Questão 158
- avanço tecnológico, não pode dar-se sem correspondente desenvolvimento moral daqueles que se encontram à frente do ... - Questão 159
- ... multiplicando-se por si mesmo, facultando as conquistas em todos os campos da vida - Questão 165
- o desenvolvimento tecnológico, quando orientado dignamente, sempre oferecerá à Humanidade as bênçãos do ... etc. - Questão 169
- aprendizagem resultando da fixação dos métodos que produzem bem-estar, que estimulam ao ... intelecto-moral - Questão 180
- a dor não sendo mecanismo punitivo, mas agente estimulante para o ... - Questão 180
- Espíritos Nobres que reencarnam em todos os campos das atividades humanas, a fim de promoverem o ... etc. - Questão 186
- predomine em a natureza humana a paixão insensata, permanecerão todos os seus problemas perturbando a marcha do ... etc. - Questão 191
- Entidades Venerandas que zelam pelo ... da comunidade humana, somente expõem o que ao homem convém saber - Questão 198
- ... obedecendo planificação superior, que vai ocorrendo na medida do desenvolvimento das próprias criaturas - Questão 198
- se numa perspectiva de planeta de regeneração, a dor ainda continuará a ser a alavanca do ... espiritual do homem - Questão 203
- ainda se estará sob injunção do sofrimento quando necessário, porque não é a etapa última da evolução, do ... dos mundos - Questão 203
- a fim de que se expressem novas formas de comportamento em todas as áreas do ... humano - Questão 204
- se estarão as Casas Espíritas preparadas para acompanhar o intenso ... da sociedade - Questão 207
- certo que nem todas as Casas Espíritas estão preparadas para atender ao surto de ... que se desenvolve no mundo moderno - Questão 207
- ... sempre se desenvolvendo estruturado nas experiências e conquistas anteriores - Questão 215

PROPAGANDA - QUESTÕES 133 E 134
- houver ... dos valores que engrandecem o gênero humano em detrimento dos escândalos, dos jogos sexuais explícitos etc. - Questão 101
- a ... bombástica da fé eletrônica perderá completamente o sentido - Questão 132

PROSELITISMO, PROSELITISTA
- preservando seu caráter não ... em favor de uma efetiva mudança de atitudes do homem - Questão 192
- com utilização da persuasão e se não contradiria Kardec quando afirma ser o Espiritismo não ... - Questão 218
- fazer ... sendo entrar em disputas, estimulando vaidades e pretensões absurdas, sem sustentação lógica e de credibilidade - Questão 218

PROSTITUIÇÃO
- quais outros fatores responsáveis pelo aumento da violência, corrupção, ... etc. - Questão 13

PROTECIONISMO
- até hoje sendo enviados por Jesus, de modo que os seres humanos se sintam amparados e estimulados ao avanço, sem ... - Questão 202

PROTEÍNAS
- se no bioquimismo cerebral existiriam ... que favorecessem as recepções mediúnicas - Questão 65
- na glândula cerebral existindo enzimas e ... especiais que facultam a realização dos fenômenos mediúnicos - Questão 65
- essas enzimas, ... e algumas cerebrinas se tornam condutores da onda mental captada - Questão 65

PROVAÇÃO, PROVAÇÕES
- contribuindo para amenizar as ... e dores dos desafortunados, mediante cuja contribuição se sentirá dignificado - Questão 33
- Espíritos que pensaram burlar a Lei da Vida, fugindo das ... pelo falso caminho do suicídio, permanecem em semi-hibernação - Questão 41
- Espírito se reencarna em lugares que fomentam o crime e desenvolvem os sentimentos servis, se encontra sob o guante de ... - Questão 80

PSICANÁLISE
- graças à contribuição da ..., particularmente de Karl Gustav Jung, o conceito de consciência evoluiu - Questão 105

PSICOBIOFÍSICA
- quando a Educação for menos preconceituosa etc. facultando as pesquisas em torno do ser transpessoal, da ... etc. - Questão 94

PSICOFONIA; v. tb MEDIUNIDADE
- fenômenos da ..., as enzimas, proteínas etc. encaminham a onda mental captada - Questão 65
- a psicografia e a ..., nas expressões da mediunidade intelectual, contribuindo para a comprova ção da imortalidade - Questão 139
- a incorporação ou ... dos Espíritos sofredores tendo como meta socorrê-los em misericórdia e amor
- Questão 209

PSICOGRAFIA; v. tb MEDIUNIDADE
- durante fenômenos da ... as enzimas, proteínas e algumas cerebrinas encaminham a onda mental captada aos núcleos - Questão 65
- a ... e a psicofonia, nas expressões da mediunidade intelectual, contribuindo para a comprovação da imortalidade - Questão 139

PSICOLOGIA, PSICOLÓGICA, PSICOLOGICAMENTE, PSICÓLOGOS - QUESTÕES 173 A 180; v. tb PSICOLOGIA DA ARTE, PSICOLOGIA DA EDUCAÇÃO, PSICOLOGIA TRANSPESSOAL E PSICOLOGIA INFANTIL
- crimes hediondos etc. que, se revelados sem uma natural maturação do ser ..., produziriam impacto - Questão 16
- oferecer tratamento correspondente ao nível intelectual do delinquente, mediante análise psiquiátrica e ... - Questão 76
- novas grades de experiências edificantes para a necessidade de novos métodos compatíveis com a ... da aprendizagem - Questão 92
- a metodologia da Educação devendo revestir-se de profundidade ... para enriquecer o educando - Questão 95
- fisiologistas e ... contribuindo valiosamente para que se estabelecessem com segurança bases da Educação formal - Questão 97
- Escola não sendo somente o lugar onde se aplicam os métodos pedagógicos e ... da Educação - Questão 101

- Instituições específicas ideais serão aquelas nas quais floresçam o amor e o conhecimento da ... infantil - Questão 114
- Pestalozzi inaugurou a Escola Nova, restaurando a dignidade infantil, abrindo espaço para a ... da infância - Questão 116
- necessidade de catarse ... do crente - Questão 119
- o Espírito, portador de uma ... diferente da sua anatomia, deve desenvolver valores pertinentes a ambas manifestações - Questão 179
- pelo fato de enquadrar-se no equilíbrio biológico de uma anatomia idêntica à sua ..., não se pode propor conduta vulgar - Questão 179
- a insegurança pessoal, ... conduz o indivíduo à ditadura da fé - Questão 184
- muitas vezes conflitos que jazem no íntimo do ser são desvelados, mediante mecanismo de transferência ... - Questão 192
- mediunidade irrompe com facilidade, produzindo algum distúrbio no comportamento ..., orgânico ou mental - Questão 212

PSICOLOGIA DA ARTE - QUESTÕES 147 A 150; v. tb PSICOLOGIA
PSICOLOGIA DA EDUCAÇÃO - QUESTÕES 99 A 107; v. tb PSICOLOGIA
PSICOLOGIA DA INFÂNCIA, INFANTIL; v. tb PSICOLOGIA
- Instituições específicas ideais serão aquelas nas quais floresçam o amor e o conhecimento da ... infantil- Questão 114
- Pestalozzi inaugurou a Escola Nova, restaurando a dignidade infantil, abrindo espaço para ...- Questão 116

PSICOLOGIA TRANSPESSOAL
- a ..., através de eminentes investigadores insuspeitos etc. detectou a causalidade do Espírito - Questão 161

PSICÓLOGOS - v. PSICOLOGIA
PSICÓTICOS - v. TRANSTORNOS
PSICONEUROIMUNOLOGIA
- ... demonstrando a elaboração de substâncias positivas pelo organismo através das fixações positivas, otimistas e joviais - Questão 64

PSICOPATOLOGIA, S
- também a interferência de mentes espirituais no comportamento dos seres humanos, identificando a ... das obsessões - Questão 161

PSICOPICTOGRAFIA, PSICOPICTOGRÁFICA
- ... sendo recurso nobre para a confirmação da sobrevivência do Espírito à disjunção molecular do corpo - Questão 139
- não sendo a mediunidade ... que irá aumentar a sua excelente proposta de sabedoria - Questão 139

PSICOSFERA
- ... pestífera cedendo lugar a novas construções mentais nas terras e lugares onde as criaturas causaram carma - Questão 60
- dependendo da ... criada na Sociedade Espírita onde seus membros devem preservar os compromissos morais assumidos - Questão 210

PSICOSSOMA
- ser humano, na linguagem parapsicológica, considerado Energia pensante, ... e Soma - Questão 94

PSICOTERAPIA
- ideal que havendo a comunicação, ela se transforme em oportuna ..., mediante a doutrinação e as orientações sábias - Questão 209

PSICOTRÔNICA
- quando a Educação for menos preconceituosa, facultando as pesquisas em torno da ... - Questão 94
- realizar labor equivalente, qual vem ocorrendo com as diferentes doutrinas psíquicas, ... etc. - Questão 196

PSÍQUICA, PSÍQUICO, S; v. tb PSIQUISMO, TRANSTORNOS PSÍQUICOS E DOUTRINAS PSÍQUICAS
- ocorrências cármicas que se dão nas criaturas de compleição orgânica saudável com profundos distúrbios ... - Questão 39
- se estão na construção ... os determinantes da condição de saúde-doença - Questão 48
- alguns biólogos asseverando que nossas percepções em face ao meio ambiente são esquemas ... holográficos - Questão 59
- recursos ..., biofísicos, encaminhados para a área da saúde de todos os seres sencientes, logram resultados admiráveis - Questão 61
- sociedade do futuro se utilizará mais dos recursos ... do que mesmo dos instrumentos de natureza física - Questão 62

- estrutura ... do animal sendo constituída de energia específica - Questão 70
- não se podendo culpar, com os mesmos agravantes o ignorante e o culto, o indivíduo saudável e o enfermo ... Questão 75
- quando o ego toma conhecimento de todos os seus conteúdos ... - Questão 105
- normalmente, o artista sendo portador de grande sensibilidade ... - Questão 147
- já existindo comprovações da sobrevivência do Espírito etc. em diversas áreas das Doutrinas ... - Questão 161
- dia chegará, na Terra, em que o homem ... ultrapassará os limites do ser físico - Questão 165
- tendências primárias conseguindo campo ... equivalente nas organizações civilizadas, que ainda oprimem e matam - Questão 185
- convidando-os à libertação das fixações físicas e ... que permanecem após a disjunção cadavérica - Questão 209
- a presença do paciente no tratamento das obsessões deve ser evitada, em razão do próprio estado de desequilíbrio ... - Questão 211

PSIQUISMO ; v. tb PSÍQUICA, TRANSTORNOS PSÍQUICOS E DOUTRINAS PSÍQUICAS
- gerando desarmonia a expressar-se em forma de doença que lhe afeta o corpo, a emoção ou o ... - Questão 48
- registros desencadeadores dos processos depurativos a expressar-se como enfermidades no corpo somático, no ... etc. - Questão 50
- nas formas mais primárias da vida, a aura tendo origem no ... que as vitaliza - Questão 67
- ... não destruído pela extinção da forma de uma espécie - Questão 69
- Esse ... permanece algum tempo no Além - Questão 70
- toda manifestação de arte que inspira e eleva o ser etc. traduz o Belo, o Uno, por ser emanação do seu ... - Questão 136
- Deus criando o ... antes da mônada, esta já sendo uma forma primitiva de energia em processo de materialização - Questão 199
- ... dormindo no mineral, sonhando no vegetal, sentindo no animal e adquirindo a função de pensar no homem - Questão 199
- o ... desenvolve-se lentamente, passando por diferentes processos de intumescimento - Questão 199
- processo de crescimento e desenvolvimento do ... dando-se muito lentamente nos reinos primários - Questão 200

- se o tratamento espiritual processado nas Casas Espíritas atua no ... - Questão 208

QUESTÕES ATUAIS (ref. ESPIRITISMO) - QUESTÕES 194 A 205
RABINO
- cada um ama e serve a Deus conforme suas possibilidades e não segundo as determinações dos outros – pastores, ... etc. - Questão 119

RADARES
- Organização de vigilância para a defesa do planeta, utilizando-se dos recursos da moderna informática, por meio de ... etc. - Questão 84

RADICAIS DA EXTREMA DIREITA ISRAELENSE
- tentativa de estabelecimento da paz e tolerância, como explicar os ... etc., os que ainda espalham o terror - Questão 185

RAFAEL SANZIO
- ... renascendo como Frederico Chopin - Questão 142

RATO
- mundo assistiu chocado a uma experiência em que uma orelha humana foi implantada nas costas de um ... - Questão 38

RAZÃO
- tratamento especial, porquanto o discernimento e a lucidez da ... não lhe facultam a capacidade de saber, o que é certo etc. - Questão 74
- essa crença, estribada na ..., exercendo função definida no comportamento do ser - Questão 119
- trabalhar o universo infantil com os instrumentos do amor e da ..., incutindo-lhe no imo a certeza da imortalidade etc. - Questão 123
- eliminando a ... e o discernimento, e a todos reduzindo à condição primária de objetos para o prazer mórbido - Questão 129
- a fim de que chegue a Deus pelo amor, e à fé, mediante a ... - Questão 132
- o período do ludíbrio, da marginalidade, vai sendo substituído pelo da ... e do respeito aos direitos alheios - Questão 133

- homem primitivo traduzindo o primeiro sentimento de temor, já que se encontrava impossibilitado de amar, longe da ... etc. - Questão 152
- Espiritualismo ressurgindo em outras dimensões mais compatíveis com o conhecimento e a ... - Questão 190
- resultados danosos são conhecidos, não se descurando de observar comunicações que devem passar pelo crivo da ... - Questão 210

REBANHO
- essa a mensagem de Jesus, quando afirmou que tinha ovelhas que não eram daquele ...- Questão 186

REBELDIA, REBELDES
- numa sociedade injusta, onde vigem a fome, a enfermidade, a insatisfação etc. sendo inevitáveis os focos de ... - Questão 1
- o materialismo, sob qualquer forma em que se apresente, sendo sempre uma atitude de ... do homem em relação à vida - Questão 27
- a dor existindo enquanto o Espírito permanece na ..., no egoísmo etc. - Questão 77
- existindo esferas mais inferiores onde estagiam os Espíritos ... e primários que se comprazem no erro - Questão 138
- ... resultando da imaturidade espiritual - Questão 141
- nas religiões, esses conflitos se manifestando em forma de ... ou de fanatismo - Questão 183
- período de ..., de materialismo, os indivíduos, frustrados pelas conquistas da inteligência etc.
retornando à religiosidade etc. - Questão 184

REEDUCAÇÃO, REEDUCATIVAS, REEDUCADORAS
- a educação e a perseverança podem promovê-los mediante processos de reiteradas experiências, ora educativas, ora ... - Questão 13
- indivíduo não se sabendo conduzir de maneira digna etc. seja passível de punições ...- Questão 72
- penalidade devendo ser aplicada tendo-se em vista a ... do criminoso - Questão 72
- necessário ter em mente a ... quando acontecer o desequilíbrio da criança e do adolescente que delinquem - Questão 74
- dia virá em que esses processos arbitrários e injustos cederão lugar a mecanismos de educação e ... - Questão 78

REENCARNAÇÃO, REENCARNAÇÕES, REENCARNATÓRIO, S, REENCARNACIONISTA, S, REENCARNANTE, REENCARNAR, RENASCIMENTO
- nas Esferas espirituais estão programados para a ... de mais de vinte bilhões de seres - Questão 4
- facultarão que outros tantos bilhões de Espíritos possam ... - Questão 4a
- possa cooperar para uma sociedade melhor, que a ... irá propiciando - Questão 7
- possibilidade do marxismo ser uma boa explicação para as diferenças impostas pelos processos ... - Questão 26
- através de mecanismos da ... os fenômenos sociais se harmonizarão - Questão 26
- face à necessidade de evoluir através das sucessivas ..., o Espírito desenvolve as potencialidades intelectuais etc. - Questão 39
- Espírito podendo se utilizar da clonagem para ... - Questão 39
- embriões congelados, se estariam a eles ligados Espíritos, esperando a retomada do processo para fins ... - Questão 41
- se energias que os espermatozoides devem carregar etc. não seriam aproveitadas no mecanismo ... - Questão 43
- sobre a possibilidade da ... processar-se em estados mais avançados do processo biológico - Questão 44
- no atual estágio de evolução da criatura humana e do planeta terrestre, a ... tem início no momento da fecundação - Questão 44
- papel do perispírito para o Espírito no processo de ... - Questão 45
- Espírito imantando-se à organização física para o processo da ... - Questão 45
- como se processa a interferência do Espírito ... na organização genética - Questão 46
- modelagem do invólucro de que se utilizará o Espírito para os futuros cometimentos propostos pela ... - Questão 46
- cada ser, portanto, ..., no grupo social de que tem necessidade para evoluir - Questão 47
- no ato ... o perispírito molda o corpo físico - Questão 66
- no momento da eleição do espermatozoide encarregado da fecundação, dá-se a ligação vibratória do futuro ... - Questão 66
- compreende-se que seja necessário interromper aquela que está em formação, porquanto a matriz poderá ensejar nova ...- Questão 73
- criança, que inspira ternura e amor etc. sendo Espírito vivido e experiente que traz, das ... passadas, conquistas e prejuízos - Questão 74

- existem acontecimentos procedentes das ... passadas, que impõem necessidades liberadoras - Questão 77
- o Espírito ... no lugar e nas circunstâncias que lhe são mais necessárias para a evolução - Questão 80
- quando Espírito se ... em lugares que fomentam o crime etc. se encontra sob o guante de provação necessária - Questão 80
- o ... em meio hostil cercado pelos fatores criminógenos, não gera dificuldade para a ascensão espiritual - Questão 80
- compreendendo a história de Espírito do educando, que vem transitando por multifárias ... - Questão 99
- tendo lugar a ... no mundo das formas, o indivíduo é conduzido ao conhecimento da Natureza e suas expressões de vida - Questão 106
- Leis da ... proporcionando os mecanismos de aprimoramento do ser, na convivência etc. entre educadores e educandos - Questão 114
- através das ... e bagagem de conhecimentos, qual modelo educacional que mais facilitaria o aproveitamento desse potencial - Questão 116
- fase do nascimento o Espírito, ainda se encontrando no processo da ..., registra ocorrências da nova experiência com lucidez - Questão 118
- inspiradas por Missionários que ... com objetivo de aproximar a vida na Terra àquela que pulsa fora do corpo - Questão 131
- através das ... se chegando a Deus pelo amor, e à fé, mediante a razão - Questão 132
- sendo Espíritos elevados que se ... para transferir do mundo das causas para o dos efeitos o que há de belo - Questão 138
- se todo artista com sua obra estaria ... no seu tempo e lugar - Questão 141
- o Espírito de um artista não necessariamente buscando ... como artista - Questão 142
- o artista tendendo a voltar a ... no campo da beleza, mas quase sempre em outro gênero de expressão - Questão 142
- podendo-se identificar, por exemplo, Rafael Sanzio ... como Frederico Chopin - Questão 142
- em conta que as ... dos promotores da felicidade humana dão-se amiúde, e que o Senhor da Vida zela pela sociedade terrestre - Questão 156
- se a sociedade da inteligência comprovará cientificamente as verdades espíritas, como a ... - Questão 161

- comprovações da sobrevivência do Espírito à disjunção molecular, como da ... em áreas das Doutrinas psíquicas etc. - Questão 161
- a TCI comprovando a imortalidade da alma e a ... como consequência da eternidade do ser - Questão 161
- função da ... na Terra é desenvolver valores que dormem latentes no Espírito, auxiliando-o a limar arestas etc. - Questão 178
- em alguns casos, estejam presentes na estrutura cerebral alterações compatíveis com os processos da ... - Questão 179
- egoísmo em desgoverno de indivíduos portadores de pensamento primitivo, nos primórdios da evolução, que ... - Questão 185
- o valor dos Espíritos Nobres que ... em todos os campos das atividades humanas - Questão 186
- postulados religiosos ingênuos das velhas tradições cedendo lugar aos postulados eloquentes da imortalidade e da ... etc. - Questão 190
- se expressem novas formas de comportamento etc. Divindade faz com que ... na Terra grandes Missionários - Questão 204
- neste crepúsculo de milênio etc., já se encontrando em processos de ... orgânico os Missionários da beleza - Questão 204
- diante de uma grande injustiça divina, que permite ao indivíduo nascer e ... sob injunção de signos zodiacais - Questão 205
- em razão dos créditos e débitos podendo ... sob a vibração deste ou daquele corpo celeste - Questão 205
- estando ... na Terra os Missionários da Nova Era, que irão aprimorar as técnicas da TCI - Questão 216

REGISTROS AKÁSICOS (CELESTES, DO SÂNSCR. ÁKASA, CÉU)
- ... onde se escreve a História real - Questão 16

REINO, S (NATUREZA)
- onde se podendo situar o surgimento do Espírito, na elaboração da mônada, no ... animal ou pré-hominal etc. - Questão 199
- o processo de crescimento e desenvolvimento do psiquismo dando-se muito lentamente nos ... primários - Questão 200

RELIGIÃO, RELIGIÕES, RELIGIOSAMENTE, CREDO - QUESTÕES 184 a 193; v. tb RELIGIOSO, RELIGIOSISMO, RELIGIOSIDADE E ENSINO RELIGIOSO

- se é possível associar aumento dos desajustes sociais e criminalidade ao enfraquecimento das Instituições, notadamente ... etc.
- Questão 2
- a ... sempre exerceu papel preponderante para a preservação da sociedade - Questão 2
- ... demonstrando que o amor é a única solução para os magnos problemas existenciais, sociais e humanos - Questão 26
- postura das ..., dominantes aliadas sempre ao poder temporal e compactuando com as injustiças sociais - Questão 27
- ... submetida não contribuindo tão decisivamente para a libertação do povo oprimido nos países soviéticos - Questão 29
- leis devem ter como modelo o bem geral e o progresso de todos os seres, sem distinção de raça ... ou posição social - Questão 86
- ... deve ser aprendida no lar e no templo da sua confissão de fé - Questão 91
- área da programação escolar oferecendo visão espiritual do ser compatível com o pensamento ... de todos os credos - Questão 96
- observação de guerra comercial nos canais de TV pela penetração da ... nas residências - Questão 124
- se haverá uma separação do veículo da mídia por produtos diferenciados, atendendo à segmentação provocada pela ... - Questão 124
- não se podendo divorciar a proposta da ... da ética de apresentá-la - Questão 124
- ... eletrônicas ferindo frontalmente a qualidade do ensino de Jesus às criaturas, que jamais se utilizou da lavagem cerebral - Questão 124
- Lar se encarregando de orientar ... os seus membros - Questão 132
- falência de outros ... que não souberam ou não quiseram conduzir corretamente os seus fiéis que ora os perdem - Questão 132
- fase na evolução da criatura onde o seu é o Deus do medo, da imposição arbitrária, tendo a sua que ser a melhor ... - Questão 132
- quais contribuições arte e ... mutuamente trouxeram no decorrer da evolução humana e qual a mais influenciada pela outra - Questão 152
- na fase primária de desenvolvimento intelecto-moral, arte e ..., ambas contribuindo para a evolução dos seres - Questão 152
- Arte nascendo quase simultaneamente com a ... e, através da História, esta sempre influenciando a arte - Questão 152
- sem o apoio da ..., a arte disporia de poucos recursos financeiros para atingir as cumeadas da beleza - Questão 152
- contribuição de cada um, sem qualquer preconceito de raça, de ..., de política, tendo apenas o objetivo de servir - Questão 177

- não se referindo a uma ... institucionalizada, que se faz instrumento de poder e autoritarismo - Questão 181
- crise de paradigma no âmbito da Ciência e das ..., levando aos conflitos de identidade, e como se poderão superá-los - Questão 183
- nas ... em geral, esses conflitos se manifestam em forma de rebeldia e fanatismo - Questão 183
- agressividade, quando se volta contra aqueles que não professam o mesmo ... caracteriza paixão dissolvente - Questão 192
- não seria mesmo caminho das ... tradicionais etc. e não contradiria Kardec quando afirma ser o Espiritismo não proselitista - Questão 218
- crescimento nos meios de comunicação etc. da presença das ..., com o intuito de influenciar na formação religiosa etc. - Questão 220

RELIGIOSIDADE; v. tb RELIGIÃO, RELIGIOSISMO E RELIGIOSO
- como se analisa a busca da ... o crescimento do misticismo neste final de século - Questão 184
- passado período da rebeldia etc. os indivíduos, frustrados pelas conquistas da inteligência etc.
retornando à ... etc. - Questão 184

RELIGIOSISMO; v. tb RELIGIÃO, RELIGIOSIDADE E RELIGIOSO
- sem apoio da religião, a arte disporia de poucos recursos para atingir cumeadas da beleza etc.
livre das amarras do ... - Questão 152

RELIGIOSO, RELIGIOSA,S; v. tb RELIGIÃO, RELIGIOSISMO E RELIGIOSIDADE
- paixões ... no pensamento primitivo responsáveis por crimes hediondos - Questão 2
- formação ... não castradora proporcionando visão otimista da realidade - Questão 2
- a Nova Era não será, como se pretende em algumas áreas ... de um para outro momento - Questão 14
- organizações ... se ligando ao Estado para sobreviverem - Questão 26
- incontáveis idealistas abdicaram da fé decepcionados com a conduta dos ... - Questão 26

- sem os estímulos nem a segurança de uma fé ... racional, infelizmente, descambam etc. - Questão 26
- se o fato social ... foi decisivo na reestruturação da perestroika - Questão 29
- sentimento ... inato reagiu em favor da ruptura das algemas escravagistas nos países soviéticos - Questão 29
- revoluções educacionais que pretendem facultar o direito de vida própria para o educando, sem vínculos ... - Questão 91
- ânsia de libertação dos velhos cânones ... - Questão 91
- modelo educacional, sem vinculação ... com qualquer doutrina, demonstrará que regras na sociedade são necessárias - Questão 93
- área da programação escolar oferecendo visão espiritual do ser compatível com o pensamento ... de todos os credos - Questão 96
- como integrar educação familiar e escolar para que possam contribuir na formação e ascensão intelectual, ... etc. - Questão 98
- escola será laboratório de pesquisa da alma sem qualquer conotação ..., a fim de melhor ser entendida a vida - Questão 94
- proposta ... para distribuição e venda de produtos terrenos etc. agredindo o Evangelho - Questão 124
- diante do que se vê pela Imprensa, até onde chegarão os representantes ... para arrebanhar adeptos - Questão 132
- qual seria no futuro a reação das crianças a uma tentativa de formação ... - Questão 132
- doutrinas ... que se aliaram ao Estado para governar etc. estão distantes do pensamento de Jesus - Questão 181
- problemas avolumam-se nos diferentes grupos ... etc. atendendo às necessidades íntimas de autoafirmação etc. -Questão 183
- reafirma as conquistas da Ciência Espírita, cujos postulados oferecem campo para reflexões filosóficas e morais-... - Questão 196
- examinado o Espiritismo em profundidade, abrem-se-lhe as belas facetas filosóficas e ... - Questão197
- do ponto de vista ético-... e da modernidade dos tempos atuais, como será o comportamento da Imprensa espírita - Questão 219
- crescimento nos meios de comunicação etc. da presença das religiões, com o intuito de influenciar na formação ... etc. - Questão 220
- não corretas condutas na mídia ..., mas preenchem espaços que estavam sendo utilizados para o sexo alucinado etc. - Questão 220
- infelizmente ainda prosseguem em outros horários em diferentes canais, inclusive naqueles de orientação ... - Questão 220

RENASCIMENTO - v. REENCARNAÇÃO

REPOUSO
- abrindo-se campo de trabalho para todos, com os consequentes direitos de ..., recreação, saúde etc. - Questão 23
- não só o trabalho é essencial ao crescimento espiritual como também o ..., a meditação, o encontro consigo mesmo - Questão 149

RESIGNAÇÃO
- dor se apresenta como mensagem de vida, como convite à reflexão, de modo que seja suportada com ..., mesmo amada etc. - Questão 193

RESPONSABILIDADE, S
- necessário considerar o nível de ... moral do cidadão, sem o que, a sua será apenas uma visão social - Questão 6
- através do Espiritismo, que conclama o homem à ..., sendo factível a justiça social - Questão 26
- questão sendo mais grave, porque dependerá da lucidez e da ... dos governos - Questão 31
- qual ... daqueles que, em nome do lucro, expõem seus semelhantes para seu sustento material - Questão 32
- grau de ... correspondente ao nível de conhecimento cultural e ético-moral do indivíduo - Questão 75
- sob injunção de uma obsessão, que lhe dificulta o raciocínio, as ações perpetradas não são de sua exclusiva ... - Questão 79
- se o ensino formal, como vem sendo trabalhado nas escolas etc. está conseguindo preparar seres para assumirem suas ... - Questão 91
- o ser, consciente das suas ..., elimina os monstros do medo, da punição etc. por conduzir harmonia mental etc. - Questão 93
- ... morais e espirituais graves assumidas pelos que se tornam líderes de massas - Questão 107
- desfrutando-se da liberdade de pensamento na escola do futuro, com inteira ... e consciência - Questão 111
- não se podendo facultar liberdade quando esta se encontra distante da ... - Questão 115
- educar, sob qualquer aspecto, é conduzir com segurança, liberdade e ... - Questão 118

- evitados os males que afligem a sociedade é não transferir para a escola toda a ... pela formação ética etc. da criança etc. - Questão 122
- pais pretendem transferir para a escola toda a ... pela educação dos filhos, outros desrespeitam as propostas educacionais - Questão 122
- qual a ... dos profissionais da comunicação e dos defensores dos direitos de divulgação - Questão 129
- graves ... lhes pesando sobre a consciência - Questão 129
- o ser humano avançando para a conquista da consciência lúcida, portanto, da ... - Questão 133
- procurando mecanismo de autojustificação a fim de escapar da ... do insucesso - Questão 141
- graças às conquistas da Informática, as pessoas permanecerão mais bem informadas sobre as suas ..., direitos e deveres - Questão 169
- o real despertar da consciência das ... - Questão 175
- ... dos Espíritos encarnados no comportamento da homossexualidade em face das descobertas de alterações na arquitetura cerebral - Questão 179
- Profitente da Causa espírita se encontrando esclarecido das ... que lhe dizem respeito - Questão 194
- Jesus sempre enviou Seus Mensageiros, que buscaram alertar e esclarecer as criaturas humanas a respeito das suas ... - Questão 202
- instruções da Entidade Mentora dos trabalhos etc. tem a mesma ... a defender, considerando seriedade do Grupo - Questão 210
- Espíritos ao se comunicarem, têm como meta despertar as criaturas humanas, a fim de tomarem conhecimento das suas ... - Questão 218

RESSURREIÇÃO
- nos reportando à ...de Jesus, embora o atestado inequívoco de Maria de Magdala, a dúvida permaneceu nos outros - Questão 160

REVISTA, S; v. tb IMPRENSA
- surgimento de novos meios de comunicação, rede de computadores etc. qual o destino da mídia impressa (jornais e ...) - Questão 126
- periódicos - jornais e ... sobrevivendo às admiráveis conquistas da moderna comunicação - Questão 126
- o próprio codificador utilizou-se desses recursos etc. realizou viagens de divulgação doutrinária, criou uma ... mensal - Questão 218

REVOLUÇÃO, REVOLUÇÕES, REVOLUCIONÁRIOS
- ... surgidas pelos focos de rebeldia causados pela insatisfação numa sociedade injusta - Questão 1
- gerando a ... das mentes honradas, em favor dos direitos igualitários a que todos têm direito - Questão 6
- ... sociais que, ao invés de estabelecerem um período de felicidade, quase sempre derrubam uma classe privilegiada e erguem outra - Questão 9
- ... pregando mudanças sociais, justiça social, distribuição de renda, igualdade entre os homens - Questão 26
- aberto espaço para a ... do pensamento, que deu origem ao materialismo histórico, dialético - Questão 27
- a filosofia da ... de 1917, que se apresentava salvadora dos oprimidos, estava esquecida - Questão 29
- periodicamente havendo ... educacionais que pretendem libertar as doutrinas do pensamento cultural - Questão 91
- avanço tecnológico superior ao avanço da criatura humana, como será a ética da era pós-... tecnológica - Questão 156

REVOLUCIONÁRIOS - v. REVOLUÇÕES

RHINE - v. JOSEPH e LOUISE
RIO, S
- propiciarão recursos para atender a todas as necessidades, particularmente aquelas que podem ser retiradas dos ... - Questão 4
- experimentando-se também outros recursos, quais grandes viveiros de reprodução de peixes, na intimidade dos ... - Questão 55
- abusos praticados contra a Ecologia, perturbando a fauna, a flora, contaminando os ..., mares, oceanos, camada de ozônio - Questão 87

RIO DE JANEIRO
- programas de preservação da Natureza, qual ocorreu no Encontro Internacional, que teve lugar na cidade do ... - Questão 85

RITUALÍSTICA
- Espiritismo sendo Doutrina destituída de qualquer manifestação ... - Questão 204

RNA (ingl. RIBONUCLEIC ACID - ÁCIDO RIBONUCLEICO)
- ... expressando o fatalismo biológico, encarregado dos fatores ponderáveis da hereditariedade - Questão 66

ROBOTIZAÇÃO, ROBOTIZANDO
- ... do ser humano face à aplicação exacerbada do conhecimento - Questão 35
- especialização exagerada qualifica o indivíduo mas também o limita, quase o ... - Questão 90
- violação ética dos direitos humanos, ... criaturas, mesmo sob justificativa de prevenção etc.
contra crime - Questão 157

ROMA
- ..., no período de Adriano, estabeleceria as vantagens para a formação de escolas - Questão 97

ROMANOS, ROMANAS
- nas civilizações greco-... a terra era de propriedade do Estado, que passou a doá-las aos seus membros - Questão 82
- ilusão campeia desenfreada e novos deuses, que repetem os gladiadores ..., se apresentam afortunados nos veículos da mídia - Questão 103

RUPESTRES - v. PINTURAS
SABEDORIA, SÁBIO, SÁBIA, S
- a Lei de amor sendo a mais ... de todas - Questão 86
- educando sentindo-se estimulado a imitar os triunfadores, os gênios, os ... etc. - Questão 101
- criar condições no educando para que possa viver com dignidade, resolvendo com ... os problemas que enfrentará - Questão 121
- não sendo a mediunidade psicopictográfica que irá aumentar a excelente proposta de ... da Codificação - Questão 139
- se a arte é fruto de exercícios da criatividade do ser e por isso existiria como um segmento da ...Universal - Questão 140
- Arte de bem representar Seus ensinamentos, recorrendo à metodologia mais adequada à época, apoiada na ... das parábolas - Questão 150

- Escola será sempre o Laboratório vivo de atividades e convívio de seres humanos, onde haurirá a ... dos professores - Questão 170
- a desencarnação não oferecendo ... a Espírito algum - Questão 198
- Espíritos prosseguem aprendendo etc. sem pressa nem ansiedade de penetrar nas fontes de ... extemporaneamente - Questão 198
- havendo comunicação, ela se transforme em oportuna psicoterapia, mediante a doutrinação e as orientações ... - Questão 209
- Imprensa espírita, deverá ser responsável etc. inscrevendo nas suas páginas as lições de ... e amor que edifiquem a criatura - Questão 219
- divulgação da Doutrina, bem como a conduta moral nela baseada, sendo os meios hábeis e ... para tal cometimento - Questão 220

SACERDOTE, S
- tolerância que devem mostrar os ... - Questão 118
- cada um ama e serve a Deus conforme suas possibilidades e não segundo as determinações dos outros – pastores, ... etc. - Questão 119

SACRIFÍCIO
- os levando a considerar-se mártires das causas que abraçam e a elas se entregam com o ... da própria vida - Questão 185
- agressividade positiva em torno de uma proposta que dignifica a sociedade facultando o ... do idealista - Questão 192
- Sua (de Jesus) vinda pessoal, para ensinar e viver a proposta da vida abundante, encerrando o ministério com o próprio ... - Questão 202

SANGUE
- dando surgimento às inevitáveis revoluções com o derramamento de ... - Questão 1
- se a cultura estabelecida em terras conquistadas com derramamento de ... etc. poderia sofrer as consequências do carma - Questão 60
- devendo ser direcionado à família, a fim de harmonizar os interesses de todos que ali se encontram vinculados pelo ... - Questão 174

SANTOS
- muitos heróis e artistas, ... etc. não encontrando compreensão mas não derrapando nas fugas do desequilíbrio etc. - Questão 141

SATÉLITE, S
- Organização de vigilância para a defesa do planeta, utilizando-se dos recursos da moderna informática, por meio de etc. e ... - Questão 84

SAUDADE
- que adiantam todos confortos e comodidades etc. no enfrentamento com a ... dos seres que partiram de retorno à Pátria - Questão 168

SAÚDE; v. tb MEDICINA, ENFERMIDADE, ENFERMO E PROCESSO SAÚDE-DOENÇA
- abrindo-se campo de trabalho para todos, com os consequentes direitos de repouso, recreação, ... e educação - Questão 23
- uso exagerado de máquinas, produtos químicos etc. causando impactos nocivos ao meio ambiente e à ... - Questão 55
- se homem poderá um dia utilizar forças espirituais, cósmicas e anímicas na agricultura e na ... humana, vegetal e animal - Questão 61
- os recursos psíquicos, encaminhados para a área da ..., logram resultados admiráveis - Questão 61
- sendo viável que nos currículos escolares fossem estabelecidas visitas a Clínicas de ... Mental - Questão 102a
- propostas de harmonia deixando de florescer, não facultando equilíbrio nem ... que dependem do próprio candidato - Questão 208
- energias absorvidas pelo perispírito produzem recomposição da ..., que permanecerá ou não etc. - Questão 208

SECA
- se haverá alguma relação entre desmatamento, ... e elementais - Questão 63

SEDUÇÃO
- se a atual legislação penal contendo figuras delituosas como adultério e ... não necessita de reforma - Questão 72
- crime de adultério e ... merecendo penalidades compatíveis com o grau de prejuízos causados - Questão 72

SEGURANÇA
- fugir da violência e desamor, criaturas, em busca de ... etc. passam a viver em ilhas de solidão - Questão 171

- postulados que derivam dos ensinos de Jesus, que foram muito bem estudados por Allan Kardec, sendo as diretrizes de ... - Questão 195

SEMIDEUS - v. DEUSES
SENHOR DA VIDA - v. DEUS

SENSIBILIDADE, SENSÍVEIS
- já existindo experiências positivas na atualidade por pessoas ..., que se dedicam à produção de alimentos etc. - Questão 61
- proposta ideal construir o ser inteligente, livre, rico de criatividade e outros valores, como a ... e o afeto - Questão 99
- grandeza e a majestade da Vida, que a ... do artista capta com mais desenvoltura - Questão 142
- Arte tendo como meta materializar a beleza invisível de todas as coisas, despertando a ... - Questão 144
- normalmente o artista sendo portador de ... psíquica, o que lhe permite sintonizar com outros estetas - Questão 147
- mulher possuidora de todos os requisitos exigíveis para uma vida em comum etc. destaca-se ainda pela ... -Questão 173
- se encontrando em processos de renascimento orgânico os Missionários da beleza, trazendo programas de rara ... e emoção - Questão 204
- a Música recebendo uma grande aceitação pelos excelentes resultados que faculta, educando a ... - Questão 204
- energias prodigalizadas nas Casas Espíritas devem alcançar os equipamentos ... do Espírito - Questão 208
- graças ao avanço da tecnologia, são os gravadores, as chapas fotográficas ... em câmaras de alta velocidade etc. - Questão 214

SENCIENTES - v. SERES
SENSITIVO, S
- se no bioquimismo cerebral existiriam proteínas etc. propiciando variações nos transes dos ... etc. - Questão 65
- se proteínas e enzimas que favorece as recepções mediúnicas, propiciando variações nos transes dos ... - Questão 65
- não sendo necessário que o ... se encontre no lugar onde se opera a transcomunicação - Questão 214

SEPARATISTAS - v. SEPARATIVIDADE
SEPARATIVIDADE, SEPARATISTAS, SEPARATISMO

- cumprindo a todo o homem sadio, moral e culturalmente, combater qualquer tipo de ... - Questão 5
- mente do homem condicionada a ver e analisar tudo sob o prisma da ... - Questão 109
- essa ... resultando do período do pensamento egocêntrico - Questão 109
- enquanto prevaleçam os preconceitos e diferenças de classes na sociedade, essa, naturalmente, estabelecerá parâmetros ... - Questão 128

SERES SENCIENTES
- recursos psíquicos, biofísicos, encaminhados para a área da saúde de todos os ... logram resultados admiráveis - Questão 61

SER ESPIRITUAL - v. ESPÍRITO
SÉRIO, SÉRIA, S, SERIEDADE
- se desenvolvimento tecnológico e aumento de desemprego não poderá gerar ... problemas para muitos países - Questão 17
- responsabilidade dos governos, que se devem voltar para uma análise ... e profunda dos problemas agrários - Questão 31
- ameaças que pairam sobre as Nações, exigindo leis ... e de caráter comum para todos os povos - Questão 85
- inicial das reuniões mediúnicas, tendo como mesma responsabilidade a defender, considerando a ... do Grupo - Questão 210

SER TRANSPESSOAL
- quando a Educação for menos preconceituosa, facultando as pesquisas em torno do ...Questão 94

SERVIÇO DESINTERESSADO
- Divindade, dispõe de recursos inumeráveis para que o Espírito evolua sem a necessidade do sofrimento, tais como o ... etc.
- Questão 180

SERVIDORES - v. TRABALHADOR

SEXO, SEXUAL, SEXUAIS; v. tb DISCIPLINA SEXUAL
- quando o homem e a mulher compreenderem as funções reais do ... - Questão 4a

- fantasma malthusiano afastado quando homens compreenderem que o ... encontra-se a serviço da vida - Questão 83
- houver propaganda dos valores que engrandecem o gênero humano em detrimento dos jogos ... explícitos etc. - Questão 101
- abuso de drogas e ... na escola, o desinteresse dos mestres face etc. Educandário deixa de ser o templo do saber - Questão 103
- à apresentação de cenas de violência, de ... explícito etc. seus aficionados, em nome da liberdade, promovem a libertinagem - Questão 129
- enriquecida pelo artista com paz etc. fazendo com que pessoas confraternizem etc. sem apelos ao ... desvairado - Questão 148
- se a home school, compras on-line etc. ... via Internet, não estariam evidenciando um comportamento socialmente doente - Questão 171
- na homossexualidade não necessariamente corrompendo-se, entregando-se a comportamentos ... perturbadores - Questão 179
- condutas na mídia religiosa, de certa forma preenchem os espaços que estavam sendo utilizados para o ... alucinado etc. - Questão 220

SÍFILIS
- sendo viável que nos currículos escolares fossem estabelecidas visitas a Clínicas de Enfermidades degenerativas – ... - Questão 102a

sIgA (IMUNOGLOBULINA SALIVAR A)
- organismo elabora substâncias defensivas, que proveem das fontes vitais do pensamento, produzindo ... - Questão 64

SIGNOS ZODIACAIS
- grande injustiça divina, que permite ao indivíduo nascer e renascer sob a injunção de ... que exerceriam sobre a sua etc.- Questão 205

SÍNTESE
- particularmente de Karl Gustav Jung, o conceito de consciência evoluiu para uma perfeita ... entre conhecer e discernir - Questão 105
- se possível premissa nova na afirmativa de Hegel de que Dialética é etc. por movimentos
   contraditórios (tese-antítese-...) - Questão 181

SIR JAMES JEANS
- que se detenha na contemplação do Universo, inevitavelmente se curvará para homenagear Deus, qual ocorreu com ... etc. - Questão 187
- ... mesmo perseguido pela ignorância religiosa, não abdicou da sua crença e respeito ao Criador - Questão 187

SISTEMA HOLOGRÁFICO - v. HOLOGRÁFICO
SISTEMAS POLÍTICOS - v. POLÍTICA
SOBREVIVÊNCIA, DO ESPÍRITO - v. IMORTALIDADE
SOCIALISMO, SOCIALISTA, S - QUESTÕES 26 A 30
SOCIALISTA - v. SOCIALISMO
SOCIEDADE ESPÍRITA - v. CASA ESPÍRITA

SOCIEDADE PARISIENSE DE ESTUDOS ESPÍRITAS
- Codificador utilizou-se desses recursos etc. estimulando o surgimento de Instituições, sendo que ele mesmo fundou a ... - Questão 218

SOCIOLOGIA, SOCIOLÓGICO, A - QUESTÕES 1 A 20
- ponto de vista ... nas criaturas formando um todo, de modo que o conjunto experimente harmonia Questão 34

SOCIOLOGIA DA ARTE - QUESTÕES 151 A 153

SÓCRATES
- ... preocupava-se em estimular o educando a encontrar as respostas para os variados quesitos da vida - Questão 116
- Pestalozzi, sintetizando ... e Jesus, tornava o educando um ser maleável que necessita de direcionamento - Questão 116

SOFREDOR, SOFREDORES; v. tb AFLIÇÃO, SOFRIMENTO E DOR
- materialismo histórico não tendo resolvido o problema do homem em si mesmo, inquieto e ... - Questão 27
- objetivos definidos de serem desenvolvidos os valores da solidariedade e do amor pelos ... de qualquer natureza - Questão 102a
- para desenvolver e aplicar aptidões perturbadoras, que ainda oprimem e matam, discriminando os fracos e ... - Questão 185
- a incorporação ou psicofonia dos Espíritos ... tem como meta socorrê-los com misericórdia e amor - Questão 209

SOFRIMENTO, S; v. tb AFLIÇÃO, SOFREDOR E DOR
- Terra deixando de ser mundo de ..., de exílio espiritual, de recuperações dolorosas - Questão 14
- estabelecidas Leis justas, que objetivem combater a miséria, que decorre do egoísmo, será impossível diminuir o ... - Questão 24
- pobres que estorcegam nos guetos de ... a que são atirados - Questão 24
- a mente equilibrada ou que se resolve pela renovação altera os mecanismos afligentes do ... - Questão 48
- conhecimento tecnológico diminuindo o ... dos povos - Questão 58
- desenvolvimento moral das criaturas diluem as cargas cármicas diminuindo os ... coletivos - Questão 58
- todo crime direcionado à Natureza constitui um gravame terrível, motivo de ..., enfermidade - Questão 63
- Espíritos Nobres utilizando a alma dos animais no Além em regiões de ... - Questão 70
- conquistas extraordinárias que beneficiam o ser, ampliando-lhe os horizontes da vida e diminuindo-lhe os ... - Questão 125
- outras conquistas que vêm diminuindo as dores e os ..., proporcionando alegria, beleza e paz - Questão 127
- artistas inspirando-se ainda mais no próprio ... - Questão 153
- e Allan Kardec adicionou que A felicidade não é deste mundo, em termos de plenitude e ausência de ... - Questão 168
- Espírito descobrindo-se em ... e percebendo que do seu próprio esforço depende a libertação - Questão 180
- a Divindade, que é o Amor, dispõe de recursos inumeráveis para que o Espírito evolua sem a necessidade do ... - Questão 180
- periodicamente mergulhando nas sombras da Terra etc. ensinando aos demais que o ... conduz à reflexão etc. - Questão 180
- nem todo o ... sendo portador de resgate, de necessidade reparadora - Questão 193
- dor tendo função educativa, promotora do ser humano que, desdenhando a Lei natural – o amor – aprende pelo ... - Questão 203
- planeta de regeneração, ainda se estará sob a injunção do ... quando necessário - Questão 203
- a comunicação do perseguidor é sempre muito constrangedora, e poderá provocar no enfermo uma soma de ... - Questão 211

SOLIDÃO; v. tb SOLITÁRIA
- fugir da violência e desamor, as criaturas, em nome da preservação da vida etc. passam a viver em ilhas de ...- Questão 171
- a ... todavia, é antinatural - Questão 171

SOLIDARIEDADE; v. tb SOLIDÁRIOS
- fazendo que os povos ricos ofereçam ... aos mais pobres- Questão 4a
- na razão direta em que aumentam os lucros, mais amplas aspirações passam a ter os indivíduos, esquecidos da ... e do amor - Questão 15a
- metas de engrandecimento moral mediante as quais despertará para os valores reais da vida, e, portanto, da ... - Questão 23
- possibilidade de reinvenção de novas formas de ... - Questão 28
- sem a vigência do amor ... como norte espiritual do ser e da ...qualquer proposta de felicidade
 para a sociedade tombará - Questão - 28
- quando o indivíduo não tiver necessidade de trabalhar para o próprio sustento poderá dedicar-se às obras de ... - Questão 33
- única saída legítima para o problema da miséria é a ... humana - Questão 34
- necessidade da ... com todos aqueles que padecem qualquer tipo de limite, dor, de carência - Questão 102a
- experiências práticas, cuidadosas, com objetivos definidos de serem desenvolvidos os valores da ... e do amor - Questão 102a
- escola do futuro terá o aspecto de um lar transitório etc. onde todos se estimem como amigos e irmãos, em ambiente de ... - Questão 111
- desenvolvimento moral conduzindo o pensamento e os indivíduos ao respeito mútuo, à verdadeira ... etc. - Questão 159
- a Educação, com o seu objetivo superior de terapia preventiva, o convívio social edificante, os exemplos de dignidade e ... - Questão 185
- se a comunidade religiosa tem significativo espaço de ... entre os fiéis - Questão 186
- se a comunidade religiosa tem assumido o papel de ...na família, na sociedade - Questão 186
- em algumas religiões, é de lamentar-se, a ... somente é exercida para com aqueles que privam dos mesmos postulados de fé - Questão 186

- ... devendo ser direcionada a todas as criaturas, mesmo àquelas que se não identificam com as suas diretrizes religiosas - Questão 186

SOLIDÁRIOS, SOLIDÁRIAS; v. tb SOLIDARIEDADE
- povos prepotentes e dominadores cedendo lugar aos ... e fraternos - Questão 154
- criaturas forem ... o excesso de algumas atenderá as necessidades de todas, criando-se uma sociedade equilibrada - Questão 172

SOLITÁRIA, SOLITÁRIOS; v. tb SOLIDÃO
- à medida que o ser evolui constata que essa viagem não pode ser ... - Questão 54
- se a home school etc., não estarão criando uma geração de indivíduos neuróticos e ... - Questão 171

SOLO, TERRA,S - v. DIREITO DE PROPRIEDADE - QUESTÕES 81 A 83
- recursos para atender a todas as necessidades, particularmente as que podem ser retiradas dos oceanos, das ... improdutivas - Questão 4
- retirando-se alimentos dos oceanos e das ... reaproveitadas - Questão 4a
- política justa e digna de sua fixação à ... - Questão 31
- se cultura estabelecida em ... conquistadas com derramamento de sangue etc. poderia sofrer as consequências do carma - Questão 60
- naturalmente as ..., os lugares, sofrem as consequências dos acontecimentos que ali ocorreram - Questão 60

SONHO, S
- uma ética para a genética, uma bioética, para estabelecer limites e cercear a oportunidade de desenvolverem-se ... macabros - Questão 39
- ... de lograr-se uma clonagem, copiando-se seres padronizados, já é uma realidade - Questão 39
- o campo perispiritual do encarnado, refletindo-se na zona física (consciente) propiciaria pensamentos, ... etc. - Questão 59
- o que hoje se apresenta como desafio ou ..., amanhã se tornará realidade - Questão 125

SONO
- desprendimento temporário do artista através do ..., vivenciando experiências na Erraticidade - Questão 143

SUICÍDIO
- estado dos que pensam burlar a Lei da Vida pelo falso caminho do ... - Questão 41
- muitos rumando até mesmo para o homicídio ou para o ... devido aos crimes de adultério e sedução - Questão 72

SUPÉRFLUO, S
- o ... sendo condenável, quando muitos têm carência ou vivem do pouco que conseguem - Questão 32
- como elaborar um mínimo curricular que não sobrecarregue a criança ou o adolescente de conteúdos ... - Questão 90
- o ... de hoje podendo tornar-se de vital importância mais tarde - Questão 90

SURTO DE COMPORTAMENTO DIVERGENTE
- quais técnicas de controle social poderiam ser desenvolvidas para minorar ou acabar com este ... no Brasil - Questão 9

TCI - v. TRANSCOMUNICAÇÃO INSTRUMENTAL
TÉCNICAS AGRÍCOLAS
- a consciência de si faz que o homem respeite a vida em todas suas manifestações, mudando as ... - Questão 55

TECNOLOGIA, S, TECNOLÓGICO, S, TECNOLÓGICA, S, TECNOLOGICAMENTE - QUESTÕES 154 A 162
- em razão de propostas medievais não superadas, que o conhecimento da ciência e da ... vem pondo em xeque - Questão 3
- o desenvolvimento científico e ... da Humanidade evitará uma superpopulação danosa ao equilíbrio moral - Questão 4a
- que recursos ... valiosos sejam aplicados para aproveitamento das áreas inóspitas e áridas – desertos e geleiras - Questão 4a
- predominância do desenvolvimento artístico, em outro, crescimento cultural, posteriormente o aprimoramento ... - Questão 11
- este sendo o século da ... por excelência - Questão 11
- as conquistas da ... são neutras em si mesmas - Questão 11

- se competição e individualismo seriam apenas explicadas pelo avanço ... - Questão 15
- com o desenvolvimento ... tem-se verificado o aumento do desemprego - Questão 17
- à medida que o desenvolvimento ... anuncia novas conquistas, abrem-se diferentes áreas de serviços - Questão 17
- graças à glória da ... colocada a serviço das observações e análises dos núcleos da investigação e do estudo - Questão 18
- se o desenvolvimento ... e intelectual fomentará novos sistemas políticos - Questão 21
- homem melhor, mais desenvolvido moral etc. apoiado na ... que o impulsiona para a frente, criará sistemas políticos - Questão 21
- países ... desenvolvidos ou não etc. para política justa da fixação do homem à terra - Questão 31
- desenvolvimento ... não resolvendo de forma significativa o problema da miséria - Questão 34
- forma de desenvolvimento ... no mundo atual resultando no crescente desemprego - Questão 35
- Ciência aliada à ... tem logrado feitos extraordinários com perspectivas audaciosas de efeitos imprevisíveis - Questão 35
- progresso moral humano não acompanhou o progresso ... - Questão 38
- utilização irregular do conhecimento ... que vem ameaçando a Vida - Questão 54
- outros rumos do conforto e sobrevivência graças aos avanços da ... - Questão 54
- possibilidade da ... evitar que grandes catástrofes possam destruir povos ou regiões da Terra - Questão 58
- o conhecimento ... tem proporcionado à Humanidade grandes conquistas - Questão 58
- recursos outros da moderna ... para trabalhar o solo, fazendo-o produzir - Questão 82
- automação representa risco de desemprego e como proteger o trabalhador sem privar a sociedade da evolução ... - Questão 88
- quando se logre na Terra uma sociedade justa, as atividades desativadas cederão lugar às novas conquistas da ... - Questão 88
- trabalhadores se equipem dos instrumentos hábeis para atendimento das necessidades que a ... estabelece - Questão 88
- confiança de que os indivíduos crescerão em ciência ... e moral - Questão 89

- todos porém, crescendo em um período ..., noutro moralmente - Questão 93
- modelo pedagógico/... se propõe formar vencedores etc. não esquece que mundo necessita de indivíduos afetuosos - Questão 99
- a harmonia entre a ... e a Pedagogia vigentes devendo ter como proposta ideal construir o ser inteligente, livre etc. - Questão 99
- ..., fator de aceleração do processo educativo, não colocará em risco o equilíbrio desejável entre o intelectual e o afetivo - Questão 102
- a contribuição dos recursos ... na área da Educação sendo de fundamental importância - Questão 102
- imprescindível a vigilância, para que o auxílio que se pode auferir das conquistas ... não matem o sentimento - Questão 102
- se a Educação, no próximo milênio, será afetada pelo desenvolvimento ... repercutindo no espaço físico da escola - Questão 112
- graças à contribuição da ... e da computação, os lares se transformarão em escolas produtivas - Questão 112
- a ciência e a ... embora não aplicadas só para o bem, têm promovido o crescimento do ser humano - Questão 127
- ... modernas inspiradas por Missionários que se reencarnam - Questão 131
- como a propaganda será afetada pelas novas ... como a informática multimídia e a realidade virtual - Questão 134
- os admiráveis avanços da ... aplicados em todas as áreas do conhecimento levando a resultados imprevisíveis - Questão 165
- se a sociedade conseguirá desenvolver novas ... para automatizar os serviços repetitivos ou prejudiciais ao homem - Questão 166
- novas ..., particularmente naquelas que reduzem o número de servidores em atividades repetitivas, automatistas - Questão 166
- na realização de uma ... dignificante, os valores éticos não podem ser esquecidos - Questão 166
- serão desenvolvidas novas ... de trabalho, nas quais o homem será imprescindível, não como máquina a agir - Questão 166
- desenvolvimento ... levando a pensar em sociedade na qual todos os trabalhos serão executados por máquinas - Questão 168
- por maiores sejam as conquistas logradas pelo homem na área da ..., serão necessárias as realizações morais - Questão 168
- comodidades, recursos ... etc. no enfrentamento com a saudade dos seres que partiram de retorno à Pátria - Questão 168
- desenvolvimento ..., quando orientado dignamente, sempre oferecerá à Humanidade as bênçãos do progresso etc. - Questão 169

- se a ... através do computador etc. estará dando a visão de um mundo sem escolas e sem professores - Questão 170
- mundo da ... a que se acostumaram, ao alcance de um controle remoto - Questão 171
- porque vê-se nos diferentes grupos sociais, políticos, ... etc. os desafios, dificuldades e problemas avolumarem-se - Questão 183
- aquelas montanhas que fazem parte da Natureza a cada momento sendo vencidas pela moderna ... - Questão 189
- se o desenvolvimento ... provocará alterações nos princípios religiosos atuais - Questão 190
- sendo inevitável que o avanço ... conduza a mente humana à Divindade - Questão 190
- graças ao avanço da ..., os instrumentos de transcomunicação sendo os gravadores, as chapas fotográficas sensíveis etc. - Questão 214
- avanço ..., os instrumentos precisos poderão ser utilizados como meio de comunicação entre os dois planos - Questão 216
- se o desenvolvimento da ... de telecomunicações permitirá a ampliação dos contatos entre o Mundo espiritual e o material - Questão 217
- maior o número dos investigadores que se vêm utilizando dos recursos da ... para corroborar a realidade da vida - Questão 217

TEIMOSIA, TEIMOSAS
- comprovações da sobrevivência etc., em diversas áreas das Doutrinas psíquicas etc. que resistem às dúvidas teimosas - Questão 161
- Espírito insistindo no equívoco por ..., revolta etc. desarmoniza-se interiormente e abre espaço para a instalação da dor - Questão 180

TELECOMUNICAÇÕES
- se desenvolvimento da tecnologia de ... permitirá a ampliação dos contatos entre o Mundo espiritual e o material - Questão 217

TELEFONES
- graças ao avanço da tecnologia, os instrumentos de transcomunicação sendo os gravadores, ... etc. - Questão 214

TELEVISÃO - v. TV
TELEVISIVA - v. TV

TEMOR - v. MEDO
TENSÃO SOCIAL
- visão sociológica mostrando que os focos de ... são os centros propulsores de problemas sociais - Questão 1

TEORIA DA COMPLEMENTARIDADE
- tese da polaridade yin/yang fazendo recordar a ... - Questão 51

TEOSOFIA
- Espiritismo ensinando que os Espíritos governam o clima da Terra utilizando para isso Entidades – os elementais da ... - Questão 63

TERAPEUTA SUPERIOR - v. JESUS
TERAPIA, S, TERAPÊUTICA, TERAPÊUTICO
- nunca desejando aos outros aquilo que não deseja para si, conforme diretriz ... proposta por Jesus - Questão 49
- a medicina ocidental, na sua proposta unicista do ser, aplicou a ... compatível com a organização eminentemente material - Questão 50
- visão espiritualista e espiritista em torno da criatura, facultando uma complexa alteração da ...
convencional - Questão 50
- se poderão conseguir resultados salutares nas opções ..., revitalizando-se os campos energéticos do perispírito - Questão 50
- todo labor ... devendo ter por meta prioritária atingir o cerne do ser – o Espírito – Questão 52
- inegáveis os benefícios que a arte proporciona às pessoas, particularmente em forma de lazer e ... - Questão 149
- robotizando as criaturas, mesmo que sob a justificativa de dignificação e de ... preventiva - Questão 157
- Psicologia transpessoal, através de eminentes investigadores insuspeitos que procuravam ... alternativas para transtornos - Questão 161
- a Educação, com o seu objetivo superior de ... preventiva - Questão 185
- recebendo passes e sendo retirado depois, quando do início da experiência prática, a ... com os desencarnados - Questão 211

TERCEIRA REVELAÇÃO
- A.K. quem inegavelmente interpretou o fenômeno da TCI etc. e construiu, com os Espíritos, essa Doutrina, que é a ... - Questão 214

TERCEIRO MILÊNIO
- tornar-se mais premente falar-se no ... em analfabetismo político, espiritual do que de leitura e escrita - Questão 25

TERNURA
- a criança, que inspira ... e amor, não obstante o período de infância, é um Espírito vivido e quiçá experiente - Questão 74

TERRA - v. SOLO
TERREMOTOS
- ... detectados pelos grandes progressos permitindo a evacuação da área onde ocorrerão - Questão 58

TERROR
- nunca os instrumentos do ... podem servir de mecanismos nobres para serem alcançados resultados felizes - Questão 26
- Revolução de 1917, que se apresentava como salvadora dos oprimidos, estava esquecida, e dominava o ... - Questão 29
- estabelecimento da paz e tolerância, como explicar grupos fundamentalistas islâmicos etc. que ainda espalham o ... - Questão 185

TESE
- ponto de vista sociológico, criaturas formando um todo, ou constituindo grupos etc. Como ... é legítima a aspiração - Questão 34
- ... da polaridade yin/yang fazendo recordar a Teoria da Complementaridade - Questão 51
- Jesus sintetizou toda a ... do comportamento humano em uma frase lapidar: Não fazer a outrem o que etc. - Questão 123
- se possível introduzir premissa nova na afirmativa de Hegel de que Dialética etc. por movimentos contraditórios (...- etc.) - Questão 181

TOLERÂNCIA, TOLERANTE, S, TOLERAR
- modelo pedagógico/tecnológico propõe formar vencedores etc. não esquece que o mundo necessita de indivíduos ... - Questão 99

- Ecumenismo deverá ser ensinado nos lugares reservados a cada culto, mediante a ... que demonstrem seus ministros - Questão 118
- estabelecimento da paz e ..., como explicar grupos fundamentalistas islâmicos etc. que ainda espalham terror - Questão 185
- constância do trabalho, a ... que não conive com o erro etc. para correto crescimento do Movimento - Questão 194
- nos meios espiritistas, aspectos discutíveis dos costumes modernos têm tornado mais tênue a fronteira entre a ... e a conivência - Questão 195
- ... não significando concordar, conivir, mas atitude de respeito pelo que pensam ou por como se comportam os outros - Questão 195

TOMÉ
- Jesus convidando ... para que O tocasse, a fim de que não permanecesse a incerteza em torno da Sua aparição - Questão 160

TRABALHADOR, TRABALHADORES, SERVIDOR, SERVIDORES
- desenvolvimento tecnológico anuncia novas conquistas, abrindo diferentes áreas de serviços, convocando ... - Questão 17
- possibilidade de seguir a Doutrina Espírita sem abrir mão de conceitos marxistas (alienação do..., modo de produção etc.) - Questão 26
- evitando-se as lutas de classe com mão armada, a alienação do ..., dando-lhe dignidade, facultando-lhe estímulos - Questão 26
- se automação representa risco de desemprego e como proteger o ... sem privar a sociedade da evolução tecnológica - Questão 88
- indispensável que os ... se equipem dos instrumentos hábeis para atendimento das necessidades que a tecnologia estabelece - Questão 88
- sempre haverá grupos sociais e gerenciais, de executivos e ..., em lugares próprios para o desempenho das suas tarefas - Questão 89
- novas tecnologias, naquelas que reduzem número de ... em atividades repetitivas, cresce o desemprego - Questão 166
- poderia ocorrer esse risco de surgimento de uma hierarquização entre as Instituições ou mesmo entre os ... - Questão 206
- Casas Espíritas sinceramente interessadas em servir, ir-se-ão equipando de ... e de recursos doutrinários - Questão 207
- o sincero ... da mediunidade tem por modelo Jesus, que é o Médium de Deus - Questão 212

- sem estudo inibem Casas Espíritas de expandir quadro de colaboradores. Que conselhos podem ser dados a esses ... - Questão 213

TRABALHO, S; v. tb LEI DO
- tem sido crescente a participação da mulher no mercado formal de ... - Questão 12
- ao homem competem deveres próprios do seu caráter masculino, do seu vigor e tipo de ...- Questão 12
- necessidade de renovação de compromissos, que abrirão espaço para o ... digno - Questão 17
- já não existindo distâncias geográficas que dificultem quaisquer realizações e ... científicos - Questão 18
- serão criados novos sistemas e métodos de ... que elaborarão regimes justos e nobres - Questão 21
- abrindo-se campo de ... para todos, com os consequentes direitos de repouso, recreação etc. - Questão 23
- ... não deve ter por meta prioritária somente lucros materiais - Questão 33
- ... digno proporcionado pela solidariedade - Questão 34
- ... humano desvalorizado pela forma de desenvolvimento econômico e tecnológico no mundo atual - Questão 35
- alguns cientistas especulando a possibilidade de criação de uma raça humana intelectualmente inferior, para os ... braçais - Questão 38
- alma dos animais no Além a serviço dos Espíritos Nobres, que o utilizam em ... próprios da sua condição - Questão 70
- novos ... para o homem na sociedade justa - Questão 88
- automação é conquista nobre do Espírito, que descobre a desnecessidade de ... pesados - Questão 88
- à medida que o homem se capacita para o ..., menos penoso se lhe torna o afã - Questão 88
- exageradas cargas de ... que fatigam e aborrecem o educando - Questão 90
- como educar para a vida e não somente para o mercado de ... - Questão 95
- sem aspirações de engrandecimento nem estímulos para o ... - Questão 110
- se Educação, no próximo milênio, será afetada pelo desenvolvimento tecnológico, repercutindo na eliminação do espaço físico da escola, do ... etc. - Questão 112

- educadores não se esfalfando em ... cumulativos para uma sobrevivência financeira equilibrada - Questão 113
- família como suporte-exemplo para o ... complementar da escola - Questão 117
- à medida que se desenvolve uma área do conhecimento, outra se abrindo para complementação do ... que não cessa - Questão 134
- não só o ... é essencial ao crescimento espiritual como também o repouso, a meditação, o encontro consigo mesmo - Questão 149
- sendo válido que o artista venda o seu ..., a fim de viver com dignidade - Questão 153
- Ciência adotando a metodologia da pesquisa associada à experimentação etc. a conquista da adesão do ... científico - Questão 162
- recursos que humanizem mais a máquina, que diminuam o desgaste do ser nos ... estressantes - Questão 166
- novas tecnologias de ..., nas quais o homem será imprescindível, não como máquina a agir, mas como pensamento e ação - Questão 166
- desenvolvimento tecnológico levando a pensar em sociedade na qual todos ... serão executados pelas máquinas - Questão 168
- vigendo em toda a parte a presença do amor de Nosso Pai, conclamando à ordem, ao ... ao dever - Questão 180
- Divindade, dispõe de recursos inumeráveis para que o Espírito evolua sem a necessidade do sofrimento, tais como o ... etc. - Questão 180
- cursos de divulgação espírita e ... de fácil aplicação multiplicando-se sob cuidados especiais - Questão 194
- necessário manter a constância do ... etc. para um correto crescimento do Movimento e a vivência coerente etc. - Questão 194
- ao despertar após o túmulo, todos somos convidados ao estudo e à realização interior pelo ... edificante - Questão 198
- instruções da Entidade Mentora dos ... que se prontificou a oferecer a mensagem inicial das
reuniões mediúnicas - Questão 210

TRANSCENDÊNCIA DIVINA; v. tb DIVINDADE

TRANSCOMUNICAÇÃO, ÕES, INSTRUMENTAL, TCI - QUESTÕES 214 A 218

- quando a Educação for menos preconceituosa, facultando as pesquisas em torno da ...- Questão 94

- da mesma forma ocorrerá com as ... eletrônicas, que passarão à categoria de divertimento sem resultados morais - Questão 160
- ... comprovando a imortalidade da alma e a reencarnação como consequência da eternidade do ser - Questão 161
- qual vem ocorrendo com as diferentes doutrinas psíquicas, parapsicológicas, parapsíquicas, psicotrônicas, da ... - Questão 196

TRANSE, S
- no bioquimismo cerebral proteínas ou enzimas que favorecessem recepções mediúnicas, propiciando variações nos ... - Questão 65
- na glândula cerebral existem enzimas e proteínas que respondem pelas variações do ... etc. - Questão 65

TRÂNSITO
- violência urbana, prejuízos com o ..., dificuldades de relacionamento fazendo com que os indivíduos evitem o contato - Questão 89
- natural que, neste período de ..., muitas criaturas ainda se encontrem com afinidades direciona- das para paixões primitivas - Questão 151
- resultado do primarismo que prevalece no ser humano em ... de estágio de evolução - Questão 184

TRANSPLANTES
- visão dos Espíritos em torno da bioética etc. tendo em vista o avanço da engenharia genética, ... etc. - Questão 39
- ser humano cobaia para experimentos dantescos etc. realizando-se ... antes da ocorrência da morte real etc. - Questão 39

TRANSTORNOS; v. tb TRANSTORNOS EMOCIONAIS, TRANSTORNO ESQUIZOFRÊNICO, TRANSTORNOS PSICÓTICOS, TRANSTORNOS NEURÓTICOS E TRANSTORNOS PSÍQUICOS
- produzindo dilacerações nas almas e gerando graves ... para o seu futuro espiritual - Questão 179

TRANSTORNOS EMOCIONAIS; v. tb TRANSTORNOS, TRANSTORNO ESQUIZOFRÊNICO, TRANSTORNOS PSICÓTICOS, TRANSTORNOS NEURÓTICOS E TRANSTORNOS PSÍQUICOS
- Psicologia Transpessoal detectou causalidade do Espírito através de investigadores que procuravam terapias para ... - Questão 161

TRANSTORNO ESQUIZOFRÊNICO; v. tb TRANSTORNOS, TRANSTORNOS EMOCIONAIS, TRANSTORNOS PSICÓTICOS, TRANSTORNOS NEURÓTICOS E TRANSTORNOS PSÍQUICOS
- quando todos compreenderem que felicidade a sós é ... - Questão 15

TRANSTORNOS NEURÓTICOS - v. NEURÓTICOS
TRANSTORNOS PSICÓTICOS; v. tb TRANSTORNOS, TRANSTORNOS EMOCIONAIS, TRANSTORNO ESQUIZOFRÊNICO, TRANSTORNOS NEURÓTICOS E TRANSTORNOS PSÍQUICOS
- ... decorrentes dos crimes de adultério e sedução - Questão 72

TRANSTORNOS PSÍQUICOS; v. tb TRANSTORNOS, TRANSTORNOS EMOCIONAIS, TRANSTORNO ESQUIZOFRÊNICO, TRANSTORNOS NEURÓTICOS E TRANSTORNOS PSICÓTICOS, PSÍQUICA, PSIQUISMO E DOUTRINAS PSÍQUICAS
- Psicologia Transpessoal detectou causalidade do Espírito através de investigadores que procuravam terapias para ... - Questão 161

TRATAMENTO ESPIRITUAL
- o ... processado nas Casas Espíritas atua no psiquismo e no corpo material através de quais mecanismos? - Questão 208

TROMPA DE FALÓPIO
- energias tornando-se uma coroa ou aura energética protetora do espermatozoide para o percurso pela ... - Questão 43
- o espermatozoide dispara na ... na ansiosa busca do óvulo, os automatismos perispirituais dão início à modelagem etc. - Questão 46

TU LONGÍNQUO
- sendo vínculo que ata o ser que se levanta do chão das paixões ao fulcro das realizações, ligando o Eu propínquo ao ... - Questão 189

TUFÕES
- ... detectados pelos grandes progressos permitindo a evacuação da área onde ocorrerão - Questão 58

TÚMULO
- o estilo do pintor, suas características, sua mensagem oferecendo expressivo contributo para afirmação da vida após o ... - Questão 139
- ao despertar após o ... todos somos convidados ao estudo e à realização interior pelo trabalho edificante - Questão 198
- meta despertar as criaturas humanas, tomarem conhecimento da continuidade da vida após o ... etc. - Questão 218

TV, "TELEVISÃO", TELEVISIVA, TELEVISIVO, S, CANAIS DE TV
- observação de guerra comercial nos canais de ... pela penetração da Religião nas residências - Questão 124
- os Espíritos Lúcidos e Nobres não compartem dos métodos apresentados nas ... para levar a mensagem da vida eterna - Questão 124
- timidamente nas novelas ... a presença da mensagem espírita, por vezes incorreta, como será no amanhã - Questão 127
- no futuro a ... contribuirá de forma positiva para a sociedade feliz, quando os que a comandam modificarem a sua visão etc. - Questão 127
- em si a ... é neutra e o uso que dela se faz é que a torna educativa ou perniciosa - Questão 127
- graças ao avanço da tecnologia, os instrumentos de transcomunicação sendo os gravadores, as ... etc. - Questão 214
- nos meios de comunicação, notadamente ..., da presença das religiões, qual deverá ser o papel da mídia espírita - Questão 220
- danos etc. menores que os prejuízos etc. prosseguindo em outros horários em diferentes canais ... inclusive de orientação religiosa - Questão 220

UNIÃO DAS REPÚBLICAS SOCIALISTAS SOVIÉTICAS; v. tb PAÍSES SOCIALISTAS DO BLOCO SOVIÉTICO
- a ... encontrava-se exaurida economicamente para poder manter o seu programa militar - Questão 29

UNIVERSIDADE, S, UNIVERSITÁRIA; v. tb MEIO UNIVERSITÁRIO
- e outras pessoas que adquiriram cultura ... se veem constrangidos a exercer tarefas em outras áreas - Questão 107
- não parecendo próprio apresentar o Espiritismo como uma Doutrina que deva ser estudada em ...- Questão 197

- Espiritismo poderá e deverá ser estudado nas ... como parte dos programas transversais - Questão 197

UNIVERSO
- pior ignorância sendo a que decorre do desconhecimento das Leis de Deus que regem o ... - Questão 25
- o homem nasceu para ser livre – nem libertino, nem escravo – porquanto essa é a Lei do ... - Questão 28
- o ... se amplia e as micropartículas facultam concepções que alcançam a quase fantasia - Questão 35
- retomado o conceito baseado na energia, já que tudo quanto existe no ... é resultado da mesma - Questão 50
- yin/yang, que se encontra presente em todos os corpos, inclusive no ... - Questão 51
- copiando as próprias Leis que regem o ... – as naturais – que se exteriorizam do Divino Pensamento - Questão 86
- homem faz parte integrante do ... e quanto mais se informa a respeito, melhor se torna a convivência consigo mesmo etc. - Questão 90
- Deus, na sua consideração de criador do ... - Questão 93
- devem ocupar o centro das preocupações dos educadores visando a formação de cidadãos do ... - Questão 123
- Educação tendo como grande desafio de urgência trabalhar o ... infantil com os instrumentos do amor e da razão etc. - Questão 123
- ponto de partida para código que regulamente tudo o que agrida, fira etc. tendo como modelo a harmonia do ... - Questão 130
- criatividade como prosseguimento do Divino Pensamento nos diferentes mundos do ...- Questão 140
- Lei de afinidades que vige no ..., fazendo que sintonizem os artistas encarnados com Espíritos semelhantes - Questão 143
- encaminhando à harmonia vibratória mesmo as partículas infinitesimais que constituem o ... - Questão 182
- o homem, que se detenha na contemplação do ..., inevitavelmente se curvará para homenagear Deus - Questão 187
- todos passando pelo mesmo processo, pelo menos no planeta terrestre, ocorrendo da mesma forma em outras Esferas do ... - Questão 200
- não se podendo negar a influência magnética da lua sobre as marés, a Terra etc. o mesmo ocorrendo em todo o ... - Questão 205

UNIVERSO PROBABILÍSTICO
- abordagens da Ciência experimental apontando para um ... - Questão 182

UNO
- quais gêneros artísticos mais se aproximam do Belo, do ... - Questão 136
- toda manifestação de arte que inspira paz e eleva o ser etc. traduz o Belo, o ... - Questão 136

VAIDADES
- fazer proselitismo é entrar em disputas, estimulando ... e pretensões absurdas, sem sustentação lógica - Questão 218

VANDALISMO
- toda técnica que se estriba no materialismo, logo se converte em mecanismo de opressão etc. que se revestem de ... - Questão 9
- os que se deixam dominar pelo ... nos crimes direcionados contra a Natureza constituem motivo de sofrimento e enfermidade - Questão 63

VEGETAL, VEGETAIS
- retirando-se alimento dos oceanos e das terras conquistadas, bem como nutrindo-se os ... diretamente do oxigênio do ar - Questão 4a
- se poderá o homem um dia, utilizar as forças espirituais etc. extensivamente na agricultura e na saúde humana, ... e animal - Questão 61
- espécie humana também se nutre de outras formas de vida, seja ... ou animal, obedecendo a regimes especiais - Questão 68
- à semelhança de uma semente que possui em latência todos os elementos que irão constituir o futuro ... - Questão 199
- psiquismo dormindo no mineral, sonhando no ..., sentindo no animal e adquirindo a função de pensar no homem - Questão 199

VEÍCULOS DE COMUNICAÇÃO - v. COMUNICAÇÃO

VENDA, S
- distribuição e ... de produtos terrenos, com a possibilidade de enriquecimento dos seus líderes agride o Evangelho - Questão 124

- se as técnicas de ... sofrerão mudanças, face o desenvolvimento da realidade virtual e o avanço da informática multimídia - Questão 134
- natural que as novas conquistas da área da comunicação proponham mudanças estruturais para as técnicas de ... - Questão 134
- válido que o artista ... seu trabalho, a fim de viver com dignidade - Questão 153

VERDADE, S
- A Nova Era já começou nas mentes e corações que se vêm devotando ao Bem e à ... - Questão 14
- afirmava Cícero, que a História é a pedra de toque que desgasta o erro e faz brilhar a ...- Questão 16
- o mesmo fato histórico pode ser exposto sob várias angulações, e todas possivelmente apresentem sinais de ... - Questão 16
- apelando-se para os recursos da sugestão, do engodo, do fanatismo e da acusação em nome da ... - Questão 124
- se a sociedade da inteligência comprovará cientificamente as ... espíritas, como a reencarnação etc. - Questão 161
- sendo Jesus o Caminho da ... e da Vida, compreensível que Sua Vida e Sua Obra se tornem mais conhecidas e vividas - Questão 188
- cumprimento das referidas Leis, através das revelações que são dirigidas a todas as consciências, despertando-as para a ... - Questão 202
- a luz da ... devendo brilhar no velador, a fim de que todos a vejam e se norteiem - Questão 218

VÍCIO, S, VICIOSAS
- sem um conceito vivencial do bem e do mal, facilmente esses indivíduos enveredam pelos meandros do ... e do crime - Questão 13
- desemprego um fantasma que sempre ameaça as comunidades humanas etc. favorecendo as fugas espetaculares para os ... - Questão 17
- homem está envolvido na atmosfera do crime, além dos ... etc. se essa situação não é impeditiva para ascensão espiritual - Questão 80
- constando-se o imenso poder da mídia e o atual estágio da Humanidade, onde preponderam os ... como se dará a evolução - Questão 125
- à apresentação das cenas de violência, ... etc. os seus aficionados, em nome da liberdade, promovem libertinagem - Questão 129
- muitos artistas se perdendo nos ... inquietos pela incompreensão do seu meio, da sociedade - Questão 141

- ... não têm justificação que seja válida - Questão 141
- montanhas a que o Mestre se referiu sendo obstáculos morais que impedem ser humano de crescer etc. de superar os ... - Questão 189
- pelo menos sendo ensinadas lições de dignificação, condutas não ..., apresentadas renovações morais à luz do Evangelho - Questão 220

VIDEOCONFERÊNCIAS; v. tb INFORMÁTICA
- crescimento de novos meios de comunicação, redes de computadores, ... etc. qual o destino da mídia impressa - Questão 126

VIGILÂNCIA, VIGILANTE, S
- cada qual responde pelo que lhe acontece, eis por que Jesus recomendava a necessidade da ... e da oração - Questão 79
- estabelecido o Código de respeito à vida e de preservação da Natureza, seria programada uma Organização de ... - Questão 84
- os países membros se comprometeriam a submeter-se à Organização de ... - Questão 84
- a ... para que o auxílio auferido das conquistas tecnológicas não matem o sentimento etc. do programa educacional - Questão 102
- membros do Grupo devendo estar ..., liberando-se de qualquer tentativa de fé cega - Questão 210

VIOLÊNCIA, S
- trabalhando para que as calamidades da fome, da ... fomentem o seu extermínio - Questão 4
- numa época de ..., de desrespeito aos valores adquiridos etc. são necessárias certas providências de defesa - Questão 5
- fatores responsáveis pelo aumento da ... - Questão 13
- não será de um momento para outro, porém lentamente, sem choques nem ... - Questão 14
- desemprego favorecendo a agressividade e a ... - Questão 17
- possibilidade da alteração do quadro da ... através da mudança do regime socioeconômico sociopolítico do país - Questão 24
- o homem derrapando pela senda da ... por falta de suporte moral e espiritual decorrentes do materialismo histórico - Questão 27
- ... urbana como um dos filhos perversos da miséria, passa a rondar sistematicamente os poderosos - Questão 34
- propiciando mínimas condições de ressocialização dos condenados, transferindo para o cárcere a ... da sociedade - Questão 78

- ... urbana, prejuízos com o trânsito, dificuldades de relacionamento fazendo com que os indivíduos evitem o contato - Questão 89
- houver propaganda dos valores que engrandecem o gênero humano em detrimento dos escândalos, da exaltação da ... etc. - Questão 101
- diz respeito à apresentação de cenas de ..., os seus aficionados, em nome da liberdade, promovendo a libertinagem - Questão 129
- Arte sem os apelos às paixões perturbadoras que induzem à ..., ao sexo desvairado etc. - Questão 148
- a ... que grassa na Terra, tem contribuído para que o ser humano se refugie em lugares onde pensa encontrar segurança - Questão 155
- tentando fugir da ... e do desamor, criaturas, em nome da preservação da vida etc. passam a viver em ilhas de solidão - Questão 171
- sociedade enfrentará o fanatismo, o preconceito, a ... etc. que são filhos asselvajados do egoísmo em desgoverno - Questão 185

VIR A SER
- se possível introduzir premissa nova na afirmativa de Hegel de que Dialética é um modo de perceber o real em evolução (...)- Questão 181

VIRTUAL, VIRTUAIS
- possibilidade de alteração do espaço físico da escola, do trabalho, alterando-o para um espaço acessivelmente ... - Questão 112
- contribuição da tecnologia e da computação, os lares se transformarão em escolas produtivas, utilizando-se dos recursos ... - Questão 112
- se as técnicas de vendas sofrerão mudanças, face o desenvolvimento da realidade ... e o avanço da informática multimídia - Questão 134

VISÃO DIALÉTICA - v. DIALÉTICA

VON BRAUN - v. WERNER

WERNER VON BRAUN
- homem, que se detenha na contemplação do Universo, se curvará para homenagear Deus, qual ocorreu com ... etc. - Questão 187
- ... mesmo perseguido pela ignorância religiosa, não abdicou da sua crença e respeito ao Criador - Questão 187

WILLIAM CROOKES
- Educação for menos preconceituosa, facultando as pesquisas em torno das Doutrinas Parapsíquicas, conforme fizeram ... etc.
- Questão 94

YIN/YANG - v. POLARIDADE UNIVERSAL

ZODIACAIS - v. SIGNOS

ZOOLOGIA - QUESTÕES 68 A 71

Anotações

Anotações

Anotações

Anotações

Anotações

Anotações